现代推销与谈判

—— 主 编 ——
王崇梅 王 燕

—— 副主编 ——
王崇红

清华大学出版社
北 京

内 容 简 介

本书将理论教学与实践教学充分结合,书中穿插了大量的案例,让读者在掌握专业知识的同时感悟实践,从而能够帮助读者更快更好地掌握推销与谈判知识。本书在结构与内容上致力于使学生掌握推销学的相关理论、策略和方法,进而能够很好地运用商务艺术开展一系列推销与谈判商务活动,避免推销与谈判方面的失误。通过对本书的学习,可使学生树立现代推销观念和谈判思想,掌握推销之道和谈判技巧,熟悉推销和谈判工作的研究思路和实践步骤,提高推销能力与谈判能力。

图书在版编目(CIP)数据

现代推销与谈判/王崇梅,王燕主编. —北京:清华大学出版社,2018
ISBN 978-7-302-50000-1

Ⅰ. ①现…　Ⅱ. ①王…②王…　Ⅲ. ①推销—教材 ②商务谈判—教材　Ⅳ. ①F713.3 ②F715.4

中国版本图书馆 CIP 数据核字(2018)第 076398 号

责任编辑:张　莹
封面设计:傅瑞学
责任校对:宋玉莲
责任印制:刘海龙

出版发行:清华大学出版社
　　　　　网　　址:http://www.tup.com.cn,http://www.wqbook.com
　　　　　地　　址:北京清华大学学研大厦 A 座　　　　　　**邮　　编:**100084
　　　　　社 总 机:010-62770175　　　　　　　　　　　　　**邮　　购:**010-62786544
　　　　　投稿与读者服务:010-62776969,c-service@tup.tsinghua.edu.cn
　　　　　质量反馈:010-62772015,zhiliang@tup.tsinghua.edu.cn
印 装 者:清华大学印刷厂
经　　销:全国新华书店
开　　本:185mm×260mm　　　　　**印　　张:**19.75　　　　　**字　　数:**467 千字
版　　次:2018 年 5 月第 1 版　　　　　**印　　次:**2018 年 5 月第 1 次印刷
定　　价:45.00 元

产品编号:078704-01

前　言

随着市场经济的发展,推销活动与商务谈判引起了包括广大企业界在内的整个社会的关注。掌握推销技能与谈判技能,对于营销等相关专业的学生乃至商务人士十分重要,加强推销与谈判行为理论研究,在理论、方法、技巧上为其提供基本的理论依据,具有重要的现实意义。

推销与谈判本质是一致的,是商务活动的两个重要方面;推销中有谈判(推销洽谈),谈判中有推销(向对方推销观念、方案等),都是要解决或者改善商务活动中人际沟通与交流问题,通过双向沟通达到双赢的结果,但其侧重点不同。本书致力于使学生掌握推销学的相关理论、策略和方法,顾客心理与推销模式等推销原理,并能够很好地运用沟通技巧和商务礼仪开展商务活动,进而从寻找与识别顾客出发,介绍接近顾客、推销洽谈、成交与售后服务等推销方法和技巧。学完本课程后,学生能够掌握推销思想、推销之道,熟悉推销的模式与技巧;掌握谈判的思想与方法,了解谈判的准备工作,明确商务谈判的过程,通晓谈判计划、谈判方案的制定、掌握常见的谈判策略;并能够很好地运用商务艺术开展一系列推销与谈判商务活动,避免推销与谈判方面的失误,提升并塑造职业素养,提高自身竞争力。

本书相对于其他教材的最大特色在于专业知识与实战案例的充分结合,本书将理论教学与实践教学充分整合,在每一章的理论中都穿插了大量的案例,让读者在掌握专业知识的同时,感悟实践,从而更快更好地掌握推销与谈判的知识。除此之外,由于本书面向经管类多个专业,因此内容安排适当考虑了各个专业的特殊需要,具有较强的针对性。

本书在结构与内容上安排如下：①推销认知。②推销之道——理解推销就是创造需求。③推销学实务——熟悉四种典型的推销模式,掌握优秀推销员应具备的素质、能力。④商务谈判的思想与方法,这是开展谈判工作的核心指导思想。⑤谈判者应具有的谈判心理与思维。⑥谈判的准备工作,如何挑选谈判代表、组织谈判小组、明确小组成员的职责。⑦谈判的过程及策略,掌握开局、磋商、结束阶段的原则、内容与策略。

本书旨在指导学生熟练地运用自我推销的方法与技巧,提高自身的素质与能力,能在营销人员的招聘与选拔中成功推销自我;培养学生推销、谈判的综合能力,提高学生的专业素质,树立团队协作精神;提升学生工作、学习的主动性。通过对本书的学习,可使学生树立现代推销观念和谈判思想,掌握推销之道和谈判技巧,熟悉推销和谈判工作的研究思路与实践步骤,掌握推销和谈判技能。

为了方便任课教师备课及学生对问题的理解,本书为每章准备了学习目标、案例、本章小结和本章思考题,可以便于广大使用者对这门课的了解、掌握与吸收。本书编者在编写过程中借鉴了国内外推销学领域和谈判学领域的诸多著作,从中汲取了智慧与经验,同时结合了本书编者几十年的市场营销工作经历和对推销与谈判的理解。本书由王崇梅主编统稿全书并编写第一章、第二章、第三章、第五章、第六章、第八章、第九章、第十章、第十一章、第十二章，王燕编写第四章，孙雪姣编写第七章，郑立勇编写第十章引导案例——某民营企业 A 进驻移动超市 B 公司的谈判过程及启示，王崇红编写教辅材料，宁帅艺、曹雪静、李琳、刘玉萍、徐洁、成俊辉、郭林燕、王静等人参与本书的编校，并收集提供了大量基础性资料。在此一并向他们表示感谢，并感谢贺继红老师在教学过程中提出的宝贵意见，她的思想已经融入本书撰写过程中；也非常感谢烟台新海水产集团有限公司的郑立勇副总经理在本教材编写中及校企合作中的辛勤工作。

　　由于编者学术水平有限，加之时间仓促，书中不当之处在所难免，敬请读者批评指正，不吝赐教。除已列入参考文献的著作并向作者致谢外，编者谨向推销学和谈判学领域的师友和先行者致以衷心的感谢。

王崇梅

2018 年 1 月

目　　录

第一篇　推　销　篇

推 销 篇

小故事：推销员的悲哀

　　有的推销员刚从事推销时，凭的是满腔热情和本能；三年后，他们仍然靠本能去推销。在三年的经历中，他们除了知道"锅是铁打的""推销工作是难的"之外，没有任何收获。这些推销员把推销理解为"扛起背包就出发"的事情，认为推销就是推着产品去销售，很简单。推销之前，没有思考、准备、计划如何推销；推销之后，没有反思、总结、改进自己的推销方式。结果，三年已过，两手空空。这是推销员的悲哀。推销员要努力用三年时间理解推销之道，掌握推销技巧，把自己锻炼成一位素质过硬的推销员。

第一章

推 销 概 述

学习目标

通过本章的学习,使学生了解和掌握以下知识点:
- 推销的本质和推销之道;
- 推销和市场营销的联系与区别;
- 推销的含义和要素;
- 推销的特点和主要职能;
- 现代推销学的产生、发展及研究内容。

推销既是一门科学,又是一门艺术。现代推销学是一门涉及多学科的综合性应用学科。本章将在分析推销定义与特点的基础上,介绍现代推销学的原则与基本技巧,对现代推销学的研究对象与方法进行讨论,为其后的学习打下基础。

第一节 推销的认知

引导案例

汤姆·霍普金斯论推销

汤姆·霍普金斯(Tom Hopkins)是当今世界第一位推销训练大师,是全球推销人员的典范,被誉为"世界上最伟大的推销大师",接受过其训练的学生在全球超过 500 万人。

汤姆·霍普金斯在初踏入销售界的前 6 个月,屡遭败绩,穷困潦倒,于是决定把最后的积蓄投资到有"世界第一激励大师"之称的金克拉一个为期 5 天的培训班上。没想到,这 5 天的培训成为他人生的转折点!在之后的岁月中,他潜心钻研心理学、公关学、市场学等理论,结合现代推销技巧,在短暂的时间里获得了惊人的成功。

他是全世界每年销售最多房屋的地产业务员,平均每天卖出一幢房子,三年内赚到3 000万美元,27岁就已成为千万富翁。从业15年间,他总共推销出13 100辆雪佛兰汽车,连续12年荣登世界吉尼斯纪录大全世界销售第一的宝座。

汤姆·霍普金斯目前是国际培训集团的董事长。他每年出席75次全球研讨班,向全世界梦想获得巨大成功的人传授销售知识,分享自己毕生的成功经验,被公认为"销售冠军的缔造者"。如今全世界销售培训课程90%以上都来源于他的销售培训系统。

汤姆·霍普金斯同时也是世界500强企业销售系统和管理的长期培训顾问,曾与美国前总统布什、英国前首相撒切尔夫人等同台演说。

汤姆·霍普金斯曾经说过:"推销是一项报酬率最高的艰难工作,也是一项报酬率最低的轻松工作。所有的决定均取决于自己,一切操之在我。我可以成为一个最高收入的辛勤工作者,也可以是一个最低收入的轻松工作者。"他指出推销具有以下优点。

一是让你有表达的自由。让你葆有自我,本质上是在做你自己想做的一种事业。二是让你能达到你所期盼成功,在这个行业中,除了你自己,任何人不能限制你的收入,收入是永无止境的。三是在推销行业中每天所要面对的不同挑战,鼓舞你奋勇向前,这些挑战是你在其他工作中几乎无法面临的。四是推销是一个可以在低成本中得到高利润的行业。投资于销售业的成本,只占连锁店老板所投入成本的很小的百分比。五是推销非常有趣。生活应该是有乐趣的,如果你对自己所做的事没有兴趣,那就不值得去做,当你努力为家人赚大钱的时候,没有理由不享受工作的乐趣。六是当你的顾客买了你的商品离开时,你是满足的。七是推销激发你的自我成长。只有你自己能限制你的成长,如果你想多赚一点,那么就要多学一点,同时你也要再多努力一点,也就是说,你的工作时间会比较长,但你所下的功夫是不会白费的,在未来时日所得的超额报偿将是对你的回馈。没有任何工作的成败比推销更取决于你对工作的进取心,加强能力是唯一的途径。

案例评析:

实际上,推销职业不仅对于推销人员个人有着强大的吸引力,它对于社会和企业都发挥着重要的作用;同时,推销又是一项需要勇气、毅力、体力和聪明才智的工作。

小智囊:

营销是使推销变得不必要。　　　　　　　　　　　　——菲利普·科特勒

推销就是将顾客不需要的产品也能卖给他们。　　　　——一位销售精英的经验

一、推销的含义

推销是人们所熟悉的一种社会行为,它是伴随着商品交换的产生而产生,伴随着商品交换的发展而发展的。它是现代企业经营活动中的一个重要环节,渗透在人们的日常生活之中。推销就其本质而言,是人人都在做的事情。人类要生存,就要交流,而正是在交流中彼此展示着自身存在的价值。世界首席保险推销员齐藤竹之助在几十年的实践中总结出的经验是"无论干什么都是一种自我显示,也就是一种自我推销"。但由于历史和现

实的原因,有些人对推销有着种种误会和曲解,甚至形成了习惯性的思维,总是把推销与沿街叫卖、上门兜售以及不同形式的减价抛售联系在一起;对于推销人员,则认为他们唯利是图,不择手段。这种错误的认识,使人们忽视了对推销活动规律的探讨和研究,也影响了优秀职业推销队伍的建立。因此,正确认识推销,是熟悉推销业务、掌握推销技巧的前提。

随着社会的变迁,推销的含义也在不断地演变。在社会发展的不同阶段,人们会对推销有着不同的理解和认识。

从广义上讲,推销是指一个活动主体试图通过一定的方法和技巧,使特定对象接受某种事物和思想的行为过程。

狭义的推销是指商品交换范畴的推销,即商品推销。它是指推销人员运用一定的方法和技巧,帮助顾客购买某种商品和劳务,以使双方的需要得到满足的行为过程。

1. 推销的本质

推销就是通过激活和满足顾客的需要,来达到交易双方长期互惠互利的目的。

案例 1-1

老太太买水果

有一位老太太,知道自己的儿媳妇怀孕了,很是高兴,总是想着给她买些好吃的养养身体,将来抱个大孙子。秋天到了,很多水果都上市了。老太太生活的社区也很方便,离家不远处就有小农贸市场。这天,她来到了农贸市场,遇到了三位卖水果的小贩。

第一个小贩问:"你要不要买一些水果?"老太太说:"你有什么水果?"小贩说:"我这里有李子、桃子、苹果、香蕉,你要买哪种呢?"老太太说:"我正要买李子。"小贩赶忙介绍这种李子又红又甜又大,特好吃。老太太仔细一看,果然如此,却摇摇头,没有买,走了。

老太太继续在农贸市场转。遇到第二个小贩。这个小贩也像第一个一样,问老太太买什么水果。老太太说买李子。小贩接着问:"我这里有很多李子,有大的,有小的,有酸的,有甜的,你要什么样的呢?"老太太说要买酸李子,小贩说:"我这堆李子特别酸,你尝尝。"老太太一咬,果然很酸,满口的酸水。老太太受不了了,但越酸越高兴,马上买了一斤李子。

但老太太没有回家,继续在市场转。遇到第三个小贩,同样,他问老太太买什么(探寻基本需求)。老太太说买李子。小贩接着问买什么李子,老太太说要买酸李子。小贩好奇地问:"别人都买又甜又大的李子,你为什么要买酸李子?"(通过纵深提问挖掘需求)老太太说:"我儿媳妇怀孕了,想吃酸的。"小贩马上说:"老太太,您对儿媳妇真好! 儿媳妇想吃酸的,就说明她怀了男孩儿,所以你要天天给她买酸李子吃,准给您生个大胖孙子!"老太太听了很高兴。

小贩又问:"那你知道不知道孕妇最需要什么样的营养?"(激发出客户需求)

老太太说不知道。小贩说:"其实孕妇最需要的是维生素,因为她需要供给胎儿维生素。所以光吃酸的还不够,还要多补充维生素。"

他接着问:"那你知不知道什么水果含维生素最丰富?"(引导客户解决问题)老太太还是说不知道。

小贩说:"水果之中,猕猴桃含维生素最丰富,所以您要经常给儿媳妇买猕猴桃才行!经常吃猕猴桃,您儿媳妇一定会生一个漂亮健康的宝宝。"老太太一听很高兴,马上买了一斤猕猴桃。当老太太要离开的时候,小贩又说:"我天天在这里摆摊,每天进的水果都是最新鲜的,下次来就到我这里来买,还能给您优惠。"从此以后,这个老太太每天都在他这里买水果。

案例评析:

在这个故事中,我们可以看到:第一个小贩急于推销自己的产品,根本没有探寻顾客的需求,自认为自己的产品多而全,结果却什么也没有卖出去。第二个小贩有两个地方比第一个小贩聪明。一个是他第一个问题问得比第一个小贩高明,是促成式提问;另一个是当他探寻出客户的基本需求后,并没有马上推荐商品,而是进一步纵深挖掘客户需求。当明确了客户的需求后,他推荐了对口的商品,很自然地取得了成功。第三个小贩是一个销售专家。他的销售过程非常专业,他首先探寻出客户深层次的需求,然后再激发出客户解决需求的欲望,最后推荐合适的商品满足客户需求。

2. 推销核心

顾客的需要和欲望是市场营销的出发点,也是推销的出发点。产品是满足人们需要的有形和无形的物质或服务的综合体。顾客之所以购买某种产品或服务,总是为了满足一定的需要。因此,推销人员必须认真了解顾客的需要,把推销品作为满足顾客需要的方案向顾客推荐,让顾客明白该方案确实能满足其需要。顾客只有产生需求才会产生购买动机并促进购买行为。满足需要,是顾客购买的基本动机。作为推销员,如果不能真切地了解顾客的内在需要,不能在推销品与顾客需要之间成功地架起一座桥梁,推销是不可能成功的。

【实训一】

有两位推销员向顾客推销电褥子。

甲介绍说:这种电褥子是自动控温的,有两个开关;宽 1.5 米,长 2 米,重 3 斤;由 50% 的毛、25% 的棉、25% 的化纤组成,可以水洗……

乙介绍说:这种电褥子是自动控温的,不用担心温度过高或过低;有两个开关各置一头,方便开启;宽 1.5 米,长 2 米,足够双人床铺用;重 3 斤,保管收藏很方便;所用面料可以水洗,不再用花钱去干洗……

【问题】作为顾客您会选择谁向您推销的电褥子?为什么?

【实训二】

张先生:您同意我们的产品质量是一流的吗?

顾客:完全同意。

张先生:据您所知,还有比我们产品质量更好的电饭煲、电熨斗吗?

顾客:我不了解。

张先生:那么,您能设想一下还有哪家公司能提供更好的电饭煲、电熨斗吗?

顾客:我想那是不可能的。

张先生：我们的价格和折扣有问题吗？

顾客：没问题，价格公道，折扣合理。

张先生：那您分别需要多少呢？

顾客：我现在还不想买。

【问题】 张先生的试探成交结束了，但他没有达到促成顾客购买的目的。为什么会出现这种事与愿违的结果？张先生的做法是否有问题？

【实训三】

老狼山姆在沙漠中遇见了迷路的狐狸。狐狸说："山姆先生，如果你肯做我的向导，找到通往绿洲的标志，我愿意用四两黄金和这颗五克拉的钻戒买你身边的那桶水。"老狼山姆兴奋地答应了。经过两天的旅途奔波，它们找到了通往绿洲的标志，而山姆的水也用完了，"狐狸先生，你能不能给我点水喝？"老狼哀求道。"可以的，不过，你得用我那四两黄金及五克拉的钻戒来换，而且如果你想多喝点，你还得多付些代价！"老狼山姆以一桶不值钱的水换得了一笔财富，可是最后却不得不为了宝贵的生命付出了更高的代价。

【问题】 为什么一桶水要拿四两黄金及五克拉的钻戒来交换？

知识补充： 客户需求的五个层次分别为产品需求、服务需求、体验需求、关系需求、成功需求。需求是指没有得到某些基本满足的感受状态。推销人员不仅要了解推销对象是否具有支付能力，而且要了解推销对象的具体需求。推销人员要熟悉自己的顾客，既要了解他们共同的需要，又要了解他们特殊的需要，把顾客的需要放在第一位，向其推销适当的产品或服务。

1. 产品需求

类似于人的基本需求衣食住行一样，客户的基本需求与产品有关，包括产品的功能、性能、质量以及价格。一般的客户都希望以较低的价格获得高性能、高质量的产品，并且，认为这是最基本的要求。迄今为止，那些购买力较弱的客户仍然以产品质量及价格作为采购的主要依据。20世纪80年代，中国的物资供应相对匮乏，客户需求几乎完全以产品需求为主。谁能提供更高性价比的产品，谁就能成功。

2. 服务需求

随着人们购买力的增强，客户的需求也水涨船高。人们采购时，不再仅仅关注产品，他们还关注产品的售后服务，包括产品的送货上门、安装、调试、培训及维修、退货等服务保证。但这还不够。随着电脑、数码相机等电子产品及软件系统等高科技产品进入人们的生活，客户的需求又上了一个台阶。人们不仅仅满足于好的产品和服务，还希望得到精确、及时的技术支持以及优秀的解决方案。

好的产品、好的服务承诺并不能让客户完全满意。试想，同样好的产品为什么在不同的客户那里会产生不同的使用效果和收益？同样好的服务承诺为什么有的客户满意，有的客户不满意？原因在于：由于产品科技含量和复杂性的增加，产品使用效能和收益的实现不再仅仅取决于产品的好坏和简单的安装、培训服务，还取决于好的产品应用实施方案、及时并且有效的技术支持。客户不欢迎甚至反感那些服务承诺良好却不能及时有效解决问题的服务商。

3. 体验需求

随着旅游、娱乐、培训、互联网等产业的兴起,人们逐渐从工业经济、服务经济时代步入体验经济时代。客户采购时,不愿意仅仅被动地接受服务商的广告宣传,而是希望先对产品做一番"体验",如试用、品尝等,甚至对未经"体验"的产品说"不"。客户逐渐从单纯被动地采购,转为主动地参与产品的规划、设计、方案的确定,"体验"创意、设计、决策等过程。

与客户互动的每一个时空点,如一通电话、一封电子邮件、一次技术交流、一次考察、一顿晚餐等,对客户而言,都是一种体验。体验记忆会长久地保存在客户大脑中。客户愿意为体验付费,因为它美好、难得、非我莫属、不可复制、不可转让、转瞬即逝,它的每一瞬间都是一个"唯一"。客户希望每一次体验都感觉愉快、富有成效。可以看出,客户在体验方面的需求不是产品、服务所能替代或涵盖的,是在产品、服务需求被满足后产生的更高层次的需求。

4. 关系需求

没有人会否认关系的重要性。客户在购买了称心如意的产品、享受了舒适的服务、得到了愉快的体验的基础上,若能同时结交朋友、扩大社会关系网,一定会喜出望外。"关系"对一个客户的价值在于:获得了社会的信任、尊重、认同,有一种情感上的满足感;在需要或面临困难时,会得到朋友的帮助和关怀;可以与朋友共同分享和交换信息、知识、资源、思想、关系、快乐等;关系的建立一般会经历较长时间的接触和交流、资源的投入、共同的目标、彼此尊重、相互信任、相互关爱、相互理解、相互依赖、信守诺言等过程或要素,因此,"关系"是客户十分珍视的资源。

这也说明,为什么客户愿意与熟悉的服务商长期交往,而不愿意与一个可能产品、服务更优的新的服务商接触;为什么两家产品、服务质量相当,而与客户关系不一样的服务商在项目竞标时的境遇会有天壤之别? 这都是客户的关系需求在起作用。

5. 成功需求

获得成功是每一个客户的目标,是客户最高级的需求。客户购买产品或服务,都是从属于这一需求的。服务商不能仅仅只看见客户的产品、服务需求,更重要的是要能识别和把握客户内在的、高层次的需求,否则,不可能赢得商机。例如,一家客户宣称需要"钻头"。于是,所有生产、销售"钻头"的厂家都将自己的"钻头"产品及服务充分地向客户展示,并展开公关活动,以获得客户的青睐。然而,也许没有一个厂家会中标。原因在于,客户购买"钻头"的目的,厂家可能并没有真正搞清楚。客户需要"钻头"可能是为了打一个"孔"。那么,这个"孔"是必需的吗? 打一个"孔"必须用"钻头"吗? (客户自己可能也未搞清楚有没有更好的替代方法。)

其实,客户需要"钻头"的目的是要解决某个问题。通常情况下,客户并不十分清楚或不能清晰地表述自己的问题或需求,因此,在没有完整、清楚地把握客户的需求之前,即使将全球最好的产品和服务推荐给客户也无济于事。谁能帮助客户真正地解决问题,向客户提供的是获利的行动,谁才能赢得客户。

不同的行业、不同的企业,客户的购买力、购买行为可能不尽相同,但是,都不同程度地存在上述五个层次的需求。我们可以运用上述的分析方法,更准确、清晰地识别、判断我们的客户需求主要在哪一个层次上,从而,有针对性地规划、实施有关的产品战略、服务战略、客户关系战略等,才能获得自身的成功。

二、推销的要素

任何企业的商品推销活动都少不了推销人员、推销品和顾客,即推销主体、推销客体和推销对象构成了推销活动的三个基本要素。商品的推销过程,是推销员运用各种推销技巧,说服推销对象接受一定物品的过程。

(一) 推销人员

推销人员是指主动向推销对象销售商品的推销主体,包括各类推销员。在推销的三个基本要素中,推销人员最关键。在销售领域中,许多推销员以为他们卖的是产品。其实不然,真正的推销不是产品,而是自己。推销成功与否,往往取决于你的服务精神和态度,因为你是世界上独一无二的,只有顾客喜欢你的为人、你的个性、你的风格,他才会购买你的产品。尽管说"每个人都是推销员",但对职业化的推销员来讲,推销具有更丰富的内涵。在观看美国职业男篮球赛时,我们会体会到"什么是真正的篮球运动",并为他们娴熟、超人的技巧赞叹。对于职业推销员来讲也一样,只有以特有的技能赢得客户的信任与赞誉,才能展现其存在的社会价值。

(二) 推销品

所谓推销品,是指推销人员向推销对象推销的各种有形商品与无形商品的总称,包括商品、服务和观念。推销品是推销活动中的客体,是现代推销学的研究对象之一。因而,商品的推销活动,是对有形商品与无形商品的推广过程,是向顾客推销某种物品的使用价值的过程,是向顾客实施服务的过程,是向顾客宣传、倡议一种新观念的过程。

(三) 顾客

依据顾客所购推销品的性质及使用目的,可把顾客分为个体购买者与组织购买者两个层次。个体购买者购买或接受某种推销品是为了个人或家庭成员消费使用;而组织购买者购买或接受某种推销品,是为了维持日常生产加工、转售或开展业务需要,通常有营利或维持正常业务活动的动机。顾客的特点不尽相同,因而采取的推销对策也有差异。

现代商品的推销少不了推销员(推销主体)、推销品(推销客体)及顾客(推销对象)三个基本要素,如何实现其协调,保证企业销售任务得以完成,顾客实际需求得以满足,是广大推销员应该解决的问题。

三、推销的职能

商品推销作为一种社会经济活动,是伴随着商品经济一起产生和发展的。可以说,推销是商品经济活动中一个必不可少的组成部分,对推动商品经济的发展起着积极的作用。

推销作为一种企业行为,更是决定着企业的生死存亡。这些都是由推销本身所具有的职能决定的。商品推销的职能可以归纳为以下几个方面。

(一)销售商品

销售商品是推销的基本职能。推销是商品由推销人员向推销对象运动的过程。在这个过程中,推销品是作为推销主体和推销对象双方各自需求得以实现的具体方式。通过寻找顾客、接近顾客、推销洽谈,进而达成交易,实际上就是实现商品所有权的转移,完成商品销售。

就推销过程而言,寻找、接近顾客是销售商品的前提。在正式接近顾客之前,推销人员要分析潜在顾客的有关资料,了解潜在顾客的需求,掌握顾客未被满足的需求及其购买能力。在充分掌握资料的基础上,推销人员有针对性地选用各种接近顾客的方法,并以从容、诚恳、充满自信的态度去面对顾客,使顾客明确推销品能满足他的需要、为他带来利益,并通过推销人员对推销品的介绍,使顾客感到购买推销品是一种机会,从而引发购买欲望,形成购买决策。另外,推销洽谈是销售商品的关键。在洽谈过程中,一方面要进一步向顾客提供其所需的信息;另一方面,推销人员要有针对性地就商品价格、销售方式等敏感问题进行洽谈,力求找到双方利益的共同点;同时,推销人员还要善于处理洽谈过程中的异议和矛盾,及时消除误会,避免冲突。

达成交易是销售商品的手段。推销人员要把握好时机,针对不同的推销对象,灵活地选用不同的成交方法,迅速地达成交易,以达到销售商品的目的。

(二)传递商品信息

由于科学技术的进步和生产的发展,现今市场上的商品种类繁多,新产品更是层出不穷,顾客面对市场,常常眼花缭乱。他们需要得到有关的商品信息,以便比较、评价和选择满意的商品。推销不仅要满足顾客对商品的需要,也要满足顾客对商品信息的需要。推销人员应及时地向顾客传递真实、有效的信息。

推销人员向顾客传递的商品信息主要包括以下几个方面。

1. 商品的一般信息

商品的一般信息是指有关商品的功效、性能、品牌、商标、生产厂家等有关信息,告知顾客某种商品的存在。

2. 商品的差别优势

商品的差别优势是指商品在同类中所处的地位及特殊功能。推销人员要针对不同顾客的需要,突出宣传所推销商品的某些特征,以便在顾客心目中树立产品形象。

3. 商品的发展信息

商品的发展信息是指有关商品的发展动态,如新材料的运用、新产品的开发以及老产品的改进等信息,用以引导顾客接受新产品。

4. 商品的经营信息

商品的经营信息是指有关商品的销售价格、经营方式、服务措施、销售地点等信息,以方便顾客购买。

（三）提供服务

推销不仅把商品销售给顾客,而且通过提供各种服务,帮助顾客解决各种困难和问题,满足顾客多层次、多方面的需求。推销人员通过提供服务,提高了顾客的满意度,从而建立起企业和产品的良好信誉。

在推销过程中,企业和推销人员为顾客提供的服务包括如下几个方面。

1. 售前服务

售前服务是指在销售前为顾客提供信息咨询或培训的服务。

2. 售中服务

售中服务是指在销售过程中为顾客提供热情接待、介绍商品、包装商品、送货上门、代办运输等服务。

3. 售后服务

售后服务是指为顾客提供售后的安装、维修、包退、包换、提供零配件、处理顾客异议等服务。

企业和推销人员通过提供各种服务,赢得顾客的信赖,提高企业的声誉,有利于进一步巩固市场,为开拓新产品打下基础。

（四）反馈市场信息

现代推销过程是一个供求信息双向沟通的过程。推销人员是企业通往市场的桥梁,是企业联系市场的纽带,是企业获取情报的重要渠道。他们直接与市场、顾客接触,能及时、准确地收集市场信息。推销人员向企业反馈的市场信息主要有以下几种。

1. 顾客信息

顾客信息包括对推销品及其企业的反应,顾客的需求、购买习惯、购买方式及经济状况等信息。

2. 市场需求信息

市场需求信息包括推销品的市场需求状况及发展趋势,推销品在市场中的优劣态势等信息。

3. 竞争者的信息

竞争者的信息包括竞争者商品的更新状况、销售价格、质量、品种规格以及竞争者促销手段的变化等信息。

四、推销的特点

推销是一项专门的艺术,需要推销人员巧妙地融知识、天赋和才干于一身,无论是人员推销还是非人员推销,在推销过程中都要灵活运用多种推销技巧。推销活动主要有以下特点。

1. 特定性

推销是企业在特定的市场环境中为特定的产品寻找买主的商业活动,必须先确定谁是需要特定产品的潜在顾客,然后再有针对性地向其传递信息并进行说服。因此,推销总是有特定对象的。任何一位推销员的任何一次推销活动,都具有这种特定性。他们不可能漫无边际或毫无目的地寻找顾客,也不可能随意地向毫不相干的人推销商品,否则,推销就会成为毫无意义的活动。

2. 双向性

推销不仅是由推销员向推销对象传递信息的过程,而且是信息传递与反馈的双向沟通过程。推销人员一方面向顾客提供有关产品、企业及售后服务等方面的信息;另一方面必须观察顾客的反应,调查了解顾客对企业产品的意见与要求,并及时反馈给企业,为企业领导做出正确的经营决策提供依据。因此,推销是一个信息双向沟通的过程。

3. 互利性

现代推销是一种互惠互利的双赢活动,必须同时满足推销主体与推销对象双方的不同要求。成功的推销需要买与卖双方都有积极性,其结果是"双赢",不仅推销的一方卖出商品,实现盈利,而且推销对象也感到满足了需求,给自己带来了多方面的利益。这样,既达成了今天的交易,也为将来的交易奠定了基础。

4. 灵活性

虽然推销具有特定性,但影响市场环境和推销对象需求的不确定性因素很多,环境与需求都是千变万化的。推销活动必须适应这种变化,灵活运用推销原理和技巧,恰当地调整推销策略和方法。可以说,战略战术灵活机动,是推销活动的一个重要特征。

5. 说服性

推销的中心是人不是物,说服是推销的重要手段,也是推销的核心。为了争取顾客的信任,让顾客接受企业的产品、采取购买行动,推销人员必须将商品的特点和优点,耐心地向顾客进行宣传、介绍,促使顾客接受推销人员的观点、商品或劳务。

五、推销与市场营销的关系

(一)推销与市场营销的联系

1. 市场营销观念的变革推动推销观念的更新

市场营销观念是指企业进行经营决策,组织管理市场营销活动的基本指导思想,也就是企业的经营哲学。它是一种观念,一种态度,或一种企业思维方式。实现组织诸目标的关键在于正确确定目标市场的需求与欲望,并比竞争对手更有效、更有利地传送目标市场所期望的产品或服务。由此可见,市场营销以购买者为中心,强调通过满足顾客的需要与欲望来创造企业利益。

与此相适应,推销观念也由以企业产品为出发点的产品导向观念转变为以发现、创造顾客的需求并通过满足需求来实现企业利润的顾客导向观念。

20 世纪八九十年代以来,随着顾客价值和关系营销理论的出现,市场营销观念进一步发展,即重视顾客满意度、顾客忠诚度和顾客价值的提升,以实现利润的增长。与之相适应,推销观念发展到在建立信任的基础上的推销与促销,为顾客提供价值,并以巩固、建立和发展与顾客的关系为终极目标,形成关系推销理论。因此,新时代的推销始终保持与市场营销理论和观念同步发展。

2. 人员推销是市场营销促销策略的重要内容

市场营销的 4P 策略是一个整体策略,是市场营销学的重要内容,包括产品策略、价格策略、渠道策略和促销策略,也称为营销组合。人员推销是促销策略中的重要内容之一。因此,二者是包容的关系,即市场营销包括推销,推销是市场营销的重要促销手段。

促销组合,是指把人员推销、广告、销售促进和公共关系四种促销方式,有目的、有计划地配合起来,综合作用。显然,促销组合策略是营销组合策略的一个组成部分,营销组合的变化会引起促销组合的变化,而促销组合策略应当根据营销组合其他因素的变化而变化,二者是相互影响、相互制约的关系。人员推销是促销组合的一个组成部分,广告、销售促进和公共关系都是非人员推销性质的。但并不是说,人员推销与非人员推销是截然分开的。实际上,人员推销与非人员推销是相对的,它们之间存在相互依存的关系。综上所述,营销、促销和人员推销三者是一种包含关系,人员推销在企业营销活动中占有重要的地位。

3. 推销是市场营销的职能之一,但往往不是最重要的职能

推销仅仅是营销过程中的一个步骤或者一项活动,在整个营销活动中并不是最主要的部分。当企业面临的销售压力很大时,很多人都会把推销放在非常重要的地位。但是,如果通过周密地市场调研、科学地市场细分、有针对性地选择目标市场,按照客户的要求组织产品设计,按照顾客能接受的价格水平来确定价格,按照顾客购买最便利的要求来构筑分销网络,就可能会顾客盈门。那么,相比之下,还会有人把推销和销售看得那么重要吗?

4. 推销是市场营销冰山的顶端

推销的目的就是尽可能多地实现商品的销售,营销的目的当然也是如此,所以两者的落脚点是一样的。如果把营销比作一座冰山,推销就是冰山的顶端。只有踏踏实实地做好营销的每一项工作,才能实现推销的目标,否则推销的目标不可能实现。

5. 市场营销的目的在于使推销成为多余

推销是企业的市场营销人员的职能之一,但不是其最重要的职能。这是因为,如果企业的市场营销人员搞好市场营销研究,了解购买者的需要,按照购买者的需要来设计和生产适销对路的产品,同时合理定价,搞好分销、促销等市场营销工作,那么这些产品就能轻而易举地被销售出去。

(二)推销与市场营销的区别

推销并非是营销,推销仅仅是市场营销的内容之一。著名管理学家彼得·德鲁克曾经指出,"可以设想,某些推销工作总是需要的,然而营销的目的就是要使推销成为多余,营销的目的在于深刻地认识和了解顾客,从而使产品或服务完全地适合它的需要而形成产品自我销售,理想的营销会产生一个已经准备来购买的顾客,剩下的事就是如何便于顾客得到产品或服务……"美国营销学权威菲利普·科特勒认为,"营销最重要的内容并非是推销,推销只不过是营销冰山上的顶点……如果营销者把认识消费者的各种需求,开发适合的产品,以及定价、分销和促销等工作做得很好,这些产品就会很容易地销售出去。"

正如著名学者所述,营销不是推销。营销工作早在产品制成之前就开始了。营销与推销的区别主要表现在以下几个方面。

(1) 起点不同。推销的起点是产品,而营销的起点是市场。

(2) 中心不同。推销是以产品为中心,而营销是以顾客的需求为中心。

(3) 手段不同。推销是以促销为主要手段,而营销是以企业的整体营销活动为手段。

(4) 终点不同。推销是以产品销售出去获得利润为终点,而营销是以通过满足顾客的需求获得利润为终点。

第二节　推　销　之　道

小智囊:
推销就是创造需求!

——美国营销专家克拉克

一、创造需求

案例1-2

把木梳卖给和尚

和尚的头剃得溜光像灯泡,怎么能买梳子? 这个不可思议的市场,却被有创新思维的人打开。一家大公司为了招聘营销人员,出了一道把梳子卖给和尚的实践题。不少应聘者见了这道怪题很生气,说出家人怎么会买梳子? 认为这是故意捉弄人,于是拂袖而去。可是有三个人却想试一试。

甲拿着梳子到几家寺院简单推销,一整天也没卖掉,在下山时见到一个小和尚一边晒太阳一边挠着又脏又硬又痒的头皮,他见状忙送上一把梳子,小和尚用后很高兴,当即买下一把。乙去了一座较大的庙卖了10把。他见这座庙山高风大,前来烧香叩头者的头发被风吹得乱七八糟,于是他灵机一动找到方丈说,你看进香朝拜者蓬头散发,这是对佛的不敬。寺院应该在香案上摆着梳子,供虔诚的人梳头。方丈一听觉得在理,于是为10个庙门的香案买了10把梳子。丙通过了解,他找到一座退迩闻名、香火旺盛的宝刹,对方丈说:"这么多心诚的朝拜者,又购票又买香还买纪念品,是寺院的财神。如果方丈对这些善男信女有所馈赠,定能温暖人心,招来更多的回头客。再说方丈的书法超群,可以在梳子上题写'积善梳'三个字,让人们带着题字梳将佛教的真善美广传天下。"方丈听后大喜,当即买梳 1 000 把,并同丙一起举行了向香客赠梳的仪式。宝刹向香客赠梳施善之事不胫而走,吸引着香客纷至沓来,宝刹香火越来越旺,方丈乐开了怀,又找到丙续签了合同,让他保证今后源源不断地供梳。不用说,公司录取了丙为营销人员。

　　案例评析:

　　把梳子卖给和尚的故事,对开拓市场做生意很有启发。在竞争激烈的市场经济中,有的人茫然不知所措,抱怨做买卖的人太多了,似乎什么东西都有人卖,什么买卖都有人做,钱太难赚了。有的被困难吓破胆,缺乏开拓创业精神,坐等受穷。有的缺乏创新意识,因循守旧,只按传统常规做生意,成不了大事。其实,在生意场上只要灵活开动脑筋,逆向思维创新,市场是可以打开的。能让和尚签约买梳子就是证明,把木梳卖给和尚,听起来匪夷所思,但在别人认为不可能的地方开发出新的市场,那才是真正的推销高手。不同的思维,将产生不同的做法,导致不同的结果。把梳子卖给和尚是逆向思维的创新光芒,是灵活开拓经营的生意真经,值得学习。

　　案例思考:

　　1. 同样的产品,为什么丙实现了良好的销售业绩?

　　2. 如何才能创造需求,进而把产品推销出去呢?

二、互惠互利

　　互惠互利原则是指实现双方利益最大化。具体是指在推销过程中,推销员要以交易能为双方都带来较大的利益或者能够为双方都减少损失为出发点,不能从事伤害一方或给一方带来损失的推销活动。要知道,顾客之所以产生购买行为,就在于交易后得到的利益大于或等于他所付出的代价。因此,推销人员在推销活动中要设法满足自己和顾客双方所追逐的目标,实现双赢是培养长久顾客之计,是顾客不断购买的基础和条件,也是取得顾客口碑的基础和条件。

(一)互惠互利是双方达成交易的基础

　　在商品交易中,买卖双方的目的是非常明确的。双方共同的利益和好处是交易的支撑点,只有在双方都感受到这种利益时,才有可能自觉地去实现交易。

(二)互惠互利能增强推销人员的工作信心

　　因为社会中的一些成见,推销人员或多或少存在一种共同的心理障碍,就是对自己工作的信心不足,总是担心顾客可能对他的态度不满意,怕留给顾客唯利是图、欺骗顾客的印象。产生这种心态的重要原因,在于他们或者没有遵循互惠互利的原则,或者没有认识到交易的互惠互利性。推销人员应该认识到,由于自己的劳动,当顾客付出金钱时,他也获得了一份美好的生活。从这种意义来说,推销人员是顾客生活的导师。如此有意义的工作,推销人员获得利润和报酬是理所当然的。

（三）互惠互利能形成良好的交易气氛

由于买卖双方各自的立场和利益不同,双方的对立情绪总是存在的。其实,顾客对推销人员的敌对情绪,是因为不能确知自己将会获得的利益。所以,推销人员要以稳定、乐观的情绪,耐心、细致的态度,把交易能为顾客带来的利益告知对方。

（四）互惠互利有利于业务的发展

互惠互利的交易,不但能使新顾客发展成老顾客,长久地保持业务关系,而且顾客还会不断地以自己的影响带来新的顾客,使你的业务日益发展,事业蒸蒸日上。

（五）互惠互利有利于双方利益的分配

互惠互利是商品交易的一项基本原则,但在具体执行中没有明确的利益分割点。双方利益的分配,也并非是简单地一分为二。优秀的推销人员,总能够使顾客的需求得到最大限度的满足,又能使自己获得最大的利益。因而推销人员和顾客的利益并不是互相矛盾、互相对立的。

三、说服诱导

说服诱导的过程就是推销员说服顾客购买的过程。推销员说服顾客要把握三个方面:一是向顾客传递商品信息,使顾客对商品及交易条件有充分的了解,为购买决策提供依据;二是激发顾客的兴趣,让顾客喜欢你的产品;三是刺激顾客的购买欲望,诱导顾客产生购买行为。

在推销员推销的过程中,既不能强迫顾客购买推销品,也不能靠乞求获得订单,更不能以欺骗的手段取得推销成果。

忠告:推销员必须努力去做有利于顾客和他所代表的公司的事,绝不要做对顾客无益的交易。

【实训四】

有位销售外围硬件设备的顶尖销售员正给顾客拨打电话,追踪硬件的售后情况,并趁机向这位顾客推销他可能需要的其他设备。请看以下两幕。

第一幕:

他说:"您好,是琼斯女士吗?我是 ABC 公司的史密斯,有空吗?……我是您的新销售代表。关于您刚购买的 123 型机,现在运行得怎样?……很好,我打电话来主要是想做个自我介绍,并留下我的名字和电话号码,以便您有需要时和我联系,比如说要添加设备、另买软件等。您有笔吗?"

请注意,这位销售员打电话时完全按自己认定的结果去谈,并自信与琼斯女士的关系已很融洽,足以使她回电话。总之,带有太多的设想。

第二幕:

还是这名销售员,但在电话中谈的却是:"您好,我是 ABC 公司的史密斯,请问您贵姓?……特纳先生。这是个服务电话。请问您的新系统运转如何?……听起来还不错,而且您的团队都在学着用了。在学习的进程中您需要什么支持？……看来您在公司中什么都不缺。那还有没有新员工要学这一系统？……人还不少嘛。恐怕那么多用户不能共用一个系统了……啊,还以为您知道呢。那您还需要什么来支持未来的运行环境？……添加设备的价格是×××美元。是的,不便宜,您现在有这个预算吗？……哦,很好,要做好这个预算,还有些什么需要我效劳的？……当然,我会把价格和规格传真给您,还有别的需要吗?"

讨论题:

1. 第一幕的销售员问题出在哪里?

2. 第二幕的销售员相对于第一幕的销售员是如何运用说服诱导原则的?

四、诚信为本

诚信为本是人类社会的发展规律属性,也是一个人、一个公司、一个集团乃至一个社会的底线。一个人若说话不算话,那他必然没有好的人缘,路也不会走得容易、走得好;一个公司、一个集团,不能诚信相待供应商、客户、股东、社会,没有责任意识,只求眼前利益不求基业长青的发展轨迹,那必然迟早被市场所淘汰,被社会所放弃;一个社会,如果没有诚信作为发展基石,即使有一时的繁荣,那也是泡沫而已。没有诚信的经济,是畸形的、不健康的经济,必将要发生危机。比如印尼1997年的经济危机,其根源就是整个社会缺失了诚信基石,最终导致举国衰退。

怎样才能建立起诚信？需要做到以下方面:

(1) 展示未来的奋斗目标;

(2) 陈述有理有据;

(3) 诚实而直率;

(4) 内行而专业化;

(5) 树立质量意识;

(6) 使用行话;

(7) 勇于展示自己的才能;

(8) 注重可行性及完成能力;

(9) 关注利益的取得;

(10) 重视顾客的特殊需要;

(11) 和善友好,以礼待人;

(12) 建立共同基础。

第三节　现代推销学的发展与研究

一、现代推销学的产生

推销作为一种社会活动,是随商品生产的产生而产生,随商品生产的发展而发展的。在我国,关于推销的实践活动可追溯到神农时期。到了黄帝时期,已有货币作为交换手段。尧、舜、禹时期,行商阶层开始出现,行商为了进行交易,必然要进行宣传和说服活动,这就是原始推销活动。到了春秋时期(公元前 770—前 476 年),商业更加发展,推销的形式也更加多样化。在以后的社会发展中,推销一直起着不可低估的作用。张骞出使西域,郑和下西洋,开辟了东西方丝绸之路和海上丝绸之路,这无疑是具有伟大历史意义的推销之路。20 世纪 80 年代,随着我国改革开放,建立社会主义市场经济体制,国外有关推销的理论逐步引入我国,大学里设立市场营销专业,把推销学作为重要的专业课程进行设置,使推销学在我国得到了前所未有的发展,并在实践中得到空前的应用。企业需要大量的推销人员,各类学校不断地输送营销人才到企业从事推销工作,各个企业自己也培养、选拔推销人才,现代推销学理论在国外输入的著作和教材的影响下推动国内学者进行研究,并出版了各种版本的推销学教材。目前,在国内学者的共同努力下,推销学理论在我国得到进一步发展,并与我国的实践相结合,推销学的内容体系更加完善,与国外学者的研究接近同步。

在国外,尤其是美国,关于推销的研究在最早的市场学教材中就大量论述过。当时的市场学几乎等同于推销学,因为人员推销技巧、推销手段与策略的研究是当时市场学的主要内容。20 世纪 30 年代的经济大萧条使企业更加注重对推销术和广告术的研究。1958 年,世界著名的推销专家海因兹·M. 戈德曼(Heinz M. Goldmann)的《成功推销的经典指南:如何赢得顾客》(*The Classic Manual of Successful Selling:How To Win Customers*)问世,标志着现代推销学的产生,奠定了现代推销学的理论基础。

二、现代推销学的发展

现代推销学自 20 世纪 50 年代产生以来,体系不断完善,理论不断充实,观念不断更新,内容不断丰富。

(一)现代推销学体系更加完善

与我国社会经济发展情况相结合,现代推销学框架体系更加完善,其内容涉及推销理论、推销人员、顾客研究、推销程序、推销礼仪、推销管理等各个方面。现代推销学真正从管理的角度分析推销问题,分析、研究顾客的购买心理与行为,研究推销人员的推销态度,研究销售管理等与人相关的问题,研究推销程序、推销技巧与策略等推销技术,研究推销人员与人交际沟通的各种礼仪等。这样,这门学科的体系就更加合理、科学,更具应用性。

(二)现代推销学的理论内容综合性更强

现代推销学是融合市场营销学、管理学、心理学、广告学、谈判学以及社会学、公共关系学等多学科的理论知识构建而成的学科,综合性更强。这也符合本学科随着企业推销实践的发展而发展的趋势。

(三)现代推销学的发展对于推销职业的专门化普及起到了重要作用

推销学的创立与发展使推销活动成为一个既有理论根据又有行为规范的、专业性很强的专门职业。如今从事这项工作的人数在迅速增长,尤其是女性推销员的人数在增加。女性推销员更会体察人情冷暖,能够更好地与人相处,这一点已成为许多人的共识。美国一项针对3 000名经理人员的调查发现,经理们认为女性往往比男性更易于贯彻执行上司的意图,其言谈举止也比男性更加亲切,另外还有绝不亚于男性的可信赖性。

（四）现代推销学的发展使推销概念普及化、广泛化

"人人都是推销员"这一口号得到越来越多人的认可,人们认识到,不仅营利性组织需要推销它们的产品与设计的服务项目,而且各种非营利组织也需要推销;不仅推销人员需要向顾客推销自己与产品,其他人也需要推销自己。在现实生活中,人人都有推销之举。小孩向父母推销可爱与要求,希望得到帮助与爱护;求职者在申请某一职位时,会把自己在生活中的任何一点闪光处都抛出,这是在推销;工作以后,为求加薪升职,员工会创造机会,不断地在工作中表现,这也是推销;教授推销的既有各种共通的科学知识,也有他们个人的见解,更包括他们个人对社会、对人生的看法,他们推销的是一种思想。他们与推销人员的区别只不过在于,他们是一时的客串,而推销人员却是以推销谋生。

（五）现代推销学的发展使推销学研究的核心由"满足需求"转向"提供顾客价值"

20世纪50年代以来,推销学一直贯彻市场营销学的核心理念,即"满足顾客需求"。但是,随着营销学理论的进一步发展,关系营销理念成为当代企业信守的新观念,现代推销学的核心观念也转变为顾客提供价值。为此,推销学的重点就是研究顾客追求的价值是什么,如何在满足需求的基础上提高顾客价值,并在推销活动的过程中灵活运用推销理论和技巧促进顾客购买,达到推销效益和顾客价值的最大化,从而巩固、加强买卖双方的互利关系。

（六）现代推销学的发展推动企业内部推销组织及其成员整体素质的提高

现代推销活动不是靠组织中单个人的业绩来实现其经营目标的,而是通过组织中的成员专业分工明确、人员搭配协调、人员素质整体水平较高来完成推销任务,实现企业经营目标并获得企业长远发展壮大的。健全的推销组织是企业发展的根本保证,高素质的推销人员是企业的宝贵财富,二者缺一不可。现代推销学理论对于企业选拔、招聘、培训与激励推销人员,健全推销管理组织机构起到了指导作用。

三、现代推销学的研究对象和内容

（一）研究对象

现代推销学是一门涉及多学科的综合性科学,是应用科学。其研究对象是现代推销活动及其一般规律。换句话说,它研究的是商品交换过程中的推销主体为实现产品

与货币在买卖双方之间的转移的一系列推销方法、理论、技巧与策略的运用及其变化规律。

（二）研究内容

现代推销学的研究对象决定了它的研究内容。主要包括以下几个方面。

1. 对推销基础理论的研究

这是本门学科立足的根本。掌握基础理论是推销人员的首要任务。具体包括：推销的性质与职能、推销学的核心概念、交易推销与关系推销理论、推销模式理论、推销程序研究以及对推销管理的系统研究等。

2. 对顾客的研究

顾客是推销人员推销产品的对象，是买方的主体。顾客可以是产品的最终消费者，或者仅仅是购买者。顾客有现时购买者和潜在购买者之分。推销的成功在很大程度上取决于推销人员对于顾客心理活动的把握。因此，对顾客的需求及其规律、顾客心理活动及其变化规律、顾客特征及其表现等的研究是现代推销学的一个重要内容。

3. 对推销人员的研究

推销人员是推销活动的主体之一，在企业与顾客之间进行信息传播、推销产品，为顾客提供价值。因此，对推销人员的职责范围、素质要求、推销能力的自我开发与管理等方面的研究，有利于企业选拔、培养和造就优秀推销人员，提高推销队伍的整体素质，促进企业以致社会经济的发展。

4. 对推销程序及其策略的研究

推销程序就是推销的步骤或过程，这是许多推销人员在推销工作实践中总结出来的一系列推销阶段；同时，在推销过程中还要学会运用各种推销策略与技巧。推销人员遵循这些程序和策略、技巧工作，就会少走弯路，早出业绩。推销人员在实践中要结合产品、环境、顾客等相关因素，灵活运用这些程序和策略，达到事半功倍的效果。

5. 对推销管理的研究

现代推销学是具有管理导向的应用型学科。如何管理推销人员也是本门学科的重要研究内容，包括对推销人员的选拔、录用、培训、工作激励、业绩考评、奖惩制度等的管理措施与方法的研究，对推销人员个人管理的研究等。

四、现代推销学的研究方法

（一）综合性的研究方法

由于推销学是一门综合性学科，就要用综合性的研究方法，即运用各有关学科的研究方法来研究现代推销活动过程及其一般规律。

（二）理论与实际相结合的研究方法

现代推销学是一门应用型学科，学习本门学科要注重理论联系实际，通过实践来检验、校正书本知识。同时，要对实际问题进行分析、总结，抓住本质，掌握规律，上升到理论高度，以更好地指导实践。

（三）系统论方法

现代推销学是一门体系完整的学科，各项内容之间相互联系、相互制约，共同发挥作用。同时，由于推销活动是一个外在的、开放的系统，现代推销学也是一个开放的系统，不仅受到很多内部因素的影响，而且更多地受到外部因素的影响。因此，必须运用系统论的方法整合各个因素，使之相互协调，并注意整体与布局的关系，保持系统对环境的动态适应性，善于吸收推销领域的新观点、新理论、新方法，着眼全局，把握整体。这样才能使我们的学习与研究取得新的进展，不断推动推销学的发展。

本章小结

现代推销学是我国市场经济发展的必然产物，在推动社会经济繁荣发展过程中起到不可替代的营销思想与行为指导作用。本章指出推销就是创造需求，通过激活和满足顾客需要达到双赢互利的目的；通过本章的学习，正确理解推销的内涵、特点、构成要素，掌握推销之道、创造需求、双赢与说服诱导；了解推销过程，并对推销学的产生、发展与研究内容有一定程度的认识。

本章思考题

一、选择题

1. 推销就是要（　　）。

A. 将顾客不需要的产品也能卖给他们

B. 将顾客可用可不用的产品卖给他们

C. 将肯定能满足顾客某种需要的产品卖给他们

2. 下列选项中说法正确的是（　　）。

A. 推销就是耍嘴皮子、吹牛

B. 推销就是高明的骗术

C. 推销就是跑腿、交际

D. 推销就是说服、鼓动

E. 推销就是卖东西、让顾客掏钱

3. 我厂农用车的维修费用比乙厂的产品维修费用低很多，在推销介绍时，说得最为得体的是（　　）。

A. 乙厂的车质量不过关，维修花费大，买了不合算

    B.　我厂的车使用得当,注意保养,维修费用较少

    C.　我厂的车质量胜过乙厂,不像它们的车爱进修理厂

二、简答题

1. 何谓推销之道?

2. 营销与推销的区别有哪些?

第二章

推 销 主 体

学习目标

通过本章的学习，使学生了解和掌握以下知识点：

- 推销人员的基本素质；
- 推销人员应具备的语言表达能力、应变能力和洞察能力；
- 推销人员进行自我管理和时间管理。

在推销的三个基本要素中，推销人员是非常关键的。我们可以设想，没有推销人员，如何能够实现企业的营销目标。推销人员是指主动向推销对象推销商品的人，推销主体即推销人员。本章主要介绍推销人员的素质、能力、职责以及自我管理等方面的内容。

引导案例

一支烟的代价

小王到当地一家超市推销办公用品。他很专业地为几位部门负责人介绍了产品的样式、质量以及价格。因为小王所在的公司本来就有较高的商业信誉，很快，几位负责人就表达了购买意向。他们告诉小王，如果质量通过检测，他们就会签订 10 万元的合同。

"10 万元！"小王压抑住自己的兴奋，赶紧给办公室里每个人递上早已准备好的高档烟，并一一给他们点上。当看到一直在办公室抹桌子的上了年纪的老头时，小王认为这个人无关紧要，他递烟的手收回来了。

当小王再次来到该公司联系送货业务，准备签订订单时，后勤主管通知他，他们不打算订购这批产品了。小王傻眼了。

"能告诉我原因吗？"

"我们老总的丈人嫌你的报价高，建议老总买其他公司的产品。"

"可老总他的丈人怎么会知道呢？"

"你呀，谁叫你两眼看人低，舍不得一支烟呢？老总的丈人说了，你这个毛头小伙子眼皮往上挑，做人不踏实，所以你来推销的产品质量也得不到安全的保证。"

小王回想当日的情形，如梦初醒，悔之晚矣。

案例评析：

作为一名推销员，诚信、踏实是赢取顾客的金科玉律。礼节周全，一视同仁，是推销员必备的品德与修养。这个案例从反面说明了在现代公司，推销人员的素质已经变成了事业成功的法宝。

第一节 推销人员的素质

小智囊：
修养的本质如同人的性格，最终还是归结到道德情操这个问题上。   ——爱默生
道德常常能填补智慧的缺陷，而智慧却永远填补不了道德的缺陷。   ——但丁

优秀的推销员究竟是一些什么样的人呢？第一，优秀的推销员与长相无关，推销成功的人并不一定是长得漂亮和帅气的人；第二，优秀的推销员也并不都是学历高的人，如日本"推销之神"原一平只有小学学历；第三，优秀的推销员也不分年龄大小，如李嘉诚17岁做推销即获得优异成绩，齐藤竹之助57岁做推销，7年后就获得世界第一的业绩；第四，优秀的推销员和性格内向外向无关，如美国年推销额达10亿美元的乔·坎多尔弗是典型的内向性格的人，他形容自己"嗳嗳嚅嚅，见人低头不敢高声说话"。长相、学历、年龄、性格是当下许多推销人员为推销工作做不好找的主要借口，其实，作为一名优秀的推销人员应具备多方面的素质。

一、思想素质

推销人员应具备的思想素质主要包括以下几个方面。

（一）诚信

一些不诚信的推销员可能会一时得意，但是从长远来看，只有诚信才能永葆推销力。

（二）勇敢

推销是必须经得起孤独与不断挑战的工作，不勇敢你就无法在这一行奋起直前。那些积攒了多年经验的推销能手，偶尔也会产生退缩或是放弃的念头。但是，他们绝不会让那些意念成为事实，因为他们有无比的勇气。

（三）勤勉

勤勉也就是全力投入，有着常人难比的耐力。纵使在失意或是业绩下跌的时候，他还

是奋力直冲,绝不撤退,最终完成目标。

（四）自信

一个拥有自信的推销员,也就拥有了成功的一半。

（五）关心他人

讨厌别人的人,肯定无法从事推销这个行业。每一位成功的推销员,都是招人喜爱、亲切且富有同情心的。

（六）态度和蔼

一个和蔼可亲、开朗爽直的推销员,会激发顾客购买商品的兴趣。相反,一个性格阴暗的推销员会让顾客感到反感。

（七）随和豁达

随和豁达的推销员喜欢与人交往,容易发现他人的优点,富有同情心,待人真诚。

二、文化素质

推销人员应掌握的知识是非常广泛的,要有一定的知识宽度和知识积累。知识的积累意味着素质和能力的提高。以下几方面是推销人员必备的专业知识。

（一）企业知识

掌握企业知识,一方面是因为顾客了解一种产品的时候必然要了解它的相关企业;另一方面,推销人员熟练掌握自己企业的知识,是为了使推销活动体现企业的方针政策、达成企业的整体目标。推销人员要掌握企业的知识应以顾客的需求为出发点,主要包括企业的历史、企业的方针政策、企业的规章制度、企业的生产规模和生产能力、企业在同行中的地位、企业的销售策略,以及企业的服务项目、企业的交货方式与结算方式等。

推销人员要对企业的背景知识熟练掌握,以树立信心,增强认同感和归属感,提高工作动力和热情,也可满足顾客对这方面的要求。

（二）产品知识

推销人员不是技术专家,也不是产品开发设计人员,不可能透彻了解有关产品的全部知识。但是推销人员一定要把产品的性能了解清楚,才能在推销过程中向顾客解释清楚,面对顾客的疑问才能从容不迫地解答。

顾客在购买一件商品之前,总是要设法了解产品的特征和利益,以减少购买的风险。通常,越是技术上比较复杂、价值或价格越高的产品,顾客越要最大限度地了解产品。大型机器设备的推销人员在介绍产品和培训客户使用操作时要花去推销过程中的绝大部分时间。顾客喜欢能为他们提供大量信息的推销人员,顾客相信精通产品、表现出权威性的推销人员。因此推销人员应对自己所推销的产品有深入的了解,例如,原材料及商品质量、生产过程及生产工艺基数、产品的性能、产品的使用、产品的维修与保养、产品的存放条件、产品的售后保证措施等。

（三）市场知识

市场是企业和推销人员活动的基本舞台，了解市场运行的基本原理和市场营销活动的方法，是推销人员必备的功课，也是企业和推销人员获得成功的重要条件。需要推销人员掌握的市场知识是非常广泛的，因为推销活动涉及各种各样的主体和客体，推销的内容和方式十分复杂。推销人员应努力掌握市场经济的基本原理和趋势、市场营销及商品推销的策略与方法、市场调研与市场预测的方法、供求关系变化的一般规律、消费心理及购买行为的基本理论等专业知识，不断充实自己的知识库，巧妙地应对各种顾客提出的问题。

（四）消费者知识

推销人员应熟悉消费者权益保护法，知晓顾客的知情权所指内容，熟悉顾客。所谓"知己知彼，百战百胜"，掌握社会学、心理学、行为学的基本知识，可以很好地了解、分析顾客的特点，以采取不同的推销策略。

（五）人际交往知识

推销人员的工作简言之就是与各种各样的人打交道。成功地推销产品离不开推销人员良好的人际关系。要想使顾客接受自己推销的产品，必须首先使顾客接受推销人员这个人，这使人脉资源、人际关系显得十分重要。人际关系的知识既是推销成功的前提条件，又是建立个人声誉和企业信誉的必要基础。

视野扩展

一位成功的推销员应领会"低、赏、感、微"四个字

"低"，就是低姿态，即谦虚的意思。常言道："礼多人不怪。"推销员在行礼时，头越低，越谦虚，成功的概率越高。尤其在处理顾客的抱怨时，你低头道歉，顾客自嘴里吐出的子弹（咆哮）也就越头而过，不仅伤害不到你，顾客还会对你产生好印象。

赏"，就是赞美词。美国人际关系专家戴尔•卡耐基曾说：推销员赞美顾客的话应当像铃一样摇得叮当响。如他看到顾客的小男孩，就弯下腰和小孩一般高，一边摸小孩的头（最好摸两圈半），一边说："好聪明呀，将来必像你爸爸一样做大生意。"如果是小女孩，则说："好漂亮呀，长大一定跟妈妈一样是个美人儿。"推销要先开启顾客的心，而赞美词就是一服"开心"的特效药。

"感"，就是感谢词，如谢谢您。古河长次郎认为中文的"谢谢您"是最动听的词，推销员要常说"谢谢您"，并且一面说，一面要面带微笑，注视对方。谢谢您，发自内心地说出这三个字，会让你受用无穷。

"微",就是微笑。推销员接受训练的第一课就应当是学会微笑,每天要对着镜子练习。推销工作不适合绷着脸的哲学博士,而适合那些脸上始终阳光灿烂的人。

资料来源:王便芳.销售与市场(管理版).2006(2).

第二节　推销人员的能力

小智囊:
和蔼可亲的态度是永远的介绍信。
　　　　　　　　　　　　　　　　　　　　　　　　　　——培根

案例 2-1

一天,一对恋人来招远黄金专柜挑选结婚首饰。我把他们引到"爱·闪耀2"结婚钻戒专区,告诉女孩这些都是新款,非常别致独特。我拿出一款叫"幸福"的戒指帮她戴上,指圈大小刚刚好,钻石优雅柔美的造型和璀璨的光芒将女孩的纤纤玉指衬托得更加动人。她不停地在镜子和她男友面前摆弄戒指,看得出来,她打心眼里喜欢上这个戒指了。算算价格大概5 000元,女孩恋恋不舍地取下戒指,摇了摇头,表示太贵了,超出了预算。

女孩又走到了铂金专区,要我帮她选个便宜点的铂金戒指,经过不断试戴,女孩选中了一款1 800元的铂金戒指。我赶紧再给她戴上"幸福"让其比较,很明显,"幸福"更适合她。我对女孩说:"结婚是人生大事,婚戒的挑选很重要,钻石代表永恒,代表坚贞不渝的爱情,放弃自己心仪的结婚礼物会留下遗憾,以后用钱也无法弥补这种感觉。"我知道她心里是喜欢钻石的,只是舍不得一下子花这么多钱,如果有人鼓励和赞同她,她肯定会动心的。我再次把她引到了钻石专区,她开始选低价位的,选了两款,都是K金镶嵌,戴上去也不适合她的手指。我又让女孩戴上"幸福",对她说:"铂金和钻石是最完美的搭配,你看,这枚钻戒戴上去多漂亮,其他两款还要去改指圈,多麻烦。"女孩把戴着"幸福"的手让男友看,征求他的意见。我马上对他说:"你真的很幸福,找到了这么能干勤俭的好老婆,她很喜欢这枚戒指,简洁大气很耐看,很适合她的手型。俗话说得好,千金难买美人笑,只要她喜欢,贵一点又有什么关系,别让爱人留下美丽的遗憾。"他笑着说:"再便宜点,我们昨天在另一家店也看了这款,不然我去他家买了。"我也笑着说:"招远黄金产品的款式都是独一无二的,别家都没有,并且我们现在有优惠活动,现在是最后两天了,你看,你一下就省了好几百呢。我看看还有什么礼物可以送给你们,表达对你们的祝福。"我找出一套餐具对女孩说:"你们运气真好,还有最后一套餐具,我把它送给你,表示我们的一份心意。"他们见我如此诚恳,最终购买了"幸福",并且还顺带买了一条铂金项链。我向他们详细介绍了售后服务细则,看着他们离去的背影,我默默地祝福,希望这对有情人能像手上的戒指一样,生活在幸福里。

案例评析：

作为一名优秀的销售员要善于沟通，针对顾客的心理与消费特点，善于运用语言去打动他并鼓励他做出正确的购买决定；在整个销售过程中，销售员要表现得真诚、恳切，要让顾客感受到你是他的家人、朋友，而不纯粹是一名销售员。

一、良好的沟通表达能力

沟通是人际关系中最重要的内容。一个想法、一个信息，在传递、解释、理解中，往往通过表述者的习惯方式表现出来。如何让听和说的双方互相接受，真实反映各自的感受，达到妥协或一致的目的，这就是沟通的艺术。

（一）有效沟通的技巧

有效沟通的技巧是指以善待人，以情感人，以理服人，以利动人。很多时候客人并未有喜悦的购买心境，但推销人员生理形成模式甚得人欢心，如亲切的笑容，殷勤细心的推介等，让客人感到愉悦，诱发了客人的购买欲。

有效的沟通完全不是一种简单的行为或随意的动作，它切切实实地影响推销的业绩。

（二）语言交际技巧

语言交际技巧指善于聆听，乐于交流。语言是一种交际工具。人们正是通过语言进行感情和思想交流，建立和谐关系的。对于推销人员来说，语言是与客户沟通的媒介，一切营销活动首先是通过语言建立起最初的联系，从而使营销活动不断进展，最终达到购买目的。所以，语言交流是推销活动的开端，这个头开得好不好，直接关系到推销的成败。一般说来，话说得恰到好处，就会把与客户的距离拉近，生意就可能做成。如果话说得不得体，甚至让人不易接受，刚一接触印象就不好，自然也谈不到生意了。作为一名推销人员，由于职业的关系，说话要注意掌握好分寸，说什么话，什么时间说，怎么说，不同于日常生活的语言交流，要有职业特点。

语言交际是一种建立在心理接触基础上的人际交往。所以，心理因素对语言交际的影响最大、最直接，也最关键。推销人员在与客户交谈时，一定要注意使自己的语言贴近对方的心理，尽可能地消除由于心理障碍造成的隔阂。因为人们对任何事物的接受，首先表现在心理上的接受。把话说到人的心里，事情才好办。

1．说话的方式和分寸

所谓说话的方式和分寸，就是同一件事，你会选择说哪一段，站在哪个角度说，比如，你太太炒菜，四个菜中只有一个好吃，你吃饭的时候会说那三个不好吃，还是说那一个好吃呢？一定是说那一个好吃，因为你说那三个不好吃也没用，再说好不好吃她和你一样清楚，为什么要说呢？

如图 2-1 所示：（1）选择以"智慧的老者"的方式与人沟通，要体现出学识的渊博与经验的丰富，高瞻远瞩，给人以可信性；（2）选择以"朋友"的立场与人沟通，要体现出对人的理解，站在对方的角度去考虑问题；（3）选择以"魔法师"的方式与人沟通，要注意说话的语气、态度,制造出一种悬疑、幽默的气氛;(4)选择以"战士"的方式与人沟通,要带有命令的口吻,简短、利落。

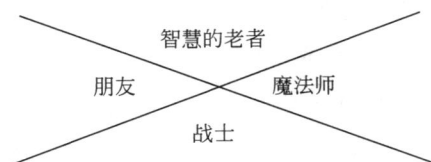

图 2-1 四种说话的方式

【实训一】

(1)请同学们思考这四种说话方式,并模拟这四种说话方式进行沟通。

(2)请以"课堂秩序混乱,任课老师批评了几位同学后,班级静悄悄"为情景,请问选用哪种说话方式可以打破沉闷的课堂氛围,如何讲?

2. 说话的对象和身份

成语"对牛弹琴",讽刺的是"说话不看对象"。琴弹得再好,对牛也没有任何意义。说话也一样,不看人说话也没有任何作用,有时还会招来不必要的麻烦,甚至杀身之祸。要了解听话者的身份、年龄、职业、爱好、文化修养等诸多方面的情况,只有这样,我们所说的话才有意义,才能达到预期的目的。

3. 控制说话的音调

关于音调的高低,专家建议以中音最好。不要因为你的声音太小,让客户听不明白你的话;也不要因为你声音太大,让客户听你讲话的时候,还要把头往后仰,以保护他的耳膜。

4. 谈话的内容

为了与客人有谈资,推销人员应关注一切大众话题,如体育、时事政治。

体育:即使你不是球迷,也要分一只耳朵给体育新闻。

时事政治:最好不要主动谈起这个话题,因为你不知道你的客户对政治是否感兴趣,即使感兴趣,你也不知道他对某一件事的具体观点。

5. 说话好听的技巧

【实训二】

你去拜访客户,而他恰巧有急事出去了,你临时决定到附近另一家客户那里看一看。见面之后,你该怎么说?请看表 2-1。

表 2-1 不同的表述方式

(1) 我正好经过这里,所以顺便来看看	(4) 我的一个客户出门了,所以过来看看
(2) 我不知道把你的电话号码放到哪里去了,所以没有事先打电话	(5) 与其通过打电话与你约会时间,还不如我直接来呢
(3) 我不是现在就要与你讨论细节问题,只是先过来认识一下您这里	(6) 我了解,您一定很忙,我在那边等一会儿,您有空了我向您介绍一下我们的新产品

忠告：当你说完一句话之后，用脑子考虑一下，你说得是否恰当。当你与其他人会谈之后，用一小段时间回想一下，自己哪些话说得好，哪些话说得不好，应该怎样说。

思考：你有没有遇到这样的场合，某人滔滔不绝地说了很多，自以为非常精彩，但听的人似乎没有多大兴趣，冷冷地看着他，一言不发？

为什么会这样？是说话者的内容不合他们的心意？还是人们不喜欢他这个人？

视野扩展

阿尔伯特·莫瑞宾教授在加利福尼亚大学牵头做过一个时间较长的交流项目，从而总结出在演讲中赢得信任所必备的三个条件。这三个必备条件按重要性排列依次为：

文字表达——你的文采

口头表达——你的口才

视觉感受——你的风度

实践测试结果与以上研究结果的顺序不一致。实践测试结果显示，三个必备条件所占比重如下：

文字表达：7%

口头表达：38%

视觉感受：55%

三个条件就像火箭。发言内容7%——火箭头，最小但最有价值的部分。如果助推器失灵，火箭头的价值无从谈起。声音38%和外表55%——助推器，发言时的激情与活力。你的风度和口才会让听众相信你一定能讲出值得他们听的内容。

> **小智囊**：
> 用最重要的方式——以快乐而可爱的自家人身份——把自己与客户联系起来。
> 买东西的人不愿意面对一个专业推销员，但是愿意面对儿子、女儿和孙子。
>
> ——阿克·卢斯伯格

二、敏锐的洞察能力

通过对顾客环境的观察与分析，与顾客的接触（直接或间接）和交流，通过顾客的手势、反应、脸色、心境等表现，推销人员应在头脑中快速形成印象并加以整理，迅速做出判断，哪些是可能的买主（准顾客），哪些绝不可能成为买主，哪些顾客有购买欲望，哪些有购买力，顾客想的是什么，顾客的顾虑是什么等。

1. 眉眼动作语言

（1）当对方的视线经常停留在你脸上或与你对视，表示对你的话题感兴趣。

（2）倾听对方谈话时几乎不看对方，那是企图掩饰什么的表现，有不实的地方。

（3）眼睛闪烁不定，一个当场撒谎的人常常是"撒谎连眼睛都不眨"。

（4）扫视或侧视：扫视表示好奇，侧视表示轻蔑，过多的扫视会让对方觉得你心不在焉。

（5）闭眼：会给对方孤傲自居之感。

（6）眉开眼笑表示欢乐；双眉紧锁表示忧愁。

2．腿部动作语言

（1）二郎腿（图2-2）。二郎腿指一条腿的膝盖窝在另一条腿的膝盖上。上身前倾，意味着合作态度，相反，意味着拒绝或有较强的优越感。

（2）架腿。架腿指把一脚架在另一腿膝盖或大腿上。对方与你打交道采取这个姿势且仰靠在沙发靠背上，通常带有倨傲、怀疑、不愿合作的意味。若上身前倾同时又滔滔不绝地说话，则意味对方是热情的但文化素质较低的人，对谈判内容感兴趣。

（3）并腿。交谈中始终或经常保持这一姿势并上身直立或前倾，意味着谦恭、尊敬，表明对方有求于你；时常并腿后仰的对手大多小心谨慎，思虑细致全面，但缺乏自信心。

（4）分腿（图2-3）。双膝分开、上身后仰者，表明对方充满自信，愿意合作、自觉交易。

 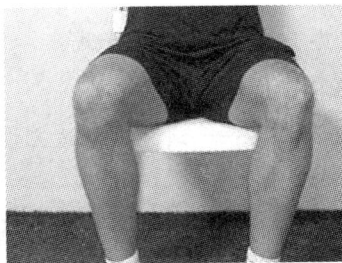

图2-2　二郎腿　　　　　　　　　　图2-3　分腿

摇动足部或用足尖拍打地板或抖动腿部，都表示焦躁不安、不耐烦；双腿不时地小幅度交叉后又解开，这种反复动作表示情绪不安。

3．上肢动作语言

（1）握拳表现向对方挑战或自我紧张的情绪。

（2）两手手指并拢并置胸的前方呈尖塔状，表明充满信心。

（3）手与手相连接放在胸腹部的位置，是谦逊、矜持或心情略带不安的反应。

（4）两臂交叉于胸前，表示防卫或保守，并握拳表示怀有敌意。

三、快速的应变能力

世上不可能有一劳永逸处理应变的方法，再好的方法也只是在一定条件、时间和地点下适用。推销员在与顾客接触前，都会对推销对象做一定程度的分析与研究，并会做接洽准备，制定推销方案。但是，推销员面对的顾客太多，无法把所有顾客的可能反应全都进行理智地分析和处理，所以就要求推销员遇事不惊，随机应变，并立即找到对策。

视野扩展

性 格 测 试

有一家一流的大公司,刊出了招聘职员的广告,声明应征人必须穿着外套。应征者接到通知,前往该公司参加面试时,被引入一间办公室。当时担任面试的高级职员正忙着办公,他对应征者说了一句话:"把外套挂在衣帽架上,请坐。"说完又继续办公了。可是这间办公室里并没有衣帽架、椅子。

如果你是应征者,你会怎么办呢?

从以下各种方法中选出你可能采取的行动。

(1)规规矩矩地站在一旁,一直等到面试者办完事。

(2)很有礼貌地向面试者说:"对不起,先生,这里并没有衣帽架和椅子。"

(3)先答应"好的",然后就手足无措地站在一旁。

(4)"虽是这么说,可这里并没有衣帽架,也没有椅子。"勇敢地把这些直截了当地说出来。

(5)走出办公室,找一把椅子进来。

你的性格和发展前途

选择 1 或 3 的人——这种人有适应性,不说惊人的言论,领导才能较差,只适合做计算、管理等机械性的工作。

选择 2 的人——他的反应方式和一般人不一样,他虽然很认真地指出了对方的不合理处,但他也考虑到对方"上司"的立场。他属于开拓型的领导人才。

选择 4 的人——适合于做业务员或推销员,他有积极的推销才能,性格强韧,勇于向目标挑战。

选择 5 的人——这种反应非常特殊,他的言语行为是走在最前端的,他的猜测力很强,但也常比其他人多事。

第三节　推销人员的职责与管理

一、影响推销的因素

推销不是在真空中进行的,它是一种联系广泛、错综复杂的、开放性的社会活动。因此,必然时时处在各种内外因素的影响和制约之中。这类因素很多,主要包括以下方面。

(一)顾客的类型

顾客可分为两类,即新顾客和老顾客,开发新顾客比继续为老顾客提供服务要困难得多。开发新顾客重在推销,而对老顾客重在保证服务质量。

（二）推销人员的素质

有些推销活动的重点在于向顾客提供服务，有些推销活动的目的在于说服顾客购买某种产品。作为一名卓有成效的推销人员，应该至少具备这样两项基本素质：一是善于从顾客的角度考虑问题；二是对于成功具有强烈的欲望。为此，企业要十分重视推销人员的选拔、培训和组织管理，努力提高推销人员素质，激发其工作热情，为推销的成功奠定坚实的基础。

（三）购买决策的重要程度

对推销人员来讲，顾客购买决策是影响他们推销行为的重要因素。推销人员必须了解顾客购买的哪一类商品是重要的，哪一类商品是一般的，才能有针对性地进行推销并收到良好的效果。

（四）推销活动的地点

企业内部推销人员的主要任务是负责处理订单。地域推销人员的主要工作是在顾客的业务所在地或顾客居住地进行推销，因此，地域推销人员的责任重、能力要求高。

（五）产品特性

有形产品的推销比无形产品的推销要容易得多。因为人们比较容易认识有形商品所能带来的利益，而无形产品（如保险、商标权、著作权等）给人们带来的利益不是显而易见的，这无疑对推销人员提出了更高的要求。

二、推销人员的职责

推销人员的职责与现代推销的职能基本上是一致的。推销的职能是与推销的性质相关的，是推销工作的内在要求；推销人员的职责是把推销工作的职能外化，是推销人员履行推销职能的具体行为，并且这些行为是企业可以用一些指标来衡量其效果和效益的。

（一）推销产品

企业之所以雇用推销人员，其主要目的是完成推销任务，实现企业的推销利润。推销人员如果不能完成推销任务、不创造推销利润，是不可能得到企业的赏识和认可的。推销产品是推销人员的首要职责，是推销人员履行其他职责的前提。因此，推销人员应该加强推销洽谈的训练，掌握推销谈判的技巧，创造优异的业绩。

（二）树立良好的企业形象

企业形象是顾客对企业的总体看法和印象。推销人员的言谈举止代表了企业的形象，影响着顾客的购买行为。基于这一点，就要求推销人员应注重个人形象。首先，穿着要干净整洁，使顾客认为你是可以信任的、有修养的人，给顾客留下良好的第一印象。其次，要注重言行得当。推销人员在与顾客交往的过程中态度要诚恳，要热情主动；要用正面的语言表达对自己公司的认同,给顾客留下你所代表的公司的美好印象,真正树立企业形象。

（三）开拓与进入目标市场

推销人员只有开拓进入目标市场,才能把潜在市场变成现实市场,把市场机会变成盈利机会,把潜在的利润变为真实利润。为此,推销人员应做的工作有:分析目标市场需求变化的影响因素,开展公关活动,制订企业产品的推销网络计划,实施开拓。拜访率和成功率是考核推销人员的重要指标。

（四）收集市场信息

推销人员直接与顾客打交道,对顾客需求和市场信息的变化最清楚,推销人员理所应当承担市场信息收集的任务。市场信息的范围广泛,主要有以下几种。

（1）供求信息。推销人员有责任把顾客的要求传递给企业,促进企业按需生产。

（2）价格信息。商品市场价格的现状及变化趋势的信息。

（3）竞争者信息。市场上竞争者的状态与竞争者动态的信息。

（4）环境信息。国家的政治、经济、科技、环保、法律法规等发展变化的信息。

上述市场信息对于企业取得竞争优势、巩固产品及品牌形象、维系忠诚顾客及企业的长远发展都具有重要影响。优秀的推销人员能够抓住有利的信息,迅速开展推销工作,赢得竞争的主动,为企业带来效益。

（五）提供服务

现代推销不仅要把商品推销给顾客,而且要帮助顾客解决困难和问题,满足顾客的各种需求,从而在顾客中建立起产品和企业的良好信誉。在推销过程中,推销人员既要为顾客提供售前的信息咨询、培训服务,又要为顾客提供售中的热情接待、介绍商品、包装商品、免费送货、代办各种推销业务、满足顾客的合理要求、为顾客提供方便等,还要为顾客提供售后安装、维修、包退、包换、跟踪了解、解决消费者的困难和问题、提供零配件等服务,以消除顾客的后顾之忧。推销人员的言行举止时时刻刻都代表着企业形象,推销人员应时刻记住宣传自己的企业和树立企业形象的职责,从而使顾客相信自己的企业。

三、推销人员的自我管理

小智囊:
能够完全占有自己的心,也就获得了世界上最可贵的珍宝。
　　　　　　　　　　　　　　　　　　　　　　　　——卡耐基

（一）自我管理的重要性

对于每个推销人员来说,成功还是失败完全取决于自己,首先要学会管理自己,把自己的一切管好了,有一天你才能成为别人的主管。因此做好自我管理是一件非常重要的事情,管理自我必须具有的一种心态就是善于克制自己。

管理应该不仅是管理你的外在,应该真正把你的心管好。要想成为一个业绩最好的人,或组织团队里最棒的一位,必须克服自己的缺点,养成一种良好的习惯。

例如,外面下了很大的雨,"拿着雨伞能办得了什么事呢? 那就干脆留在这里,或干脆在办公室整理文件。还好,我和客人都没有约会"。你在做什么? 你在做自我推托,自我找借口。其实你内心是软弱的,不敢面对现实,你只知道回到你的舒适空间里。如何把软弱的心理变为坚强、积极的心理,如何将懒惰的心理改为努力工作的心理,将贪玩的心理改成稍作休息的心理,将退缩的心理变成积极进取的心理? 这就需要切实做好自我管理,真正地把你的心管好。

改变应该从心开始,当你心理更上一层楼,相信你的行动也一定会改变,而行动的改变会促进你习惯的改变,习惯改变性格也会改变。告诉自己:"我一定要成为这个组织里、团队里最棒的推销员。"改变你的心理,你的一切都将改变。

如何维持自信呢? 成功的先决条件就是自信,相信你的改变一定会让你有所收获。既然选择做一件事就一定要把事情做好。别人怎么说并不重要,重要的是自己一定要把它做好。

(二)每日工作记录

每日工作记录如表 2-2 所示。

表 2-2　每日工作记录

问　题	答　案
今天联系的客户姓名、电话:	
今天见客户时说得最恰当的话:	
今天见客户时说得最不恰当的话:	
在　　时候,我应该这样说:	
今天见客户时做得最不恰当的一件事:	
在　　时候,我应该这样做:	
_____客户有签约的意向,他还需要我采取以下行动:	
今天收集的信息:客户　　的爱好是:	
公司发布的新产品是:	
行业中的新产品有:	
对自己今天工作的评价:	
我觉得还有这些地方需要努力改进:	
对今天没有办成的事情,我打算采取这样的方法:	
今天办得比较成功的事情:	

（三）每日学习记录

每日学习记录如表 2-3 所示。

表 2-3　每日学习记录

问　　题	答　　案
今天看书取得的最大收获：	
今天我学会的一种说话技巧：	
今天我学会的一种办事技巧：	
今天我从别人的办事方法中获得的启发：	
我今天阅读报纸与杂志，印象比较深刻的：	
我今天顿悟的道理：	

四、推销人员的时间管理

（一）时间管理的重要性

为什么要学会掌控时间？时间就是生命，它不可逆转，也无法取代。浪费时间就是浪费生命，而一旦把握好时间，你就掌握了自己的生命，并能够将其价值发挥到极限。

一个人事业的成功与否，一个企业能否做大做强，与时间管理的优劣有极大关系。如果想在一定的时间内，高效率高质量地完成一项工作，就必须善于利用自己的工作时间。工作是很多的，时间却是有限的。时间是最宝贵的财富。没有时间，计划再好，目标再高，能力再强，也是空的。时间是如此宝贵，又是最有伸缩性的，它可以一瞬即逝，也可以发挥最大的效力。对于生产和商业活动来说，时间就是潜在的资本。在工业史上，经常有这样的事情：仅仅是一天之差，就可以导致一个企业的巨大成功和另一企业的倒闭破产。由此可见，不懂得利用时间的管理者是最无能的管理者。浪费时间就等于浪费企业的财富。

会不会利用时间，不是单纯地看工作时间内是否充满了各种工作。有很多管理人员，从早忙到晚，不单在工作时间内挤满了各种工作。而且还在工作时间以外寻找时间继续工作。单纯从这个现象看，并不能表明该管理人员会利用时间。他的工作精神固然是好的，但他还不能称得上是最好的经理，也不能称他是善于利用时间的能手。

会不会利用时间，关键在于会不会制订完善的、合理的工作计划。所谓工作计划，就是填写自己和企业的工作时间表。例如，某年某月某日要做什么事；哪些事先做，哪些事后做；哪个时间内以哪些事为重点；安排哪些时间内做什么事，等等。

但是，所有计划在实施时，并不是要求管理人员把未来的工作时间全部填满工作内容。有计划地利用工作时间，主要是合理地安排最主要的工作和最关键的问题。这些工作和问题，只要安排得适时和得当，就会像机器的主轴带动整个机器运转那样，促使其他的事情按时完成。

因此，真正会利用时间的管理者，不是把大量时间花于忙乱的工作中，而是用在拟订计划中。能干的管理者,用很多时间去周密地考虑工作计划——确定工作目标的手段和方法,预定出目标的进程及步骤。他不但在年初这样做,在动手做每件事以前也这样做。也就是说,在这些能干的管理者看来,大的目标有大的计划,中等程度的工作有中等程度的计划,小的工作则有小的计划。总之,大事小事,都要事先周密考虑。一旦考虑出完整的计划,执行起来就很顺利。表面看来,制订计划和考虑问题的时间占用得多了,但从总耗用时间量来计算,却节省了许多宝贵的时间,即压缩了时间的流程,充分利用了每个单位的时间。

　　一个成功的人,善用时间,是其成功的因素之一。一个企业发展到今天,一个业务主持者,时间不够用,往往是普遍的现象,既然谁也无法获得比别人更多的时间,那么,唯一的办法是如何计划充分利用你的时间。如何进行时间管理呢? 流程如图 2-4 所示。

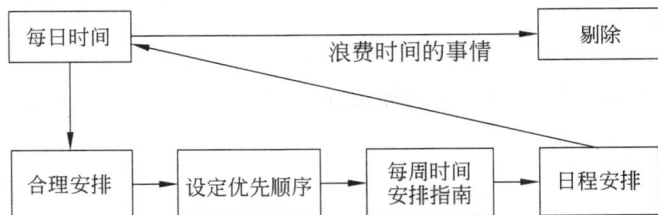

图 2-4　时间管理流程

(二) 推销员的时间与业绩的关系

　　推销讲究的是业绩,但跟时间也有很大关系,先到先得,那么推销人员的时间管理技巧有哪些?

　　1. 未达成推销

　　推销未能达成,还要再打电话,这是最浪费时间的。通常来说,这是由于推销员准备不充分,落下了某样东西——正确的报价单、宣传册、库存数字等造成的。等你再打电话回去,客户往往失去了兴趣。

　　2. 迟到

　　通常来说,迟到是由于害怕遭到拒绝或失败。克服这种恐惧的唯一办法就是每天都直面它,直到它消失。这种恐惧的最大特点就是,如果你能坦然面对它,它就退却了。

　　3. 准备不充分

　　拜访前应该做充分的准备,要尽可能多地了解客户的情况。在对客户一无所知的情况下就向客户推销产品,对客户来说,没有什么比这更令他们恼火的了。

　　4. 无知

　　当客户对产品或服务提出问题时,推销员结结巴巴,绕来绕去,或者现场编答案,这不仅令客户对推销员和公司产品无法产生信任,而且还会动摇推销员自己的信心。

　　5. 拜访未经确认

　　很多时候,推销员因为害怕客户会取消拜访,而不敢打电话确认。他到了客户那里,才发现客户不在。这很浪费时间。怎么办？在出发前给客户的办公室打电话，问接线员客户在不在。如果在，就说"谢谢，请告诉他某某某打来电话，会在预定的时间拜访他"，然后挂断。

6. 糟糕的拜访路线

若需拜访的客户较多，拜访路线的设定就显得尤为重要。最好把你的客户按地理位置划成 4 个片区，每天或每半天只拜访一个片区里的客户。

7. 不必要的完美主义

当你发现自己在拜访前一遍又一遍地研究材料，坚持每样东西都清清楚楚，恐怕你很难否认，自己有些心虚吧。只要你大胆前行，就会忘记害怕。

8. 注意力分散

控制自己，做到直视客户，身体前倾，当客户说话的时候专心地注视他。把你的眼睛想象成太阳，你要把客户照亮。这能让你把注意力保持在客户身上，避免走神。

9. 疲劳和加班

据估计，现今，有 50% 以上的推销员在乱打乱撞。游戏规则是，如果你要每周推销 5 天，那你每周就必须有 5 天早早地上床睡觉，这样才能有精力获取更多的机会。

10. 缺乏雄心或欲望

有时候，这是由于推销的产品不对路。有时候，这是因为和上司或同事相处不愉快。不论什么原因，如果你对自己的产品或服务提不起热情，就可能意味着你应该换个职业。

（三）推销员时间管理方式

（1）每天回答下列问题。

今天我做了什么？为什么？

今天我做错了什么？为什么？

我是何时着手于最首要任务的？为什么？能否开始得更早？

一天中何时效率最高，何时最低？

今天最耗费时间的事情是什么？

（2）找出浪费时间的事情。

- 为推销电话做过多的准备。
- 把次要的工作放在前面。
- 没有仔细考虑就开始工作。
- 做事半途而废。
- 做那些本来可以交由别人去做的事。
- 去做可以交由技术设备代替的工作。
- 做职责范围外的工作。
- 做过多繁杂的记录。
- 向无意购买的顾客推销产品。

- 对那些很少做出让步的顾客给予过多的注意。
- 管理太广泛的业务。
- 不必要的会议、参观、访问、通话。
- 太过注意细节。
- 社交活动占用时间过多。

本章小结

　　一个优秀的推销员应具备诚实、勇敢、勤勉、自信、关心他人、态度和蔼、随和豁达等优秀品质;还需要有良好的沟通表达能力、敏锐的洞察能力、快速的应变能力。除此之外,推销人员还要擅长自我管理和时间管理。

本章思考题

一、选择题

1. 推销要素是指(　　　)。

　　A. 推销人员　　　　　B. 推销机构　　　　　C. 推销品　　　　　D. 推销对象

2. 推销人员除具备基本的思想、文化、身体及心理素质外,还应练就的技能是(　　　)。

　　A. 语言表达能力　　B. 社交能力　　　　C. 洞察能力　　　　D. 应变能力
　　E. 处理异议能力

二、简答题

1. "推销人员的责任主要表现在完成推销定额、向自己的公司负责上。"这种说法是否正确?为什么?

2. "无论推销什么商品,也不论面对什么推销对象,有较高的学历,一定能够取得很好的推销绩效。"你如何评价这种观点?

3. 要想在推销事业上有所成就,推销人员应培养什么样的心理素质?

三、案例思考题

★ 案例2-2

电冰箱推销

　　王先生从事冰箱推销工作十几年,新调任到上海担任 M 品牌的推销经理,就遭遇了推销"瓶颈"。

　　王先生多方总结,找出了最主要的两个原因:

　　第一,M 品牌知名度不高,在上海消费者眼里是个"杂牌子";

第二，M 品牌虽然质量不错，却没有很好的口碑，消费者不认可。

经过对市场上主要品牌的仔细考察和一番深思熟虑后，王先生信心十足地再次叩响了上海一家最大的电器经销商的大门。该公司何经理跟前两次一样，很冷淡地拒绝了王先生。王先生早有心理准备，他闭口不谈进货，而是开始评价何经理公司进货最多的三款品牌冰箱，评论条理清晰而又客观实际，何经理听了也不住地点头。

王先生看时机成熟，话锋一转，开始谈冰箱质量，并下结论说："所以，要评断冰箱质量，关键不是看制冷效果，而是要看冰箱的密封效果。只有能将冷气长时间封住的冰箱，才能制冷快，保温时间长而且节能。"他们来到何经理在上海最大的一家专场，王先生拿出一张 A4 纸，夹在某一线大品牌冰箱的门上，对何经理说："冰箱密封效果如何，关键是看冰箱门是否能关紧。您现在把这张纸拉出来。"何经理上前将夹在冰箱门里的纸轻易地拉了出来。王先生又用同样的方式在其他品牌的冰箱上做了一次试验，结果，全都一样。看着何经理越皱越深的眉头和周围越围越多的顾客，王先生把大家带到了专场门口，那里一字排开十台 M 品牌冰箱。王先生拿出相同的纸，让何经理在 M 品牌冰箱门上做与刚才相同的试验。结果纸被用力拉成两片，剩下的部分仍然夹在冰箱门上，丝毫未被拉出，十台冰箱都是如此。

围观的顾客开始点头议论，有人还自发地去做试验，纷纷赞叹 M 品牌冰箱好。事后，何经理主动找到王先生，一次就订了 5 000 万元的货。

案例思考：

1. 王先生遭遇推销"瓶颈"的原因在哪？他又是怎样与何经理建立起良好的客户关系的？

2. 王先生与何经理属于交易推销还是关系推销？王先生又是怎样赢得何经理信任的？

第三章

沟通技巧

学习目标

通过本章的学习,使学生了解和掌握以下知识点:

- 了解什么是沟通,沟通的重要性;
- 掌握语言沟通技巧——听、问、答、叙、辩,提高沟通的质量与效率;
- 识别眼神、表情、上肢、坐姿等不同的肢体语言,提高个人察言观色的能力,洞察客户的心理。

沟通是一种自然而然的、必需的、无所不在的活动。通过沟通人们可以交流信息和获得感情与思想,人们在工作、娱乐、居家、买卖时都要通过交流、合作,从而达到各自的目的。

引导案例

沟通中的善听与善辩

乔·吉拉德是美国首屈一指的汽车推销员,他曾在一年内推销出 1 425 辆汽车。然而,这么一位出色的推销员,却有一次难忘的失败经历。一次,一位顾客来找乔商讨购车事宜。乔向他推荐了一种新型车,一切进展顺利,眼看就要成交,但对方突然决定不要了。夜已深,乔辗转反侧,百思不得其解,这位顾客明明很中意这款新车,为何又突然变卦了呢?他忍不住向对方拨了电话:"您好!今天我向您推销那辆新车,眼看您就要签字了,为什么却突然走了呢?""喂,你知道现在几点钟了吗?""真抱歉,我知道是晚上 11 点钟了,但我检讨了一整天,实在想不出自己到底错在哪里,因此,冒昧地打来电话请教您。"

"真的?"

"肺腑之言。"

"可是,今天下午你并没有用心听我说话。就在签字之前,我提到我的儿子即将进入密歇根大学就读,我还跟你说到他的运动成绩和将来的抱负,我以他为荣,可你根本没有听我说这些话!"

听得出对方似乎余怒未消。但乔对这件事却毫无印象,因为当时他确实没有注意听。话筒继续响着:"你宁愿听另一名推销员说笑话,却根本不在乎我说什么,我不愿意从一个不尊重我的人手里买东西!"

从这件事中,乔得到两条教训。第一,倾听顾客的话实在太重要了。因为自己没注意听对方的话,没有对那位顾客有一位值得骄傲的儿子表示高兴,显得对顾客不尊重,所以触怒了顾客,失去了一笔生意。第二,顾客虽然喜欢你的商品,但是如果他不喜欢你,他也很可能不买你的商品。

案例思考:

1. 沟通中的善听与善辩哪个更重要? 为什么?
2. 在推销商品之前,首先要把自己推销出去。这句话对吗? 为什么?

第一节　沟　通　概　述

> **小智囊:**
> 成功的人都是一位出色的语言表达者。
> ——西蒙

沟通是人与人之间、人与群体之间思想与感情的传递和反馈的过程,以求思想达成一致和感情的通畅。沟通是为了一个设定的目标,把信息、思想和情感,在个人或群体间传递,并且达成共同协议的过程。

> **小故事:**
> 传说,在云南有两座山,一座山里生活着一名男子,另一座山里生活着一位女子,这两人都能够看到对方在山中劳作的景象,时间久了,便彼此萌生了爱慕之情,但不知道对方怎么想。因为距离比较远,眉目传情看不到。男子觉得歌声传得比较远,便唱:"爱你,爱你,真爱你,找个画家来画你,把你画在扁担上,天天扛着你。"女子回唱道:"爱你,爱你,真爱你,找个画家来画你,把你画在饭碗里,天天吃饭看着你。"男子一听,于是胆子大了一些,又唱:"爱你,爱你,真爱你,找个画家来画你,把你画在枕头上,每天睡觉靠着你。"就这样,不多日,这位男子就把邻山的女子娶了过去。

一、沟通的原则

商务谈判沟通过程中应遵循的原则主要包括以下几个方面。

1. 真诚求实,以信待人

俗话说:"精诚所至,金石为开。""谈心要交心,交心要知心,知心要诚心。"因此,真诚决定了可信度,有可信度才会有说服力。人格就是力量,信誉则是无价之宝。切记:一个谈判者可以是精明的,难以应付的,但同时必须是一个言而有信的人,要做一个既精明又可以依赖的谈判者。

2. 清醒理智,沉着冷静

谈判往往是在不同利益集团或个人之间进行的,由于利益关系的不同,谈判者往往要"各为其主",谋求不同的利益,但是谈判的规则又不能让一方占尽优势。所以谈判的任何一方既要为自己一方争取更大的利益,也要想到双方互利互惠。

3. 求同存异,拓展共识

任何谈判都必须分清各方面的利益所在,然后在分歧中寻求共同之处,或互补之点,达成协议。对于一时不能弥合的分歧,不强求一致,允许保留,以后再谈。把谈判的重点放在探求各自的利益上,而不是对立的立场上。因为从固有的立场出发,难以取得一致,而在利益的探求中才能发现共同点,进而达成协议。

4. 胸有成竹,有备无患

凡是在谈判前做了准备的谈判者,就能胸有成竹,积极调动对方,谈判开始就能占有很强的主动性。了解对方越多越好。

5. 后发制人,以逸待劳

纵观古今,市场如战场;历览中外,商战如兵战。在市场经济的激烈竞争中,有识时机者"金风未动蝉先觉"而捷足先登;有深谋远虑者"将军盘弓故不发"而后发制人。在双方的"谈"与"判"中,事情在发展,情况在变化,利益在延展。

6. 多听少讲,用心感悟

谈判的共同目的是追求利益,谋求合作,寻求共识,互利互惠。谈判时要耐心听取对方建议、正确理解言语表达的内涵。

7. 豁达包容,人事相别

海纳百川,有容乃大。宽容、容忍、容人、容事,是一种美德。任何一个谈判人员都肩负着双重的责任,既要满足自己的实际利益,也要与对方处好关系。做到"对事不对人"。尽量阐述客观情况,避免责备对方,心平气和,彬彬有礼,保全面子,不伤感情。设身处地将心比心,换位思考,换脑思考。把人际关系和实际问题分开,把双方的关系建立在正确的认识、明朗的态度和适当的情绪上。

8. 有声无声,话度适中

话度适中是指与说话质量、语言艺术相关的各种因素都要掌握适度的原则,防止"过犹不及"。话度包括听度、力度、深度等。

首先,注意听度,也就是让听者可以接受的程度。会说的不如会听的,表述中注意渗入听者顺心的话、己方某些靠近其意向的条件。

其次,注意力度。说话力度是指谈判者论述说话的强度与用词的锋芒。声强表现为声音强劲有力,但不是高喉咙大嗓门;而声弱,表现为声轻而有气度。

最后,注意深度,指语言及其内容的深刻全面程度。在论述中灵活变化的深度可以反映不同的论述目的。

二、推销的语言类型

推销的语言类型主要包括以下几种。

1. 礼节性的交际语言

特征在于语言表达礼貌、温和、中性并带有较强的装饰性,功用是缓和与消除谈判双方的陌生和戒备心理。

2. 专业语言——主体语言

专业语言表达应做到四点:观点鲜明、措辞准确;思维敏捷、论证严密;有声无声、话度适中;把话说到对方的心坎上。

3. 外交语言

在谈判中常因谈话的余地留得不够或弹性不足而过早地露了底。例如,有一次某外商向我方购买香料油,出价 40 美元一公斤。我们开口便要价 48 美元,对方一听急了,连连摇头说:"不、不,你怎么能指望我出 45 美元以上来买呢?"我方立即抓住时机追问:"这么说你愿意以 45 美元成交,不是吗?"对方只得说:"可以考虑。"最终以 45 美元成交。

4. 幽默诙谐的语言——高级语言

幽默诙谐的语言是用一种愉悦的方式让谈判双方获得精神上的快感,从而润滑人际关系。在谈判中,有时双方争论激烈,相持不下,充满火药味,一句幽默的话会使双方相视而笑,气氛顷刻缓和下来。例如,有一次中外双方就一笔交易进行谈判,在某一问题上讨价还价两个星期仍没结果。这时中方的主谈人说:"瞧我们双方至今还没谈出结果,如果奥运会设立拔河比赛,我们肯定并列冠军,并载入吉尼斯世界纪录大全,我敢保证,谁也打破不了这一纪录。"此话一出,双方都开怀大笑,随即双方做出让步,达成了协议。心理学家凯瑟琳说过:"如果你能使一个人对你有好感,那么也就可能使你周围的每一个人甚至全世界的人都对你有好感。"只要你不只是到处与人握手,而是以你友善、机智、幽默的语言去展示自己,那么就不会有时空距离。

5. 军事性语言——带有命令性特征

军事语言是带有命令性特征的用语,其特点是干脆、简洁、坚定、自信、铿锵有力。例如:

(1)"请回答这个问题,不要绕圈子。"

(2)"请不迟于某某日得到贵方明确答复,否则我方将终止谈判。"

(3)"这是我方最后的条件,贵方同意就成交;不同意,我马上走人。"

(4)"我已经预订了明天早上的机票,请在这之前给我答复。"

(5)"如果不能达成调解协议,我只能诉诸法律。"

第二节　语言沟通技巧

一、倾听

在面对面谈判的场合，"倾听"是谈判者必须具备的一种修养。"倾听"，指认认真真地听。这里所谓的"倾听"，不仅是指运用耳朵这一听觉器官去听，而且是指运用自己的心去为对手的话语进行设身处地地构想，并用自己的大脑去研究判断对手的话语背后的动机。因此，谈判场合的"听"是"倾听"，即"耳到、眼到、心到、脑到"四种综合效应的"听"。

（一）倾听的作用

倾听的作用主要体现在以下几个方面。

（1）可以满足说话人的"自尊"需要，引发"互尊"效应。

（2）可以探析对方是否正确理解你说话的含义，起到评测反馈效应。

（3）可以充分获得必要的信息行情，帮助你后续发话的决策效应。

（4）富有赏识力的倾听，可以促进人际关系更和谐地发展。

倾听是给人留下良好印象、改善双方关系的有效方式之一，它可以使我们不花费任何力气，取得意外的收获。

（二）倾听的技巧

倾听是人们交往活动中一项重要内容。据专家调查，人在醒着的时候，至少有 1/3 的时间是花在听上；而在特定条件下，倾听所占据的时间会更多。谈判就是需要更多倾听的交际活动之一。"多听少说"是一个谈判者应具备的素质和修养。谈判者通过"听"可以发掘材料，获得信息，了解对方的动机、意图并预测对方的行动意向。从某种意义上讲，"听"比"说"的重要性更大。

所谓"听"，不只是指"听"的动作本身，更重要的是指"听"的效果。听到、听清楚、听明白这三者的含义是不同的。听到是指外界的声音准确无误地被传到听者的耳朵；听清楚是指听到的声音没有含糊不清的感觉；听明白是指对听到的内容能予以正确的理解。谈判中的有效倾听就是指要能够完整地、正确地、及时地理解对方讲话的内容和含义。

当然，要很好地倾听对方谈话，并非人们想象的那样简单。专家的实验证明，倾听对方的讲话，大约有 1/3 的内容是按原意理解，1/3 被曲解地听取了，1/3 则丝毫没听进去。

英国谈判家比尔·斯科特指出，倾听取决于积极的态度、谈判者的相互影响、集中精力和恰当的提问。可见，倾听就是积极倾听而不是消极倾听，即不仅要尽可能完整地接受说者的话，还要理解他的情感；不仅认真地听，也包含适时地问。"听"是我们了解和把握对方观点和立场的主要手段与途径。"听"主要包括以下几方面。

（1）避免"开小差"，专心致志、集中精力地倾听。

（2）通过记笔记来达到集中精力。

（3）在专心倾听的基础上有鉴别地倾听对方发言。

（4）克服先听为主的倾听做法。

（5）创造良好的谈判环境。

（6）注意不要因轻视对方、抢话、急于反驳而放弃听。

（7）不可为了急于判断而耽误听。

（8）听到自己难以应付的问题时，也不要充耳不闻。

总之，倾听是商务谈判沟通的重要组成部分，要掌握谈判的技巧，就必须学会倾听、善于倾听，这是对一个优秀谈判者的基本要求。

（三）倾听的障碍

影响有效倾听的最主要障碍是思绪发生偏离。因为大多数人听话的接收速度通常是讲话速度的四倍，正如常有的一种现象那样，一个人一句话还未说完，但听者已经明白他讲话的内容是什么。所以，这样就容易导致推销人员在潜在顾客讲话时思绪产生偏离。这时，你应该利用这些剩余的能力去组织你获取的信息，并力求正确地理解对方讲话的主旨。你可以做这样两件事。第一件事是专注于潜在顾客的非言语表达行为，以求增强对其所讲 内容的了解，力求领会潜在顾客的所有预想传达的信息。第二件事情是要克制自己，避免精神涣散。比如，待在一间很热或很冷的房间里，或坐在一把令人感觉不舒服的椅子上，这些因素都不应成为使你分散倾听的注意力的原因。即使潜在顾客讲话的腔调、举止的癖性和习惯有可能转移你的注意力，你也应该努力抵制这些因素的干扰，集中听讲，尽力不去关注他是用什么腔调讲的，或是举止上有何癖好，而应专注其中的内容，做到这一点甚至比使分散的思绪重新集中起来更困难。从这个意义上讲，听人讲话是一项不简单的工作，它需要很强的自我约束能力。另外，如果你过于情绪化也会导致你思绪涣散。例如，在潜在顾客表达疑问或成交受挫的时候，尽管在这种情况下停止听讲是正常的做法，但是你最好认真地听下去，因为也许会有转机出现。

（四）有效的倾听

> **小智囊：**
> 用眼睛看、用耳朵听、用心去感受；用十秒钟讲，用十分钟时间听。

1. 80/20（马特莱）法则的运用

"马特莱法则"是 19 世纪末 20 世纪初的意大利经济学家和社会学家维弗雷多·帕累托提出的。经过长期对群体的研究，他发现：在任何特定群体中，重要的因子通常只占少数，而不重要的因子则占多数，只要能控制具有重要性的少数因子即能控制全局。经过多年的演化，这个原理已变成当今管理学界所熟知的"80/20"定律，即 80% 的价值来自 20%

的因子，其余 20％的价值则来自 80％的因子。它的要旨在于将 20％的经营要务，明确为企业经营应该倾斜的重点方面，从而，指导企业家在经营中收拢五指捏成拳，突出重点，全力倾斜，以此来牵住经营的"牛鼻子"，带动企业经营的各项工作顺势而上，取得更好成效。因此，想要达到谈判的制胜点，我们需要的不仅是简单的倾听而是有效地倾听。

2. 听出弦外之音

与客户沟通过程中，我们不能只关注到客户表达的，因为在很多情况下客户表达的并不是他的真实意思，这时候，就需要销售人员洞察客户的真实意思表达，通过眼神的观察、内心的体会去感知客户的弦外之音。

3. 不打断对方

与客户沟通过程中，应尽可能地让客户去表达他的观点、需求，他关注的利益；在他诉说的过程中不要打断，即便他的观点存在争议，与推售人员有分歧，也请记住他是你的客户，尊重他并且不要打断对方的讲话。

4. 对对方的话题感兴趣

与客户沟通过程中，如何能激发客户沟通的欲望，比较好的方式就是对客户的话题感兴趣，并给出正面的积极的回应，这非常有利于推售人员与客户之间情感的沟通。

小故事：考温先生去工作谈判

美国谈判界的考温号称"最佳谈判手"，他非常重视倾听的技巧，并从他丰富的谈判实践中，总结出倾听是谈判中获取情报的重要手段的结论。他举了一个生动的例子。

有一年夏天，当时他还是一名推销员，他到一家工厂去谈判。他习惯于早到谈判地点，四处走走，跟人聊天。这次他和这家工厂的一位领班聊上了。善于倾听的考温总有办法让别人讲话，他也真的喜欢听别人讲话，所以不爱讲话的人遇到了考温，也会滔滔不绝起来。而这位领班也是如此，在侃侃而谈之中，他告诉考温说："我用过各公司的产品，可是只有你们的产品能通过我们的试验，符合我们的规格和标准。"

边走边聊时，他又说："考温先生，你说这次谈判什么时候才能有结论呢？我们厂里的存货快用完了。"

考温专心致志地倾听领班讲话，满心欢喜地从这位领班的两句话里获取了极有价值的情报。当他与这家工厂的采购经理面对面地谈判时，从工厂领班漫不经心的讲话里获取的情报帮了他的大忙，他在谈判中的成功是自然而然的了。

美国有句谚语："用十秒时间讲，用十分钟时间听。"在谈判中，通过倾听来获取情报是一种行之有效的方法。标准的倾听，是不允许同时构想自己的答辩的，而应该注意对方话语所蕴含的观念、需求、用意和顾虑，主动地给对方以反馈，即以面部表情或动作向对方示意你对他的话语的了解程度，或请对方明白阐释，或请对方复述。同时，要随时留心对方的"弦外之音"。

二、成功地运用发问

要想了解对方的想法和意图，掌握更多的信息，倾听和发问都是必要的。这二者相辅相成,倾听是为了发问,而发问则是为了更好地倾听。商务谈判中经常运用提问技巧作为摸清对方真实意图、掌握对方心理变化以及明确表达自己意见观点的重要手段。通过提问,可以引起对方的注意,对双方的思考提供既定的方向;可以获得自己不知道的信息、不了解的资料;可以传达自己的感受,引起对方的思考;鼓励对方继续讲话;转移话题;做出结论;可以控制谈判的方向等。

(一) 问话的作用

谈判中的提问是摸清对方的真实需求、掌握对方的心理状态、表达自己观点意见,进而通过谈判解决问题的重要手段。提问在商务谈判中扮演着十分重要的角色。提问有助于信息的搜集,引导谈判走势,诱导对方思考,同时对方的回答也可给自己形成有效的刺激。

1. 使用间接的提问方式

间接提问使表达更客气、更礼貌。在商务谈判中,提问几乎贯穿谈判的全过程,大多数的提问都是说话人力求获得信息、有益于说话人的。这样,根据礼貌等级,提问越间接,表达越礼貌。

2. 使用选择性的提问方式

某商场休息室里经营咖啡和茶,刚开始服务员总是问顾客:"先生,喝咖啡吗?"或者:"先生,喝茶吗?"其销售额平平。后来,老板要求服务员换一种问法,"先生,喝咖啡还是茶?"结果其销售额大增。原因在于,第一种问法容易得到否定回答,而后一种是选择式,大多数情况下,顾客会选一种饮料。

3. 把握好提问的难易度

刚开始发问时,最好选择对方容易回答的问题,比如:"这次假日玩得愉快吗?"这类与主题无关的问话,能够松弛对方紧张谨慎的情绪。如果一开始就单刀直入地提出令人左右为难的问题,很可能使场面僵化,争端白热化,得不偿失,因此可以采用先易后难的提问方式。

4. 使用恭维的表达方式

在商务谈判的初期很难把握对方的真实意图,很难提出有效的问题,谈判很难有实质性的进展,当务之急就是了解对方的真实意图等相关信息。从用语策略讲,赞美可以缩短谈判双方的心理距离,融洽谈判气氛,有利于达成协议。但是运用赞美恭维的谈判战略时,需要注意以下几点:第一,在态度上要真诚,尺度要做到恰如其分,如果过分吹捧,就会变成一种嘲讽;第二,在方式上要尊重谈判对方人员的个性,考虑对方个人的自我意识;第三,在效果上要重视被赞美者的反应。如果对方有良好反应,可再次赞美,锦上添花;如果对方显得淡漠或不耐烦,则应适可而止。

(二) 如何发问

1. 问什么话

问话时一般不要刺伤对方,并且不要表现自己的特殊情况。

2．如何问

从提问的效果来看,可以分为有效提问和无效提问两类。有效提问是确切而富于艺术性的一种发问;无效提问是强迫对方接受的一种发问,或迫使双方消极地去适应预先制定的模式的一种发问。

3．何时问

提问应掌握四个时间段:在对方发言完毕之后,在对方发言停顿、间歇时,在自己发言前后和在议程规定的辩论时间内。

发问的目的在于谈判时启开话匣,获取信息,以利于沟通。一次发问能否得到完美的答复,很大程度上取决于三个方面:问什么话、如何问、何时问。比如说,有一次你的谈判对手晚到了半小时,于是你开口就问:"现在几点了?"这一问,使本来就不安的对方更感尴尬,如果你转换一种姿态,说:"辛苦,辛苦,路上堵车吧! 没关系,没关系。"这样,不仅能消除对方的不安,还能营造一种和谐的气氛。

（三）问话的技巧

例如,有一个祈祷者问牧师:"我可以在祈祷时抽烟吗?"牧师说:"不可。"另一位说:"我可以在吸烟时祈祷吗?"牧师说:"当然可以。"不同的问话方式收到不同的效果,这就是发问的技巧。重视和灵活运用发问的技巧,不仅可以引起双方的讨论,获取信息,而且可以控制谈判的方向。到底哪些问题可以问,哪些问题不可以问,为了达到某一个目的应该怎样问,以及问的时机、场合、环境等,有许多基本常识和技巧需要了解和掌握。

有人主持会议经常愿意这样说:"不知各位对此有何高见?"从表面上看,这种问话很好听,但效果很不好,与会者往往不作声。高见? 众目睽睽,谁敢肯定自己的见解就高人一等呢? 倒不如说:"各位有什么想法呢?"这样的效果会更好一些。由此看来,问话的技巧是很重要的。

提问有以下几点技巧。

1．把握提问的时机

提问时机把握得好有助于引起对方的注意。一般情况下,发问的时机有三个:一是对方发言完毕之后提问;二是在对方发言停顿、间歇时提问;三是自己发言前后提问。前两者是为了不打断对方发言,而第三者则是为了进一步明确自己发言的内容,此目的是探测对方的反应。什么时候问话,怎样问话,都是很有讲究的。下面详述提问的时机。

（1）在对方发言结束后提问。别人发言时不要随意打断,打断别人的发言是很不礼貌的,还极易引起对方的反感,影响谈判情绪。对方发言时要积极地、认真地倾听,做好记录,待对方发言结束时再问。这样既体现了尊重对方,也反映出自己的修养,还能全面地、完整地了解对方的观点和意图。

（2）在对方发言的间隙中提问。如果对方发言冗长,纠缠细节影响谈判进程,可利用对方点烟、喝水的瞬间提问,见缝插针。

（3）自己发言前后提问。这是试探对方的反应,使谈判沿着自己的思路发展。例如,"我们的基本观点和立场就是这些,不知您有什么看法?"

2. 要看提问的对象

谈判对手的性格不同,提问的方法就应有所不同。对手直率,提问要简洁;对手内向,提问要含蓄;对手严肃,提问要认真;对手暴躁,提问要委婉;对手开朗,提问可随意。不可千篇一律。

案例3-1

你正在一座山上露营,下午决定一个人躲进附近的森林里。几个小时以后,太阳下山了,提醒你应当在天黑之前回到营地。你沿着一条显然非常熟悉的小路走着。这时,下起了冰冷的大雨,你能听到不远处狼在嚎叫。小路能带你回到营地,但是路有两个方向,而你不知该往哪个方向走。突然,你遇到两个人。他们两人都知道回营地的正确方向。他们俩一个拿着斧子,一个拿着干草叉。一个从来都说实话,一个从来都说假话,而你并不知道他们两人谁会说实话。你可以问其中一个人,只能问一个问题。

案例思考:

你要问什么尖锐的问题? 问哪个人?

3. 要注意提问的逻辑性

商务谈判中常以"问"作为摸清对方需要、掌握对方心理、表达自己感情的手段。如何"问"是很有讲究的。谈判时提出问题一定要讲究逻辑性,跳跃性不宜太大,按照事物的规律,先从最表面、最易回答的问题问起,或者是从对方熟悉的问题问起,口子开得小些,然后逐渐由小到大,由表及里,由易到难。"问"一般包含三个因素:问什么问题、何时问、怎样问。

(四) 提问的禁忌

商务谈判过程中并不是任何方面的问题都可以随意提问的。一般不应涉及下列问题。

1. 带有敌意的问题

不应抱着敌意的心理进行谈判,所以在谈判时应尽量避免那些可能会刺激对方产生敌意的问题。因为一旦问题含有敌意,就会损害双方的关系,最终会影响交易的成功。

2. 涉及个人隐私的问题

多数国家和地区的人对于自己的收入、家庭情况、女士或太太的年龄等问题都不愿回答。我国在商务谈判时候一下对方个人生活,以及家庭情况等,往往容易拉近关系,从而博得对方的信任感和亲切感,但要注意把握分寸,不能什么都问。

3. 指责对方品质和信誉方面的问题

不要当面就对方的不诚实或不讲信誉问题发问,这样一方面会使对方不高兴,另一方面会影响谈判成功。

4. 故意提问

为了表现自己而故意提问,特别是不能提出与谈判内容相关的问题,以显示自己的

"好问"。要知道,故作卖弄的结果往往是弄巧成拙,被人蔑视。

中国谈判小组赴西方某国进行一项工程承包谈判。在闲聊中,中方负责商务条款的成员无意中评论了西方女权运动,引起对方女性成员的不悦。当谈及实质性问题时,对方较为激进的商务谈判人员丝毫不让步,并一再流露撤出谈判的意图。

（五）发问的类型

1．澄清式发问

澄清式发问指针对对方的答复,重新提出问题以使对方进一步澄清或补充原先答复的一种问句。例如,"您刚才说对目前进行的这一宗买卖可以取舍,这是不是说您可以全权跟我们谈判?"澄清式问句的作用在于：它可以确保谈判各方能在叙述"同一语言"的基础上进行沟通,而且还是针对对方的话语进行信息反馈的有效方式。

2．强调式发问

旨在强调自己的观点和己方的立场。例如,"这份协议不是要经过公证之后才生效吗?""我们怎能忘记上次双方愉快的合作呢?"

3．封闭式发问

在特定领域中引导出特定答复(如是/否/我不知道)。"贵公司第一次发现食品变质是在什么时候?""您是否认为售后服务没有改进的可能?"封闭式问句可帮助发问者获得特定的资料,而回答这种问句的人并不需要太多的思索即能给予答复。但是,这种问句有时会有相当程度的威胁性。

4．开放式发问

将回答的主动权让给对方的一种问句,也称 5W1H 问句,即 who、what、where、which、when、how。

5．证实式发问

针对对方的答复重新措辞,使其证实或补充的一种发问。"如您刚才说,您公司向我公司提供的设备采用的是德国第五代焊接技术,对吗?"

案例3-2

推销新型打包机

某推销员向一家商品包装企业的厂长推销新型打包机,他的目的是让这个企业全换上这种机器。下面是他与厂长的对话。

推销员：王厂长,您好,我带来了一种新型打包机,您一定会感兴趣的。

厂长：我们不缺打包机。

推销员：王厂长,我知道您在打包机这方面是行家。是这样,这种机器刚刚研制出来,性能相当好,可用户往往不愿用,我来是想请您帮着分析一下问题出在哪里,占用不了您几分钟的时间。您看,这是样品。

厂长:噢,样子倒挺新的。

推销员:用法也很简单,咱们可以试一试。

(接通电源,演示操作)

厂长:这机器还真不错。

推销员:您真有眼力,不愧是行家。您看,它确实很好。这样,我把这台给您留下,您先试用一下,明天我来听您的意见。

厂长:好吧。

推销员:您这么大的厂子,留一台太少了,要是一个车间试一台,效果就更明显了。您看,我一共带来 5 台样机,先都留这儿吧。如果您用了不满意,明天我一块儿来取。

厂长:全留下? 也行。

推销员:让我们算一下,一台新机器 800 多元,比旧机器可以提高功效 30%,每台一天可以多创利 20 元,40 天就可以收回成本,如果您要得多,价格还可以便宜一些。

厂长:便宜多少?

推销员:如果把旧机器全部换掉,大概至少要 300 台吧?

厂长:310 台。

推销员:那可以按最优惠的价,每台便宜 30 元,310 台就省 10 000 多元了。这有协议书您看一下。

厂长:好,让我们仔细商量一下。

至此,买卖已经步步逼近成交。

案例思考:

在案例中,推销员运用哪些发问方式?

三、回答

(一)回答的技巧

回答的技巧主要包括以下几个方面。

(1)在回答问题之前,要给自己留有思考时间。

(2)对不清楚了解真正含义的问题,不可轻易回答。

(3)对于无法正面回答的问题,可以谈些无关紧要的话题。

(4)对于不知道的问题,应坦率地告诉对方不了解。

(5)以问代答。

(6)重申和打岔。

在谈判过程中回答对方提出的问题是一件有压力的事情。因为在谈判桌上谈判人员回答的每一句话都有重要意义,别人都认为是一种承诺,对谈判起着至关重要的作用。所以,谈判人员在回答对方的问题时心情都比较紧张,有时会不知所措,陷入被动局面。一个谈判者水平的高低,很大程度上取决于其答复问题的水平。因此,答复也必须运用一定的技巧。

（二）巧妙地应答语言

1. 使用模糊的语言

模糊语言一般分为两种表达形式：一种是减少真实值程度或改变相关的范围（如，有一点、几乎、基本上等）；另一种是说话者主观判断所说的话或根据一些客观事实间接所说的话（如，恐怕、可能、对我来说、我们猜想、据我所知等）。在商务谈判中对一些不便向对方传输的信息或不愿回答的问题，可以运用这些模糊语言闪烁其词、避重就轻，以模糊应对的方式解决。

2. 使用委婉的语言

商务谈判中有些话语虽然正确，但对方却觉得难以接受。如果把语言的"棱角"磨去，也许对方就能从情感上愉快地接受。比如，少用"无疑""肯定""必然"等绝对性的词语，改为"我认为""也许""我估计"等。若拒绝别人的观点，则少用"不""不行"等直接否定，可以找"这件事我没意见，可我得请示一下领导"等托词，可以达到特殊的语言效果。

3. 使用幽默含蓄的语言

商务谈判的过程中，幽默含蓄的表达方式不仅可以传递情感，还可以避开对方的锋芒，是你紧张状态中的缓冲剂，可以为谈判者树立良好的形象。例如，在谈判中对方的问题或议论太琐碎无聊，可以肯定对方是在搞拖延战术。如果我们对那些琐碎无聊的问题或议论一一答复，就中了对方的圈套，而不答复就会使自己陷入"不义"，从而导致双方关系的紧张。喜剧大师卓别林曾说："学会说'不'吧！那你的生活将会美好得多。"一、不要立刻就拒绝：立刻拒绝，会让人觉得你是一个冷漠无情的人，甚至觉得你对他有成见。二、不要轻易地拒绝：有时候轻易地拒绝别人，会失去许多帮助别人，获得友谊的机会。三、不要盛怒下拒绝：盛怒之下拒绝别人，容易在语言上伤害别人，让人觉得你一点同情心都没有。四、不要随便地拒绝：太随便地拒绝，别人会觉得你并不重视他，容易造成别人的反感。五、不要无情地拒绝：无情地拒绝就是表情冷漠，语气决绝，毫无通融的余地，会令人很难堪，甚至反目成仇。六、不要傲慢地拒绝：一个盛气凌人、态度傲慢不恭的人，任谁也不会喜欢亲近他。何况当别人有求于你，而你以傲慢的态度拒绝，别人更是不能接受。七、要能婉转地拒绝：真正有不得已的苦衷时，如能委婉地说明，以婉转的态度拒绝，别人还是会感动于你的诚恳。八、要有笑容的拒绝：拒绝的时候，要能面带微笑，态度要庄重，让别人感受到你对他的尊重、礼貌，就算被你拒绝了，也能欣然接受。九、要有出路的拒绝：拒绝的同时，如果能提供其他方法，帮他想出另外一条出路，实际上还是帮了他的忙。十、要有帮助的拒绝：也就是说你虽然拒绝了，却在其他方面给他一些帮助，这是一种慈悲而智能的拒绝。

总之，采取什么样的谈判手段、谈判方法和谈判原则来达到双赢，这是商务谈判的实质追求。但是在商务谈判中，双方的接触、沟通与合作都是通过反复的提问、回答等语言的表达来实现的，巧妙应用语言艺术提出创造性的解决方案，不仅能满足双方利益的需要，也能缓解沉闷的谈判气氛，使谈判双方都有轻松感，有利于谈判的顺利进行。因此巧妙的语言艺术为谈判增添了成功的砝码，起到事半功倍的效果。

（三）巧妙的回答策略

巧妙的回答策略主要包含以下几个方面。

1. 缜密思考

在谈判中,对于对方的提问在回答之前必须经过缜密考虑,即使是一些需要马上回答的问题,也应借故拖延时间,经过再三思考后做出回答。

2. 准确判断

谈判中高明的回答,是建立在准确判断对方用意的基础之上的。如果没有弄清对方提问的动机和目的,就按常规进行回答,会反受其害。在一次中美作家联谊酒会上,美国人艾伦·金斯伯格提出了一个怪问题,请中国作家蒋子龙回答:"把一只2 500克重的鸡装进一个只能装500毫升水的瓶子里,用什么办法把它拿出来?"蒋子龙回答说:"您怎么放进去,我就怎么拿出来。"这是多么巧妙的回答。

3. 礼貌拒绝

对一些不值得回答或无关紧要的问题,可以礼貌地拒绝回答或不予理睬,因为回答这些问题不仅浪费时间,而且还会扰乱自己的思路。

4. 避正答偏

避正答偏是故意避开问题的实质,而将话题引向歧路,以破解对方进攻的一种策略,常用来对付一些可能对己不利的问题。

5. 以问代答

以问代答用来应付一些不便回答的问题是非常有效的。

6. 答非所问

答非所问是一种对不能不答的问题行之有效的答复。

7. 避重就轻

避重就轻指避开问题的要害实质,回答枝节问题。

另外,运用策略答复时要注意以下几点:第一,不能不加思考,马上回答;第二,不能在未完全了解对方提出的问题时就仓促作答;第三,不要不管什么问题,总是予以彻底回答;第四,不要不问自答;第五,不要在回答时留下"尾巴";第六,不要滥用"无可奉告"。

☆ 案例3-3

4S店购买汽车发生了什么?

一家奥地利在上海的独资企业的奥籍华人张副总经理来到某汽车销售公司的展示厅,碰到了汽车推销员小王及销售主管李先生,先是小王迎上前去。

小王:"先生,您想要什么牌子的汽车呢?"

张副总:"就要大众好了,唉,这儿怎么不见速腾的车子呢?"

小王："抱歉,刚刚卖完,不过明天就有货补进来。"

张总："唉,真是不巧,我只有到别人的展厅看看了……"

此时,在一旁的李主管走过来,小王连忙把他介绍给客户。简短的寒暄过后,李主管得知客户是为新开张的外商独资企业买自己的"坐骑"。

李主管："这么说来,张总也是回国来为浦东的开发做贡献的喽。"

张："浦东的变化真的很快,3年前我移民出去现在回来大部分地区都认不出来了。"

李："张总,您这个层次的职位真让人羡慕呀,那您外国老板的公司大吗?"

张："大得很,全欧洲都知道我们这家公司的。"

李："噢,是大公司的大老板,那办事情的派头也一定很大喽?"

张："大得很,外国人做生意都讲究信用,讲派头,办公室要在高级的写字楼,而且要在市区的繁华地段,员工出差也要求一定住四星级以上的酒店……"

李："张总,这么看来,买一辆速腾的车子好像稍微有点不太妥当,买辆进口的奥迪是至少的。"

张："您说得有道理,可是我不能乱花老板的钱。"

李："张总,您想想,速腾是经济实惠,款式也新,可让您开,好像就不太够档次了。老总要有老总的派头,外国搞市场经济讲信用,讲派头,其实我们国内也是一样的,再说了,您为老板省了几个钱,老板下个月来的时候,说不定会责怪您呢!"

张："这(犹豫地)……您说得有道理——名车豪宅本身就是一种信用,那先不买了,下午我发个传真请示一下,因为时差的关系,晚上我就会晓得老板是否同意了。"

第二天,张副总果然增加了自己的预算,买走了一辆进口奥迪!

案例评析:

销售谈判中各方利益不同,看问题的角度就不一样,难免有分歧产生,为了自己的利益,就要善于说服对方来接受自己的观点。2 000多年前的古希腊大哲学家苏格拉底创立了一种劝导他人接受自己观点的问答方法。其做法是:先对分歧点避而不谈,而只谈双方的共同点,让对方在对共同点的无数次的认同中自然而然地同意自己的观点。

在这个案例中,推销员小王的生意眼看就要砸了,因为缺少经验,这种尴尬与失望很多推销员都会经常碰到,但富有经验、讲究谈判技巧的李主管却不仅让生意起死回生,还令对方增加了购买预算! 他采用的方法就是苏格拉底式的问答法——转弯抹角地让顾客不停地说"是"。

> **小智囊:**
> 问问题的三个关键:
> (1) 连续不断地提问;
> (2) 从简单的问题问起;
> (3) 永远问对方回答"是"的问题。

四、叙述

叙述就是介绍己方的情况,阐述己方对某问题的具体看法,使对方了解己方的观点、方案和立场。谈判过程中的叙述,大体包括入题、阐述两个部分。采用恰当的入题方法,先谈细节,后谈原则性问题,或先谈原则,后谈细节问题,从具体议题入手。

谈判过程中的叙述包括"入题""阐述"两个部分。为了避免谈判时单刀直入,影响谈判的融洽气氛,可以采用迂回入题的方法,如先从题外语入题、从介绍己方谈判入题、从介绍本企业的生产、经营、财务状况入题等,做到新、巧妙、不落俗套。开场阐述,是谈判的一个重要环节,要注意开宗明义,表明我方立场,简明扼要,以诚挚和轻松的方式来表达观点。

在语言的表达上要做到准确易懂,简明扼要。要具有条理性,语言要富有弹性。根据对方的学识、气质、性格、修养和语言特点,调整我方的洽谈用语。如果对方谈吐优雅,我方也应十分讲究、出语不凡;如果对方的洽谈用语朴实无华,我方也不必过分修饰;如果对方爽快、直露,我方也不必迂回曲折。这样能迅速缩短双方距离,实现平等交流。发言要紧扣主题,措辞得体。不要拐弯抹角,应以缓和的语言表达自己的意见,同时注意语调、声音、停顿和重复,谈判者声音的高低强弱也是影响谈判效果的重要因素之一。声音过高,震耳欲聋,不会使人感到亲切;过低过弱,无法使人感到振奋。在谈判中发表意见时,突然停顿或者有意重复几句话,能起到意想不到的作用。它可以引导听者对停顿前后的内容和重复内容进行回顾、思考,从而加深双方的理解和沟通,停顿还可以给对方机会,使之抒发己见,打破沉默,活跃谈判气氛。这样既是谈判者应有的礼节,也是对今后的谈判有益的。

五、辩

在商务谈判中,由于利益、立场的差别,会不可避免地出现观点的对立,辩论则能使这种对立得到沟通和解决。谈判中的讨价还价就集中体现在辩上。

在商务洽谈中,特别是进入讨价还价的磋商阶段,洽谈双方从各自代表的利益出发,对一系列问题进行磋商,或据理力争,或直言反驳,都希望洽谈朝着有利于自己的方面发展。但不管双方观点如何对立,意见分歧多大,都应在相互尊重、相互理解的基础上进行友好辩论与磋商。磋商阶段是商务洽谈的关键阶段,也是最应注意洽谈礼仪的时候。商务洽谈中失礼的言行,大都发生在这个阶段。因此,谈判人员要把握好利益与礼仪的辩证关系,既要维护自身利益,又要不失礼仪。如何在商务谈判中巧妙辩论?

1. 理智争辩,以和为贵

商务洽谈是谈出来的。一切洽谈都得经过双方谈判人员智慧的角逐、话语的较量方能达成妥协。洽谈的辩论阶段,双方人员为了各自的经济利益,唇枪舌剑,很容易感情冲动,稍不留神,就会由不同观点的交锋酿成谈判人员的个人冲突,生意可能因此而告吹。因此,在辩论中应坚持和为贵,坚持就事论事,对事不对人的原则,防止感情用事。

2. 事理交融,举证有力

在辩论中,必须条理清楚,表达严密,言词简洁,以据论理,善用逻辑,突出主题,不缠枝节。为此,在辩论前,谈判者应在思想上、资料上和语言表达上做必要的准备。

3. 体态端庄,用语谨慎

在洽谈中除前面已讲的注意正确使用语言以外,还要注意九忌:忌鼓动性和煽动性,忌无理纠缠,忌抓辫子、戴帽子和打棍子,忌挖苦讽刺,忌已知的不说与新知的穷说、不知的瞎说,忌手舞足蹈、动作不检点,忌尖音喊叫,忌不顾事实狡辩或诡辩,忌鲁莽轻率。应举止庄重,不伤大雅。仪态端庄、彬彬有礼、宾主分明,则是有修养、有信心和有力量的表现;双腿合拢、双手前合、上体微前俯、头微低、目视对方,则表示谦虚有礼,并愿意听取对方的意见;向对方方向挪挪椅子,或走过去和对方凑近一些,对方会认为你很有诚意,想尽快成交,不再绕圈子等。

4. 絮语软言,紧扣死线

洽谈结束的时间称为死线。死线对洽谈的成败具有重大意义,因为让步往往在这个时刻发生。在交易达成阶段,谈判者往往采用软磨硬拖的战术,使一些谈判对手拱手就范。紧扣死线的招数主要有两点。一是强忍等待。一位美国石油商曾这样叙述沙特阿拉伯一位石油大亨的谈判艺术:他最厉害的一招是心平气和地重复一个又一个问题,最后把你搞得精疲力竭,不得不把自己的底线拱手让出去。当通过调查得知对方急于达成协议时,把握了对方的心理,可采用这种疲劳战,以迫使对方让步。二是假装糊涂。格言说:糊涂产生智慧。在谈判之初,应多听少说,明白也说不明白,懂也装不懂,一而再再而三地让对方层层让步,以满足己方需要。对于谈判对手某些不合理要求的拒绝,通常宜曲不宜直,即以委婉的口气拒绝。如果洽谈出现僵局,可先避开僵持问题而言他,或插入几句幽默诙谐的话,使双方忘情一笑,以缓和气氛。在大型谈判中,作为东道主,还可提议暂时休会或稍事休息。

案例3-4

中美投资关于账目问题的谈判

中国某公司与美国公司谈判投资项目。其间双方对原工厂的财务账目反映的原资产总值有分歧。

美方:中方财务报表上有模糊之处。

中方:美方可以核查。

美方:核查也难,因为被查的依据就不可靠

中方:美方不应该空口讲话,应有凭据证明查账依据不可靠。

美方:所有财务证均系中方工厂所造,我方作为美国人无法一一核查。

中方:那贵方可以请信得过的中国机构协助核查。

美方:目前尚未找到可以信任的中国机构帮助核查。

中方:那贵方的断言只能是主观的不令人信服的。

美方:虽然我方没有法律上的证据证明贵方账面数字不合理,但我们有经验,贵方的现有资产不值账面价值。

中方：尊敬的先生，我承认经验的宝贵，但财务数据不是经验，而是事实。如果贵方诚意合作，我方愿意配合贵方查账，到现场一一核对物与账。

美方：不必贵方做这么多工作，请贵方自己纠正后，再谈。

中方：贵方不想讲理？我方奉陪！

美方：不是我方不想讲理，而是与贵方的账没法说理。

中方：贵方是什么意思，我没听明白，什么"不是、不想；而是、没法"？

美方：请原谅我的直率，我方感到贵方欲利用账面值来扩大贵方所占股份。

中方：感谢贵方终于说出了真心话，给我指明了思考方向。

美方：贵方应理解一个投资者的顾虑，尤其像在我公司与贵方诚心合作的情况下，若让我们感到贵方账目有虚占股份之嫌，实在会使我方却步不前，还会产生不愉快的感觉。

中方：我理解贵方的顾虑。但在贵方心理恐惧面前，我方不能只申辩这不是"老虎账"，来说它"不吃肉"。但愿听贵方有何"安神"的要求。

美方：我通过与贵方的谈判，深感贵方代表的诚意，由于账面值让人生畏，不能不请贵方考虑修改这些问题，或许会给贵方带来麻烦。

中方：为了合作，为了让贵方安心，我方可以考虑账面值的问题。至于怎么做账是我方的事。如果，我没理解错的话，我们双方将就中方现有资产的作价进行谈判。

美方：是的。

案例思考：

1. 上述谈判中，双方均运用了哪些语言？

2. 双方的语言运用有何不妥之处？

3. 如果你作为美方或中方代表会怎么谈？

思考题答案：

1. 商业法律语言，外交语言，军事用语和文学用语。

2. 美方说的"外国人无法一一核查""目前尚未找到可以信任的中国机构帮助核查"以及"请贵方自己纠正、再谈"均不妥。中方的"贵方不想讲理？我方奉陪！"不太妥。若自己账目的确存在问题，再这么讲就是无礼了。

3. 因为是合作性的谈判，双方均可以用文明用语调好气氛，减少对抗；再以商业法律语言讲实事，有问题讲问题。美方可以指出不妥或提出相应要求；中方也可以再做一次调整，然后再谈。运用一点外交用语，效果会更好。

📝 视野扩展

谈判技巧 1：不直接否定对方的观点，与对方争论等于将自己的生意一棒子打死。

——卡耐基

谈判技巧 2：引导对方下意识地点头说"是"，"但是"之前不重要，"但是"之后才重要。

第三节 肢体语言沟通技巧

当前经济的全球化,人们越来越频繁地参与到商务谈判中,商务谈判是市场经济环境下最普遍的活动之一。成功的商务谈判要求谈判人员不仅要熟知谈判原则、相关法律和商务业务,而且要掌握谈判技巧。肢体语言作为交际中一个较为特殊的部分,对商务谈判的成功与否起重要作用。

一、肢体语言概述

商务谈判不仅是口头语言的交流,同时也是肢体语言的交流。在商务谈判中,谈判者常常通过人的目光、形体、姿态、表情等非发音器官来与对方沟通,传递信息、表达态度、交流思想。世界著名的非语言传播专家伯德·维斯泰尔指出:两个人之间一次普通的谈话,口头语言部分传播的信息不到35%,而非语言部分传播的信息达到65%。因此,作为一名优秀的商务谈判者,除了具有丰富的有声语言技巧外,还应该具有丰富的肢体语言技巧,在谈判过程中留意观察谈判对手的一颦一笑、一举一动,就有可能通过肢体语言窥视谈判对手的心理世界,把握谈判的优势,掌握谈判获胜的主动权。在商务谈判中,肢体语言有着有声语言所无法替代的作用,但肢体语言必须有一定的连续性才能表达比较完整的意义,单独的一个动作难以传递丰富、复杂、完整的意义。

学会观察是运用肢体语言的前提,只有留心观察才能灵活运用肢体语言。有一种比较好的学习观察方法,就是通过摄像机提供具体生动的素材,并在专业人员或有丰富谈判经验人员的帮助或提示下进行分析,也可在自然条件下直接观察他人运用的各种肢体语言,分析肢体语言的意思。

1. 目光语言

"眼睛是心灵的窗户"道出了眼睛具有反映内心世界的功能,眼视的方向、方位不同,产生的眼神不同,传达和表达的信息不同。在谈判过程中,谈判组员之间可能会相互使眼色,这样,谈判者就必须注意眼睛对信息传递的观察和利用,而来自不同文化背景国家的人在交流时,注视对方眼睛的时间是不同的。欧美国家的人们注视对方眼睛的时间要比亚洲国家人长。在谈判过程中,如果对方与你目光相交的时间较长一般意味着两种可能:第一种可能是,他对与你的谈话很感兴趣,如果是这样的话他的瞳孔会扩张;第二种可能是,他对你怀有敌意,或是向你传递挑衅的信号,在这种情况下他的瞳孔会收缩。有一些企业家在谈判中之所以喜欢戴上有色眼镜,就是因为担心对方察觉到自己瞳孔的变化。

2. 微笑

不管面部表情如何复杂微妙,在商务谈判和交往活动中最常用,也是最有用的面部表情就是你的笑容。愿不愿、会不会恰到好处地笑,实际上能完全反映你适合社会、进行社交和成功谈判的能力。微笑应该发自内心、自然坦诚。在谈判桌上,微微一笑,谈判双方都从发自内心的微笑中获得这样的信息:"我是你的朋友""你是值得我微笑的人"。微笑虽然无声,但它表达了很多含义:高兴、欢悦、同意、赞许、尊敬。而在谈判陷入僵局时,微笑可以缓和气氛,帮助谈判顺利进行。作为一名优秀的谈判者,应时时处处把笑意写在脸上。

3. 点头

由于肢体语言是人们的内在情感在无意识的情况下所做出的外在反应,所以,如果对方怀有积极或者肯定的态度,那么他在说话时就会频频点头。反过来说,假如说话时刻意做出点头的动作,那么内心同样会体验到积极的情绪。因此,我们可以通过观察对方的点头动作来判断对方的反应,而恰当的点头动作对建立友善关系、赢得肯定意见和协作态度方面也有积极意义。当谈判方对谈判内容持中立态度时,往往会做出抬头的动作。通常随着谈话的继续,抬头的姿势会一直保持,只是偶尔轻轻点头。如果对方把头部高高昂起,同时下巴向外突出,那就显示出强势、无畏或者傲慢的态度。压低下巴的动作意味着否定、审慎或者具有攻击性的态度。通常情况下,在低着头的时候往往会形成批判性的意见。例如,在一次招标中,投标方甲正在做产品介绍报告,起初,参与人员乙认真倾听,而后慢慢把后背靠在椅背上,抬起一条手搁在扶手上,这样的身体姿势变化表现出乙对这份报告的态度明显转为漠不关心。

4. 手势

手势是人们在交谈中用得最多的一种肢体语言,主要通过手部动作来表达特定含义。在商务谈判中,手势的合理运用有助于表现自己的情绪,更好地说明问题,增加说话的说服力和感染力。手势的运用要自然大方,与谈话的内容,说话的语速、音调、音量以及要表达的情绪密切配合,不能出现脱节的滑稽情况。例如,两手手指并拢架成耸立的塔形并置胸前,表明充满信心,这种动作多见于西方人,特别是会议主持人和领导者多用这个动作表示独断或高傲,以起到震慑与会者或下属的作用。

5. 腿部动作

腿部动作容易让人们忽视,其实腿部是人最先表露意识的部位,也正因为如此,人们在谈判时常常用桌子来遮掩腿部的位置。而在不同的文化背景中,相同的肢体语言具有不同的含义,会引起不同的反应,这需要分析。事实上,有的姿态只是一种习惯性的反应,并没有特别的含义。有的令人难以接受的肢体语言则可能是由人的特殊身份造成的。因此,需要通过某些经过分析和验证的认识过程去了解。

二、肢体语言在商务谈判中的作用

1. 增强有声语言的表达力

人们运用语言行为来沟通思想,表达情感,往往有词不达意的感觉,因此需要同时使用非语言行为来进行帮助,或弥补语言的局限性,或对言辞的内容加以强调,使自己的意图得到更充分、更完善的表达。例如,当别人在街上向正在行走的你问路时,你一边说一边用手指示方向,帮助对方了解道路方向,达到有效的信息沟通。

2. 代替有声语言

在一定条件下,肢体语言还具有能够取代自然语言,而且无法被自然语言取代的独特作用。如《三国演义》中的诸葛亮面对司马懿的兵临城下,命令打开城门,让一群老弱残兵清扫街道,而自己却稳坐城楼上饮酒弹唱,神态自若,曲调悠扬。司马懿反复观察,思考再三,认为城中必定设有伏兵,便急忙引兵撤退。空城计的成功,充分显示了肢体语言具有自然语言不可取代的独特作用。

3. 能迅速传递、反馈信息,增加互动性

非语言行为可以维持和调节沟通的进行。例如,点头表示对对方的肯定;抬眉则表示有疑问;当眼睛不注视对方时,意味着谈话结束了。简而言之,调节肢体语言动作可帮助交谈者控制沟通的进行。因此,非语言暗示,如点头、对视、皱眉、降低声音、改变距离等,所有这些非语言行为都在传递信息。

随着商务交流的日益频繁,商务谈判受到日益关注。肢体语言真实,不易伪装,因此,有效地利用商务谈判中的肢体语言沟通技巧是非常重要的。

本章小结

谈判是人们为了协调彼此之间的关系,满足各自的需要,通过协商而争取达到意见一致的行为和过程。谈判是人类行为的一个组成部分,人类的谈判史同人类的文明史一样长久。商务谈判是谈判的一种,是指不同利益群体之间,以经济利益为目的,明确相互的权利义务关系而进行协商,就双方的商务往来关系而进行的谈判。商务谈判是一项集政策性、技术性、艺术性于一体的社会经济活动。

在商业活动中面对的谈判对象多种多样,我们不能拿同样的态度对待所有谈判。我们需要根据谈判对象与谈判结果的重要程度来决定谈判时所要采取的态度。如果谈判对象对企业很重要(如长期合作的大客户,而此次谈判的内容与结果对公司并非很重要),那么就可以抱有让步的心态进行谈判,即在企业没有太大损失与影响的情况下满足对方,这样对于以后的合作会更加有利。

如果谈判对象和谈判结果对企业很重要,那么就要抱持一种友好合作的心态,尽可能达到双赢,将双方的矛盾转向第三方。例如,市场区域的划分出现矛盾,那么可以建议双方一起或协助对方去开发新的市场,扩大区域面积,将谈判的对立竞争转化为携手竞合。如果谈判对象和谈判结果对企业不重要,可有可无,那么就可以轻松上阵,不要把太多精力消耗在这样的谈判上,甚至可以取消这样的谈判。如果谈判对象对企业不重要,但谈判结果对企业非常重要,那么就以积极竞争的态度参与谈判,不用考虑谈判对手,完全以最佳谈判结果为导向。

本章思考题

一、选择题

1. 假设你是一个部门的主管,你的下属中有两人因为不和常到你面前互说坏话,你应该(　　)。

    A. 当着一个下属的面批评另一个下属

    B. 列举他们各自的长处，称赞他们，并说明这正是对方说的

    C. 表示你不想听他们说这些，让他们回去做事

2. 因为你一次小小的失误，在同事间产生了不好的影响，你怎么办？（　　　）

    A. 走人，不再看他们的脸色

    B. 保持良好心态，寻找机会挽回影响

    C. 自怨自艾，与同事疏远

3. 你刚刚跳槽到一个新单位，面对陌生的环境，你应该（　　　）。

    A. 主动向新同事了解单位情况，并很快与新同事熟悉起来

    B. 先观察一段时间，逐渐接近与自己性格合得来的同事

    C. 不在意是否被新同事接受，只在业务上下功夫

二、简答题

1. 语言艺术在商务谈判沟通中有哪些作用？

2. 商务谈判中不适宜问对方的问题主要有哪些？

3. 说说交谈中常见的手势及其意义。

4. 如何说服谈判中的"顽固者"？

三、判断题

1. 说服常常贯穿于商务谈判的始终。它综合运用听、问、答、叙、辩和看等各种技巧，是谈判中最艰巨、最复杂也最富技巧性的工作。（　　　）

2. 在商务谈判中，运用肢体语言和有声语言，可以产生珠联璧合、相辅相成、绝妙默契的效果。（　　　）

3. 为了表示合作的诚意，在商务谈判过程中对对方提出的问题都要直接如实回答。（　　　）

4. 消极地"听"既有对有声语言信息的反馈，又有对肢体语言信息的反馈。（　　　）

5. 为了弄清对方的情况，商务谈判过程中任何方面的问题都可以随意提问。（　　　）

6. 商务谈判方案中在提到目标时，所用的关键语句要避免使用弹性语言。（　　　）

第四章

现代商务礼仪

学习目标

通过本章的学习,使学生了解和掌握以下知识点:

- 了解塑造良好职业形象的必要性和重要性;
- 掌握如何建立良好的第一印象,以及仪容修饰的内容和技巧;
- 掌握仪态礼仪和规范的着装礼仪;
- 学会运用在与客户见面时的迎送客礼仪,握手、介绍、递接名片、用餐等现代商务礼仪。

礼仪包括"礼"和"仪"两部分。"礼",即礼貌、礼节;"仪"即"仪表""仪态""仪式""仪容",是对礼节、仪式的统称。

从个人修养的角度来看,礼仪可以说是一个人内在修养和素质的外在表现。礼仪有效地展示一个人的教养、风度和魅力,体现出一个人对社会的认知水准、个人学识、修养和价值。

从交际的角度来看,礼仪可以说是人际交往中适用的一种艺术、一种交际方式或交际方法,是人际交往中约定俗成的尊重、友好的习惯做法。它是建立在长期以来形成的善良、高效和逻辑的基础上的一系列传统习俗,它为我们生活中的活动和行为提供了一个准则。

从传播的角度来看,礼仪可以说是在人际交往中进行相互沟通的技巧。礼仪因对象和范围不同,大致分为行业礼仪和交往礼仪,其中行业礼仪包括政务礼仪、商务礼仪、服务礼仪;交往礼仪包括社交礼仪、涉外礼仪等。

礼仪是人类为维系社会正常生活而要求人们共同遵守的最起码的道德规范,它在人们的长期共同生活和相互交往中逐渐形成,并且以风俗、习惯和传统等方式固定下来。对一个人来说,礼仪是一个人的思想道德水平、文化修养、交际能力的外在表现,对一个社会来说,礼仪是一个国家社会文明程度、道德风尚和生活习惯的反映。古人讲"礼者敬人也",礼仪是一种待人接物的行为规范,也是交往的艺术。它是人们在社会交往中由于受历史传统、风俗习惯、宗教信仰、时代潮流等因素而形成,既为人们所认同,又为人们所遵守,是以建立和谐关系为目的的各种符合交往要求的行为准则和规范的总和。

第一节　礼仪的作用

引导案例

送水"风波"

　　郑州某品牌纯净水厂在一社区设点销售纯净水,宣称其水质纯净、无污染,含多种有益元素,实行上门送水服务,其价格也较市场同类产品低1/3。王先生当场买了一年的水票。当天,卖方送水工按王先生要求的时间把水送到,送水工穿着肮脏的工作服和皮鞋,径直走进王先生铺着木地板和地毯的客厅,动作幅度很大地把水桶放在饮水机上,溢出的水从饮水机上溅到地上,送水工一不小心又把黑乎乎的手印印在王先生洁白的墙面上。王先生恼怒地说了送水工几句,双方争执起来。王先生一怒之下要求退票,卖方不允。后几经周折,卖方退回八成票款。王先生接受教训,转而购买另一知名品牌纯净水,送水工进门之前,拿出自带的塑料袋套在脚上走进房间,小心而熟练地将水桶放在饮水机上,又拿出挎包里自带的洁净的抹布擦拭饮水机和水桶。做完这一切,礼貌地告辞。这一次,王先生开心地笑了。

　　案例思考:

　　1. 是什么原因使王先生中断了与某品牌纯净水厂已经发生的购买行为,转而去购买另一知名品牌纯净水?

　　2. 这个案例告诉我们销售过程中应重视哪些方面?

　　在日常生活和工作中,礼仪能够调节人际关系,从一定意义上说,礼仪是人际关系和谐发展的调节器。人们在交往时按礼仪规范去做,有助于人们互相尊重,建立友好合作的关系,缓和与避免不必要的矛盾和冲突。一般来说,人们受到尊重、礼遇、赞同和帮助就会产生吸引心理,形成友谊关系,反之会产生敌对、抵触、反感甚至憎恶的心理。良好的礼仪主要有以下几个方面作用。

　　1. 有利于提高个人素质

　　推销人员的素质就是推销人员个人的修养和个人的表现。教养体现细节,细节展示素质。作为从事推销活动的人员,应该从自我做起,在每一件小事上都注重礼仪修养,做到内慧外秀,才能树立起良好的个人形象。

　　2. 有利于建立良好的人际沟通

　　企业在从事经营活动的过程中,难免碰到这样或那样的事情,这些事情如果处理不当,不仅客户对推销人员的印象不佳,而且还会影响企业的形象。如果人们都能够自觉主动地遵守礼仪规范,按照礼仪规范约束自己,就容易使人际的感情得以沟通。推销礼仪能消除分歧,增进理解,达成谅解,协调与顾客的关系,使之趋于和谐,建立起相互尊重、彼此信任、友好合作的购销关系,进而有利于企业的营销与发展。

3. 有利于提升组织的形象

礼仪的基本目的就是树立和塑造企业及个人良好的形象。所谓个人形象,就是个人在公众观念中的总体反映和评价。良好的礼仪修养是推销人员必备的素养,是推销工作的前提。知礼、守礼才能保证与人正常交往、良好交往,才能赢得人们的尊敬,塑造良好的个人形象,同时也塑造良好的企业形象,从而更好地开展推销工作。否则,不仅损害个人形象,也损害企业形象。比尔·盖茨说过,"企业竞争,是员工素质的竞争"。进一步讲就是企业形象的竞争。

> **小智囊:**
> 你给客户的第一印象,95%是由穿着打扮而来的。这是因为大部分的时间里,衣着遮蔽了身体的95%。
> ——博恩·崔西

案例 4-1

女大学生的遭遇

某食品研究所生产了一种沙棘饮料,一名女销售人员去一家公司进行推销。她拿出两瓶沙棘饮料样品怯生生地说:"你好,这是我们研究所刚刚研制的一种新产品,想请贵公司销售。"经理好奇地打量了一眼面前这个女销售人员,刚要回绝的时候,他被同事叫过去听电话,便随口说了声:"你稍等。"当这个"记性不好"的经理打完电话之后,早已忘了他还曾让一个女销售人员等他。就这样,那名女销售人员整整坐了几个小时的冷板凳。快到下班的时候,这位糊涂的经理才想起等他回话的女销售人员,看到她竟然还在等。面对这个"老实"又有点生涩的销售人员,这位经理觉得她比起经常乱吹一气的销售人员更令人感到心里踏实,于是当场决定进她的货。

案例评析:

一个合格的销售人员在与客户交往的过程中,首先要用自己的人格魅力来吸引客户。

所谓印象,就是人们对一个人、一件事意识上所接收的特性和品德。一个人长期养成的生活习惯和方式,甚至在与他人相见几秒钟内,基于对对方这些行为和沟通方式的观察,就能确认对他人意识上的判断,这就是所谓的印象。第一印象是指两个素不相识的人第一次见面时所形成的印象。第一印象往往是通过潜在客户对推销人员的外部特征的观察,获得对他们的动机、情感、意图等方面的认识,最终形成的对推销人员的印象。自然界中光速比音速要快,所以人们都是先见闪电而后听到雷声。那么在商务交际活动中,人们能够在你还没介绍自己之前,根据对你的外在状态,也就是第一印象,就判断出你的人格或所代表的公司的一些特性,如你的教育水平、影响能力、信心、权力,公司的理念、文化和服务标准等。同样,你的客户就是根据你所体现的外部信息中来决定是否购买你的产品、接受你的服务。

销售人员应该记住这样一句话:"形象就是自己的名片。"心理学中有一种心理效应叫作"首因效应",即人与人第一次交往中给人留下的印象在对方的头脑中形成并占据着主导地位的一种反应,也就是我们常说的"第一印象"。第一次见面给对方的印象会根深蒂固地留在对方的脑海里,如果你穿着得体,举止优雅,言语礼貌,对方就会心生好感,认为你是个有修养、懂礼仪的人,从而愿意和你交往;如果你服饰怪异、态度傲慢、言语粗俗,对方就会认为你是个没有修养、不求上进的家伙,从而心生厌恶,不愿意和你接触,即使你下次改正了,也难以重获对方的好感,这就是首因效应的作用。

> **小贴士:**
> "我长期工作于关注与观察各种各样的人的场所。"凯瑟琳·瑞克,一位30岁从事教育评估服务的统计员说,"我们经常谈到的一种概念就是光环效应,意思就是,如果我们知道某个人一些正面的事情,那么就对那个人有一种正面的印象,即使有时也知道他的某些负面东西。光环效应同样存在于人们对外表的印象,如果某人着装得体,看起来很舒服,我们就对他的能力更加有信心,尽管以前我们并没有跟这个人说过一句话。既然存在光环效应,我们为何不尽量给人们展示你的美好之处呢! 这就是为什么我们总强调第一印象的重要性。"

综上所述,推销人员在与潜在客户初次接触时,为了给其留下美好的第一印象,应当做到以下几个方面。

1. 服饰整洁,仪表端庄

首次见面,推销人员不要总是想着怎样卖东西,而要想着怎样给客户留下好印象。在服饰方面,要注意是否搭配、适宜,应与环境和谐,这样可以拉近与顾客的距离。因此,在仪表方面,会面前要先行检查一下,如发型是否合适,头发是否凌乱,胡子是否刮净,化妆是否得体等。

2. 举止文明

举止文明是给人留下深刻印象的一个重要因素。不文明礼貌的行为会让他产生极大的反感,例如,不停地眨眼、摸鼻子,脚不停地抖动,玩弄东西特别是客户的名片等。举止文明礼貌应做到:进门时无论门关着还是开着,均应敲门;见到客户时首先问好;在客户未坐定时不应先坐下;递送名片时应双手送上;交谈时要目视对方;告别时应使用礼貌的告别语,特别是推销不成功或不理想时。

3. 态度诚恳

推销人员必须态度诚恳,尤其在客户拒绝购买产品时,不应有任何反感的表示。即使这次没有成功,仍要对客户的接待表示感谢,并承诺当客户需要时,仍可为其提供服务,要为以后的交往创造条件。

4. 尊敬顾客

给客户留下美好印象的重要一点是让客户受到尊敬。优秀的推销员把销售的过程看成是信息传递和感情沟通两个过程的统一,并且这两者既互相影响又互相促进。

5. 为顾客着想

从事推销工作,如果只想怎样把产品卖出去,而不考虑客户所关心的问题,往往会遭到拒绝,也不会给客户留下良好的印象。推销人员设身处地地站在客户的立场上考虑问题,通常是化解拒绝的有效途径。

第二节 会 面 礼 仪

案例 4-2

一次重要的采访

某报社记者吴先生为做一次重要采访,下榻于北京某饭店。经过连续几日的辛苦采访,终于圆满完成任务。吴先生与两位同事打算庆祝一下,当他们来到餐厅时,接待他们的是一位五官清秀的服务员,接待服务工作做得很好,可是她面无血色,显得无精打采。吴先生一看到她就觉得没了刚才的好心情,仔细留意才发现,原来这位服务员没有化工作淡妆,在餐厅昏黄的灯光下显得病态十足,这又怎能让客人看了有好心情就餐呢?当开始上菜时,吴先生又突然看到传菜员涂的指甲油缺了一块,当时吴先生第一个反应就是"不知是不是掉入我的菜里了?"但为了不惊扰其他客人用餐,吴先生没有将他的怀疑说出来。但这顿饭吃得吴先生心里不舒服。最后,他唤柜台内服务员结账,而服务员却一直对着反光玻璃墙面修饰自己的妆容,丝毫没注意到客人的需要,到本次用餐结束,吴先生对该饭店的服务十分不满。

案例思考:

1. 在该案例中,服务员究竟有哪几点不当的行为?

2. 服务员的仪表应该有哪些要求?

推销人员应该是充满魅力的人。魅力是一种能够吸引人的力量,是一个人内在美和外在美的统一。其中,人的仪容是魅力的一个组成部分,它不仅反映其主体的审美能力,也反映其文化、道德、礼仪水平,因此,仪容既具有自然属性,也具有社会属性。推销人员与各种人打交道,在各种场合露面,更应重视自己的仪容仪态。仪容是指人的容貌。仪容是仪表的重要组成部分,由发式、面容以及人体所有未被服饰遮掩的肌肤如手部、颈部等内容所构成。仪容在人的仪表中占有举足轻重的地位。

一、仪容修饰

修饰是对人的仪容、发型进行修整装饰,使其外在形象达到整洁效果的基本手法。

（一）修饰的首要标准

修饰的首要标准是整洁，要经常保持面部及身体各个部位的整洁、卫生，包括皮肤要干净，经常洗脸、梳头、理发、修剪指甲和鼻毛等。要科学地选用清洁、保养用品。

1. 修饰要自然

所谓自然，就是艳而不俗，秀而不媚，柔和顺眼。

2. 修饰要有整体感

修饰是一项整体工程，整体形象的协调统一方为美。

3. 修饰要注意突出重点

修饰的重点是突出自己最美的部分，使其更美，还要巧妙地运用修饰技巧，弥补不足之处。

4. 修饰要与环境气氛统一

不同的环境有不同的背景、光线条件和社交气氛，因而人与环境处于一体，应以与环境相容为宜。

（二）仪容修饰的内容

1. 头发的修饰

头发的修饰主要包括以下几个方面。

（1）要常洗、常理、常梳、常整。

（2）长短要适宜。男士头发一般 7 厘米左右。前发不及额，侧发不及耳，后发不及领；女士头发不长于肩部，如长于肩部，要做技术处理，如盘起来、挽起来或扎起来。如图 4-1 所示。

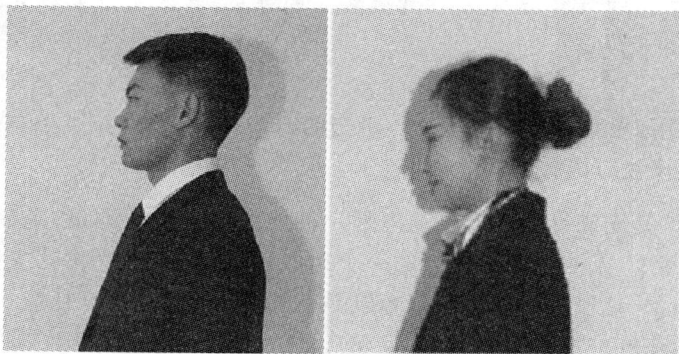

图 4-1　发型示意图

（3）发式自然。不能将头发染成五颜六色。发型的选择要时尚、大方、得体，不要标新立异。

2. 胡须及体毛要修饰干净

在正式场合,男士留着乱七八糟的胡须,一般会被认为是很失礼的,而且会显得邋里邋遢。个别女士因内分泌失调而长出类似胡须的汗毛,应及时清除,并予以治疗。

3. 鼻腔要干净

鼻腔要随时保持干净,不要让鼻涕或别的东西充塞鼻孔,经常修剪一下长到鼻孔外的鼻毛,严禁鼻毛外现。

4. 清洁口腔

牙齿洁白,口无异味,是对口腔的基本要求。为此要坚持每天早、中、晚三次刷牙。另外,在会见重要顾客之前忌食蒜、葱、韭菜、腐乳等让口腔发出刺鼻气味的食物。

5. 手部

手是人体与外界接触最多的部位,是人的"第二张脸"。作为推销人员随时随地保持手部的清洁、卫生和健康,并注重手部保养。如果手的"形象"不佳,整体形象将大打折扣。对手部的具体要求有三点:清洁,不使用醒目甲彩,不蓄长指甲。

仪容仪表规范示意图如图 4-2 所示。

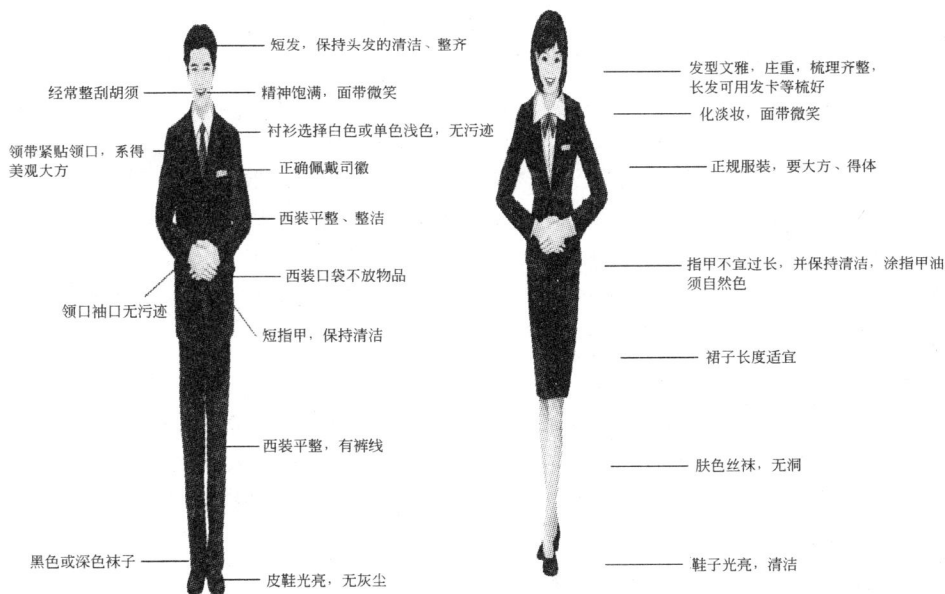

图 4-2 仪容仪表规范示意图

二、仪态

案例 4-3

膝 下 求 情

有一次,原一平和一位资深的同事一起去做客户拜访。在访问一家百货店之后,那位同事觉得很劳累,好在预定的访问任务完成得不错,只剩下有限的几处。原一平决定自己单独前往,留那位同事在百货店休息。完成了剩下的几处访谈之后,原一平已累得东倒西歪,连步子都迈不稳了。那天恰巧又比较热,原一平不由自主地放松了自己,帽子歪斜着,衣扣不整,敞着领口。他匆匆忙忙赶回那家百货店会合同事,推开玻璃门,一边喊一边闯进去。在原一平心里,和那家百货店的老板已经很熟了,便把应该有的礼貌仪容全都抛在了一边。那位同事已经先走了,百货店的小老板见了原一平那副模样大为不满,愤怒地说:"早知道你们是这副模样,我压根儿不会投你们明治的保险。我是信任明治保险,没想到你们这些员工却是这么无礼、随便!"一席话把原一平骂醒了,他完全没有料到自己一时的不修边幅,竟然会带来这么严重的后果,不仅损害了公司的信誉,没准儿还会使已经达成的协议前功尽弃,甚至还会影响附近其他的准客户。想到这里,原一平大汗淋漓。他急中生智,立即跪倒在小老板面前,伏地向他道歉。这个动作有些夸张,那个小老板愣住了,但也最彻底地表达了原一平的诚意。这件事后,原一平和小老板不仅消除了不愉快,反而还亲近了。小老板主动提出把保险金额提高,比已商定的数额高了好几倍。

虽然最终原一平通过了自己的诚恳挽回了败局,而且还取得了出乎意料的结果,但他的心里并不轻松,好多天都被自责和羞愧缠绕着,这是根本不该发生的事!那一刻,原一平的自制力、人格修炼、事业心都到哪去了,跪下道歉是万不得已的举动,他已感到无路可走。可无论怎么说,那对人的自尊仍然是一种伤害。从此以后,原一平时刻注意保持自己的风度和礼仪,再也不敢有一丝懈怠。

案例评析:

由上述案例可知,仪态是人在行为中的姿势和风度,虽属小节,但滴水藏海,能以小见大。它从细微处见精神,透过现象看本质,对建立和维系良好的人际关系有不可小觑的作用。推销员的推销效果可以见证。推销高手一定都是从穿着打扮和注重外表着手,从头到脚,处处都要有推销高手的形象。一位推销人员若庄重认真,自信十足,光看一眼,你就会认为他值得信赖。

(一)站姿的礼仪

日常生活中,我们的站姿是第一个引人注视的姿势,符合礼仪要求的站姿能衬托出美好的优雅的气质和风度。站姿的要点是平、直、均衡而又灵活。肩要平,颈要直,下颌略向后收,两眼要平视,面带微笑,精神饱满。直立,挺胸,收腹,略为收臀。两臂要自然下垂,两手也可以在体前交叉,一般是右手放在左手上。肘部应该略向外张。在必要时,男性可以单手或者双手背于背后。两腿要直,膝盖要放松,大腿稍微收紧上提,身体的重心在脚掌。上体保持标准的站姿,双脚分开,与肩同宽。站累时,脚可以向后撤半步,但是上体仍然要保持正直。如图 4-3 所示。

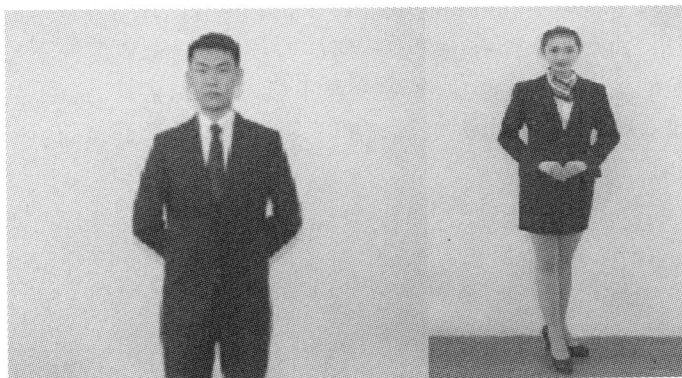

图 4-3　正确站姿示意图

男性站立时，双脚可以微微张开，但是不能超过肩宽。生活中，应当避免错误的站姿，例如：站立的时候双手或者单手叉腰，手插入衣袋或裤袋中，双臂交叉抱在胸前，两腿交叉站立，身体不停地抖动或晃动等。

（二）走姿的礼仪

走姿是"有目共睹"的肢体语言，良好、优美的走姿会使身体各部分散发出迷人的魅力，会更显活力，往往最能体现出一个人的风采和韵味。走路的基本要点是平稳、直线、从容。良好的走姿应当是：上体要正，要直，抬头，下巴应与地面平行，两眼平视前方，面带微笑，精神饱满，身体重心稍微向前。两手前后自然协调地摆动，手臂与身体的夹角一般在 10°～15°。跨步要均匀，两脚之间相距约一只半脚。迈步的时候，脚尖可以微微分开，但是脚尖、脚跟应该与前进方向近乎一直线，应尽量避免"外八字"或者"内八字"式的迈步。步伐要自然、稳健，要有节奏感。女性穿裙子时，裙子的下摆与脚的动作应该力求表现出韵律感。如图 4-4 所示，走路要注意用腰力，腰部要适当收紧。上下楼梯时，上体要直，脚步要轻，要保持平稳，一般不要用手扶栏杆。在生活中，错误的走姿应当避免，例如走路时双手反背于背后或者双手插入裤袋，走路时步子太大或者太小，走路时身体乱晃、乱摆等。

图 4-4　走姿示意图

（三）坐姿的礼仪

良好的坐姿，不仅给人以稳重、端庄、沉着、冷静的感觉，而且也是展现自己气质与风度的重要形式。良好的坐姿应当是：人体重心垂直向下，腰部要挺直，上身要正直。双膝应并拢或者微微分开,并且视情况向一侧倾斜;女士入座以后,双脚必须靠拢,脚跟也要跟着靠紧。双脚并齐,手自然放在双膝上或者椅子的扶手上。背向椅子,右脚稍微向后撤,使腿肚贴着椅子边,如图4-5所示。女士入座的时候,应该先整理一下裙边,一般不要跷腿、架腿等。错误的坐姿有:猛起猛坐,使身体不稳,使座椅摇动、乱响。把脚藏在座椅下面或钩住椅腿;或双腿分开,伸出去老远;"4"字形叠腿;用双手扣腿,晃动脚尖;身体不直、不正,左右晃动。

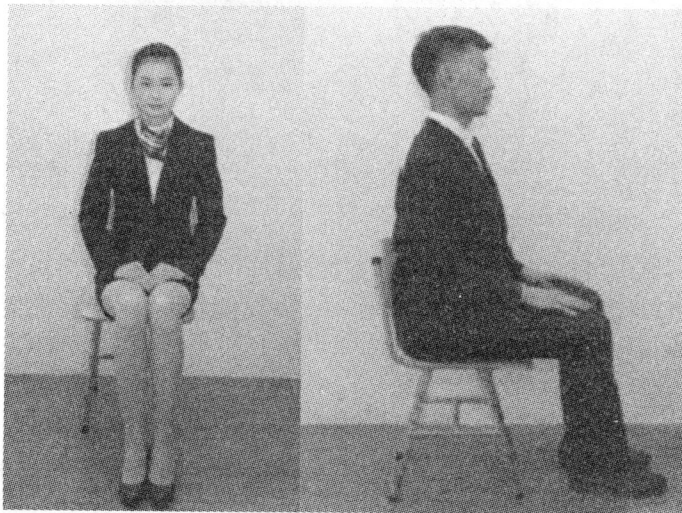

图4-5 男女端坐示意图

三、销售人员的仪表

案例4-4

安琪的着装

安琪的老板一直在说她的着装不够职业。安琪穿着很传统,但问题是她不在意在哪买,买什么牌子的鞋、手表和小提包等。老板要求安琪穿衣服要成熟一些,让人看起来不仅要美丽而且很稳重。安琪从小就接受传统的教育,她历来认为不管做什么工作,衣服不是关键,也没必要花上几千元买那些大牌服装去会朋友、做生意、见客户。另外,安琪也是一个接受过高等教育的金融分析师,她深深懂得金钱的时间价值是最大财富,她还年轻,需要用钱,所以,省钱是她必须具备的观念。

有一次,安琪出席一个行业会议,会议主持人对她说:"安琪女士,你的发言很不错。但与你穿的服装太不相配了。你应该懂得,你是一个年轻的女士,要在一个有经历的、以男人为主体的行业中,博得他们的喝彩。可是,你穿的衣服看起来就是一个20岁出头的毛孩子。"安琪听了此话感到很伤心,她试图去证明这种理论的正确性。于是她叫上可以称为成功人士且年长些的朋友米歇尔,一同去逛街。她买了一套合身的名牌黑色三件套、一双黑色的名牌皮鞋、几件名牌有领衬衫、一条珍珠项链和一对耳环,还有一个名牌小提包,这些东西几乎花掉安琪一年的积蓄,付钱时她手都有些发抖。唯一感到欣慰的是她的银行卡还有足够的钱来付款! 这次疯狂购物之后,安琪就成天带着这个小提包,穿上那双黑皮鞋,花在那套黑色外套上的干洗费用比那套衣服的价钱还要多。然而,结果很令人吃惊。安琪的鞋和小提包受到她遇到的男男女女的恭维,她的客户、同事、朋友无不为之赞赏。以前说她是小姑娘的那个会议厅邀请她回去做了几次报告,人们都问安琪在哪买的这套衣服,并邀请安琪作为嘉宾参加行业高管的聚餐,参加各种顾客聚会。坐在她旁边的一位身价 6 000 万美元的人甚至还对安琪说,你的鞋真不错! 这些都证明,安琪的老板对她说的那番话是对的。我们不是说要你放弃你持有的价值观,而去疯狂购物,或者随便放弃适合你的目标,而是你应该明白你的顾客是谁,为了更好地为他们服务,你应该怎么穿着而使你的工作更加容易达到目标。我们穿着专业和成熟是为了使我们能够显示我们工作特点、我们的工作价值,并看起来更加专业。第一印象是很重要的。

安琪从穿着随意到花钱买下别人认为是成功体现的名牌,确实工作得更加顺利。她的朋友米歇尔说得对:"为你所要的地位而着装,而不是为你现在所处的职位而着装。"无论你喜欢与否,这话千真万确,跟安琪一样的年轻人,就这样去做吧。

案例思考:

1. 案例中安琪的职场遭遇应怎样避免呢?

2. 是否只要穿着名牌就能给客户以成熟的印象呢? 在职场中应该如何注重你的仪表呢?

仪表是指推销人员的外表。在人际交往的初级阶段,推销人员的外在形象在开口说话之前,就已进入顾客的意识中了。推销人员是否得到顾客的重视、尊敬和好感,其外表非常重要。正所谓"人靠衣装,佛要金装",所以,推销人员一定要先从着装打扮和修饰外表着手。

服饰着装。所谓服饰,包括服装和饰品两部分。服饰是社会风尚的象征,是个性美的展现。因此,服饰的选择能够体现出人与服饰、精神与形体的和谐,体现出人的性格特点、文化修养、审美能力和情感需求,也体现出人的地位和职业特征。可以说,服饰浓缩了社会的历史、政治、经济、文化和科技状况,浓缩了一代又一代人对美的认识、情感体验和价值取向。衣着应与自身形象相和谐。这里的自身形象有两层含义,一是指所从事工作的职业形象;二是指自身的身材长相。由于推销人员职业特性的要求,在穿着方面应表现出稳重、大方、干练、有涵养的形象。

(一) 着装的意义

着装的意义主要包括以下几个方面。

(1) 着装是别人对你的印象的一种外表依据,同时它还是影响你个人自信的一种因素。把自己打扮得好看而得体可以让你更自信。

(2) 着装会对行为产生很大的影响。当你在工作时着职业装,就会改变你的形象,从休闲形象进入专业模式,这个形象变化就会让你在行为上表现出专业姿态,增加你的专业魅力。

（3）一种无所谓的专业态度会使你失去有价值的客户，会影响你的组织目标的实现。一种清晰、坚定的专业态度可以提升你的专业魅力，更能吸引和保持顾客。这种坚定的专业态度首先来源于对着装的选择。

（4）一般来说，对男士与女士强调着装都是很重要的，对公司中的女职员尤为重要。同时，女士的发型、着装和化妆对女士本身的信心和成功有很明显的影响。

（二）着装的 TOP 原则

TOP 原则是国际公认的穿衣原则。TOP 是英文 time（时间）、place（地点）、object（目的）三个单词的首字母。

（1）T 原则是指服饰打扮应考虑时代的变化、四季的变化及一天各时段的变化。服饰应顺应时代发展的主流和节奏，不可太超前或太滞后；服饰打扮还应考虑四季气候的变化，夏季应轻松凉爽，冬季应保暖舒适，春秋两季应增减衣服并防风；服饰还应根据早、中、晚气温的变化及是否有活动而调整。

（2）O 原则是指服饰打扮要考虑行动的目的。参加公事活动，服饰打扮自然要稳重大方；而与朋友出门旅行，则应穿得轻松舒适些。

（3）P 原则是指服饰打扮要与场所、地点、环境相适应。在严肃的写字楼里，穿着拖地晚礼服送文件，将是什么情景？在工作场所就应穿职业装，回到家里就应穿家居服，不同的场合应选择不同的服饰。

总之，TOP 原则的三要素是互相沟通、相辅相成的。人们总是在一定的时间、地点，为某种目的进行活动，因此，服饰打扮一定要合乎礼仪要求，这是工作、事业及社交成功的开端。

（三）男性的着装礼仪

西装是全世界最流行的男性服装，是正式场合着装的首选。西装在对外活动中往往充当正装，因此面料的选择应力求高档。藏蓝色西装是推销人员的首选，灰色或棕色也可以，越是正规的场合，越讲究单色西装。男性穿西服，被认为是在一定场合下的必然要求。即使你很有个性，即使西服穿着再怎么不舒服，在一些正式、半正式场合，男性都必须穿西服。这一方面是表示对该事件的重视；另一方面也可显示良好的个人气质和修养。推销人员要想使自己所穿着的西装真正称心合意，就必须在西装的款式、穿法、搭配等方面严守如下规范。男性着装要点主要包括以下几个方面。

（1）拆除商标。购买回来的西装一定要记得拆除左衣袖上的商标、纯羊毛标志及其他标志。

（2）保持外形平整洁净。西装要定期干洗，穿着前熨烫平整。只有西服穿起来显得平整挺括、线条笔直，它的美感才能充分地展示出来。皱皱巴巴的"抹布西服"只会让观者皱眉。

（3）注意内衣搭配。西装的标准穿法是西装里面直接穿着衬衫，而衬衫之内不穿棉纺或毛织的背心、内衣。不穿衬衫，而让 T 恤衫直接与西装配套的做法，更是西装穿着的大忌。

（4）慎穿毛衫。在西装上衣之内,原则上不允许穿毛衫。如果在冬季时实在寒冷难忍,也只宜穿上一件薄型 V 领的单色羊毛衫或羊绒衫。色彩、图案繁杂的羊毛衫或羊绒衫、扣式的开领羊毛衫或羊绒衫穿在西装里面,会大煞风景。

（5）不卷不挽。在正式场合,推销人员应该时刻注意细节方面的问题,如不能卷起西装裤的裤管,或者挽起西装上衣的衣袖,悉心呵护自己的整体形象,以免给人以粗俗的感觉。

（6）正确系扣。西装纽扣是区分款式、板型的重要标志。能否正确地扣好西装的纽扣,直接反映出对西装着装礼仪的把握程度。系扣遵循"扣上不扣下"的原则,通常西装最下面的纽扣是不扣的。

（7）用好口袋。西装的口袋,特别是上衣袋,装饰作用多于实用价值。所以,不能在口袋里装太鼓的东西,比如手机、烟盒等物,以免显得鼓鼓囊囊,使西装整体外观走样。

（8）掌握四不要。衣袖不要过长(最好是在手臂向前伸直时,衬衫袖子要露出 2～4 厘米);衣领不要过高(一般以衬衫后领口露出西装后领口 1～2 厘米为宜);雨天不要穿西装;不要只穿一套西装。

（四）女性的着装礼仪规范

"云想衣裳花想容",相对于偏于稳重保守的商务男士着装,职场女性的着装则亮丽丰富得多。得体的穿着,不仅可以显得更加美丽,还可以体现出一个现代文明人良好的修养和独到的品位。女士在正式场合的着装是套裙、制式皮鞋、肉色高筒丝袜。对于女士而言,裙装是正装,裤装属于便装。其中全身的色彩不超过两种,女士可以根据自己的气质和身材选择不同款式的套裙,套裙的款式设计通常有 H、X、A、Y 四种造型。职业女性着装要点主要包括以下几个方面。

（1）整洁平整。服装并非一定要高档华贵,但须保持清洁,并熨烫平整,穿起来就能大方得体,显得精神焕发。整洁并不完全为了自己,更是尊重他人的需要,这是良好仪态的第一要务。

（2）注重运用色彩技巧。不同色彩会给人不同的感受,如深色或冷色调的服装让人产生视觉上的收缩感,显得庄重严肃;而浅色或暖色调的服装会有扩张感,使人显得轻松活泼。因此,可以根据不同需要进行选择和搭配。

（3）配套齐全。除了主体衣服之外,鞋袜手套等的搭配也要多加考究。如袜子以透明近似肤色或与服装颜色协调为好,带有大花纹的袜子不能登大雅之堂。正式、庄重的场合不宜穿凉鞋或靴子,黑色制式皮鞋是适用最广的,可以和任何服装相配。

（4）饰物点缀。巧妙地佩戴饰品能够起到画龙点睛的作用,给女士们增添色彩。但是佩戴的饰品不宜过多,否则会分散对方的注意力。佩戴饰品时,应尽量选择同一色系。佩戴首饰最关键的就是要与整体服饰搭配统一起来。职业女性在商务场合应避免佩戴过分炫耀、会闪光或者太长的首饰。例如,穿着正装时,佩戴有吊坠的耳环,是正规场合不允许的。

★ 案例4-5

推销员的拜访

　　某经销商听客户讲 A 公司的服装产品款式和质量不错,一直想跟他们联系。有一天,他在办公室时听见有人敲门,就说请进。门开了,进来一个人,穿一套旧的皱皱巴巴的浅色西装,自称是 A 公司的推销员。该经销商打量着来人:他身穿羊毛衫,打一条领带。领带飘在羊毛衫的外面,有些脏,好像有油污。黑色皮鞋,没有擦,布满了灰尘。有好大一会儿,经销商都在打量这个推销员,心里在开小差,根本听不清他在说什么,只隐约看见他的嘴巴在动,还不停地放些资料在办公桌上。等推销员介绍完了,不再说话,室内顿时安静了。经销商马上对他说:"把资料放在这里,我看一看,你回去吧!"就再也没有跟 A 公司联系过了。

　　案例思考:

　　1. A 公司推销员有哪些地方不符合推销礼仪?

　　2. 我们应从中得到哪些启示,吸取哪些教训?

第三节　社交礼仪

一、迎客礼仪

　　迎客是接待中的重要礼仪之一。它不仅显示出主人的热情,更能给来客以春风般的愉快感受。一般来说,其礼节规范有如下方面。

(一)接站

　　对远道而来的客人,要做好接站工作。要掌握客人到达的时间,保证提前等候在迎接地点,迟到是不礼貌的,客人也会因此感到不愉快。接站时还要准备一块迎客牌,上书"欢迎(恭迎)×××代表团"或"欢迎×××先生(女士)"或"×××接待处"等,同时,要高举迎客牌,以便客人辨认。做好这些工作,可以给客人以热情、周到的感觉,使双方在感情上更加接近。

(二)会面

　　"出迎三步,身送七步",这是我国迎送客人的传统礼仪。客人在约定时间按时到达,主人应主动迎接,不应在会谈地点静候,见到客人应热情打招呼,先伸手相握,以示欢迎,同时应说一些寒暄辞令。如果客人是长者或身体不太好的,应上前搀扶,如果客人手中提有重物应主动接过来。

(三)乘车

　　如果迎接地点不是会客地点,还要注意乘车礼仪。接到客人后,应为客人打开车门请客人先上车,坐在客人旁边或司机旁。在车上接待者要主动与客人交谈,告知客人访问的安排,争取客人的意见。还可以向客人介绍当地的风土人情,沿途景观。到达地点后,接待者应先下车为客人打开车门,然后请客人下车。

（四）入室

下车后,陪客者应走在客人的左边,或走在主陪人员和客人的身后,搭乘无人值守的电梯,陪同人员应先进后出,如搭乘有人值守的电梯,陪同人员应后进后出。到达会客室门口时应打开门,让客人先进,在会客室内把最佳位置让给客人,同时,还要按照介绍的礼仪把客人介绍给在场的有关人员。

二、介绍礼仪

介绍,一般指的是在人际交往中为使交往对象彼此有所了解而进行的说明。在人际交往中,互不相识者之间唯有通过介绍才能够彼此认识,进而建立联系。所以说,介绍是人际沟通的出发点。按照被介绍者的不同,介绍通常分为介绍自己、介绍他人和介绍集体三种基本类型。在礼仪规范方面,它们各自又有一些不同的规定。

（一）介绍自己

介绍自己亦称自我介绍,指的是把自己介绍给他人,以便使对方认识自己。主动向别人介绍自己,称作主动型的自我介绍;应邀而向别人介绍自己,则称作被动型的自我介绍。不论采用何种类型介绍自己,均应注意下述四个具体问题。

1. 掌握时机

平时,应当尽量在有需要时再向别人介绍自己。不仅如此,介绍自己还应当选择适当的时机。注意这一点,才会使自己所做的自我介绍引起他人的重视,并且为对方所记牢。一般来讲,干扰较少的时机、对方有兴趣的时机、初次见面的时机,都适合进行自我介绍。

2. 简明扼要

介绍自己,犹如开启人际交往的一扇大门,做到这一点即可。漫无边际地信口开河、长篇大论,不但毫无必要,而且往往还会给人以华而不实的印象。因此,在进行自我介绍时应以简短为佳。

3. 内容有别

介绍自己时,应当根据具体情况在介绍内容上有所区别。就其具体内容而论,介绍自己可以分成三种:一是应酬式,即只介绍自己的姓名。二是交流式,即除了介绍自己的姓名之外,还必须同时介绍自己所在的具体单位、担负的具体职务,或者所学习的具体专业,其目的是要使他人对自己的基本情况有初步了解。三是答问式,即针对交往对象提出的具体问题来选择自我介绍的基本内容,有问有答,答其所问。上述三种自我介绍,各有其适用的场合。应酬式自我介绍适用于面对泛泛之交;交流式自我介绍,适用于面对意欲结交之人;答问式自我介绍则主要适用于在自我介绍时兼以答复他人的询问。

4. 诚实无欺

进行自我介绍时要实事求是,要在具体内容上诚实无欺。具体涉及个人的情况,尤其是需要进行自我评价时,既不必过度谦虚,不宜再三地贬低、否定自己,也不应该自吹自擂、夸大其词。介绍自己时,既然主要是为了让别人了解自己,那么在具体内容上就应当力求真实可信。

(二)介绍他人

介绍他人是指由介绍者作为第三方来为互不认识的双方进行介绍。在人际交往中,商务人员往往免不了要充当介绍者去替他人做介绍,介绍他人时,有如下三点应予以注意。

1. 介绍者

在人际交往中,介绍他人时究竟应由何人充当介绍者,通常都有一定的讲究。在一般情况下,介绍他人时,介绍者应由拥有下列身份者担任:一是与被介绍双方相识者;二是社交聚会的主人;三是公务往来之中的专职接待人员;四是在场之人中地位最高者;五是应被介绍人一方或双方要求者。

2. 介绍的准备

欲使介绍他人顺利地进行,介绍者事先应当有所准备。其中最重要的是要记住以下几条:一是要了解被介绍双方之间是否认识,免得自己的好心好意变成多此一举;二是要了解被介绍双方是否希望相互认识,当他们一方或双方无此愿望时,大可不必强人所难;三是要了解介绍他人的具体时机是否合适,如果时机选择不当,介绍的效果就不会太好。

3. 介绍的顺序

介绍双方相识时,总有一个孰先孰后的顺序问题。此刻所适用的基本规则是"尊者居后"。其具体含义是:介绍双方时,应当首先介绍位低者,然后介绍位高者,以便使位高者首先了解位低者的情况,即令位高者拥有"优先知情权"。具体而言,介绍长辈与晚辈时,应当先介绍晚辈,后介绍长辈;介绍老师与学生时,应当先介绍学生,后介绍老师;介绍男士与女士时,应当先介绍男士,后介绍女士;介绍已婚者与未婚者时,应当先介绍未婚者,后介绍已婚者;介绍职务高者与职务低者时,应当先介绍职务低者,后介绍职务高者;介绍客人于主人时,则应当先介绍主人,后介绍客人。

(三)介绍集体

介绍集体乃是介绍他人的一种特殊情况。它指的是由介绍者为两个集体之间,或者个人与集体之间所做的介绍。在正式场合,商务人员经常有必要介绍集体,此时,主要有以下两点应予以重视:

1. 介绍集体的类型

介绍集体,通常亦有不同的类型。进行不同类型的集体介绍时,在礼仪规范上通常有着不同的具体要求。一般来讲,集体介绍可以分为下列两大基本类型:一是替集体与集体进行介绍。替集体与集体进行介绍时,讲究"双向介绍",即对于彼此的情况都要介绍。二是替个人与集体进行介绍。替个人与集体进行介绍时,讲究的则往往是"单向介绍",即只需着重介绍个人的情况,而不必过多地介绍集体的情况。

2. 介绍集体的顺序

介绍集体时,依礼亦有顺序上的尊卑先后之别。在一般情况下,介绍集体同样应当遵守"尊者居后"的规则。例如,替两个团体进行介绍时,通常应当首先介绍东道主一方,随后再介绍来访者一方。至于具体介绍的内容,则有两种方式。一是只做整体介绍。即只介绍各自集体的总体情况,而不具体涉及个人的情况。二是介绍个人情况。在介绍集体涉及个人情况时,一般讲究"双方对等"的规则,即在遵守"尊者居后"的介绍规则的同时,对双方的个人情况应予以介绍。在具体介绍各方的个人情况时,则应当由尊而卑地依次进行。

三、名片礼仪

小智囊:

在行销上有一件很重要的事,就是你必须随时让每一个想要、需要或可能要你的产品的人,手上都有一张你的名片,以便让他们知道如何找到你。

——乔·吉拉德

案例4-6

一 张 名 片

某公司新建的办公大楼需要添置一系列的办公家具,价值数百万元。公司的总经理已做了决定,向 A 公司购买这批办公用具。

这天,A 公司的销售部负责人打来电话,要上门拜访这位总经理。总经理打算,等对方来了,就在订单上盖章,定下这笔生意。不料对方比预定的时间提前了 2 个小时,原来对方听说这家公司的员工宿舍也要在近期内落成,希望员工宿舍需要的家具也能向 A 公司购买。为了谈这件事,销售负责人还带来了一大堆的资料,摆满了台面。总经理没料到对方会提前到访,刚好手边又有事,便请秘书让对方等一会儿。这位销售员等了不到半小时,就开始不耐烦了,一边收拾起资料一边说:"我还是改天再来拜访吧。"

这时,总经理发现对方在收拾资料准备离开时,将自己刚才递上的名片不小心掉在了地上,对方却并没发觉,走时还无意从名片上踩了过去。但这个不小心的失误,却令总经理改变了初衷,A 公司不仅没有机会与对方商谈员工宿舍设备的购买协议,连几乎到手的数百万元办公用具的生意也告吹了。

案例思考:

1. 为什么总经理最终拒绝和 A 公司合作?

2. 推销员应该怎样对待顾客的名片?

名片是标示姓名及其所属组织、公司单位和联系方法的纸片。使用名片是社交和职业的需要,它可以帮助对方认识和了解你,也可以使你掌握对方的有关信息,被誉为"自我的介绍信,社交的联谊卡"。它是一个人身份的象征,是人们社交活动的重要沟通联系工具。

(一)名片的交换

1. 交换的时机

在商务交往中,只有把握好出示名片的时机,才能够收到最好的效果。通常情况下,名片发送的时机有七种:一是希望认识对方时;二是被介绍给对方时;三是对方向自己索要名片时;四是对方提议交换名片时;五是打算获得对方的名片时;六是初次登门拜访对方时;七是通知对方自己的变更情况时。

2. 递送名片

名片的持有者在递交名片时要表现大方、从容、自然,表情要亲切、谦恭。应当事先将名片放在身上易于掏出的位置,取出名片要先郑重地握在手里,然后在适当的时机交给对方。

递交名片时要双手递过去,以示尊重对方。将名片置于手掌中,用拇指夹住名片,其余四指托住名片反面,以便对方观看。若对方是外宾,则最好将名片上印有外文的一面面对对方。递交的同时可以说一些"请多关照""请多联系"之类的友好客气的话。如图 4-6(a)所示。

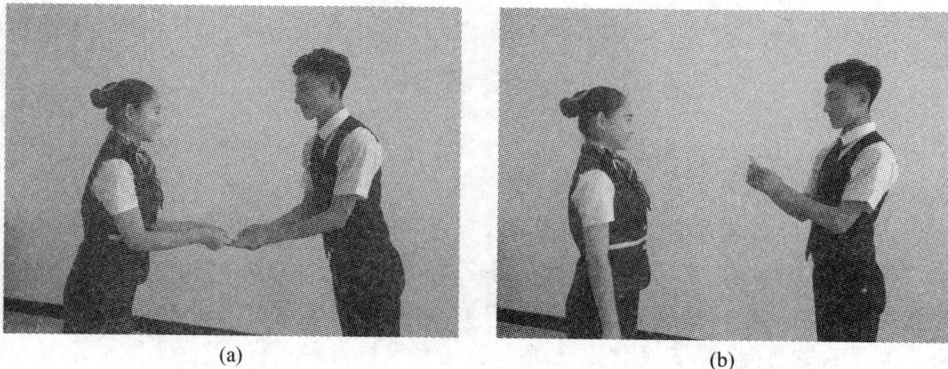

(a)　　　　　　　　　　　　(b)

图 4-6　递送名片示意图

递送名片应遵循"尊卑有序"的原则,即地位低的人首先把名片递给地位高的人。

与多人交换名片时,要注意讲究先后次序,应先将名片递给职位较高或年龄较大者,如果分不清职位高低和年龄大小时,可依照由近及远的顺序依次进行,或采用顺时针方向依次递送,切不可"跳跃式"递送。

3. 接受名片

在接受他人的名片时,应起身或欠身,面带微笑,双手或右手接过,并道谢。接过名片后应认真看看名片的内容,必要时可把名片上的姓名、职务、头衔、职称读出来,如"您就是王总啊,久仰久仰!"以表示对对方的尊重,如图 4-6(b)所示。然后把名片细心地放在名片夹里。

在看过了别人的名片后,如果有不认识或读不准的字要虚心请教。请教别人的名字,丝毫不会降低你的身份,相反,会使人觉得你是一个对待事情很认真的人,增加对你的信任。

4. 回赠名片

"来而不往非礼也",收到别人的名片后,也要递给别人自己的名片。如没有名片,可以说"我没带名片,下次带了给您",或者说"很抱歉,我的名片刚刚用完"。若不愿与对方交换名片,也可采用上述说法,这是维护自己形象和自我保护的一种做法。

5. 索要名片

索要名片的方法大致有以下四种。

(1)交易法。交易法适用于不熟悉的人,而且应先把自己的名片递给对方,这是最省事的方法。古语说:"将欲取之,必先予之。"

(2)明示法。如果你跟对方比较熟,或者以前跟对方认识,很长时间没见,你担心对方换了地方,换了职务,你想要名片,也可以直说跟对方交换一下名片。

(3)谦恭法。谦恭法适合于晚辈对长辈或者对有地位的人。可以说:"以后怎么向您请教比较方便?"言下之意就是向对方索要名片。这是一种委婉的说法。

(4)联络法。联络法适合于长辈对晚辈,上级对下级或者平级平辈的人之间。可以说:"认识你很高兴,希望以后可以和你保持联系。"或者"以后怎么和你联系比较方便?"等于告诉对方,想要对方的电话、电子邮箱等联络方式。这样还可以给对方留下余地,对方愿意给就给,不愿意给可以讲:"你这么忙,以后还是我跟你联系吧。"

(二)名片使用的注意事项

1. 足量携带,放置到位

在参加交际活动或拜访前,要提前准备好名片,并进行必要的检查。自己的公文包以及办公桌抽屉里,也应该经常备有名片,以便随时使用。随身所带的名片最好放在专用的名片夹里;若穿西装,宜将名片置于左上方口袋;若有手提包,可放于包内伸手可得的部位。不要把名片放在皮夹内、工作证内,甚至裤袋内,这是一种很失礼的行为。

2. 存放有序

不要把别人的名片与自己的名片放在一起,否则,一旦慌乱中误将他人的名片当作自己的名片送给对方,这是非常糟糕的。参加交际活动后,应对所收到的他人名片加以整理收藏,以便今后利用方便。

3. 要有个人形象意识

要保持名片或名片夹的清洁、平整,名片不要随意涂改,这也是对别人的礼貌和尊重。

4. 要有自我保护意识

名片上一般不提供私宅电话。

5. 头衔少而精

名片上的头衔要少而精,一般不印两个以上的头衔。

四、握手礼仪

握手,是交际的一个部分。握手的力量、姿势与时间的长短往往能够表达出对对方的不同礼遇与态度,显露自己的个性,给人留下不同印象,也可通过握手了解对方的个性,从而赢得交际的主动。美国著名盲聋女作家海伦·凯勒说:"我接触的手有些能拒人千里之外;也有些人的手充满阳光,你会感到很温暖……"

(一)握手的方式

与他人握手,有必要对握手的方式加以注意,只有采用正确的方式,才能使握手发挥其应有的作用。一般来讲,与别人握手时,具体应当注意以下七点。

1. 起身站立

见到他人时起身站立,通常含有对对方的恭敬之意。因此,在与别人握手时,均应起身站立,唯有女士在社交场合才可以有所例外。

2. 使用右手

就具体方位来说,目前通常讲究"右高左低"。在握手时,人们对于左右手的看法也是如此,所以与别人握手时亦须使用右手。用左手与别人握手,一般被认为是不礼貌的,只有在特殊情况下才允许那样做。

3. 手位正确

与别人握手时,手位应当力求准确无误。标准的做法是:双方相互握住对方右手除拇指之外的其他四个手指。如图 4-7 所示。而仅仅握住对方手指的指尖、握住对方的整个手掌,或者握住对方的手腕,都是失当的。

图 4-7　握手示意图

4. 时间适中

握手的具体时间既不宜过短,也不宜过长。握手的时间太短,好似敷衍对方;握手的时间太长,则会显得热情过度。在正常情况下,与他人握手的时间以 3 秒钟左右为宜。

5. 力度适宜

握手时应注意力度,稍许用力,以示热情友善。如果用力过轻,会令人感到自己缺乏热忱;用力过重,则会给人以挑衅之嫌。

6. 态度友好

一般来讲,与别人握手时,均应目视对方双眼,并面含微笑。此刻若东张西望,或者面无表情,都会给人以不专心、不友好的感觉。

7. 稍事寒暄

与别人握手时,通常需要同时与对方交谈片刻。其具体内容,要么是问候对方,要么是小叙家常。如果始终一言不发,则往往会导致冷场。

（二）握手的顺序

与他人握手时,双方伸手的先后顺序有着一定的规则。最基本的规则是"尊者居前",即双方握手时,应由地位较高者首先伸出手来。地位较低者若首先伸出手来,则是失礼的明显表现。具体而言,长辈与晚辈握手时,应由长辈率先伸手;老师与学生握手时,应由老师率先伸手;女士与男士握手时,应由女士率先伸手;已婚者与未婚者握手时,应由已婚者率先伸手;职务高者与职务低者握手时,应由职务高者率先伸手。当客人与主人握手时,情况则较为特殊。客人抵达时,通常应由主人率先伸手;而当客人告辞时,则应由客人率先伸手。前者是主人为了体现自己对客人的欢迎之意,后者则是客人为了请主人就此留步。如果一个人需要与数人一一握手,其合乎礼仪的顺序有二:一是由尊而卑地依次进行;二是由近而远地依次进行。前一种做法,适用于握手对象地位尊卑较为明显之时;后一种做法,则适用于握手对象地位的尊卑不甚明显或者难以区分之时。

五、送客礼仪

送客礼仪主要包含以下几个方面。

（1）如客人提出告辞,推销人员要等客人起身后再站起来相送,切忌没等客人起身,自己先于客人起立相送,这是很不礼貌的。

（2）若客人提出告辞,推销人员仍端坐办公桌前,嘴里说"再见",而手中却还忙着自己的事,甚至连眼神也没有转到客人身上,更是不礼貌的行为。

（3）"出迎三步,身送七步"是迎送宾客最基本的礼仪。

（4）通常当客人起身告辞时,推销人员应马上站起来,主动为客人取下衣帽,帮他穿上,与客人握手告别,同时选择最合适的言辞送别,如"希望下次再来"等礼貌用语。

（5）与客人在门口、电梯口或汽车旁告别时,要与客人握手,目送客人上车或离开,要以恭敬真诚的态度,笑容可掬地送客,不要急于返回,应鞠躬挥手致意,待客人移出视线后,才可结束送客仪式。客人准备告辞时,一般都应真诚挽留,真诚感谢。

（6）一定要等客人先起身后自己再相送,同时随从也应起身道别,送客应送到门口或电梯口（等电梯门关后再走）,对年长或上级应送至楼下或车门边,再握手道别,同时要目送客人远去。如果客人回首招呼应举手或点头示意,直至不见客人身影再回来。

六、拜访礼仪

拜访礼仪主要包括以下几个方面。

（一）拜访预约

由于许多客户不喜欢销售者贸然登门，而且如果客户并不存在需求，直接去拜访也是非常低效率的推销方法。因此拜访预约在拜访环节中必不可少。当有必要去拜访别人时，必须考虑主人是否方便，为此一定要提前口头、书面或电话通知对方。预约时应注意以下问题。

（1）措辞要注意礼貌，语气一定要和缓。

（2）不要逼着客户同意，应有意识地把决定权让给对方。

（3）如果是电话或信件预约，对产品的介绍要言简意赅，因为通过书面或电话达成的记忆是非常有限的。

（4）对双方约定的时间要注意强调，以确保客户不会遗忘。

（5）尽可能从客户的角度去考虑，不提无理的、为客户制造麻烦的要求。

（6）如果是电话预约，通话时间不要太长。

（二）拜访时的礼仪

拜访礼仪主要包含以下几个方面。

（1）要守时守约。

（2）讲究敲门的艺术。要用食指敲门，力度适中，间隔有序敲三下，等待回音。如无应声，可再稍加力度，再敲三下，如有应声，再侧身隐立于右门框一侧，待门开时再向前迈半步，与主人相对，经允许后进屋。

情景训练：一个秘书给老板送资料，门是往外开的。一个当秘书，一个当老板，敲门三次，自报家门："您好，我是小张，给您送资料。"应声，推开，用手开门后掩上门。"张总，这是给您的资料，还有什么吩咐？"退几步，然后侧身把门打开出去。

（3）主人不让座不能随便坐下。主人让座之后，要口称"谢谢"，然后采用规矩的礼仪坐姿坐下。如果主人是年长者或上级，主人不坐，自己不能先坐。主人递上烟茶要双手接过并表示谢意。如果主人没有吸烟的习惯，要克制自己的烟瘾，尽量不吸，以示对主人习惯的尊重。主人献上果品，要等年长者或其他客人动手后，自己再取用。即使在最熟悉的朋友家里，也不要过于随便。

（4）跟主人谈话，语言要客气。即使和主人的意见不一致，也不要争论不休。对主人提供的帮助要适当地致以谢意。要注意观察主人的举止表情，适可而止。当主人有不耐烦或有心不在焉的表现时，应转换话题或口气；当主人有结束会见的表示时，应识趣地立即起身告辞。

（5）谈话时间不宜过长。起身告辞时，要向主人表示打扰之歉意。出门后，回身主动伸手与主人握别，说"请留步"。待主人留步后，走几步，再回首挥手致意"再见"。

七、用餐礼仪

在谈判活动中，宴请本身就是谈判双方之间的一种礼节形式。通过宴请，可以使谈判双方增进了解和信任，在感情上拉近距离，从而有利于沟通。在宴请过程中也有一些必须注意的礼节。

（一）确定宴请对象、范围、规格

宴请的目的一般很明确，如节庆日聚会、贵宾来访、工作交流、结婚祝寿等。根据不同目的来决定宴请的对象和范围，即请哪些人，请多少人，并列出客人名单。在确定邀请对象时应考虑到客人之间的关系，以免出现不快和尴尬的局面。宴请规格的确定一般应考虑出席者的最高身份、人数、目的、主宾情况等因素。规格过低，会显得失礼、不尊重；规格过高，则会造成浪费。

（二）确定宴请的时间、地点

宴请的时间和地点，应根据宴请的目的和主宾的情况而定，一般来说，宴请的时间安排应对主宾双方都较为合适为宜，最好事先征求一下主宾的意见，尽量为客人方便着想，避免与工作、生活安排发生冲突，通常安排在晚上 6～8 点。在时间的选择上还不宜安排在对方的重大节日、重要活动之际或有禁忌的日子和时间。例如，欧美人忌讳"13"，日本人忌讳"4""9"，宴请时间应尽量避开以上数字的时日。宴请的地点也应视交通、宴会规格和主宾的情况而定，如是官方隆重的宴请活动，一般安排在政府议会大厦或客人下榻的宾馆酒店内举行；企事业单位的宴请，有条件的可在本单位的饭店或附近的酒店进行。

（三）邀请

邀请的形式有两种，一是口头的，一是书面的。口头邀请就是当面或者通过电话把活动的目的、名义以及邀请的范围、时间、地点等告诉对方，然后等待对方答复，对方同意后再做活动安排。书面邀请也有两种方式，一种是比较普遍的发"请帖"；还有一种就是写"便函"。后者目前使用较少。

（四）菜谱的安排

宴会菜谱应根据宴会的规格确定，所谓"看客下菜"。总的原则应考虑客人的身份以及宴请的目的，做到丰俭得当。整桌菜谱应有冷有热，荤素搭配，有主有次，主次分明，既突出主菜，如鲍鱼、鱼翅等，以显示菜肴的档次，又配一般菜以调剂客人的口味，如特色小炒、传统地方风味菜等，以显示菜肴的丰富。具体菜肴的确定，还应以适合多数客人的口味为前提，尤其要照顾主宾的饮食习惯。例如，不少外宾并不太喜欢我们的山珍海味，特别是海参。伊斯兰教徒的清真席，不用酒，甚至不用任何带酒精的饮料和猪肉。印度教教徒不吃牛肉，满族人不吃狗肉等。所有这些忌讳，在选菜时都应该考虑到。

（五）席位安排礼仪

中餐宴会往往采用圆桌布置，通常 8～12 人为一桌。如果有两桌或两桌以上安排宴请，排列桌次应以"面门为上，以近为大，居中为尊，以右为尊"为原则，其他桌次按照离主桌"近为主、远为次，右为主、左为次"的原则安排。

（六）宴请程序

迎客时，主人一般在门口迎接。官方活动除主人外，还有少数其他主要官员陪同主人排列成行迎宾，通常称为迎宾线，其位置一般在宾客进门存衣以后进入休息厅之前。与宾客握手后，由工作人员引入休息厅或直接进入宴会厅。主宾抵达后由主人陪同主宾进入宴会厅，全体宾客入席，宴会开始。若宴会规模较大，则可请主桌以外的客人先入座，贵宾后入座。若有正式讲话，可以一入席宾主双方即讲话，也可以安排在热菜之后甜食之前由主人讲话，接着由主宾讲话。冷餐会及酒会讲话时间则更灵活。吃完水果，主人和主宾起立，宴会即告结束。

本章小结

学习商务礼仪，不仅是时代潮流，更是提升竞争力的现实所需。著名礼仪专家金正昆教授说："礼是尊重别人，仪是尊重的形式。"为了更好地进行现代商务来往，我们必须重视商务礼仪教育，从而更好地发挥其积极作用。

现今全球经济一体化，商业社会竞争激烈，要比别人优胜，除了具备卓越能力外，还要掌握有效沟通方式以妥善处理人际关系，在任何社交场所，都一定要做到约束自己，尊重他人，树立良好的企业形象。而更重要的是拥有良好优雅的专业形象和卓越的商务礼仪。

本章思考题

简答题

1. 谈判人员有哪些方面的礼仪要求？
2. 谈判人员应遵守怎样的仪容、仪表规范？何谓着装的 TOP 原则？
3. 与客户会面时，向其索要名片的方式有哪些？
4. 与客户会面握手时，谁应先伸手？
5. 宴请客户过程中应注意哪些方面？

第五章

顾客行为与推销模式

学习目标

通过本章的学习,使学生了解和掌握以下知识点:

- 明确消费者行为特点;
- 掌握消费者的购买决策过程;
- 熟悉并掌握影响消费者行为的因素;
- 理解推销方格理论和顾客方格理论;
- 掌握推销与顾客理论在推销过程中的运用;
- 熟练掌握爱达模式的四个步骤、每一步的关键点及方法;
- 了解埃德帕模式的推销过程;
- 能够运用费比模式介绍商品。

"人心不同,各如其面。"在日常生活中,不同的消费者有着不同的个性心理和行为差异。例如,在商场里购物的众多消费者,他们视物的目光、挑选的神态、行为的姿势、说话的语气、决策的速度都各不相同。人与人之间在这些方面的差异,都是由其个性的不同而引起的。

在消费过程中,消费者对客观事物的反应受感觉与知觉、注意和记忆及态度等心理机能的作用。不同消费者之间存在消费心理与消费行为的差异,同一消费者的心理和行为方式的改变实质上是心理机能作用的结果。

全球各地的消费者在年龄、收入、教育水平和品位上有很大的不同。他们购买的产品和服务也千差万别。这些多样化的消费者与他人及周围环境相互联系,影响着他们在各种产品、服务和公司之间的选择。

第一节　消费类型与购买行为模式

引导案例5-1

速溶咖啡的消费者

20世纪40年代,一种方便、味美、廉价的饮料"雀巢速溶咖啡"(Nescafe)开始进入市场。但是,消费者对此并不感兴趣,问津者寥寥无几。

出现这种情况是令人费解的。在速溶咖啡出现以前,在家里喝上一杯咖啡需要经过一番复杂的操作:首先,在市场上买回生咖啡豆,进行烘烤,将烘烤好的咖啡豆磨细,然后才能煮出一壶咖啡。而配置速溶咖啡,无须特殊技术和耐心,谁也不会发生配料错误;此外,它的价格也比传统饮料便宜。既然如此,那么,人们为什么要抵制这种方便饮料呢?为了解答这个问题,心理学家开始调查人们对雀巢速溶咖啡的看法。他们找来一些有代表性的消费者,询问他们是否使用了速溶咖啡,所得到的答案几乎是相同的:他们不喜欢速溶咖啡的味道。

但是,咖啡制造商和进行调查的心理学家都不相信味道是消费者抵制这种新产品的真正原因,因为大多数人都没有讲出速溶咖啡和新鲜调制的咖啡在味道上究竟有什么区别。他们猜想,问题的根源可能并不在于味道的好坏,而是消费者心理存在一种抵制速溶咖啡的潜在动机。为此,心理学家设计了另外一种疑问方式。他们特地编制了两张购货单,这两张购货单除了一张上写着速溶咖啡,另一张写着新鲜咖啡豆以外,其余的物品全部相同。他们将两张购货单分别交给两组家庭主妇,请她们按得到的其中一张购货单来描述购货的顾客是怎样的人。

心理学家设计的两张购货单如下:

购货单1	购货单2
1听发酵粉	1听发酵粉
2块面包	2块面包
1串胡萝卜	1串胡萝卜
1磅雀巢速溶咖啡	1磅新鲜咖啡豆
1.5磅碎牛肉	1.5磅碎牛肉
2磅桃子	2磅桃子
5磅土豆	5磅土豆

所得到的描述截然不同,购买速溶咖啡的顾客被认为是一个懒汉,是一个邋遢、生活毫无计划和没有贤妻照顾的人。而购买新鲜咖啡豆的顾客则被描述成有经验的、勤俭的、讲究生计的、有家庭观念的和喜欢烹调的人。

这个结果表明,人们倾向于十分消极的词汇去描述速溶咖啡的购买者,换句话说,速溶咖啡这种十分方便、节省时间的新产品在消费者心目中的印象不佳。消费者拒绝这种新产品的真正原因在于他们对于速溶咖啡的偏见，而不在于它的味道。在这种情况下，愿意购买速溶咖啡的人当然很少。

针对这种情况，为了使速溶咖啡打开市场局面，改变人们的偏见情绪和消极印象，就需要改变广告的主题，新设计的广告一改过去强调速溶咖啡又快又方便的特点转而强调市场上销售的新鲜咖啡所具有的美味、芳香和质地醇厚的特点，速溶咖啡都一一具备。在一幅杂志广告上，设计师画了一杯美味芬芳的咖啡，后面高高地堆着一大堆褐色的咖啡豆，速溶咖啡罐头上写"100％的真正咖啡"。立刻，消极印象被改变了，速溶咖啡一跃成为西方咖啡业中最受欢迎的一员。消费者已经被说服了，谁也不会再认为，购买速溶咖啡的人是懒汉和无能者，他们已经认识到，速溶咖啡所具有的各种优点及价值。

案例思考：

当新设计的产品与消费者的消费理念与习惯冲突时，其生产企业应如何引导消费者的行为呢？

一、消费者及其行为

从法律意义上讲，消费者应该是为个人的目的购买或使用商品和接受服务的社会成员。消费者必须是产品和服务的最终使用者而不是生产者、经营者。也就是说，消费者购买商品的目的主要是用于个人或家庭需要而不是经营或销售，这是消费者最本质的一个特点。作为消费者，其消费活动的内容不仅包括为个人和家庭生活需要而购买和使用产品，而且包括为个人和家庭生活需要而接受他人提供的服务。但无论是购买和使用商品还是接受，其目的只是满足个人和家庭需要，而不是生产和经营的需要。所谓最终消费者即"为个人消费而购买商品或服务的个人和家庭"，他们是商品的最终使用者，他们构成了消费者市场。

对营销者而言，最核心的问题是："消费者对营销者采用的不同营销努力如何做出反应。"作为一名营销人员，我们不仅要了解在消费者的消费行为中存在的五种不同的角色如表5-1所示；更应该明确对于不同类型的商品而言，同一个消费者扮演的角色也是不同的。

表 5-1　消费者的类型与角色描述

角色类型	角色描述
倡议者	提出或有意购买某一商品或服务的人
影响者	其看法或建议影响做出最终购买决策的人
决策者	在"是否买""哪里买"等方面做出决定的人
购买者	实际购买商品或服务的人
使用者	实际消费或使用商品、服务的人

消费者行为是指消费者为获得、使用和处置商品或服务所做的一系列活动的总称，包括先于且决定这些活动的决策过程。消费者行为是与产品或服务的交换密切联系在一起的。随着对消费者行为研究的深入，人们越来越深刻地意识到，消费者行为是一个整体，

是一个过程,获取或者购买只是这一过程的一个阶段。

从狭义上讲,消费者行为仅仅指消费者的购买行为以及对消费资料的实际消费;从广义上讲,消费者为索取、使用消费物品所采取的各种行动以及先于且决定这些行动的决策过程,甚至消费收入的取得等一系列复杂的过程,都属于消费者行为。

二、消费类型与购买行为模式

小智囊:

推销成功的关键

(1)关心别人的需要是推销成功的关键。

(2)推销的秘诀在于找到人们心底最强烈的需要,并帮他们满足它。

结论:你不关心别人的需要,凭什么指望别人会关心你的需要。

(一)消费类型

消费者可以划分为适用型、舒适型和炫耀型。

适用型:功能和价格是其购买的主要因素。这类顾客是温饱型顾客,吃饭穿衣只求温饱,绝不会追求名牌。

舒适型:追求舒适的购买行为。一般这类人会购买价格稍微高一些、功能稍微丰富一点的商品。

炫耀型:指的是富裕的上层阶级通过对物品的超出实用和生存所必需的浪费性、奢侈性和铺张浪费,向他人炫耀和展示自己的金钱财力和社会地位,以及这种地位所带来的荣耀、声望和名誉。在推销商品时,要求推销人员敏锐地捕捉到使用价值之外的审美价值、社会价值。

☆案例5-1

王永庆卖米

被誉为台湾的"经营之神"的王永庆,在台湾的富豪中雄居首席,在世界化学工业界居50强之列,是台湾唯一进入"世界企业50强"的企业王。他的台塑集团发展成为台湾企业的王中之王,在台湾,与台塑集团企业有着存亡与共关系的下游加工厂超过1 500家。

王永庆早年因家贫读不起书,只好去做买卖。16岁的王永庆从老家来到嘉义开了一家米店。那时,小小的嘉义已有近三十家米店,竞争非常激烈。当时仅有200元资金的王永庆,只能在一条偏僻的巷子里承租一个很小的铺面。他的米店开办晚,规模小,更谈不上知名度了,没有任何优势。在新开张的那段日子里,生意冷冷清清,门可罗雀。于是,王永庆背着米挨家挨户去推销,一天下来,人不仅累得够呛,效果也不太好。谁会去买一个小商贩上门推销的米呢?

怎么打开销路呢？王永庆想起父亲常说的一句古训："不惜钱者有人爱，不惜力者有人敬。"他没钱，唯一能做的是不吝惜时间和力气。

刚开始，王永庆决定从每一粒米上打开突破口。那时候的台湾，农民还处在手工作业状态，由于稻谷收割与加工的技术落后，很多小石子之类的杂物很容易掺杂在米里。人们在做饭之前，都要淘好几次米，很不方便。但大家都已见怪不怪，习以为常。

王永庆却从这司空见惯中找到了切入点。他和两个弟弟一齐动手，一点一点地将夹杂在米里的秕糠、砂石之类的杂物拣出来，然后再卖。一时间，小镇上的主妇们都说，王永庆卖的米质量好，省去了淘米的麻烦。这样，一传十，十传百，米店的生意日渐红火起来。

王永庆并没有就此满足。他还要在米上下大功夫。那时候，顾客都是上门买米，自己运送回家。这对年轻人来说不算什么，但对一些上了年纪的人，就是一个大大的不便了。而年轻人又无暇顾及家务，买米的顾客以老年人居多。王永庆注意到这一细节，于是主动送米上门。这一方便顾客的服务措施同样大受欢迎。当时还没有"送货上门"一说，增加这一服务项目等于是一项创举。一天晚上，天下着倾盆大雨，王永庆忙完店里的活，已是深夜。他上床躺下，迷迷糊糊刚睡着，就被一阵急促的敲门声惊醒了。开门一看，原来是嘉义火车站对面一家客栈的厨师。厨师说客栈来了几位客人，还没吃饭，刚巧厨房没米了，请王永庆帮忙送一斗米过去。当时，卖米的利润极其微薄，一斗米只能赚一分钱。从心情上来说，王永庆不愿冒着这么大的雨赚这一分钱，但为了维持平日的信用，他二话没说，量了一斗米，披上一条麻袋当雨具，将米送到客栈。回来时，全身都湿透了。

王永庆送米，并非送到顾客家门口了事，而且帮忙将米倒进米缸里。如果米缸里还有陈米，他就将旧米倒出来，把米缸擦干净，再把新米倒进去，然后将旧米放上层，这样，陈米就不至于因存放过久而变质。王永庆这一精细的服务令顾客深受感动，为他赢得了很多的顾客。

如果给新顾客送米，王永庆就细心记下这户人家米缸的容量，并且问明家里有多少人吃饭，几个大人、几个小孩，每人饭量如何，据此估计该户人家下次买米的大概时间，记在本子上。到时候，不等顾客上门，他就主动将相应数量的米送到客户家里。

不过，由于嘉义大多数家庭都靠做工谋生，收入微薄，少有闲钱，主动送米上门，如果马上收钱，碰上顾客手头紧，会弄得双方都很尴尬。因此，每次送米，王永庆并不急于收钱。他把全体顾客按发薪日期分门别类，登记在册，等顾客领了薪水，再一拨儿一拨儿地收米款，每次都十分顺利，从无拖欠现象。

王永庆精细、务实的服务，使嘉义人都知道在米市马路尽头的巷子里，有一个卖好米并送货上门的王永庆。有了知名度后，王永庆的生意更加红火起来。这样，经过一年多的资金积累和客户积累，王永庆便自己办了个碾米厂，在最繁华热闹的临街处租了一处比原来大好几倍的房子，临街做铺面，里间做碾米厂。

就这样，王永庆从小小的米店生意开始了他后来问鼎台湾首富的事业。

案例思考：
王永庆创业卖米的故事给我们的启示是什么？

（二）购买行为模式

消费者的购买行为是一个投入产出的过程，一方面，消费者要接受外部刺激。另一方面,消费者会做出各种反应。图 5-1 描述了消费者的刺激—反应模式。

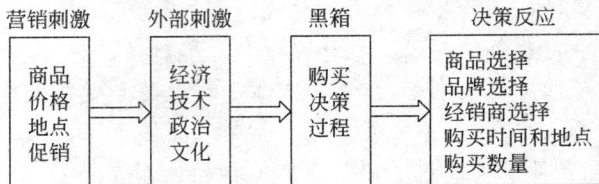

图 5-1 刺激—反应模式

首先,决定消费者行为规律的关键环节是消费者决策黑箱。营销人员必须了解消费者决策黑箱的内容,才能对预期的消费者反应给出合适的刺激。其次,刺激因素是决定消费者最终行为表现的诱因,这些诱因可以根据其来源分为商业刺激和非商业刺激。

(三) 购买行为类型

购买行为类型见表 5-2。

表 5-2　购买行为类型

	参与程度(高)	参与程度(低)
品牌间差异程度大	复杂的购买行为	寻求变化的购买行为
品牌间差异程度小	寻求平衡的购买行为	习惯性购买行为

不同消费者购买决策过程的复杂程度不同,究其原因,是受诸多因素影响,其中最主要的是参与程度和品牌差异大小。同类产品不同品牌之间的差异越大,产品价格越昂贵,消费者越是缺乏产品知识和购买经验,感受到的风险越大,购买过程就越复杂。比如,牙膏、火柴与计算机、轿车之间的购买复杂程度显然是不同的。阿萨尔(Assael)根据购买者的参与程度和产品品牌差异程度区分出以下四种购买类型。

1. 复杂的购买行为

如果消费者属于高度参与,并且了解现有各品牌、品种和规格之间具有显著差异,则会产生复杂的购买行为。复杂的购买行为指消费者需要经历大量的信息收集、全面的产品评估、慎重的购买决策和认真的购后评价等各个阶段。比如,家用计算机价格昂贵,不同品牌之间差异大,某人想购买家用计算机,但又不知硬盘、内存、主板、中央处理器、分辨率、Windows 等为何物,对于不同品牌之间的性能、质量、价格等无法做出判断,贸然购买有极大的风险。因此,他要广泛收集资料,弄清很多问题,逐步建立对此产品的信念,然后转变成态度,最后才会做出谨慎的购买决定。

对于复杂的购买行为,营销者应制定策略帮助购买者掌握产品知识,运用印刷媒体、电波媒体和销售人员宣传本品牌的优点,发动商店营业员和购买者的亲友影响最终购买决定,简化购买过程。

2. 习惯性购买行为

对于价格低廉的、经常性购买的商品，消费者的购买行为是最简单的。这类商品中，各品牌的差别极小，消费者对此也十分熟悉，不需要花时间进行选择，一般随买随取就行了。例如，买油、盐之类的商品就是这样。这种简单的购买行为不经过搜集信息、评价产品特点、做出重大决定这种复杂的过程。

对习惯性购买行为的主要营销策略有以下几点。

（1）利用价格与销售促进吸引消费者试用。由于产品本身与同类其他品牌相比难以找出独特优点以引起顾客的兴趣，就只能依靠合理价格与优惠、展销、示范、赠送、有奖销售等销售促进手段吸引顾客试用。一旦顾客了解和熟悉了某产品，就可能经常购买以致形成购买习惯。

（2）开展大量重复性广告加深消费者印象。在低度参与和品牌差异小的情况下，消费者并不主动收集品牌信息，也不评估品牌，只是被动地接受包括广告在内的各种途径传播的信息，根据这些信息所造成的对不同品牌的熟悉程度来选择。消费者选购某种品牌不一定是被广告所打动或对该品牌有忠诚的态度，只是熟悉而已。购买之后甚至不去评估它，因为并不介意它。购买过程是：由被动的学习形成品牌信念，然后是购买行为，接着可能有也可能没有评估过程。因此，企业必须通过大量广告使顾客被动地接受广告信息而产生对品牌的熟悉。

为了提高效果，广告信息应简短有力且不断重复，只强调少数几个重要论点，突出视觉符号与视觉形象。根据古典控制理论，不断重复代表某产品的符号，购买者就能从众多的同类产品中认出该产品。

（3）增加购买参与程度和品牌差异。在习惯性购买行为中，消费者只购买自己熟悉的品牌而较少考虑品牌转换，如果竞争者通过技术进步和产品更新将低度参与的产品转换为高度参与并扩大与同类产品的差距，将促使消费者改变原先的习惯性购买行为，寻求新的品牌。提高参与程度的主要途径是在不重要的产品中增加较为重要的功能和用途，并在价格和档次上与同类产品拉开差距。

例如，洗发水若仅仅有去除头发污渍的作用，则属于低度参与产品，与同类产品也没有什么差别，只能以低价展开竞争；若增加去除头皮屑的功能，则参与程度提高，提高价格也能吸引购买，扩大销售；若再增加营养头发的功能，则参与程度和品牌差异都能进一步提高。

3. 寻求多样化的购买行为

有些商品之间有明显差别，但消费者并不愿在上面多花时间，而是不断变化他们的所购商品。如在购买点心之类的商品时，消费者往往不花长时间来选择和估价，而是下次买时再换一种新花样。这样做往往不是因为对产品不满意，而是为了寻求多样化。比如购买饼干，他们上次购买的是巧克力夹心，而这次购买的是奶油夹心。这种品种的更换并非对上次购买的饼干不满意，而是想换换口味。

对于寻求多样化的购买行为，市场领导者和挑战者的营销策略是不同的。市场领导者力图通过占有货架、避免脱销和提醒购买的广告来鼓励消费者形成习惯性购买行为。

而挑战者则以较低的价格、折扣、赠券、免费赠送样品和强调试用新品牌的广告来鼓励消费者改变原习惯性购买行为。

4. 化解不协调的购买行为

有些选购品，牌子之间区别不大，而消费者又不经常购买，购买时有一定的风险性。对这类商品，消费者一般先转几家商店看看有什么货，进行一番比较，而后，不用花多长时间就买回来，这是因为各种牌子之间没有什么明显的差别。一般如果价格合理，购买方便，机会合适，消费者就会决定购买。如购买沙发，虽然也要看它的款式、颜色，但一般差别不太大，有合适的就会买回来。

购买以后，消费者也许会感到有些不协调或不够满意，也许商品的某个地方不够称心，或者听到别人称赞其他种类的商品。在使用期间，消费者会了解更多情况，并寻求种种理由来减轻、化解这种不协调，以证明自己的购买决策是正确的。

对于这类购买行为，营销者要提供完善的售后服务，通过各种途径经常提供有利于本企业和产品的信息，使顾客相信自己的购买决定是正确的。

三、购买决策过程

消费者购买决策是指消费者谨慎地评价某一产品、品牌或服务的属性并进行选择、购买能满足某一特定需要的产品的过程。

广义的消费者购买决策是指消费者为了满足某种需求，在一定的购买动机的支配下，在可供选择的两个或者两个以上的购买方案中，经过分析、评价、选择并且实施最佳的购买方案，以及购后评价的活动过程。它是一个系统的决策活动过程，包括需求的确定、购买动机的形成、购买方案的抉择和实施、购后评价等环节。

（一）决策过程

每一消费者在购买某一商品时，均会有一个决策过程，只是因所购产品类型、购买者类型的不同而使购买决策过程有所区别，但典型的购买决策过程一般包括以下几个方面。

1. 认识需求

认识需求是消费者购买决策过程的起点。当消费者在现实生活中感觉到或意识到实际与其需求之间有一定差距，并产生了要解决这一问题的要求时，购买的决策便开始了。

2. 收集信息

当消费者产生了购买动机之后，便会开始进行与购买动机相关联的活动。如果他所欲购买的物品就在附近，他便会实施购买活动，从而满足需求。但是当所需购买的物品不易购到，或者说需求不能马上得到满足时，他便会把这种需求存入记忆中，并注意收集与需求相关和密切联系的信息，以便进行决策。

消费者信息的来源主要有四个方面：个人来源、商业来源、公共来源、经验来源。

3. 选择判断

当消费者从不同的渠道获取到有关信息后，便对可供选择的品牌进行分析和比较，并对各种品牌的产品做出评价,最后决定购买。

消费者对收集到的信息中的各种产品的评价主要从以下几个方面进行:分析产品属性;建立属性等级;确定品牌信念;形成"理想产品";做出最后评价。

4. 购买决定

只让消费者对某一品牌产生好感和购买意向是不够的,真正将购买意向转为购买行动,其间还会受到两个方面的影响。

(1) 他人的态度。消费者的购买意图,会因他人的态度而增强或减弱。他人态度对消费意图影响力的强度,取决于他人态度的强弱及他与消费者的关系。一般说来,他人的态度越强,他与消费者的关系越密切,其影响就越大。例如,丈夫想买一台大屏幕的彩色电视机,而妻子坚决反对,丈夫就极有可能改变或放弃购买意图。

(2) 意外的情况。消费者购买意向的形成,总是与预期收入、预期价格和期望从产品中得到的好处等因素密切相关的。但是当他欲采取购买行动时,发生了一些意外的情况(如因失业而减少收入,因产品涨价而无力购买,或者有其他更需要购买的东西,等等),这一切都将会使他改变或放弃原有的购买意图。

(3) 购后行动。产品在被购买之后,就进入售后阶段,此时,市场营销人员的工作并没有结束。消费者购买商品后,通过自己的使用和他人的评价,会对自己购买的商品产生某种程度的满意或不满意。购买者对其购买活动的满意感(S)是其产品期望(E)和该产品可觉察性能(P)的函数,即 $S=f(E,P)$。若 $E=P$,则消费者会满意;若 $E>P$,则消费者不满意,若 $E<P$,则消费者会非常满意。消费者根据自己从卖主、朋友以及其他来源所获得的信息来形成产品期望。如果卖主夸大其产品的优点,消费者将会感受到不能证实的期望。这种不能证实的期望会导致消费者的不满意感。E 与 P 之间的差距越大,消费者的不满意感也就越强烈。当他们感到十分不满意时,肯定不会再买这种产品,甚至有可能退货、劝阻他人购买这种产品。所以,卖主应使其产品真正体现出其可觉察性,以便使购买者感到满意。事实上,那些有保留地宣传其产品优点的企业,反倒使消费者产生了高于期望的满意感,并树立起良好的产品形象和企业形象。

研究和了解消费者的需要及其购买过程,是市场营销成功的基础。市场营销人员通过了解购买者如何经历引起需要、寻找信息、评价行为、决定购买和买后行为的全过程,就可以获得许多有助于满足消费者需要的有用线索;通过了解购买过程的各种参与者及其对购买行为的影响,就可以为其目标市场设计有效的市场营销计划。

(二) 决策特点

许多学者对于消费者购买决策有不同的描述过程,为了让读者对消费者购买决策模式有一个较好的认识,笔者通过查阅文献总结出消费者购买决策的一些特点,为消费者购买决策模型的分析与构建提供评价参照系和理论依据。

1. 消费者购买决策的目的性

消费者进行决策,就是要促进一个或若干个消费目标的实现,这本身就带有目的性。在决策过程中,要围绕目标进行筹划、选择、安排,就是实现活动的目的性。

2. 消费者购买决策的过程性

消费者购买决策是指消费者在受到内、外部因素刺激，产生需求，形成购买动机，抉择和实施购买方案，购后经验又会反馈回去影响下一次的消费者购买决策，从而形成一个完整的循环过程。

3. 消费者购买决策主体的需求个性

由于购买商品行为是消费者主观需求、意愿的外在体现，受许多客观因素的影响。除集体消费之外，个体消费者的购买决策一般都是由消费者个人单独进行的。随着消费者支付水平的提高，购买行为中独立决策特点将越来越明显。

4. 消费者购买决策的复杂性

决策是人大脑复杂思维活动的产物。消费者在做决策时不仅要开展感觉、知觉、注意、记忆等一系列心理活动，还必须进行分析、推理、判断等一系列思维活动，并且要计算费用支出与可能带来的各种利益。因此，消费者的购买决策过程一般是比较复杂的。

（1）决策内容的复杂性。消费者通过分析，确定在何时、何地、以何种方式、何种价格购买何种品牌商品等一系列复杂的购买决策内容。

（2）购买决策影响因素的复杂性。消费者的购买决策受到多方面因素的影响和制约，具体包括消费者个人的性格、气质、兴趣、生活习惯与收入水平等主体相关因素，消费者所处的空间环境、社会文化环境和经济环境等各种刺激因素（如产品本身的属性、价格、企业的信誉和服务水平，以及各种促销形式等）。这些因素之间存在复杂的交互作用，它们会对消费者的决策内容、方式及结果有不确定的影响。

5. 消费者购买决策的情景性

由于影响决策的各种因素不是一成不变的，而是随着时间、地点、环境的变化不断发生变化。因此，对于同一个消费者的消费决策具有明显的情景性，其具体决策方式因所处情景不同而不同。由于不同消费者的收入水平、购买传统、消费心理、家庭环境等影响因素存在差异性，因此，不同的消费者对于同一种商品的购买决策也可能存在差异。

（三）消费者购买决策模式

研究消费者购买决策模式，对于更好地满足消费者的需求和提高企业市场营销工作效果具有重要意义。国内外许多的学者、专家对消费者购买决策模式进行了大量的研究，并且提出一些具有代表性的典型模式。

人类行为的一般模式是 S-O-R 模式，即"刺激—个体生理、心理—反应"。该模式表明消费者的购买行为是由刺激所引起的，这种刺激来自消费者身体内部的生理、心理因素和外部的环境。消费者在各种因素的刺激下，产生动机，在动机的驱使下，做出购买商品的决策，实施购买行为，购后还会对购买的商品及其相关渠道和厂家做出评价，这样就完成了一次完整的购买决策过程。

（1）尼科西亚模式。尼科西亚在 1966 年《消费者决策程序》一书中提出这一决策模式。该模式由四大部分组成：第一部分，从信息源到消费者态度，包括企业和消费者两方面的态度；第二部分，消费者对商品进行调查和评价，并且形成购买动机的输出；第三部分,消费者采取有效的决策行为;第四部分,消费者购买行动的结果被大脑记忆、储存起来,供消费者以后的购买参考或反馈给企业。如图 5-2 所示。

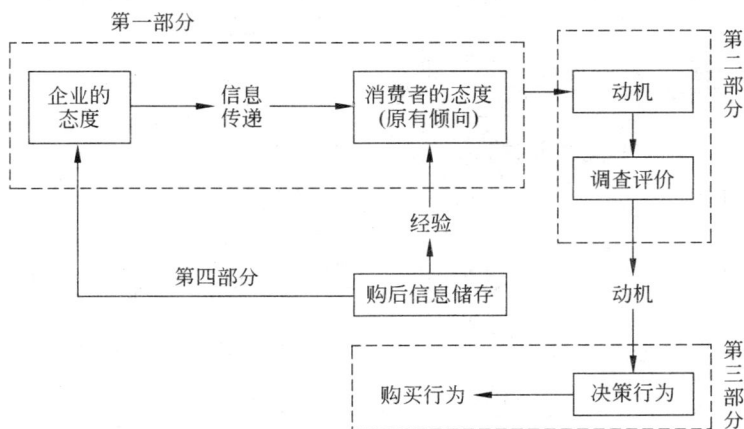

图 5-2　尼科西亚模式

（2）恩格尔模式。该模式又称 EBK 模式,由恩格尔、科特拉和克莱布威尔在 1968 年提出,如图 5-3 所示。其重点是从购买决策过程去分析。整个模式分为四部分:中枢控制系统(即消费者的心理活动过程)、信息加工、决策过程、环境。

恩格尔模式认为,外界信息在有形和无形因素的作用下,输入中枢控制系统,即对大脑引起、发现、注意、理解、记忆与大脑存储的个人经验、评价标准、态度、个性等进行过滤加工,构成了信息处理程序,并在内心进行研究评估选择,对外部探索即选择评估,产生了决策方案。在整个决策研究评估选择过程中,消费者同样要受到环境因素,如收入、文化、家庭、社会阶层等影响。最后产生购买过程,并对购买的商品进行消费体验,得出满意与否的结论。此结论通过反馈又进入中枢控制系统,形成信息与经验,影响未来的购买行为。

（3）霍华德—谢思模式。该模式在 20 世纪 60 年代末由霍华德与谢思合作的《购买行为理论》一书中提出,其重点是对消费者购买行为根据四大因素去考虑:刺激或投入因素(输入变量)、外在因素、内在因素(内在过程)、反映或者产出因素。

霍华德—谢思模式认为投入因素和外界因素是购买的刺激物,它通过唤起和形成动机,提供各种选择方案信息,影响购买者的心理活动(内在因素)。消费者受刺激物和以往购买经验的影响,开始接受信息并产生各种动机,对可选择产品产生一系列反应,形成一系列购买决策的中介因素(如选择评价标准、意向等),在动机、购买方案和中介因素的相互作用下,便产生某种倾向和态度。这种倾向或者态度又与其他因素(如购买行为的限制因素)结合后,便产生购买结果。购买结果形成的感受信息也会反馈给消费者,影响消费者的心理和下一次的购买行为。霍华德—谢思模式如图 5-4 所示。

信息处理程序　　　　　　　　　　　中枢控制系统　　　　　环境因素

刺激因素	发现		信息和经验		收入

刺激因素

商品
大众传媒
企业促销

发现

注意

理解

记忆

中枢控制系统

过滤过程

信息和经验

评价标准

态度

个性

环境因素

收入
文化
家庭
社会物
质阶层

认识问题

信息反馈

内心研究及对选择的评估

外部探索即选择评价

决策过程

外部调查

购买过程

满意

结果

不满意

买后评价

未来的行为

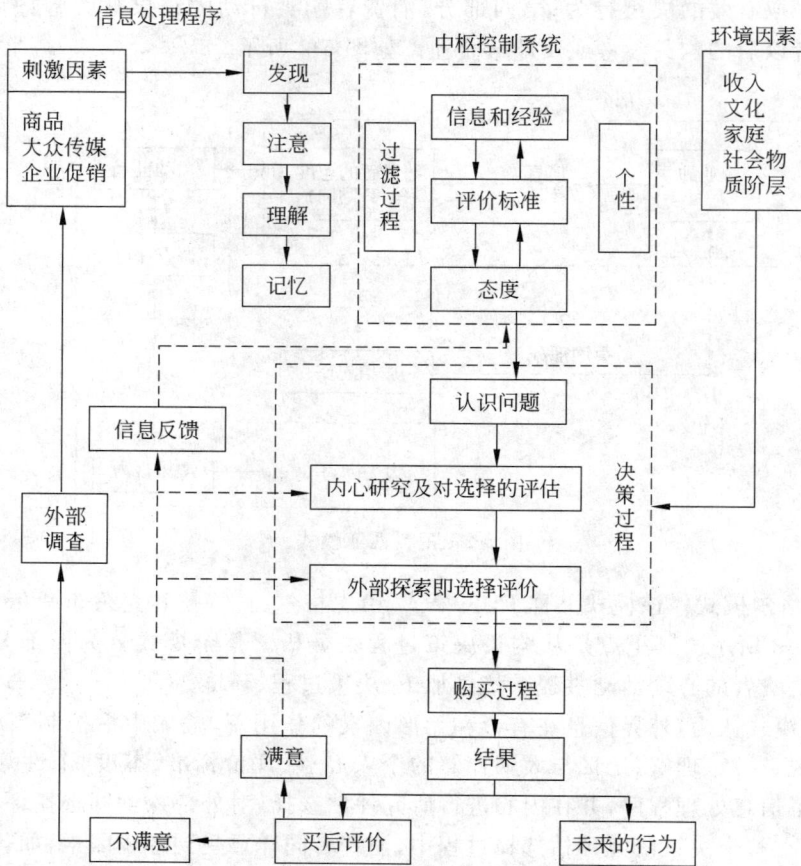

图 5-3　恩格尔模式

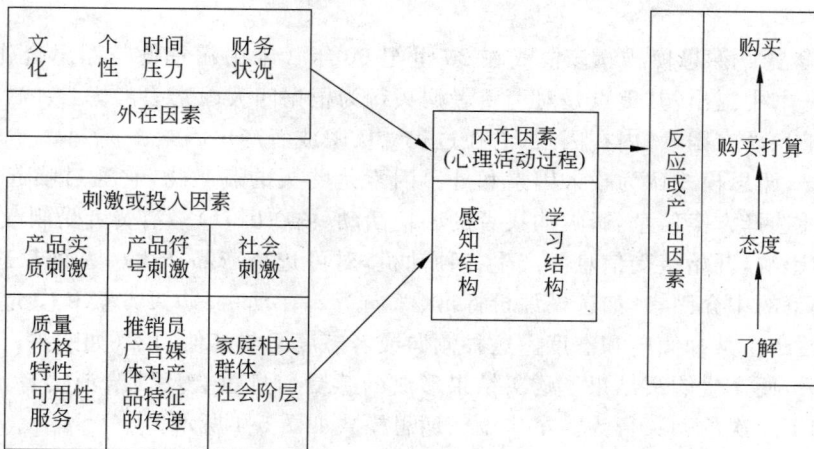

| 文　　个　　时间　　财务 |
| 化　　性　　压力　　状况 |
| 外在因素 |

外在因素

文
化

个
性

时间
压力

财务
状况

刺激或投入因素

产品实质刺激	产品符号刺激	社会刺激
质量价格特性可用性服务	推销员广告媒体对产品特征的传递	家庭相关群体社会阶层

内在因素
(心理活动过程)

感
知
结
构

学
习
结
构

反应或产出因素

购买

购买打算

态度

了解

图 5-4　霍华德—谢思模式

第二节　推销方格理论

卖　　刀

卖刀者在街边设摊。他一边大喊"阳江菜刀,可以砍铁",一边用一把菜刀砍一根小铁棒,刀不卷刃,不缺口。观者喝彩。他继续说:"这是特制传统菜刀,工艺、造型特别,一年只能生产 2 000 把。"一老者说:"就是贵一点。"卖刀者答:"物以稀为贵。买一把再送一把阳江小刀。"小刀精致美观。于是老者购刀而去。

资料来源:李光明.现代推销实务[M].北京:清华大学出版社,2009.

案例思考:

1. 请分析卖刀者的推销模式。

2. 你还有更好的方法或补充吗?

推销方格理论是建立在行为科学基础之上的,着重分析推销人员与顾客、销售额之间的关系,以此规范推销员的行为。从现代推销学角度来看,推销心理越接近于解决问题导向型,就越可能取得较好的推销绩效,但也需要与顾客心理相适应。

推销方格理论,是美国管理学家罗伯特·R.布莱克教授和 J.S.蒙顿教授于 1970 年根据管理方格理论的要旨并研究了推销人员与顾客的关系而率先提出来的,它是推销学基础理论的一大突破。推销方格分为推销人员方格和顾客方格。推销人员方格研究推销过程中推销人员的心理活动状态,顾客方格研究在推销过程中顾客的心理活动状态。大量的工作实践表明,要做好推销工作,推销人员掌握推销方格理论是非常重要的。

一、推销人员方格

(一)推销人员方格的含义

推销人员在推销过程中要考虑两个具体目标:

(1) 设法说服顾客购买商品,出色地完成推销的任务;

(2) 竭力迎合顾客心理,以求与顾客建立良好的人际关系。

这两个目标的侧重点不同,前者强调"销售",后者强调"顾客"。推销人员对这两个目标所持的态度不同,追求这两个目标的心理愿望的程度也就不同,最终导致推销人员的推销业绩不同。布莱克和蒙顿把上述两种不同的推销目标用一个平面坐标系中第一象限的图形来表达,这个图形就是"推销人员方格"。推销人员方格中显示了由于推销人员对顾客与销售关心的不同程度而形成不同的心理状态,如图 5-5 所示。

在图 5-5 中,纵坐标表示推销人员对顾客的关心程度,横坐标表示推销人员对销售任务的关心程度。横、纵坐标各分为 9 等份,坐标值越大,表示关心的程度越高。每个方格

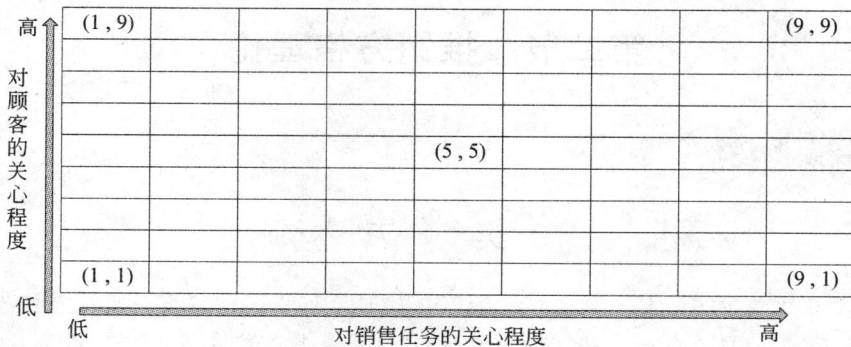

图 5-5　推销人员方格

分别代表推销人员的不同推销心理活动状态与态度。推销方格理论形象地描绘出了推销人员对顾客的关心程度和对完成销售任务的关心程度的 81 种有机组合,为有效地协调推销活动中推销人员与顾客既相互联系又相互制约的关系提供了一个形象而又明晰的框架。

推销人员理论可以帮助推销人员更清楚地认识自己的推销心态,看到自己在推销工作中所存在的问题,以进一步提高自己的推销能力;推销人员方格理论还有助于推销人员更深入地了解自己的推销对象,掌握顾客的心理活动规律,有针对性地开展推销工作。推销人员只有深刻地认识自己和顾客的心理态度,才能正确地把握推销工作的分寸,恰当地处理与顾客之间的关系,争取推销工作的主动权,提高推销效率。

(二) 推销人员方格与推销心态类型

推销人员方格中 81 个方格对应 81 种不同的推销心态。在众多的推销心态中,有五种是最典型的,如图 5-5 所示。这五种类型分别为事不关己型、顾客导向型、强行推销型、推销技巧型和解决问题型。

1. 事不关己型

事不关己型如图 5-5 中(1,1)所示,这类推销员既不关心顾客,也不关心销售。典型的心态是"想买就买,不买就拉倒",抱着无所谓的态度,对本职工作毫无热情,缺乏成就感。这种推销员不是合格的推销员,他们的推销成绩往往是最差的。

产生这种心态的主要原因:一是推销员主观上不努力,缺乏进取精神;二是推销员所在的企业没有适当的激励措施和奖励制度。因此,要改变这种推销态度,就要求推销员严格要求自己,企业也要在管理上下功夫,增强对推销员的奖励和约束力,对那些明显不称职、又不愿意改正的推销员要果断撤换。

2. 顾客导向型

顾客导向型如图 5-5 中(1,9)所示,这是一种比较极端的心态,持这种心态的推销员确信"推销就是交朋友"。在实际推销活动中,总是单纯强调与顾客搞好关系,对顾客百依百顺,认为买卖不成仁义在,可能成为顾客的良好参谋甚至是好朋友,但忽视或羞于谈价钱,不敢交易,更不会试图运用推销技巧去说服顾客,促成买卖。这种过分迁就顾客而忽视交易的心态也不是良好的职业心态,不利于推销员的成长。

3. 强行推销型

强行推销型如图 5-5 中(9,1)所示,持这种心态的推销员只关心生意能不能做成,重视推销技巧的运用,总是企图化解顾客的反对意见,说服顾客购买,而常常忽视对顾客真实需求的了解,对顾客的态度和心理变化重视不够。在与顾客打交道的过程中,说得多,听得少,不善于与顾客双向互动。这正好与顾客导向型相反,走向重买卖、轻人情的另一个极端,这类推销员一心想做成生意,尽管其工作态度有积极的一面,而且往往能取得较高的经济效益,但由于只顾推销而不关心顾客的需要,忽视了顾客的正当利益,甚至不尊重顾客;一旦得罪了顾客,不仅生意做不成,而且有可能损害企业的形象。因此,这种心态也是不可取的。

4. 推销技巧型

推销技巧型如图 5-5 中(5,5)所示,这是一种折中的心态,推销员虽关心销售,却不非常重视推销;虽关注顾客,却不愿意认真研究顾客,了解顾客的需要,只满足于一知半解,因而对顾客的服务不能完全到位。他们非常重视两者在一定条件下的充分组合,追求四平八稳、和气生财,通过营造一种温和的洽谈气氛,巧妙地运用推销技巧,争取达成交易。从现代推销的角度看,持这种心态的推销员可能成为一位业绩突出的成功者,但是由于对推销的不求甚解、缺乏创新,难以成为理想的推销专家或大师。

5. 解决问题型

解决问题型如图 5-5 中(9,9)所示,也叫满足需求型,持这种心态的推销员既能全力研究并实践推销技巧,又能最大限度地解决顾客的困难,注重开拓顾客的潜在需求和满足顾客的现实需求,能实现二者间的结合并保持良好的人际关系。他们既没忘记自己的推销职责,也没忘记顾客的需要,能够在推销工作中积极进取,为顾客排忧解难。这类推销员能把推销工作和顾客的实际需要有机结合起来,在最大限度地满足顾客的需要中取得最佳的经济效益。因此,持这种心态的推销员是最理想的。

案例 5-2

赵、钱、孙、李销售地毯

赵先生每次都运用如簧之舌把他所推销的地毯吹得天花乱坠,似乎顾客不买就是最大的傻瓜,会遭受最大的损失,对顾客提出的不购买的理由不予理睬,或者强词夺理地搪塞遮掩,或者不问青红皂白地予以反驳,使出浑身解数软硬兼施地诱使顾客把地毯买去。至于顾客是否真的需要地毯,顾客购买以后是否感到满意,顾客对自己是否有好感,自己是否与顾客建立良好的朋友关系则毫不关心。他唯一关心的是达到推销目标,为此可以不择手段。

钱先生则非常重视与顾客建立良好的人际关系,争取与顾客成为朋友,闲谈聊天花费许多时间,处处顺从顾客心意,但是钱先生对于顾客是否有兴趣购买地毯,对于怎样把顾客美化居室的兴趣爱好引导到购买地毯上来,促使顾客从无需求变为有需求,从潜在购买意向转变成为现实购买行动,最终实现推销目的则不关心不够。

孙先生则既重视销售产品,又重视与顾客建立良好的朋友关系,对于顾客的居室布置、居室面积、房间结构、墙壁的颜色、家具等样式和颜色、顾客的兴趣、顾客的经济能力等方面做了深入的了解和分析,在此基础上选出了几种花型和颜色的地毯供顾客选择,对于顾客提出的问题仔细听取,认真地帮助分析和解答,最终使顾客高高兴兴地买了地毯。孙先生既实现了推销目标,又赢得了顾客好感,以后这位顾客又陆续地为孙先生介绍了几位新顾客。

李先生则既无尽力完成推销任务的热情,又无与顾客成为朋友的兴趣。

资料来源:宋桂元.现代推销实务[M].重庆:重庆大学出版社,2006.

案例思考:

赵、钱、孙、李各以怎样的推销心态推销地毯呢?

二、顾客方格

(一)顾客方格的含义

在推销活动中,顾客对推销活动的看法可以概括为两种:一是对推销人员的看法;二是对购买活动本身的看法。这两方面形成了顾客购买过程中的两个目标。

(1)希望与推销人员建立良好的人际关系,为日后的长期合作奠定基础。

(2)通过与推销人员的讨价还价,为自己赢得较多的利益。

在这两个目标中,前者注重"关系",后者注重"购买"。但是不同的顾客对这两个方面的重视程度是不同的。一些顾客可能更注重购买商品本身,而另一些顾客则可能更注重推销人员的态度和服务质量。布莱克与蒙顿教授依据顾客对这两方面问题的关心程度不同,建立了顾客方格图。每个顾客对这两个具体目标的关心程度有所不同,将其表现在顾客方格图上就称为顾客方格,如图5-6所示。

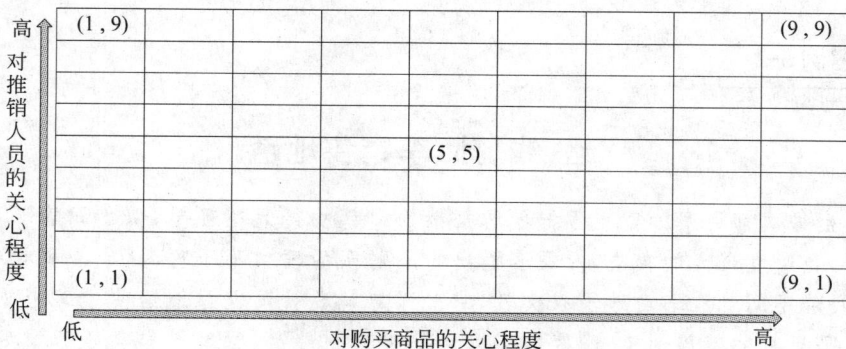

图5-6 顾客方格

在图5-6中,纵坐标表示顾客对推销人员的关心程度,横坐标便是顾客对购买商品的关心程度。纵、横坐标从低到高依次划分为9等份,其坐标值都是从1到9逐渐增大,坐标值越大,表示顾客对推销人员或购买商品的关心程度越高。顾客方格中的每个方格分别表示顾客各种不同类型的购买心态。

顾客方格理论形象地描绘出了顾客对推销人员及自身购买商品的关心程度,其分为81种有机组合。它作为研究顾客购买行为和心态的理论,对推销人员了解顾客态度、与顾客实现最佳的配合、学会应对各种不同类型的顾客、争取推销工作的主动权、提高推销工作的效率具有重要意义。

(二)顾客方格与顾客心理类型

在众多的顾客心态中,具有代表性的有以下5种类型,如图5-6所示。这五种类型分别是漠不关心型、软心肠型、防卫型、干练型、寻求答案型。

1. 漠不关心型

漠不关心型如图5-6中(1,1)所示,持这种心态的顾客既不关心推销员,也不关心商品购买活动本身。出现这种情况有两种可能:一是顾客是受人之托,没有购买决策权;或者他们不愿意承担责任,担心商品买得不如意,给自己带来麻烦,往往把购买决策推给上级主管或其他人员,自己只做一些收集资料或询价等咨询性工作。二是推销员拜访的对象有误,顾客对推销员所介绍的商品根本就不需要,因而反应冷淡,对待推销员的态度总是尽量躲避或敷衍了事。这种类型的顾客很难与之打交道,也难以取得成效。如果属于第二种情况,推销人员应该认真检讨自己,重新审视或物色新的推销对象。

2. 软心肠型

软心肠型如图5-6中(1,9)所示,持这种心态的顾客很有同情心,非常重视与推销员建立良好的人际关系,而对购买商品本身关心不够。只要推销员对他们态度和善、服务热情,就盛情难却而接受商品,没有拒绝的勇气,哪怕是一时还不太需要的商品,也可能购买。顾客产生这种心态,除了是出于对推销员工作艰辛的同情,也可能是其个性心理所决定的,有的人天生就是软心肠,容易感情用事,宁可花钱买和气,也不愿意花钱买气受。这类顾客比较容易被说服,推销成功的把握较大。

3. 防卫型

防卫型如图5-6中(9,1)所示,这种心态与软心肠型恰恰相反。持这种心态的顾客极端重视所购买的商品,甚至百般挑剔,而对推销员的态度并不重视。他们不相信推销员,任凭推销员如何解释,他们也宁可只相信自己的判断,对推销员有明显的防范心理,生怕上当受骗。这类顾客非常固执,一般很难被说服。这类购买心态的形成,一方面可能是由于顾客生性保守,优柔寡断;另一方面可能是顾客曾经受过推销欺骗。因此,面对这类顾客,推销员首先应该推销自己,争取顾客的信任,而不是急于推销商品或服务。实在没办法,不得不考虑撤退,以免耗费宝贵的时间和推销资源。

4. 干练型

干练型如图5-6中(5,5)所示,持这种心态的顾客既重视商品本身,又注重推销员的态度和服务。他们喜欢凭借自己的知识来判断商品,在决策前会深思熟虑,同时也愿意听取推销员的介绍,但不会轻信推销员的允诺。他们的购买行为不拘泥于传统的偏见,又在很大程度上不受流行风气的影响。这类顾客一般很自信,甚至具有较强的虚荣心。他们不愿意听别人说教,总是坚持购买决策最终要由自己来定的原则。对待这类顾客,推销员应该摆事实,出示证据,引导顾客自己做出判断,只需要当好顾客的参谋,而千万不能自作主张替他拿主意。

5. 寻求答案型

寻求答案型如图 5-6 中(9,9)所示,持这种心态的顾客采购商品时,注重推销员与商品的完美结合。他们既关心购买,明确知道自己的需要,又能与推销员保持良好的关系并与之合作。这类顾客事先知道自己的问题,只是需要寻求答案。他们有自己的独立见解,不轻信广告宣传和推销员的承诺,能对推销员的推销活动进行客观分析,当机立断地做出购买决策,一般不会提出无理要求为难推销员。这类顾客是最成熟和最值得称道的。对待这类顾客,推销员应认真分析其问题的关键所在,真心实意地为顾客服务,利用自己所推销的商品或服务,帮助顾客解决问题。如果推销员已确定自己所推销的商品或服务不符合顾客的实际需要,则应当立即停止推销。

案例 5-3

周、吴、郑、王购设备

周先生坚持要求推销员把设备价格降到最低,并提供免费送货、免费安装、免费培训技术人员和长期保修等优惠条件,至于这些条件是否合理,推销员能否接受,卖方会不会亏本,会不会破坏双方的合作关系,则一概不管。如果这笔买卖做不成,他就转而寻找其他同类设备生产厂家并提出同样的条件。他唯一关心的是怎样以最有利的条件购买设备,对于推销员的工作则毫不关心,对于与推销员建立良好关系也毫无兴趣。

吴先生则非常重视与推销员建立朋友关系,对推销员本人充满同情,对推销员的工作和销售业绩非常关心。在设备购买过程中不向推销员提出过高的要求,即使明知购买条件不是最优惠的,即使自己多支付一些,也愿意帮助推销员做成交易。

郑先生则既重视设备购买,又关心推销员的工作。在购买设备以前,对本厂的生产情况、设备情况、所需设备的种类和性能、该设备的生产厂家有哪些、各家的价格、各家的质量、各家的服务和其他交易条件等都做了仔细的调查研究,对自己的需要和市场行情都了如指掌。他能够对推销员与设备做客观的分析,与推销员积极合作,从不提出无理要求。

王先生则对设备购买和推销员都不挂心,既不研究本厂对设备的需要情况,也不研究设备的市场行情,只是在上级主管部门的推动下打打电话、写写信、询问价格和销售条件,做些无关紧要的工作。

资料来源:宋桂元.现代推销实务[M].重庆:重庆大学出版社,2006.

案例思考:

周、吴、郑、王在购买过程中分别是什么心态?

三、推销人员方格与顾客方格的关系及应用

（一）从现代推销学角度看推销人员方格

推销人员的推销心理越接近于解决问题型，就越可能取得较好的推销绩效。从推销人员方格的划分可以看出：每一个推销人员都应该树立正确的推销态度，加强自身修养，培养良好的个性心理品质，使自己成为解决顾客问题的行家，即成为解决问题型推销人员。

（二）从现代销售学角度看顾客方格

不同的顾客有着不同功能的需求、兴趣、爱好和思维。即使同一顾客，面对不同的推销人员，在不同的时机和场合也会表现出不同的特征。根据推销人员方格和顾客方格可知，推销人员的推销心理和顾客的购买心理均有五种类型，推销工作效果取决于推销人员的心理状态，也与顾客的购买心态密切相关。

（三）既关心销售又关心顾客的推销人员，其销售效果最好

在现实推销过程中，存在具有各种心态的工作人员，也存在具有各种心态的顾客。推销过程中推销人员与顾客双方心态的有效组合是使推销工作顺利进行的重要条件。因此，推销人员必须认真分析推销人员方格与顾客方格的协调关系，从而使推销工作顺利开展，提高自己的推销效果。例如，顾客导向型推销人员不是优秀的推销人员，但当他推销的对象是软心肠型的顾客时，由于推销人员对顾客特别热心，顾客对推销人员又特别关照，因此，本次推销可以取得圆满成功。然而，如果顾客导向型推销人员不努力学习推销理论、总结自己的经验教训、完善自己的推销行为、提高自身素质，以后遇到其他类型的顾客就不能取得出色的推销成绩。实践证明，既关心销售任务又关心顾客的推销人员，其销售效果最好。

（四）正确把握推销心态与购买心态之间的关系十分重要

只要推销心态和购买心态之间能达到有效的协调，多数推销人员都会取得成功。推销人员方格中列举的五种推销心态与顾客方格中列举的五种购买心态有的能够有效结合在一起，使推销任务顺利完成；有的则不能有效搭配，有的则毫无关系，两者结合，可能达成也可能达不成销售协议，即使达成了销售协议，也不是两者搭配的结果，而是受其他因素影响的结果。布莱克和蒙顿教授设计了一个简单的有效组合表（表5-3），初步揭示了推销人员和顾客两种心态的组合与推销能否顺利完成之间的关系及基本规律。表中"＋"表示可以完成销售任务；"－"表示不能完成销售任务；"0"则表示处于模糊状态，既有可能顺利成交，也有可能达不成任何交易，需要结合其他条件进一步分析。

表 5-3　推销人员方格与顾客方格搭配效果表

推销人员方格 顾客方格	解决问题型 (9,9)	强行推销型 (9,1)	推销技巧型 (5,5)	顾客导向型 (1,9)	事不关己型 (1,1)
漠不关心型(1,1)	+	0	0	−	−
软心肠型(1,9)	+	+	+	+	−
干练型(5,5)	+	+	+	0	−
防卫型(9,1)	+	0	−	−	−
寻求答案型(9,9)	+	0	0	−	−

值得注意的是,由于外部与内部多种条件的影响,推销人员与顾客的心态是十分复杂的,并没有绝对精确的划分。实际上世界上有多少个推销人员,就有多少种推销心态。同样,有多少个顾客,就会有多少种购买心态。推销心态与购买心态也绝非简单地受到关心对方与关心商品两方面因素的影响,故推销方格理论只是大致概括出两种心理的组合,仅供分析时参考,还应该结合积累的实践经验,不断加以充实和完善。但推销实践反复证明着这样的理论:推销人员的心态越好,推销效果越好。

第三节　推销模式

推销模式是指根据推销活动的特点及对顾客购买活动各阶段的心理演变应采取的策略,归纳出一套程序化的标准推销形式。推销模式来自推销实践,具有很强的可操作性,是现代推销理论的重要组成部分。但是,在推销实践中,由于推销活动的复杂性,市场环境的多样性,推销人员不应该被标准化程序左右,而应该从掌握推销活动的规律入手,灵活运用各种推销模式。

推销模式的种类有很多种,这里主要介绍应用最为广泛的几种模式,即爱达(AIDA)模式、费比(FABE)模式、埃德帕(IDEP)模式和迪伯达(DIPADA)模式。

一、爱达模式

(一)爱达模式的含义

爱达模式的具体含义是指一个成功的推销员必须把顾客的注意力吸引或转移到产品上,使顾客对推销人员所推销的产品产生兴趣,这样顾客的欲望也就随之产生,而后再促使顾客采取购买行为,最后达成交易。

爱达(AIDA)模式是国际推销协会名誉会长、欧洲市场及推销咨询协会名誉会长、著名推销专家海因兹·M.戈德曼(Heinz. M. Goldmann)在《推销技巧——怎样赢得顾客》一书中提出,他根据消费心理学的研究,把成功的推销活动概括为四个步骤,即注意(attention)、兴趣(interest)、欲望(desire)、行为(action),并用这四个阶段的第一个字母组合为其命名为 AIDA 模式。

（二）爱达模式的具体内容

1. 引起消费者的注意

注意是指人们的心理活动对一定客体的指向和集中。所谓引起消费者注意是指推销人员通过推销活动刺激顾客的感觉器官，使顾客对其所推销的产品有一个良好的感觉，促使顾客对推销活动及产品有一个正确的认识，并产生有利于推销的正确态度。

注意分为有意注意和无意注意，广告要引起消费者的无意注意，而推销应引起顾客的有意注意。推销活动中，推销人员面对的顾客有不少是被动的，顾客大多数是对推销人员和产品处于麻木状态，甚至有抵触情绪，而他们的注意力只放在自己关心和感兴趣的事情上。所以，推销人员必须尽其所能，想方设法吸引顾客的注意力，如推销人员可以通过精心设计自己的形象、精辟的语言、得体的动作、富有魅力的产品和巧妙的提问等提升自己在顾客面前的第一印象，充分利用并挖掘与顾客有关的利益，来引起顾客的注意。

案例 5-4

引起顾客注意的鱼缸推销术

商人到小镇去推销鱼缸，但那里的人没有养鱼的习惯。所以，尽管推销很久，且商人的鱼缸工艺精细，造型精美，依旧无人问津。

商人在花鸟市场找了一个卖金鱼的老头，以很低的价格向他订购了 500 尾小金鱼。商人让担着金鱼的老头和他一起来到镇边水渠的上游，把这 500 尾小金鱼全都放进去。刚过了半天，一条消息就传遍了小镇：水渠里不可思议地有了一群漂亮、活泼的小金鱼。镇上的人们都争先恐后地涌到渠边，许多人都跳下渠，小心翼翼地寻找和捕捉小金鱼。捕到小金鱼的人，立即兴高采烈地去买鱼缸，那些还没有捕到小金鱼的人，也纷纷涌上街头抢购玻璃鱼缸。大家都兴奋地想，既然这渠里有金鱼，虽然自己今天没有捕到，但总有一天会捕到的，那么买个鱼缸早晚会派上用场。

卖鱼缸的商人把售价抬了又抬，他的几千个鱼缸很快就被人抢购一空。

资料来源：李文国.现代推销技术［M］.北京：清华大学出版社，2010.

案例思考：

卖鱼缸的商人是如何使鱼缸畅销的？

2. 唤起消费者的兴趣

兴趣是一个人对某一事物所抱有的积极的态度。对推销而言，兴趣就是顾客对推销产品或购买所抱有的积极的态度。顾客由于对推销人员及其产品的兴趣而使其注意力更加集中。

唤起顾客兴趣在推销活动中起着承前启后的作用，兴趣是注意进一步发展的结果，又是欲望的基础。如果推销人员在推销活动中不能设法使顾客对其产品产生浓厚的兴趣，不仅不会激起顾客的购买欲，甚至还会使其注意力发生转移，致使推销活动前功尽弃。

唤起顾客兴趣的关键是使顾客清楚地意识到他们在接受推销产品后可以得到何种好

处或利益。推销员尽可能地向顾客示范所推销产品的功能、性质、特点及演示使用效果，尽量少谈及产品，更多地让顾客亲自体验产品的质量。

案例5-5

唤起顾客的购买兴趣

李嘉诚年轻时曾做过塑胶洒水器的推销人员。在他的推销生涯中曾有这么一则故事：一天，李嘉诚走访了几家客户，产品都无人问津，于是，他灵机一动，对顾客说洒水器出了点问题，想借水管试一下。征得同意后，他便接好洒水器，在顾客办公室表演起来。结果，吸引了办公室工作人员，一下子就卖掉了十几台。

资料来源：杨雪青.商务谈判与推销[M].北京：北京交通大学出版社，2010.

案例思考：

当销售的产品无人问津时，应如何唤起顾客的兴趣呢？

3. 激起消费者购买欲望

购买欲望是指顾客通过购买某种产品或服务给自己带来某种特定的利益的一种需要。一般来说，顾客对推销产品发生兴趣后就会权衡买与不买的利益得失，对是否购买处于犹豫之中。这时候推销人员要根据顾客的习惯、气质、性格等个性特征，采用多种方法和技巧，促使顾客相信推销人员。还要善于寻找产品的优点。发现任何一款产品的卖点、亮点，凸显产品的功能利益，以此与顾客互动，让顾客相信产品能带来的好处。

激起顾客的购买欲望关键是为顾客提供充分购买的理由，如解决问题、提高效率、省钱、减少或避免损失等。使顾客对推销内容产生积极肯定的心理定式与强烈拥有的愿望，使顾客把推销内容的需要与欲望排在重要的位置，从而产生购买欲望。

推销人员可以通过向顾客介绍，提供有关权威部门的鉴定、验证文件，有关权威人士的批示、意见，有关消费者的验证或心得体会、来信来函，各大众媒介的宣传与报道等来向顾客提供证据，达到刺激顾客购买欲望的目的。

4. 促成消费者购买

促成购买，是指推销人员运用一定的成交技巧来敦促顾客采取购买行动。一般而言，即使顾客产生了兴趣并有意购买，也会处于犹豫不决的状态。这时，推销人员不能悉听尊便，而应不失时机地促进顾客进行有关购买的实质性思考，进一步说服顾客，提出成交。

爱达模式是最具代表性的推销模式之一，被认为是国际成功的推销模式。要求推销人员识别出潜在顾客真正需要解决的问题，利用说服的力量达到推销的目的。从消费者心理活动的角度来具体研究推销的不同阶段，不仅适用于店堂推销，也适用于一些易于携带的生活用品和办公用品的推销。其主要优势是它允许推销人员在推销过程中，扮演一个积极的并多少有些指导性的角色。缺点是它可能被认为具有高压性或强制性，而对顾客的重视不够。由于市场环境千变万化，推销活动也随之复杂多变，所以推销四个步骤的完成时间不可能整齐划一，主要由推销人员的工作技巧和所推销的产品性质而定；四个步骤的先后次序也不固定,可根据情况适当调整,可重复某一步骤,也可忽略某个步骤。

☆ 案例 5-6

一个顾客的真正需求

超市经理问:"你今天有几个顾客?"

推销员回答:"一个。"

超市经理问:"只有一个吗? 买了多少钱?"

推销员答:"58 000 多美元。"

经理极为惊奇,要他详细解释。

推销员解释道:"我先卖给那个男的一枚鱼钩,接着卖给他钓竿和钓线。我再问他打算去哪里钓鱼,他说要到南方海岸,我说该有艘小船才方便,于是他买了艘 6 米长的小汽艇。他又说他的汽车可能拖不动汽艇,于是我带他去汽车部,卖给他一辆大车。"经理喜出望外,问道:"那人来买一枚鱼钩,你竟能向他推销那么多东西?"推销员答道:"不,其实是他老婆犯头痛,他来为她买一瓶阿司匹林。我听他那么说,便对他说:'这个周末你可以自由自在了,为什么不去钓鱼呢?'"

资料来源:陈新武,龚士林.推销实训教程[M].武汉:华中科技大学出版社,2006.

案例思考:

顾客的需求有哪些方面?

二、费比模式

(一) 费比模式(FABE)的含义

费比模式是由我国台湾地区中兴大学商学院院长郭昆漠教授总结出来的。"费比"是 FABE 的译音,它是由特征(feature)、优点(advantage)、利益(benefit)、证据(evidence)这四个英文单词的首写字母拼成的。这四个英文字母表达了费比模式的四个步骤:将产品特征详细地介绍给顾客;充分分析产品的优点;尽述产品给顾客带来的利益;以证据说服顾客购买。

(二) 费比模式的具体内容

1. 把产品的特征详细介绍给顾客

推销员在见到顾客后,要以准确的语言向顾客介绍产品的特征。介绍的内容应当包括产品的性能、构造、作用、价格、外观、使用的简易及方便程度、耐久性、经济性等,加深顾客对推销产品的认识,引起购买兴趣。鉴于上述内容繁多难记,推销员可以事先设计制作好富有特色的广告式宣传材料或卡片,以便在向顾客介绍推销品特征时分发给对方。这是费比模式的一个主要特色。

2. 充分分析产品优点

费比模式要求推销人员针对上一步骤中介绍的特征,寻找出其特殊的作用,或者是某项特征在该产品中扮演的特殊角色、具有的特殊功能等。如果是新产品,则务必说明该产品的开发背景、目的、设计时的主导思想、开发的必要性以及相对于老产品的差别优势等。当面对的是具有较高专业知识的顾客时,应以专业术语进行介绍,并力求精确、形象、简练,强化顾客的购买兴趣,激发顾客产生联想和购买欲望。

3. 尽述产品给顾客带来的利益

把推销品的优点和特征逐一转化为购买利益,并投其所好,用顾客喜欢的方式把它们展示出来,是促使顾客购买的有效途径。因此,推销员在充分了解顾客需求的基础上,应把推销品能给顾客带来的利益尽量多地列举出来。不仅要讲产品表面带来的实体上的利益,更要讲产品给顾客带来的内在的、实质的及附加的利益,使顾客认识到购买推销品可以得到各种利益与满足。这是费比模式中最重要的步骤。

4. 以证据说服顾客购买

推销人员在推销中应避免用"最便宜""最合算""最耐用"等字眼,因为这些话已经令顾客反感而没有说服力了。因此,推销人员应用真实的数据、案例、实物等证据消除顾客的各种疑虑,促使顾客购买。

费比模式与其他几个模式相比,有一个明显的特色:事先把产品特征、优点及带给顾客的利益等列出来,印在纸上或写在卡片上,这样就能使顾客更好地了解有关的内容,减少产生疑问与异议的可能。为了尽可能地发挥费比模式所具有的这一特色效果,推销人员应事先准备好各种推销用语,及拟订好产品介绍、指出优点的销售用语,对产品效用价值特别介绍的销售用语,刺激顾客购买欲望的销售用语,说明企业文化、企业经营理念的说辞,并将各种行之有效的推销用语印在纸上,牢记心里,达到随时能脱口而出的熟练程度。

> **小知识:诱导顾客购买的技巧**
>
> 郭昆漠博士还将推销技巧总结为诱导顾客购买的七个阶段,或称成功推销构成法。(1)引起对方的兴趣,最好的方法是把名片印制得与众不同,富有新意;(2)引起顾客兴趣,如借助语言、动作引起顾客的好奇心、求知欲与期望等;(3)使顾客产生联想,如绘声绘色地描述顾客拥有产品后所能得到的利益;(4)诱发顾客的购买欲望,包括让顾客明白推销品正是他所缺少的,让顾客相信推销品可以满足他的需求,让顾客了解购买推销品可以获得的利益;(5)给顾客多方面比较的机会,如将顾客付出的代价与所得的利益进行比较、将顾客的财政预算与产品的使用价值进行比较、将推销品与竞争品进行比较等;(6)让顾客信服,即以各种证据证实推销品物有所值、推销人诚实可靠等;(7)促使顾客下决心采取购买行动。

案例 5-7

一位智能手机推销员向顾客推荐 vivo Xplay6 手机

vivo Xplay6 配备了 2K 分辨率曲面屏,6G 运存,配备 4080mAh 的电池,并支持双引擎闪存。Xplay6采用新一代5.46寸2K分辨率super AMOLED曲面屏、U轨结构设计、四弧面玻璃设计,直观感觉较前作更加圆润。拍照上vivo Xplay6配备后置双摄像头,主摄像头采用索尼全新一代IMX362传感器,1 200万全像素双核对焦,2 400万个感光单元,搭配500万景深摄像并有协同拍照实现单反大光圈效果。双曲面屏特有的柔性材质在vivo的特殊处理下,比普通玻璃更加柔韧;多重构造的立体式缓冲结构,使其受到外力撞击时,可以将外力分散减弱,全方位保护屏幕。

(推销员又拿出了销售账本)这款手机销量非常好,您可以看一下我们的销售记录。现在搞活动,如果您买的话,我就会送上精美礼物。

案例思考:
案例中哪些地方体现了费比模式的应用?

三、埃德帕模式

(一)埃德帕模式(IDEPA)的含义

埃德帕模式是海因兹·M.戈德曼根据自己的推销经验总结出来的迪伯达模式的简化形式。"埃德帕"是五个英文单词首字母IDEPA的译音。五个单词概括了埃德帕模式的五个阶段:确认顾客需要,把推销品与顾客的愿望结合起来(identification);向顾客示范推销品(demonstration);淘汰不宜推销的产品(elimination);证实顾客所做出的产品选择是正确的(proof);促使顾客接受推销品(acceptance),做出购买决定。

一般来说,埃德帕模式适用于有明确购买愿望和购买目的的顾客,对零售时主动上门购买的顾客进行推销比较合适,也可用于向熟悉的中间商进行推销。

(二)埃德帕模式的具体内容

1. 确认顾客需要,把推销的产品与顾客的愿望联系起来

主动上门购买的顾客都是带着明确目的需求而来的,因此推销员在热情接待的同时,应按照顾客的要求尽量多地提供给顾客可供其选择的推销品,并注意发现顾客的潜在需要和愿望,揣摩顾客的心理,把推销品与顾客的这些愿望结合起来。

2. 向顾客示范合适的产品

按照顾客的需要示范产品(新产品、畅销货等)。如果顾客拿着进货清单的话,那么,对清单上所列的产品都应加以示范,除非顾客表示不需要。如果推销人员能按照顾客的需要向顾客推销进货清单上没有的产品,一定会受到顾客的欢迎。推销人员越能准确地发现顾客的需要并示范产品,推销的成功概率就越大。

通过示范了解顾客的需求(介绍相关产品)。由于中间商进货的需求弹性大,他们关心产品的进销差价率胜过关心产品的品种与质量,因此,他们购买商品时的可替代性与可更换性就更大,推销人员应多示范几种产品,并在多种产品的示范中了解顾客的具体购买要求。

3. 淘汰不宜推销的产品

由于在前两个阶段中,推销人员向顾客提供了较多的产品,此时,需要把不合适的,即与顾客需求标准差距较大的产品筛选掉,使顾客尽量买到合适的产品。在决定是否要淘汰某种产品之前,推销人员应根据目标市场消费者的特点,认真了解和分析顾客淘汰推销品的真实原因,有把握地进行选择。对老顾客应熟悉其进货额,对新顾客应注意了解其进货的档次和数量。

4. 证实顾客已做出正确的选择

在向中间商证实产品的质量及产品符合顾客的需求时,那些畅销产品或者顾客争相购买的产品似乎不用证实。对中间商进行的推销证实,远没有向一般顾客做推销证实那样复杂。因为,中间商关心的主要是销售量和差价率。因此,主要方法是用实例证明。但当顾客选择产品后,证实与赞扬顾客挑选正确仍然是必不可少的一环,因为这将直接关系到推销的最后成功和交易的完成。

5. 促使顾客接受推销产品,做出购买决定

这一步骤的主要工作是针对顾客的具体特点促使顾客接受推销品,做出购买决定。此时,影响顾客购买的主要因素已不是推销品本身,而是购买后的服务问题,如货物运输、货款结算、手续办理、货物退换及赔偿等。推销人员若能对上述问题予以尽力解决,就会坚定顾客的购买信心,使其迅速做出购买决定。

案例 5-8

利用消费者来进行推销

东南亚某国斯塔丽公司,独家办理推销法国莱沙蒂的美发用品,如洗发香波、护发素、定型水、亮发摩丝、特效发乳等。但斯塔丽公司并不是把所代理的美发用品推销给各大百货公司的化妆品专柜,也不是推销给各大超市,再由他们出售给消费者,而是把消费者对象定位为理发店。斯塔丽公司的推销信条是,一定要使本公司推销的美发用品受到理发店的欢迎和好评。因而,斯塔丽公司的推销人员不断地进出各大小理发店,就莱沙蒂美发用品的优点与特点进行说明,并使相当数量的理发店开始使用他们的美发用品。而理发店一旦确定使用这一品牌的美发用品,到理发店的顾客也就随之成为这种美发用品的消费者。同时,由于这种美发用品是理发师选用的,无形之中,使莱沙蒂公司的品牌有了特殊的吸引力,使消费者感到这种美发用品比起在其他商店能够随便买到的同类用品更具魅力,进而对这一品牌产生了好感,大大扩大了知名度。

斯塔丽公司通过把消费者定位在理发店,让消费者通过消费本身来进行有效地推销证明,取得了很大的成功。尽管成效显著,但斯塔丽公司所经销的莱沙蒂美发用品从不随意通过那些一般的渠道销售。他们仍然只通过理发店在为顾客理发的同时,顺带销售这类美发用品,让具有亲身感受的消费者去吸引更多的消费者。

案例思考:

1. 你对斯塔丽公司的推销说明有何评价?

2. 当莱沙蒂品牌打响后,斯塔丽公司为何仍然把推销重点定位在理发店?谈谈你对这一做法的看法。

3."消费者本身也具有推销能力",这句话对吗？为什么？

4.斯塔丽公司采用了哪种推销模式？

四、迪伯达模式

（一）迪伯达模式的含义

迪伯达模式也是海因兹·M.戈德曼总结出来的推销公式,埃德帕模式是其简化版。迪伯达(DIPADA)是 definition、identification、proof、acceptance、desire、action 六个单词的首字母组合。其六个推销步骤如下:

第一步,确定、界定,引申为准确地发现顾客的需要与愿望;

第二步,结合,引申为把推销的产品与顾客的需要和愿望结合起来;

第三步,证实、证明,引申为证实所推销的产品符合顾客的需要和愿望;

第四步,接受,引申为促使顾客接受所推销的产品;

第五步,欲望,引申为刺激顾客的购买欲望;

第六步,行动,引申为促使顾客做出购买决定和成交决定。

迪伯达模式被认为是一种创造性的推销模式,是以需求为核心的现代推销学在推销实践中的应用突破与发展。迪伯达模式的特点是紧紧抓住了顾客需要这个关键性环节,充分体现了说服劝导的原则。虽然比爱达模式复杂、步骤多,但针对性强,推销效果好,因而受到推销人员的重视。

迪伯达模式适用于生产资料的推销;适用于对老顾客及熟悉顾客的推销;适用于保险、技术服务、咨询服务、信息情报、劳务市场上无形产品的推销以及开展无形交易;适用于对有组织购买即单位或集团购买者的推销。

（二）迪伯达模式的具体内容

1. 准确发现顾客有哪些需要和愿望

从大量的推销实践来看,真正的推销障碍来自需要和欲望得不到满足,顾客的需要既有明显的、可言的,又有隐蔽的、不可言明的。这一情况在推销对象是某一组织时,表现得更为突出。因为在这种情况下,推销对象有两个层次,一是组织本身;二是组织的代表,即推销员与之接洽的某组织的具体的人。这两者在购买的需要和愿望上既有共性,也有差异,而且前者的需要往往是明说的,而后者的需要多半不会明说,需要推销人员去认真推敲、揣摩。推销员要想有效地说服顾客,必须准确地发现具体顾客的具体要求与愿望。

总之,推销人员要善于了解顾客需求变化的信息,利用多种方法寻找与发现顾客现实和潜在的需要与愿望,明确指出顾客的需要,并通过说服启发,刺激与引导顾客认识需要,为推销创造成功的机会。

2. 把推销品与顾客的需要和愿望结合起来

这一步骤是由探明需求的过程向开展实质性推销过程的转移,是迪伯达模式的关键环节。它要求推销人员在探明顾客需要后,及时对顾客的主要需要和愿望进行总结与提示,取得顾客好感,进而向顾客简明扼要地介绍推销品的主要优点、性能和作用,把话题自然转向推销品和顾客需要与愿望的结合点上。由于结合是一个转折的过程,因此,推销人员一定要注意结合,必须从顾客的利益出发,用事实说明两者之间存在的内在联系。否则,牵强附会的结合必然使顾客反感。

把顾客的需要与推销的产品结合起来的方法有需要结合法、逻辑结合法和关系结合法三种。

(1) 需要结合法是在对顾客的需要和愿望进行充分讨论并做出准确判断的基础上,以推销品和推销员的推销活动正好满足顾客的需要为主进行结合的方法。

(2) 逻辑结合法是从顾客面临的问题及其看法出发,以逻辑推理方法进行结合的方法。

(3) 关系结合法是通过各种人际关系或工作关系把顾客的需要与推销品联系起来的方法。

3. 证实推销品符合顾客的需要和愿望

当推销人员把推销品和顾客的需要和愿望结合起来后,顾客虽然认识了推销品,但尚不能足够相信推销品符合他的需要,还需要推销人员拿出强有力的证据向顾客证明他的选择是正确的,推销品正是他所需要的。"证实"意味着推销人员必须提供有说服力的证据。"证实"的重要原则是:必须从顾客的角度,而不是从推销员的角度来判断证据是否真实可信。证实不是简单的重复,而是推销人员为顾客寻找与提供能使他相信购买是可以达到其购买目标的理由和证据,使顾客认识到推销品是符合他的需要的过程。而要达到这个目的,推销人员事先必须做好证据的收集和应用等准备工作,熟练掌握展示证据和证实推销的各种技巧。

证实的方法主要有人证法、物证法和例证法。

(1) 人证法是通过社会知名人士对推销品的评价进行证实的方法。采用人证法时,推销员提供的人士应是专业权威人士或是顾客所信赖的人士。

(2) 物证法是借助产品实物、模型,或有关职能与权威部门提供的证据进行证实的方法。产品的使用演示、质检或测试报告、获奖证书、照片、报纸杂志的报道等均可作为物证。

(3) 例证法是借助典型事例进行证实的方法。与当前顾客情况类似的其他顾客购买推销品后取得较好的效果是说服顾客的较好例证,尤其是当推销员提供的是顾客熟知的例证时,证实效果更好。采用例证法时,推销员提供的个例应有准确的信息和相应的数据,如事件、时间、地点、相关企业或人的名称、结果等。同时,应使顾客在现有条件下亲自去求证。

4. 促使顾客接受所推销的产品

无论是结合还是证实,都不会使顾客紧接着对推销品产生购买欲望。推销员的证实和顾客的接受之间,有着不可忽视的差异。接受推销品是顾客在思想上认可推销品,是推销员进行结合与证实的结果,也是顾客对推销员进行的结合与证实表示赞同的表现。

促使顾客接受推销品必须坚持"顾客为本"的原则。首先,必须明确"接受"的主体是顾客,顾客的"接受"才有意义,至于推销员自己如何看待自己的推销品,那是另外一回事。其次,要避免硬性推销、急于求成的做法,不能试图强迫顾客接受。

促使顾客接受推销的方法主要有以下几种。

(1) 提问法。推销员在介绍产品、证实推销品符合顾客需要的过程中不断询问顾客是否认同或理解推销员的讲解及演示,从而促使顾客接受推销品的方法。例如,"您对我们产品的质量还有什么问题吗?""如果您对我们产品的质量没有什么问题,那么我们讨论交货问题好吗?"

(2) 总结法。推销人员在洽谈过程中通过对前阶段双方的意见和认识的总结促使顾客接受推销品的方法,既总结推销品对顾客需求的适应性,又总结顾客与推销人员之间取得的共识,边总结边推销,推动顾客对产品的认可与接受。例如,对顾客说:"对于股票交易使用的计算机系统来说,可靠性是十分重要的,我们的方案应该是目前解决这一问题的理想途径。"

(3) 示范检查法。推销人员通过检查示范效果而促使顾客接受产品的方法。推销人员在示范过程中,向顾客提出一个带有考察性的问题,从而试探顾客接受程度以及是否有购买的意图。例如,一位推销员在示范过程中问顾客:"如何? 这种照相机对业余摄影爱好者来说确实是操作简单吧!"

(4) 试用法。推销员把已经介绍和初步证实的产品留给顾客试用,从而促使顾客接受产品。推销人员设法把推销品留给有需求的顾客试用,这在客观上形成顾客对产品的接受。

(5) 诱导法。诱导法指推销员通过向顾客提出一系列问题请顾客回答而诱使顾客逐步接受产品的方法。使用诱导法时,所提的问题应是推销员事先经过仔细推敲后设计的,后一个问题总是以前一个问题为基础,而顾客对每一个问题的回答又都是肯定的,于是从小问题到大问题,由浅入深,引导顾客进行积极的逻辑推理,从而使顾客随着推销员的提问而接受产品。

5. 刺激顾客的购买欲望

当顾客接受了推销品后,推销人员应及时激发顾客的购买欲望,利用各种诱因和外界刺激使顾客对推销品产生强烈的满足个人需要的愿望和情感,为顾客的购买行动铺平道路。这一步骤与爱达模式的"激发顾客购买欲望"相同。

6. 促使顾客采取购买行动

这是迪伯达模式最后一个步骤。它要求推销人员要在前面工作的基础上,不失时机地劝说顾客做出购买决定,圆满地结束推销。推销员要主动提出成交请求。

本章小结

推销理论包括推销人员方格、顾客方格、推销人员方格与顾客方格的关系及应用三个部分。推销人员方格是研究推销活动中推销人员的心理活动状态。实践证明,既关心销售又关心顾客的推销人员,其销售效果最好。顾客方格研究在推销过程中顾客的心理状态。顾客方格可以帮助推销员更深入地了解自己的推销对象,掌握顾客的心理特征。在现实的推销过程中,存在具有各种心态的推销人员,也存在具有各种心态的顾客,推销过程中推销人员与顾客双方心态的有效组合是使推销工作顺利进行的重要条件。因此,推销人员必须认真分析推销人员方格与顾客方格的协调关系,从而使推销工作顺利开展,加强自己的推销效果。

顾客对推销的接受过程是一个非常复杂的心里演变过程。国际上一些有名的推销大师根据自己的成功经验,从不同的角度提出了一系列的推销模式,主要有爱达模式、费比模式、埃德帕模式和迪伯达模式。在推销实践中,推销人员应从中发现并掌握推销活动的规律,灵活运用推销模式,从而提高推销效率。

本章思考题

一、推销自己

背景:复试

要求:①以烟台杰瑞集团网络公司招聘营销人员为背景;②自我介绍时间 5 分钟;③提问 5 分钟。

二、案例讨论 5-1

美国一位保险经纪人的亲身经历

一次他去拜访一位寡妇。谈话间,她忽然说:"我要让你看看全世界最贵的冰箱!"说着,便带这位推销员去厨房。推销员看到的是一个普通的、价格约 300 美元的冰箱。

"这冰箱花掉我一万美元。"那寡妇说道,"本来,我丈夫打算向你们公司多买一万美元的保险,我却坚持要先买这个冰箱。结果,就在我们买下这个冰箱的当天下午,我丈夫因车祸不幸丧生……"

案例讨论:

1. 该实例是否有说服力,为什么?

2. 讨论总结:怎样才能使收集到的证据更具有说服力?

三、案例讨论 5-2

迪伯达模式的应用

某手表生产商对一些手表零售商店的销售状况进行了调查,发现许多商店的售货员对推销该厂的手表不感兴趣,手表零售商的销售策略也有问题。厂方决定开办一所推销技术学校,并派出厂里的推销代表(包括萨姆纳·特伦顿在内),到各手表零售商店进行说服工作,目的是使他们对开办推销技术学校产生兴趣和积极配合,例如,安排人员参加学习等。特伦顿来到了一家钟表店,运用迪伯达公式对表店的负责人进行了成功的推销。下面是特伦顿与表店负责人迪尔的对话。

特伦顿:"迪尔先生,我这次来这里的主要目的是想向您了解一下商店的销售情况。我能向您提几个简短的问题吗?"

迪尔:"可以。你想了解哪方面的情况?"

特伦顿:"您本人是一位出色的推销员……"

迪尔:"谢谢你的夸奖。"

特伦顿:"我说的是实话。只要看一看商店的经营状况,就知道您是一位出色的推销员。不过您的职员怎样? 他们的销售业绩与您一样吗?"

迪尔:"我看还差一点,他们的销售成绩不太理想。"

特伦顿:"完全可以进一步提高他们的销售量,您说呢?"

迪尔:"对! 他们的经验还不丰富,而且他们当中的一些人现在还很年轻。"

特伦顿:"我相信,您一定会尽一切可能帮助他们提高工作效率,掌握推销技术,对吗?"

迪尔:"对。但我们这个商店事情特别多,我整天忙得不可开交,这些,您是知道的。"

特伦顿:"当然,这是难免的。假如我们帮助您解决困难,为你们培训商店职员,您有什么想法? 您是否愿意让您的职员学习和掌握一些销售技巧,例如,怎样制订销售计划、赢得顾客、增加销售量、唤起顾客的购买兴趣、诱导顾客做出购买决定等。让他们像您一样,成为出色的推销员。"

迪尔:"你们的想法太好了。谁不愿意有一个好的销售班子。不过如何实现您的计划?"

特伦顿:"迪尔先生,我们厂为你们这些零售商店的职员开办了一所推销技术学校,其目的就是训练这些职员掌握您希望他们掌握的技能。我们专门聘请了一些全国有名的推销学导师和高级推销工程师负责学校的培训工作。"

迪尔:"听起来很不错。但我怎样知道他们所学的东西正是我希望他们学的呢?"

特伦顿:"其一,增加您的销售量符合我们的利益,也符合您的利益。其二,在制订训练计划时,我们非常希望您能对我们的教学安排提出宝贵的意见和建议。"

迪尔:"我明白了。"

特伦顿:"给,迪尔先生,这是一份课程安排计划。我们把准备怎样为您培训更好的销售人员的一些设想都写在这份材料上了。您是否把材料看一下?"

迪尔:"好吧,把材料交给我吧。"(特伦顿向迪尔介绍了计划)

特伦顿:"我已经把您提的两条建议都记下来了。现在,您还有什么不明白的问题吗?"

迪尔:"没有了。"

特伦顿:"迪尔先生,您对我们这个计划有信心吗?"

迪尔:"有信心。办这所学校需要多少资金,需要我们分摊吗?"

特伦顿:"您只需要负担受训职员的交通、伙食、住宿费用。其他费用,包括教员的聘金、教学费用、教学工具等,统统由我们包了。我们初步计算了一下,每培训一个推销员,您最多支付 45 英镑。为了培养出更好的推销员,花费 45 英镑还是值得的。您说呢? 假如经过培训,每个受训职员的销售量只增加 5% 的话,也能很快收回所支付的这笔费用。"

迪尔:"这是实话。可是……"

特伦顿:"假如受训职员的推销水平只是您的一半……"

迪尔:"那就很不错了。"

特伦顿:"迪尔先生,我想您可以先派 3 个有发展前途的职员参加第一届训练班。这样,您就知道训练的效果如何了。"

迪尔:"我看还是先派两个吧。目前我们这里的工作也比较忙,不能多派了。"

特伦顿:"那也是。您准备先派哪两位去受训呢?"

迪尔:"我初步考虑派……不过,我还不能最后决定。需要我马上做出决定吗?"

特伦顿:"不,您先考虑一下,下周一告诉我,好吗? 我给您留两个名额。"

迪尔:"行,就这么办吧!"

资料来源:肖军,简彩云.推销理论与技巧.长沙:湖南大学出版社,2005.

案例讨论:

案例中迪伯达模式是如何被应用的?

第六章

推 销 过 程

学习目标

通过本章的学习,使学生了解和掌握以下知识点:

- 了解什么是准顾客,掌握寻找准顾客的方法;
- 掌握并能实际运用各种接近顾客的方法;
- 了解推销洽谈的概念和基本原则,掌握推销洽谈的技巧和策略;
- 了解顾客异议产生的根源以及顾客异议的类型,掌握并能灵活运用处理顾客异议的方法。

接近顾客是推销过程中的一个重要环节。它是推销人员为进行推销洽谈与目标顾客进行的初步接触。能否成功地接近顾客,直接关系整个推销工作的成败。在推销实践中,成功地接近顾客并不一定能带来成功的交易,但成功的交易则是以成功接近顾客为先决条件的。应以说明的是,在实际推销过程中,接近顾客的时间往往是短暂的,接近顾客与正式面谈也难以区分。但在理论上进行划分是可能的,也是必要的。只有进行这种科学的划分,才能把握接近顾客的一般规律,掌握有关的原理与技巧。

引导案例

境界有大小

央视百家讲坛,于丹教授开讲《庄子》心得。在讲到境界有大小时,她引用了惠子和庄子之间的一段对话,其中有庄子对惠子讲的一个故事。

宋国有一户人家,他们家还真是有稀世的瑰宝,就是家里有个秘方。这个秘方能够在寒冷的冬天让人手脚沾了水以后不皴。因为他们家有此秘方,所以就世世代代以漂洗为生。有一天,一个过路的人偶尔听说他们家有这个秘方就来跟他商量:"我以百金来购买这个秘方。"全家人一听,晚上就开了一个会,说咱们家这个秘方,虽然由来已久,但是全家人这样以漂洗为生,咱们也没见过百金呢。人家花这么多钱,不就买个方子吗,咱卖了吧。所以拿了百金以后全家人很知足,觉得这样可以省去很多辛苦。而这个过路的人呢,拿了这个秘方就走了。他是去干什么呢?当时是战国时期,各地诸侯混战不已。在东南部就正在发生吴越之争,吴越之地靠近水乡。这个人从宋国拿了秘方直奔吴国去跟吴王讲,如果你选在寒冬腊月的时候向越人发起水战,那么你有此秘方,军士可以手脚不皲。手脚不皲就可以正常使用兵器,而越人没有这个秘方,作战力肯定受影响。吴王就听了他的建议,靠着这个小小的秘方就向越人发起了水战。结果吴国大胜。最后这个提供秘方的路人,割地封侯,马上身价非同一般。

央视画外音:为什么相同的东西在不同的人手里可以产生完全不同的价值?庄子的寓言故事告诉我们,一个人境界的大小决定了他的思维方式。人们常用世俗的眼光墨守成规地去判断事物的价值,而只有大境界的人才能看到事物的真正价值。

案例思考:

1. 从推销的角度,案例中庄子所谈及的"路人"乃是推销奇才。你同意这句话吗?为什么?

2. "路人"在推销秘方时,是如何选择顾客的?

第一节　寻找与识别顾客

小智囊:
买过我汽车的顾客都会帮我推销。
　　　　　　　　　　　　　　　　　　　　　　——乔·吉拉德

一、寻找准顾客的含义

在现在推销学中,通常把那些能够从推销人员所推销的产品中获益,并有能力购买该产品的组织和个人称为准顾客,也称为潜在顾客。

任何一位推销人员都无法使产品销售区域内的所有顾客成为自己的客户,因此有必要花费较多时间去寻找准顾客,即推销人员应该明白向谁推销产品,哪些顾客才有可能购买自己所推销的产品。只有这样才能使推销活动有明确的目标与方向,才能使潜在顾客成为现实客户。

在实践中,大多数推销业务都是向特定的顾客推销产品,因此推销人员必须确定自己的潜在顾客,然后开展推销活动。从这个意义上讲,寻找准顾客有两层含义:第一,推销人员必须根据推销产品的特征,提出一些可能成为准顾客的基本条件。这个基本条件界定了购买产品的顾客群体的范围、类型以及推销的重点区域;第二,根据顾客的基本条件,通过各种可能的线索和途径,运用适当的方法,寻找出符合基本条件的准顾客。

二、准顾客的类型

推销人员应该拟定一份准顾客名单,而后对顾客进行资格审核,确定准顾客的集体组织和个人。为了更有效地制订准顾客开发计划,推销人员必须对准顾客进行恰当的分类,并依照不同类别建立顾客档案,然后收集不同类别准顾客的有关信息资料,为下一步推销工作的顺利展开做好准备。在推销活动中,一般将准顾客分为以下三种类型。

(一)新开发的准顾客

推销人员必须经常不断地寻找新的准顾客。一般来讲,开发的准顾客数量越多,完成推销任务的概率就越大。根据公式(掌握的准顾客数量/推销区域内的顾客总数量×100%),就可以知道自己所掌握的潜在顾客数量在推销区域内所占的比例。推销人员掌握的准顾客不论是属于哪种类型的企业、组织或个人,都有可能成为自己的新客户,所以平时要在这些新开发的准客户身上多下功夫。

(二)现有客户

无论哪一种类型的企业,一般均有数百家甚至上千家现有客户,推销人员应该时常关注这些客户并请他们再度惠顾。利用这些既有的老客户,可实现企业一半以上的产品销售目标。在这些老客户中,有一些客户由于业务量小而被企业忽视了,推销人员应该多拜访这些客户,调查过去发生的业务量、客户对产品使用情况以及对售后服务的满意状况等。一旦发现问题,就要设法解决,尽量捕捉到产品销售的机会。

(三)中止往来的老客户

以往的客户由于种种原因没有继续交易,但仍是推销人员重要的潜在客户。事实上,许多老顾客都在期待推销人员的再度造访。推销人员必须鼓起勇气再次拜访他们,并从中探究他们不再购买本企业产品的真正原因,制定出满足他们需求的对策。

> **知识链接:**
> 推销的基本原则是积极开发新顾客。企业若不持续进行新客户开拓,每年将会失去30%~40%的客户,如果没有足够的新顾客进行补充,企业将逐渐衰弱。据美国《工业市场营销》杂志调查,工业用品销售存在这样一个规律:在寻找潜在顾客方面所做的努力越大,销售成绩越好。

三、寻找准顾客的方法

不同行业的推销人员寻找潜在顾客的方法有所不同。例如,寻找房地产、机械设备等产品的顾客,显然要比寻找服装、食品的顾客困难得多。实际上,没有任何一种方法能够普遍适用。只有通过不断总结,每个推销人员才能摸索出一套适合自己的方法。

(一)上门推销法

上门推销法也称"地毯"式访问法,是指推销人员在特定的区域或行业内,用上门探访的形式,对估计可能成为顾客的单位、组织、家庭乃至个人无一遗漏地进行访问并确定销售对象的方法。

上门推销法的理论依据是"平均法则",即假定在被访问的人群中,总会有一定规模的潜在顾客,发现这些潜在顾客的数量与被访问的人数成正比例关系,且分布均匀。想要获得更多的准顾客,就要访问更多的人。

根据这个法则,推销人员所要寻找的顾客平均地分布在某一地区里所有的人当中。因此,推销人员在不太熟悉或完全不熟悉推销对象的情况下,可以直接访问某一特定地区或某一特定职业所有的个人或组织,从中寻找自己的顾客。上门推销法是最古老的推销方法之一,它可以使推销人员在寻访顾客的同时,了解社会、了解顾客、了解市场。

上门推销法最适合推销各种生活消费品,特别是推销消费者必备的日用品和必需的各种服务。

1. 上门推销法的优点

(1)能够全面、客观地反映顾客的需求情况。推销人员原来不认识顾客,顾客可以坦诚地表明自己的真实看法,而且这种方式接触面比较广,推销人员可以听到各方面的意见。

(2)有利于扩大推销品的影响,使顾客形成共同的商品印象。

(3)有利于争取更多的顾客。

(4)可以锻炼和培养推销人员,积累推销工作的经验。

2. 上门推销法的缺点

(1)盲目性较大。如果推销人员过于主观,判断错误,就会浪费大量的时间和精力。

(2)由于难以进行充分的推销准备,容易遭到顾客的拒绝,给推销工作带来阻力。

(3)这种方式的访问对象往往毫无思想准备,在被拜访之时容易产生冷漠和戒备心理,常常会拒绝推销人员的拜访,对推销人员的工作积极性有一定的负面影响。

3. 利用上门推销法应注意的问题

为了争取更大的成功,推销人员应该有的放矢地上门推销,例如,复印机的推销员应该到有许多办公室的地区内推销,特别是写字楼,那里可能有购买需求;保险销售代表应该选择富有家庭或中产阶级居住的地区,因为贫困的居民大多没有闲余资金为未来的生活做准备。上门推销结束时,推销人员一定要留下一张业务联系卡。推销人员发出的联系卡越多,达成交易的可能性越大。

(二)连锁介绍法

连锁介绍法也叫关系链法、顾客引荐法,是指推销人员请求现有顾客介绍有可能购买产品的潜在顾客的方法。这种方法要求推销人员设法从自己的每一次推销谈话中获得其他更多的准顾客名单,为下一次的推销访问做好准备。

连锁介绍法的理论依据是事物普遍联系的法则,就是根据消费者需求和购买动机的相互联系和相互影响,根据各位顾客之间的社会联系,通过顾客之间的连锁介绍,寻找更多的新顾客。

连锁介绍的具体形式有很多,推销人员可以请现有的顾客代为推销产品、代为传送资料,也可以请现有顾客以书信、电话、名片等方式介绍新的潜在顾客。连锁介绍法的关键是与现有的顾客建立了良好的、互相信任的关系,通过各种途径取得现有顾客的信任,将自己介绍到他们的圈子中。

1. 连锁介绍法的优点

(1) 可避免推销人员主观判断的盲目性。一般情况下,介绍人了解潜在顾客的情况,推销人员获得的信息准确、详细,使销售更有针对性。

(2) 容易取得被介绍顾客或新顾客的信任。经过熟人介绍接触的新顾客,不易对推销人员产生排斥心理,容易消除心理上的戒备。

(3) 成功率一般比较高。现有顾客所推荐的新顾客一般都是现在顾客所熟悉的个人或单位,并且他们之间往往存在某种共同的利益。根据这些顾客之间的内在联系而不是根据某些外部特征来寻找顾客,能取得较高的成功率。

2. 连锁介绍法的缺点

(1) 事先难以制订完整的推销访问计划。通过现有顾客寻找新顾客,由于推销人员根本就不知道现有顾客可能介绍哪些新顾客,事先就难以做出准备和安排,有时不得不在中途改变访问路线,打乱整个访问计划。所以推销人员常常处于被动地位,不利于推销准备。

(2) 现有顾客的心理因素左右其成功。推销人员不能完全寄希望于现有顾客。因为介绍新顾客不是现有顾客的义务,是否介绍要受很多其他因素的影响。有的现有顾客不愿意增加麻烦,更不愿意因介绍不当给朋友或熟人带去麻烦,所以是否愿意介绍或尽全力介绍是此法能否取得良好作用的关键。有的现有顾客顾及情面给销售人员介绍了客户,但对推销人员评价并不太理想,如果访问失败给顾客留下不好的印象,不但会牵连现有顾客,还有可能失去许多客户。

3. 利用连锁介绍法应注意的问题

(1) 建立良好的信誉和人际关系。人们一般愿意给信誉良好的推销人员介绍新客户,而信誉不好的推销人员则难以取得顾客的合作。

(2) 让介绍人感到轻松。在推销中要避免提出这样的问题:"您知道还有别人使用我的产品吗?"或"您知道谁会买我的产品吗?"这类问题会使介绍人很难做出答复,但可以询问介绍人是否知道别人可能对你的产品感兴趣,让介绍人相信推销人员不会给他介绍的人带来麻烦。例如"你只要告诉我潜在顾客的名字和电话,我将简单地询问一下,如果他们有兴趣,我们才接触,如果没有兴趣,我将对占用他们的时间表示歉意,并不再访问他们"。

(3) 感谢或回报介绍人。推销人员应该随时向原介绍者汇报连锁推销的结果,一方面表示谢意,另一方面可引起介绍者的关心,继续进行连锁介绍。尤其是介绍人的帮助产生了销售额时,最好能够给予介绍人意想不到的回报,这样介绍人会很乐意继续为推销人员介绍客户。

（三）中心人物介绍法

中心人物介绍法，又称名人介绍法、中心辐射法，就是指推销人员在某一特定的推销范围内，取得一些具有营销影响力的中心人物的信任，然后在这些中心人物的影响和协助下，把该范围内的个人或组织发展成推销人员的准顾客的方法。

中心人物介绍法所依据的理论是心理学的光辉效应法则。心理学原理认为，人们对于在自己心目中享有一定威望的人物是信服并愿意追随的。因此，一些中心人物的购买与消费行为，就可能在他的崇拜者心目中形成示范作用与先导效应，从而引发崇拜者的购买欲和消费行为。实际上，在许多产品的销售领域，影响者或中心人物是客观存在的。他们是"时尚"在人群传播的"震源"。只要确定中心人物，使之成为现实的顾客，就很有可能发展一批潜在顾客。利用中心人物介绍法寻找顾客，关键是取得"中心人物"的信任与合作。

1. 中心人物介绍法的优点

（1）节省时间与精力。推销人员可以集中精力只向少数中心人物做细致的说服工作。

（2）可以扩大产品的影响。某一领域内的中心人物，往往也是该领域的顾客，不仅可能通过中心人物的联系了解大批新顾客，而且还可借助中心人物的社会地位来扩大商品的影响。

（3）有利于成交。利用中心人物的名望与影响力可以提高推销人员的知名度、美誉度。人们并不愿意在各方面花很多精力去研究，一般大家都愿意听从专家的意见，专家寻找的客户，可能更利于成交。

2. 中心人物介绍法的缺点

（1）中心人物往往较难接近和说服。许多中心人物事务繁忙，难以接近，每个推销人员所认识的中心人物有限。若完全依赖此法，容易限制潜在顾客数量的发展，更关键的是中心人物是否愿意合作。

（2）有时难以确定一定领域内的中心人物是谁。如果选错了消费者心目中的中心人物，有可能弄巧成拙，难以获得预期的推销效果。

（四）广告开拓法

所谓广告开拓法，就是指推销人员利用种种广告媒介寻找新顾客的方法。

广告开拓法所依据的原理是广告学原理。广告学原理说明：利用便捷化通信手段，能更快、更真实、更具吸引力与艺术感染力地向覆盖区域内的视听众传达关于产品的推销信息，所需支付的单位视听众费用更少、效果更好、更符合部分目标市场消费者收集信息的习惯。推销人员只与接受广告推销、自动上门询购的顾客洽谈，推销效果自然更好。

利用广告开拓法寻找新顾客，关键在于正确地选择广告媒体，其基本原则是：根据推销品的特点考虑广告媒体的阅读对象，以最大限度地影响潜在顾客。

1. 广告开拓法的优点

（1）可以借助各种现代化手段大规模地发布推销信息。

（2）不仅可以寻找顾客，而且可以说服顾客购买。因为广告不仅具有传递信息的功能，而且具有推销说服的功能，甚至有人认为广告就是印在纸上的推销术。

（3）节省推销费用，降低单位成本。

（4）推销人员处于主动地位，由出去找顾客变成顾客找上门，推销对象也容易接受。

2. 广告开拓法的缺点

（1）推销对象的选择性不易掌握。现代广告媒介种类很多，各种媒介影响的对象有所不同，如果媒介选择失误，就会造成极大浪费。

（2）效果不易测定。因此，对于反馈的信息应该进行分析。

✩ 案例 6-1

加多宝凉茶

2012 年，浙江卫视"中国好声音"节目开播后，收视率不断攀升，据统计总决赛收视人群达到 2 亿人，让同类节目望尘莫及。"正宗好凉茶正宗好声音欢迎收看由凉茶领导品牌加多宝为您冠名的加多宝凉茶中国好声音……"这一串机关枪速度的广告词也由此响彻大江南北。

通过"好声音"一役，加多宝的"正宗凉茶"身份也随着"正宗好凉茶，正宗好声音"广告语的流行而深入人心。而更重要的是，加多宝凉茶实现了品牌的完美转身。公开数据显示，更名后的加多宝凉茶品牌知晓率高达 99.6%，品牌第一提及率、推荐度方面均占据绝对领先优势。销售量也大幅攀升，整个上半年同比增长已超过 50%，在广东、浙江等凉茶重点销售区，同比增长超过 70%。

案例思考：

企业如何实现拉动销售呢？

（五）市场咨询法

市场咨询法是指推销人员利用社会上各种专门的市场咨询服务部门所提供的信息来寻找潜在顾客。

1. 市场咨询法的优点

（1）节省推销人员的工作时间和推销费用。由市场咨询业者专门从事市场调研工作，利用丰富的推销经验和知识，能够解决推销人员所遇到的实际问题，提供比较可靠的准顾客名单，从而节省推销人员的推销时间，使其可以全力以赴进行实际推销。

（2）充分调动有关人员的积极性，发挥各方面专家的一技之长，取得较好的推销效果。

（3）由于咨询部门立场中立，可以提供比较客观的市场信息。

2. 市场咨询法的缺点

（1）推销人员处于被动地位。如果推销人员完全依靠市场咨询人员提供信息，容易失掉许多推销机会。

（2）适用范围有限。此法主要适用于寻找某些选择性较强的准顾客，而对于推销普通商品的推销人员来说，尤其是在准顾客特征容易识别的情况下，最好不使用此法，以节省推销费用。

（六）资料查阅法

资料查阅法又称间接市场调查法，即推销人员通过查阅各种现有的情报资料来寻找顾客的方法。利用他人或机构内已经存在的可提供顾客的线索资料，可以较快地了解到大致的市场容量及准顾客的分布等资料。

可供推销人员查阅的资料主要有：工商企业名目；产品目录；商标公告；专利公告；统计资料；年鉴及定期公布的经济资料；各种专业性团体的成员名册；市场简介资料；信息类书报杂志；电话簿；交通图册；时刻表等。

1. 资料查阅法的优点

（1）寻找潜在顾客费用低，甚至是免费的。

（2）在寻找顾客的同时，可以进行接近顾客的准备工作。因为有些资料不仅提供了潜在顾客，而且还比较详细地介绍了有关顾客的基本情况。

2. 资料查阅法的缺点

（1）时效性较差。因为可供查阅的资料多为公开发布的资料。

（2）竞争激烈。因为别的推销人员也可能利用相同资料来做访问。

3. 利用资料查阅法应注意的问题

使用此法要注意两点：一是要对资料的来源与资料的提供者进行资信分析，以确认资料与信息的可靠性；二是注意资料可能因时间关系而出现错漏等。

小思考：
还有别的寻找顾客的方式吗？

知识补充：建立顾客档案

对于已经确定的准顾客，必须为其建立档案，以加强对准顾客的管理。推销人员应该根据新掌握的实际情况，对准顾客进行分类，列出重点先后，以便有计划、有步骤地开展推销活动，使推销工作标准化、程序化、规范化，避免忙乱地、毫无头绪地推销。那种东一榔头西一棒子的古老的推销模式，已经无法适应现代推销工作的需要。建立准客户档案是现代科学推销的一项重要基础工作，也是一项细致的工作，必须踏实认真地去做。

四、顾客资格鉴定

在产品推销实践中,并非每一位准顾客都能成为推销人员的目标顾客。从准顾客到目标顾客还需要对其资格进行鉴定、选择,分析其是否具备成为目标顾客的条件。只有准顾客具备了一定的资格条件,才能正式将其列入目标顾客的名单中,作为产品的推销对象。

（一）顾客购买力的鉴定

顾客的购买力就是顾客购买产品时的支付能力。支付能力是判断一个准顾客能否成为目标顾客的首要条件。许多人对产品都有需求,但是只有有一定支付能力的需求才能真正成为市场经济中现实的需求。

顾客支付能力可以划分为现有支付能力和潜在支付能力两种形式。鉴定顾客支付能力时,首先,要对顾客的现有支付能力进行鉴定,具有产品购买意向并具备现有支付能力的顾客是最理想的目标顾客;其次,要注意对顾客潜在支付能力的鉴定。掌握具有潜在支付能力的顾客,可以为产品推销开拓更为广阔的市场前景。

当准顾客有一定的购买意向并且有潜在的支付能力时,推销人员应该主动协助准顾客解决现有支付能力方面的问题,例如,建议顾客向银行贷款或者采用分期付款等付款方式,促进顾客达成产品交易。

鉴定个人或家庭的支付能力,主要是调查消费者个人或家庭的经济收入情况。鉴定企业的支付能力,主要是调查企业的经营状况、财务状况。企业的财务状况属于企业的经营秘密,通常对外保密。推销人员要取得这方面的资料,通常要花费大量的时间和精力。

通过鉴定准顾客的支付能力,推销人员可以节约大量时间,确保其在产品推销过程中有的放矢,提高推销工作的成功率。

（二）顾客购买决策权的鉴定

有些准顾客既有支付能力,也有购买意向,最终却无法达成产品交易,究其原因主要是他没有购买决策权。推销人员在向企业或家庭推销产品时,一定要清楚谁是购买决策者,应该向企业或家庭的购买决策者推销产品。如果事先不对现在顾客的购买决策状况进行鉴定,就有可能事倍功半。

在消费品市场中,以家庭为基本单位的购买行为往往由于文化背景、社会环境的差异,使各个家庭的购买决策状况不尽相同。除一些大件商品外,大多数商品的购买决策权都比较分散,这就给推销人员的鉴定工作增加了难度。即便如此,推销人员仍然要分析准顾客家庭中各种微妙的关系,鉴定出谁是家庭购买行为中起关键作用的决策者,谁是购买产品的参与者,谁是购买产品的使用者。

对于资本品市场来说,鉴定其购买行为的决策者尤为重要,否则就会使产品推销带有很大的盲目性。推销人员必须了解团体顾客内部的组织结构、人际关系、决策系统与决策方式,掌握其内部管理者的相对权限,向有决策权的管理者推销产品。

（三）顾客购买需求的鉴定

产品推销成功与否还要看顾客对产品是否有购买需求，这就需要推销人员对顾客的购买需求进行鉴定，即事先确定潜在顾客是否真的需要所推销的产品，鉴定内容主要围绕是否需要、何时需要、需要多少等问题来进行。

顾客是否需要所推销的产品，是推销活动能否成功的关键。显然，如果顾客根本就不需要推销人员所推销的产品，那么对其展开推销攻势肯定是徒劳的。顾客的购买需求既多种多样，又千变万化；同时，需求又是一个极富弹性的东西，因此，要想准确把握顾客的购买需求，并非轻而易举。它需要推销人员凭借丰富的推销经验和运用有关知识，进行大量的市场调研才能实现。有时仅凭个别推销人员还不行，需要借助集体的力量甚至需要邀请有关专家来做此鉴定工作。例如，某些生产资料的购买需求鉴定，就是一项专业性很强的工作，不具备丰富的专业知识和有关产品、生产力方面的知识，就难以胜任。作为一名产品推销人员，必须不断学习，善于观察，注意随时收集有关资料，寻求有关人员的帮助，尽力搞好顾客购买需求的鉴定工作。

经过严格的鉴定以后，如果推销人员确认某顾客不具有购买需求，或者发现自己所推销的产品无益于该顾客，不能适应其实际需要，就不应该向其推销；相反，一旦确认该顾客存在购买产品的可能性与倾向性，自己所推销的产品有益于顾客，有助于解决顾客的某些实际问题，就应该努力去说服、引导顾客，切勿坐失良机。

第二节　接近顾客

小智囊：

每个人的天性都是喜欢被别人赞美的。

——卡耐基

☆ 案例6-2

保守的格林先生

格林先生是一家杂货店的老板，他非常顽固、保守，非常讨厌别人向他推销。这次，香皂推销员彼得来到店铺前，还未开口，他就大声喝道："你来干什么！"

但彼得并未被吓到，而是满脸笑容地说："先生，您猜我今天是来干什么的？"

格林先生毫不客气地回敬他："你不说我也知道，还不是向我推销你们那些破玩意儿！"

彼得听后并不生气，反而哈哈大笑，说："您老人家聪明一世，糊涂一时，我今天可不是向您推销的，而是求您老向我推销。"

格林先生愣住了："你要我向你推销什么？"

彼得回答："我听说您是这一地区最会做生意的，香皂的销量最大，我今天是来向您请教推销方法。"

格林先生开了快一辈子杂货店,却从来没有遇到有人登门求教,今天看到年轻的推销员对他如此尊敬,便兴致勃勃地向彼得大谈其生意经。直到彼得起身告辞,格林先生还意犹未尽。彼得刚走到门口,格林先生突然像想起什么来了,大声说:"喂,请等一等,听说你们公司的香皂很受欢迎,给我订30箱。"

案例思考:

推销员彼得在接近顾客时采用的是什么方法?你还能说出其他接近客户的方法吗?

一、制订顾客接近计划

推销人员在推销之前,应该确定自己的目标并制订相应的计划。不制订计划,推销人员会缺乏高质量地完成任务的动力,难以从时间上、成本上判断现在的推销行为是否合理;还会缺乏明确的目标,处于被动的局面。从某种程度上来说,没有计划就没有推销。

(一)制订拜访计划

一次成功的拜访需要良好的计划。制订拜访计划,可以采用5F法。

1. find——找寻及收集资料

在计划步骤中,首先要找寻及收集资料(如公司的环境、商品销售市场、客户的购买习惯等)。

2. filter——选择收集的资料

将收集来的资料,加以过滤、选择,只抽取计划中所需的资料。

3. figure——拟订初步计划

针对所抽取的资料,进行检查、讨论,经过组合,拟订初步的计划方案。

4. face——制订实施行动计划

将初步拟订的计划方案,赋予生命力,使之能够辅助行动,成为一个有实施意义的行动计划,而不再只是纸上谈兵。

5. follow——实施计划

依照计划,付诸行动。

(二)明确拜访时机

无论推销人员如何辛勤地拜访,若具有购买决定权的客户不在或正忙得不可开交,那么推销人员的一切努力均将徒劳无功。因此,推销人员必须掌握确定拜访时机的方法。推销人员须站在客户的立场上找寻最方便、最适当的时机与客户进行商谈,才能获得最佳的效果。而商谈的时机,因客户的行业、部门的不同而有所不同,推销人员必须依照客户的作息时间,找出最有效率的商谈时机。

(三)约见客户

要约见客户首先要明确约见的内容和约见的方式。

1. 约见内容

约见的主要内容包括确定约见对象、约见时间和约见地点。

（1）确定约见对象。推销人员要尽可能多地熟悉现有被访问客户的有关资料和信息，例如，约见对象的姓名、性别、性格、兴趣爱好、工作环境、身体状况、家庭情况等，并及时补充了解，越详细、具体越好，这样才便于推销人员掌握约见重点并做好策略的设想，才能在进行约见访问时做到有的放矢，才会与约见对象有更好地沟通和交流，从而更好地赢得顾客。

（2）确定约见时间。推销人员应主要依据客户的情况确定见面的时间，尽量避免在客户忙碌时前往。例如，星期一的上午客户通常都比较忙，应尽量避开；最好能够选择客户较为轻松和闲暇的时间约见。至于是选择上班时间约见还是休息时间约见，不能一概而论，需要现实沟通与商定，或者是建立在对客户生活规律的了解基础之上，应因人而异，因情而定。当客户的时间与推销人员的时间矛盾时，推销人员应尽量考虑客户的情况，尊重客户的意图。当与客户的约定时间敲定以后，推销人员要立即记录下来，并且要严格按照约定时间准时到达，应坚决避免迟到或约而不到的情况发生。

（3）确定约见地点。推销人员应该与约见对象敲定约见的地点，以对方方便为原则。在确定约见地点以后，进一步拟定拜访出行的时间、路线和交通方式，避免走错地方、行车不畅等不愉快情况的发生。

2. 约见方式

约见方式有很多种，可以根据推销人员的实际情况来进行选择，如函约、面约、电话约、广告约等。另外，如果有引荐人，势必会提高约见的成功率。

二、接近顾客前的准备

接近准备是指推销人员在接近某一特定"潜在客户"之前，对潜在客户情况做调查了解，以设计接近、洽谈计划的过程。接近准备实际上是客户资格审查的延续，目的是掌握现在客户更多的情况，为成功推销做好前期准备。

（一）进一步审核潜在客户的资格

有时，推销人员通过已经收集到的信息资料判断某个线索指向的是潜在客户，但是对潜在客户进一步了解之后，可能会得出完全相反的结论，或许这些线索所指向的客户已经购买了同类产品，或许他们没有足够的支付能力，或许亲戚、朋友已经向他推荐了同一类型的产品。因此，推销人员要全面地进行客户接近准备，明确所掌握的线索指向的是真正的潜在顾客。

（二）了解潜在客户的信息

潜在客户信息包括个体潜在客户的信息和组织潜在客户的信息。

1. 个体潜在客户的信息

个体潜在客户的信息见表 6-1。

表 6-1　个体潜在客户的信息

客户信息类别	具体内容	作用与注意事项
基本情况	姓名	姓名要写对、读准,这样可以缩短推销人员与潜在客户之间的距离
	年龄	了解潜在客户的真实年龄,有助于推断潜在客户的个性心理特征与需求等
	性别	不同性别的潜在客户在性格、气质、需要和交际等方面都有所差异
	民族	不同民族有不同的风俗习惯与宗教信仰,推销品应该在包装、色彩、商标等方面适应特定民族的习惯
个体特征信息	教育程度	寻求交流的基点,同时为洽谈方式的选择提供参考依据
	出生地	利用同乡关系谈话,容易被潜在客户所接受
	职业	潜在客户靠什么谋生?是雇主还是雇员?从事哪一行业?能力怎么样?工作了多久?这些问题的答案都有利于推销人员找到推销洽谈的话题
	住所	依据客户的住所可以推测其社会地位等情况
	兴趣爱好	了解潜在客户工作之外的娱乐项目、兴趣、爱好,可以找到与客户更多的话题,推销中可以适当投其所好,使推销顺利步入正轨
与需求和购买相关的信息	最佳访问时间	如果推销人员能在潜在客户空闲之时去拜访,将会受到友好地接待
	需求状况	了解客户是否确实需要推销人员所推销的产品。如果需要,应该了解潜在客户对产品熟悉的程度;如果不需要,判断是暂时的还是长期的,以便进行分级管理
	购买能力	了解客户的购买能力,提高推销的针对性
	购买决策权	判断购买决策权到底掌握在家庭成员中的哪一个人手中,并根据购买决策者的特征设计推销接近计划与方式
	家庭状况	很多的购买决策是由于人们想取悦配偶或子女形成的,因此要注意家庭成员在购买决策中的身份和作用
	参考群体	潜在客户属于哪一个参考群体?在群体中任何种职务?有无权威性?掌握这些信息,有利于群体的影响和认同感使之接受推销品

2. 组织潜在客户的信息

所谓组织潜在客户,是指除个体潜在客户之外的所有潜在客户,包括各种企事业单位及其他社会团体组织。由于组织潜在客户的购买目的是获利或开展正常业务活动,除具备个人采购的一些特点外,还具有购买数量大、订货次数少、供购关系稳定、重视品质、专业人员购买、影响购买决策的人员多、属于理智型购买等特点。采购者通常只是执行购买决策的人,而不是做出购买决策的人,因而向组织潜在客户推销就要重点向购买决策者推销,或向影响购买决策的有关人员施加影响,促使其做出购买决策。组织潜在客户的购买决策非常复杂,要求推销人员更加充分地做好接近组织潜在客户的准备工作。

在客户采购时,客户需要的是产品的核心功能和附加功能,而并非产品本身。推销人员在挖掘客户需求时,一定要了解清楚在客户内心深处对产品各功能的排列次序,只有这样,推销人员才能有针对性地讲解产品并做到击中要害。

因此,接近组织潜在客户,除应了解与个体潜在客户相同的一些内容外,还应了解以下内容。

(1)组织名称。准确地了解组织潜在客户的名称,有利于推销人员与推销对象取得联系,顺利地开展推销工作。

(2)组织性质。掌握组织所属的性质是公司法人还是行政事业法人,是营利性组织还是非营利性组织等,有利于推销人员制订恰当的推销计划。

(3)组织规模。组织规模包括资本、员工、生产能力、技术水平等,推销人员了解这些方面的资料,可以间接地推测该组织可能接受推销品的数量以及支付能力等。

(4)组织所在地。掌握组织总部及其分支机构的所在地、通信地址、电话号码、传真号码、e-mail、交通运输情况等,推销人员才能及时与组织取得联系,并前往组织所在地进行推销。

(5)组织的机构设置与人事状况。推销人员要了解组织机构的设置情况、各个部门的负责人和总经理的情况以及是否设立了独立的供应部门。

(6)组织的采购状况。一般的采购决策由谁做出?重点的采购项目由谁决策?影响这些重大购买决策的人有哪些?组织现在的供应商是谁?组织对现在供应商提供的货物或劳务是否感到满意?现在供应商的产品的最大缺陷是什么?推销人员所推销的产品能避免这方面的缺陷吗?掌握组织潜在客户采购方面的情况,有利于推销人员有针对性地开展接近推销工作。

(7)组织的经营状况。组织的经营状况包括潜在客户的生产规模、经营管理水平与能力、盈利能力、市场状况、技术装备水平等。了解这些情况,有助于推销人员进一步审核潜在客户的资格,判断组织购买者购买活动的方向。

(8)组织的购买习惯。组织的购买习惯包括潜在客户购买商品的时间、订购次数、订购批量、订货方式、订货要求等。了解组织的购买习惯,有利于推销人员在推销洽谈中适应或迎合客户的需求。

三、接近客户的方法

接近是推销面谈的前奏,是推销过程的必要环节。成功地接近是成功推销的第一步,接近不了推销对象,便无法开展推销。在接近推销对象的时候,推销人员的主要任务是简要介绍自己和有关企业的背景、概况,以及推销品的特点和给客户带来的利益,引起客户的注意和兴趣。为了在较短时间内达到接近客户的预期目的,必须运用适当的接近方法。根据客户及推销品的具体情况,可将接近客户的方法分为以下几种。

(一)介绍接近法

所谓介绍接近法,是指推销人员自我介绍或经由第三者介绍而接近推销对象的一种方法。推销商品前,先推销自己,是推销员迈向成功的第一步。

1. 自我介绍法

自我介绍法,就是走入潜在顾客的家庭或办公场所后主动亮明自己的身份,以此与顾客相识。口头介绍可以详细解说一些书面文字或材料无法说明清楚的问题,利用语言优势取得顾客的好感。此外,给顾客递上一张自己的名片也可以弥补口头介绍的不足,并且这样能够让客户尽快了解推销员和所推销产品的概貌,迅速缩短彼此间的距离。

自我介绍法是推销人员最常使用的一种接近顾客的方法。但是这种方法很难在一开始就引起顾客的注意和兴趣。因此,通常还要与其他的方法配合使用,以便顺利地进入正式面谈。

2. 第三者引荐法

第三者引荐法,就是利用与顾客熟悉的或关系甚好的中间人,通过写信、打电话或当面介绍的方法来接近顾客。介绍人的介绍可以缩短推销人员与顾客的心理距离,比较容易帮助推销人员引起顾客的注意并获得顾客的信任。一般情况下,介绍人与顾客之间的关系越密切,所发挥的作用就越大,推销人员也就越容易成功接近顾客。

(二) 产品接近法

产品接近法,也称实物接近法,是指推销人员凭借推销品的魅力吸引顾客而达到接近潜在顾客的一种方法。产品接近法是推销人员与顾客第一次见面时经常采用的方法,这种方法的接近媒介就是推销产品本身。让产品先接近顾客做无声介绍,吸引顾客,这是产品接近法的最大优点。大多数顾客在决定购买之前总希望能彻底了解产品及其各种特征,有些客户还喜欢亲手触摸和检查产品,甚至动手试试。产品接近法正是利用了消费者的上述心理,给顾客提供了亲手接触产品的机会,充分调动了顾客的积极性。例如,美国得克萨斯仪器公司的推销人员在推销一种大学生用的袖珍计算器时,他们只是把计算器简单地放在购买者的桌上,等待购买者的反应。

运用这种方法应该注意的是,产品本身必须具有足够的吸引力,能够引起顾客的注意和兴趣;同时要注意在适当的场合和时间进行接近,要保证顾客有时间和兴趣能够观察和试用产品。

(三) 利益接近法

利益接近法,是指推销人员利用产品的实惠引起顾客注意和兴趣进而转入洽谈的方法,这是一种在推销中广泛使用的开场方法。利益接近法的接近媒介是产品的实惠性,而主要方式是直接陈述,即告诉顾客购买该产品的好处。

利用利益接近法,推销人员必须直切顾客的利益点,这样才能达到接近的目的。有时一些顾客不明真相,认识不到推销给自己带来的利益,推销人员就要从这一要害问题入手,引导顾客注意产品的该项优势。

在使用利益接近法时,推销人员应该注意两个问题:一是不能将产品利益夸大,欺骗客户;二是产品有一定的可比性,能使顾客认识到它比市场上同类产品具有明显的优势,这样才能取信于客户。

利益接近法适合于推销人员已经知道潜在顾客的需求,且洽谈时间不长的情形。为了确保得到顾客的积极响应,推销人员在提问后应紧接着陈述,说明这些利益对顾客是相当重要的;即使知道顾客对推销人员提出的问题的回答是肯定的,也需要通过提问来说明产品给顾客带来的利益,以此作为全面实际洽谈的参考。

(四)表演接近法

表演接近法是指推销人员通过各种戏剧性表演引起顾客的注意和兴趣,进而转入洽谈的接近方法。例如,一个推销瓷器的女推销人员,当她把一套餐具中的一个盘子递给经销商时,故意把盘子掉到了地上,但盘子却完好无损。当她把盘子捡起来后,说道:"这是引导瓷器业革命的新技术成果,您的顾客特别是新婚夫妇肯定会喜欢这样的产品,难道您不这样想吗?"

表演接近法可以迎合某些顾客的求新、求奇心理,充分调动顾客的主观能动性,唤起顾客的感情,使潜在顾客能够注意推销品并对其感兴趣。

(五)馈赠接近法

馈赠接近法是指推销人员利用馈赠小礼品的方式来引起顾客的注意和兴趣,进而转入洽谈的接近方法。赠送的小礼品可以是一束鲜花、一张印有公司广告的年历卡片、小型台历、小钥匙链等,目的在于短期内引起潜在顾客的注意,使之有兴趣听取推销人员的介绍。

馈赠接近法源于人类有贪图小便宜的心理动机。顾客在接受了赠品后,其注意力就会集中到推销人员身上中,从而使推销人员容易与顾客发展亲密关系,形成融洽的推销氛围,促成最终交易的达成。但在使用馈赠接近法时要注意以下几个问题。

(1)慎重选择馈赠礼品。推销人员在进行接近准备时应该做好情况调查。首先,应确定的是顾客会不会把赠送礼品看成是不正当的行为,会不会把送礼品的推销人员看成骗子。其次,要了解顾客对礼品的观念,以确定送礼的方式。最后,要了解顾客的嗜好和需求,尽量送其所爱,送其所用。

(2)赠送的礼品只能当作接近顾客的见面礼与媒介,而绝不能当作恩赐顾客的手段。

(3)礼品的内容与价值必须符合国家的有关规定,不可把馈赠当成贿赂。

(4)礼品尽量与所推销的产品有某种联系。

(六)问题接近法

问题接近法,是指推销人员通过提问的形式激发顾客的注意力和兴趣点,进而过渡到洽谈的一种方法。问题接近法是一种比较常用而有效的方法,以提问的方式接近顾客,帮助顾客找出问题、研究问题,然后提供答案、解决问题。在推销活动中,问题接近法不仅可以单独使用,还可以和其他各种接近方法配合使用来实现目标。

问题接近法的优点在于能马上吸引顾客的注意力,引起顾客的反应,从而迅速转为推销洽谈。但在具体使用该方法时,推销人员必须注意以下几个问题。

(1)接近时所提出的问题应表述明确。推销人员必须在做好接近准备的基础上设计要提的问题。

(2)所提的问题应做到有的放矢、一语破的。

(3)所提的问题应当是顾客乐意回答和容易回答的,应避免语出伤人,引起顾客的反感。

例如,某自动售货机制造公司,指示其推销员出门携带一块 2 英尺宽、3 英尺长的厚纸板,见到顾客就打开铺在地面或柜台上,纸板上写着:"如果我能够告诉您怎样使这块地方每年收入 250 美元,您会感兴趣吗?"这样直接向顾客提出问题,能够引起顾客的注意和兴趣,引导顾客去思考,并顺利转入正式洽谈,不要像一般推销员那样开口就是:"生意好吗?"你可以首先提出一个问题,然后根据客户的实际反应再提出其他问题,步步逼近,接近对方。也可以开头就提出一连串问题,使对方无法回避。

总之,问题接近法比较有利于推销人员开口说话,获取信息,接近顾客,开展重点推销,从而促成交易。

(七)好奇接近法

好奇接近法,是指推销人员利用顾客的好奇心理接近顾客的方法。好奇心是消费者购买的原始推动力,人们在日常生活中的消费行为有时多受好奇心的驱使,在推销活动中,推销人员可以首先唤起顾客的好奇心。例如,"你知道为什么最近的《工人日报》把我们的柔性加工单元描述成制造业的革命吗?"推销人员边说边把报纸拿出来,让顾客看一下标题,还未等顾客向其索取报纸,就把它收好。如果顾客去细看文章的内容,就可能分散顾客的注意力,从而影响推销洽谈的效果。

(八)赞美接近法

赞美接近法也叫夸奖接近法或恭维接近法,是指推销人员利用顾客的求荣、求美心理来引起顾客的注意和兴趣。从心理学角度分析,每一个人都喜欢受到赞美,同时也希望别人能注意到他的成就,并得到他人的赞许,为他人所认同和尊重,这是一个人奋发进取、努力向上的精神动力之一。在推销过程中,推销人员只要是能真诚地夸奖潜在顾客(如称赞顾客的企业所取得的成就,赞许决策者的工作能力、办事效率、对人的态度等),都有助于交易的达成。

★ 案例 6-3

亚当森的赞美

美国著名的柯达公司创始人伊斯曼,捐赠巨款在罗彻斯特建造一座音乐堂、一座纪念馆和一座戏院。为了承接这批建筑物内的安装座椅生意,许多座椅制造商展开了激烈的竞争,但是,找伊斯曼谈生意的商人们无不乘兴而来,败兴而归,一无所获。

正是在这样的情况下,优美座位公司的经理亚当森前来会见伊斯曼,希望能够得到这笔价值 9 万美元的生意。

亚当森被引进伊斯曼的办公室后,看见伊斯曼正埋头处理桌子上的一堆文件,于是静静地站在那里,仔细地打量起这间办公室来。过了一会儿,伊斯曼抬起了头,发现了亚当森,便问道:"先生有何见教?"这时亚当森没有直接谈生意,而是说:"伊斯曼先生,在我等您的时候,我仔细地观察了您的这间办公司。我本人长期从事室内的木工装修,但从未见过装修得这么精致的办公室。"

伊斯曼回答说:"哎呀! 您提醒了我差不多忘记了的事情。这间办公室是我亲自设计的,当初刚建好的时候,我喜欢极了。但是后来一忙,一连几个星期都没有机会仔细欣赏下这个房间。"

亚当森走到墙边,用手在木板上一摸,说:"我想这是英国橡木,是不是? 意大利橡木不是这样的。"

"是的,"伊斯曼高兴地站起身来回答说,"那是从英国进口的橡木,是我的一位专门研究室内细木的朋友专程去英国为我订的货。"

伊斯曼情绪极好,便带着亚当森仔细地参观起这间办公室来,把办公室里所有的装饰一件一件地向亚当森做介绍,从木质谈到比例,又从比例谈到了颜色,从手艺谈到价格,又详细地介绍了他的设计经过。这期间,亚当森都在微笑着聆听,并表现得饶有兴趣。

直到亚当森告别的时候,两人都未谈及生意。你想,这笔生意落到了谁的手里?是亚当森还是亚当森的竞争者? 最后,亚当森不仅取得了大批的订单,而且和伊斯曼结下了终身的友谊。

案例思考:
亚当森成功的秘诀是什么?

四、接近客户的策略

除了接近顾客的方法之外,还有很多接近客户的策略,如用开场白赢取客户好感,找到客户的对抗点,控制时间及减轻客户的心理压力等。这些策略可以和客户接近的方法结合使用,以提高接近客户的成功率。

(一)用开场白赢得客户好感

用开场白赢得客户好感也就是营销学中的"一句话营销"。推销人员在与潜在顾客交谈之前,需要有适当的开场白。开场白的好坏,几乎可以决定这一次客户接近的成败,换言之,好的开场白是推销人员成功的一半。好的开场白可以包括以下几点。

1. 突出经济效益

几乎所有的人都对成本感兴趣,省钱和赚钱的方法很容易引起客户的兴趣。例如:"张经理,我是来告诉您贵公司节省一半电费的方法。""王厂长,我们的机器比你们目前的机器速度快、耗电少、更精确,能降低您的生产成本。""陈厂长,您愿意每年在毛巾生产上节约 5 万元吗?"

2. 真诚的赞美

每个人都喜欢听好听的话,客户也不例外。因此,赞美就成为推销人员接近顾客的好方法。赞美潜在顾客必须找出别人可能忽略的特点,而让潜在顾客知道你的话是真诚的。赞美的话若不真诚,就有可能成为阿谀逢迎,效果自然不会好。例如,"王总,您这房子真漂亮。"这句话听起来像阿谀逢迎;"王总,您这房子的大厅设计得真别致。"这句就是赞美了。

3. 引用有影响力的第三人

告诉客户，是第三人（如客户的亲友）要你来找他的。这是一种迂回策略，因为每个人都有"不看僧面看佛面"的心理，所以，大多数人对亲友介绍来的推销人员都很客气。例如，"何先生，您的好友张先生要我来找您，他认为您可能对我们的印刷机器感兴趣，因为这些产品为他的公司带来很多好处与方便。"为了取信顾客，若能出示引荐人的名片和介绍信，效果更佳。

（二）找到客户的对抗点

在客户不了解推销人员及其推销品的时候，客户可能存在某些方面的抵触，如认为推销人员是在占用或者浪费时间等。因此，如果推销人员找不到客户的对抗点，很容易被客户打断或者拒绝。

在接近客户时，不要轻易打断客户的话，从客户的言语中找到其最关心的内容，以此作为切入点。

（三）控制时间

推销人员必须严格遵守时间。善于支配时间的人，才能进行高效率的推销。要制定一个时间表，即推销人员的行动计划，包括调查研究的时间、推销的时间、吃饭和休息的时间等。依照一天的行动，合理地安排时间，努力做到能够最大限度地提高工作效率，这就是有效利用时间的要点。

（四）减轻客户的心理压力

如果出现产品价格过高或者客户没有购买计划的情况，客户就会产生相应的心理压力，因此，推销人员应将重点放在提供产品信息，而不是推销产品上，应重在建立联系，而不是强调销售产品。

第三节　推　销　洽　谈

案例 6-4

一套百科全书

书店里，一对年轻夫妇想买一些百科读物，推销人员过来与他们交谈。以下是当时的谈话摘录。

客户：这套百科全书有什么特点？

推销人员：您看这套书的装帧是一流的，整套书都是这种真皮套封烫金字的装帧，摆在您的书架上，非常好看。

客户：书里面有什么内容？

推销人员：本书内容按字母顺序编排，这样便于查找资料。每幅图片都很漂亮逼真，如这幅，多美。

客户：我看得出，不过我想知道的是……

推销人员：我知道您想说什么！本书内容包罗万象，有了这套书您就如同有了一套地图集，而且还是富有详尽地形图的图集。这对你们一定会有用处。

客户：我是为我儿子买的，让他现在开始学习一些东西。

推销人员：哦，原来是这样。这个书很适合小孩的。现在购买这套书，还附送带锁的玻璃门书箱，这样您就不会将书弄脏。我可以给你开单了吗？

（推销人员作势要将书打包，给客户开单出货。）

客户：哦，我考虑考虑。你能不能留下其中的某个部分，如文学部分，我们可以了解一下其中的内容。

推销人员：本周内有一次特别的优惠抽奖活动，现在买说不定还能中奖。

客户：我恐怕不需要了。

案例思考：

案例中推销人员的错误之处在哪？

一、推销洽谈的目标

推销洽谈是指推销人员运用各种方式、方法和手段，向顾客传递推销信息，说服顾客购买产品的过程。一般说来，推销洽谈的目标可以包括以下几个方面。

（一）准确把握顾客需求

一种产品通常有多种功能与利益，不同的顾客对同一产品也有不同的需求。购买行为是受购买动机支配的，而动机又源于人的基本需求。因此，推销员在洽谈之初就必须找准顾客的心理需求，善于发现顾客的不同需求，针对顾客的需求传递产品的信息，展示产品为顾客带来的利益，投其所好地展开推销洽谈，激发顾客的购买欲望，最终达成交易。

（二）全面传递产品信息

在洽谈之初，推销员必须实事求是地将自己所掌握的有关产品以及生产企业的信息迅速、全面地传递给顾客，帮助顾客尽快认识和了解产品的特性及其所能带来的利益，增强其对产品以及生产企业的好感，诱发顾客的购买兴趣，为顾客购买决策提供信息依据。

（三）恰当处理顾客异议

顾客异议是指顾客对产品、推销员、推销方式和交易条件等提出的怀疑、抱怨或反对意见。顾客异议能否处理好，直接决定着能否达成交易。推销员应掌握尽可能多的与产品相关的知识，圆满解答顾客提出的各种问题，妥善处理顾客异议，赢得顾客信任，达成交易。

（四）有效促使顾客做出购买决策

推销活动的最终目的是要说服顾客采取购买行动。顾客选择机会越多,就越会犹豫不决,出现反复行为,甚至会产生复杂的心理冲突。推销人员必须利用各种理智和情感的手段去刺激或强化顾客的购买欲望,强调顾客购买产品所能得到的利益,引导顾客尽快做出购买决策,促成交易。

二、推销洽谈的内容

（一）产品

关于产品,洽谈的内容包括产品本身及其规格、性能、款式等,这是顾客最关心的内容。对于个体顾客和生产者顾客来说,购买产品的目的就是要取得一定的使用价值,满足其生活消费和生产消费的需求;对于中间商来说,购买产品的目的是转卖,满足其实现利润的需要。因此,对个体顾客和生产者顾客,推销人员应重点介绍产品的实用性;对中间商,推销人员应着重介绍产品的市场前景。

（二）价格

价格涉及买卖双方的利益,是推销洽谈中最敏感的问题。每个顾客对价格都有自己的理解,顾客有时对价格斤斤计较,有时又不十分敏感,这主要取决于顾客需求的迫切程度、需求层次、支付能力和消费心理等。因此,推销人员要掌握好价格水平,先谈产品的实用性,再谈价格,让顾客感到报价是合理的。

（三）质量

产品质量是影响顾客购买的重要因素,不同顾客对质量有不同的要求。在推销洽谈中,一方面,推销人员应向顾客表明产品符合同类产品的质量要求,如国家标准、行业标准、地方标准。另一方面,推销人员在介绍产品质量时应具体、细致、通俗,并且要有重点。

（四）销售服务

推销人员应从企业的实际出发,本着方便顾客的原则,提供包括以下四个方面的服务。

（1）送货方式、送货地点和运输方式等。

（2）交货时间。

（3）提供零配件、工具供应、技术咨询和培训服务等。

（4）安装、维修和退换等方面的服务。

（五）结算条件

在洽谈方案中必须先明确结算问题,包括结算的方式和时间。比如在付款方式上,是采用现金还是信用卡、汇票、支票方式支付;是一次付清,还是分期付款。还要包括每次付款的时间和数额。在付款时间方面,是提前预付还是货到即付或其他方式。

(六)保证性条款

在交易过程中,买卖双方对买进和售出的产品承担某种义务、责任以保证双方利益,从而进一步明确双方在交易中的权利和义务。所以,保证性条款既是一种担保措施,也是一种解决纠纷的方法。

三、推销洽谈的原则

推销洽谈应遵循以下原则。

(一)针对性原则

针对性原则是指推销洽谈应该服从推销目的,具有针对性,具体包括以下三个方面:

1. 针对顾客的购买动机开展洽谈

推销洽谈应该从顾客求实、求廉、求新、求奇等购买动机出发,组织洽谈内容。

2. 针对顾客的个性心理开展洽谈

推销人员应针对顾客内向、外向、随和、顽固、慎重、草率等不同的个性心理,采取不同的洽谈策略,取得实效。

3. 针对产品的特点开展洽谈

推销人员根据产品的特点设计洽谈方案,突出产品特色,增强产品的竞争力,吸引顾客的注意力。

(二)鼓动性原则

鼓动性原则是指推销人员用自己的信心、热心、诚心和丰富的知识去说服与感染顾客,并使其采取购买行为,具体包括以下两个方面。

1. 推销人员要用自己的信心和热情去感染顾客

将自己对本职工作、对顾客、对产品的信心与热爱传递给顾客,感染并激发其购买热情。

2. 推销人员要以自己丰富的产品知识去说服顾客

推销员既要善于用逻辑语言准确传递理性信息,更要善于用具有感染力和鼓动性的语言生动形象地传递非理性信息,打动顾客,使顾客相信购买的产品会让其满意,最终采取购买行为。

(三)倾听性原则

倾听性原则是指推销人员在推销洽谈的过程中,不要只向顾客传递产品信息,还要注意倾听顾客的意见与要求,使顾客感到推销员对自己的尊重,对自己需求的关心,增强顾客对推销人员的信任,这有助于推销洽谈。

（四）参与性原则

参与性原则是指在推销洽谈中,推销员要鼓励顾客积极参与推销洽谈,促进信息的双向沟通,增强洽谈的说服力。具体包括以下两个方面。

1. 尽量与顾客打成一片

推销人员要想顾客之想,急顾客之急,忧顾客之忧,使顾客产生认同感和归属感,消除推销阻力,提高推销效率。

2. 设法引导顾客积极参与洽谈过程

推销人员要设法引导顾客积极参与洽谈。例如,引导顾客发言,请顾客提出和回答问题,认真听取顾客的意见,让顾客使用产品等。

（五）诚实性原则

诚实性原则是指推销员在推销洽谈中如实向顾客传递推销信息,真诚地开展洽谈。具体包括以下三个方面。

（1）出示真实可靠的身份证明和产品证明,打消顾客的疑虑,坚定顾客的购买决心。

（2）产品必须货真价实,不能以假充真、以劣充优、以次充好。

（3）实事求是地向顾客传递产品的信息,赢得顾客的信任。

四、推销洽谈的步骤

推销洽谈大致可以分为准备阶段、摸底阶段、报价阶段、磋商阶段和成交阶段五个步骤,每个阶段都有不同的基本要求和工作重点。

（一）准备阶段

1. 制订推销洽谈计划

制订推销洽谈计划主要包括以下三个方面。

（1）确定推销洽谈的目标。推销洽谈的目标包括最优目标、最可能实现目标和最低目标。在推销洽谈时,要根据洽谈进展的情况随时调整自己的目标,力争实现最优目标,确保实现最低目标。

最优目标是通过洽谈要达到的最理想目标,能最大限度地满足谈判双方的利益与需求,是最优价格目标、最优销售目标、长期合作目标等。最可能实现的目标是比较实际且最有可能实现的目标,是在特定力量对比下最可能实现谈判双方利益的目标。在推销洽谈中,只要条件允许,一定要力争实现这一目标。最低目标是推销洽谈中必须达到的最基本目标,是洽谈目标的最低限度,如最低成交价格、分期付款的次数与期限、交货期限等。只有实现最低洽谈目标,谈判双方才能获得一定的利益。最低目标是一个下限目标,是宁愿谈判破裂也不能放弃的要求或立场的目标,因此又称为"底线"。

（2）确定推销洽谈的时间与地点。对大型的比较复杂的推销洽谈,应事先在洽谈方案中确定洽谈的时间与地点。

洽谈时间的安排是否妥当是决定洽谈成败的关键,推销员应根据洽谈双方的日程安排与最后决定期限等来考虑洽谈时间。

选择洽谈地点时,需要注意洽谈室内外应宽敞、明亮、优雅、舒适;洽谈的地点要有休息场所,便于在休会时间休息或私下接触,联络情感,增进共识。

(3)进一步核实顾客的基本情况。顾客的基本情况包括:姓名、年龄、职务、性格、偏好、工作作风、顾客本人及所在部门和公司的状况、愿望、要求;顾客是否有权购买、是否有支付能力;购买动机、态度、阻力及需求变化是什么等。

(4)选择推销洽谈的策略和方法。推销洽谈的方法是一门技术,更是一门艺术。它需要推销员在推销洽谈中针对不同的产品、不同的顾客,灵活地运用。

2. 做好推销洽谈的心理准备

推销员做好推销洽谈的心理准备,主要是指推销员要充满自信,要诚恳,要有锲而不舍的意志。

(1)自信。推销员对自己的产品要有信心,确信该产品质量优良,能使顾客得到真正的利益,能满足顾客的需求;也要对自己的推销能力有信心。

(2)诚恳。推销员与顾客应坦诚相待,帮助顾客解决问题和困难,只有这样,顾客才会对推销员表现出积极的态度。

(3)坚强的意志。推销员在推销过程中往往会遇到很多困难,但不能灰心,不能放弃,要有坚强的意志和锲而不舍的精神,实现推销目标。

3. 推销洽谈的工具准备

(1)产品。推销人员应该随身携带一些产品展示给顾客,激发顾客的购买欲望。

(2)文字资料。配合产品使用种类介绍及说明书、产品价目表、企业简介等文字资料辅助推销,可降低成本,增强说服力且简便易行。

(3)图片资料。图片资料主要有图表、图形、照片等。在产品难以携带的情况下,生动、形象的图片资料能对顾客产生较强的说服力和感染力,使顾客通过视觉加深印象,直接激发顾客的购买欲望。

(4)推销证明资料。在推销洽谈之前,推销人员应尽量收集和准备各种有说服力的推销证明资料,以增加产品的可靠性,有利于顾客在心理上产生安全感。

(5)其他物品。其他物品包括推销人员的名片、介绍信、订购单、合同书、笔记用具等。

(二)摸底阶段

双方洽谈人员从见面入座到洽谈的实质内容开始之前为摸底阶段,旨在建立推销洽谈气氛,交换双方意见,做开场陈述。

(1)努力建立合作、诚挚、轻松愉快的洽谈气氛。推销人员应注意言行举止等行为,给人留下热情、诚挚、轻松、美好的印象。

(2)要及时交换意见和看法。双方应就推销目的、计划、人员情况等方面取得一致意见,即使双方早已取得联系,也应在正式洽谈中重新明确一下。

(3)为了进一步摸清对方的原则、态度,可以从主要问题、期望目标、主要原则、变通措施等方面开始陈述或提出倡议。

（三）报价阶段

报价阶段是指卖方就产品或服务的价格向买方提出意见的过程。报价，又称发盘，是推销洽谈的核心和关键。报价时，首先应弄清报价的时间与原则。当顾客对产品有所了解并价格时是报价的最好时机，报价做好按照产品等级报价。推销人员可根据企业所定的上下限价格，适当报价，但一般报价高于最终的成交价格。报价时力求果断、明确、清楚、无保留、不犹豫，不用解释和详细说明报价理由，在对方讨价还价的过程中再表明定价的原因，尽量留有双方充分磋商的余地。除了报价之外，其他的关键交易条件，如交货、质保等，也需要在报价时提出，有时可能需要在报价之前就向顾客表明。

（四）磋商阶段

磋商阶段又称"讨价还价"阶段，是指谈判双方为了各自的利益、立场，寻求双方利益的共同点，为减少彼此分歧而对各种具体交易条件进行商讨的过程。磋商是交易成功的关键时刻，只有善于运用磋商诀窍，才能获得成效。

1．分析分歧的原因，弄清楚原委

推销洽谈难免会有分歧，原因有以下三点：一是想象的分歧，是因为没有很好地理解对方的意图所致，或者是因为缺乏沟通而造成误解；二是人为的分歧，是洽谈人员故意制造障碍所致；三是真正的分歧，即由双方经济利益得失而引起的分歧。

2．正确施加压力，善于抵御压力

磋商时，推销人员在对顾客施加压力时务必注意分寸，适可而止，防止感情冲动和心理外露。同时，在抵御顾客压力时，可以采取先发制人的策略，主动提出对方可能提出的问题，减弱其锋芒；采取以逸待劳、耐心等待的策略，寻找对方的漏洞，抓住时机进攻；避重就轻，把问题引入自己设想的境地，拖延或请第三者干预。

3．提出要求和适当让步

推销人员提出要求的目的在于让对方愿意听下去，并为自己提出更高的目标铺平道路。让步要有原则，如只有需要让步时才让步；要以自己的让步换取对方的让步；让步的次数、速度和程度要适中；一次让步幅度不能过大；较小的问题上先让步，重要的问题上不能先让步等。

4．打破僵局

当双方分歧较大，互不相让，可能会出现僵局时，可采取对事不对人的办法，把人与问题分开，避开矛盾，另找出路。实在无法打破僵局时可暂停洽谈。

（五）成交阶段

成交阶段是推销洽谈的最后阶段，也是收获最终成果的阶段。经过彼此的妥协让步，重大的分歧基本消除，意见逐步统一，最终双方就有关交易条款达成共识，便可拍板成交，签署购销合同。

1. 发出正确成交信号

推销人员要阐明立场,就对方提出的条件,表明肯定态度或以特定的方式表明成交意愿。

2. 及时总结

明确交易内容是否谈妥,是否有遗留问题,如有遗留问题要提出处理意见。明确是否达到预期交易目标,明确最后让步项目及让步幅度,安排交易记录事宜。

3. 确定最后报价

推销人员应选择好时间做最后一次报价。最后报价应分为两步走,不要一步到位,否则会使自己处于被动局面。让步幅度应因人而异,并成为最后成交的标志。让步应与向对方提出成交要求同时进行。

4. 整理洽谈记录,起草书面协议

在洽谈的最后阶段,应将整理出的洽谈记录,从头到尾检查一遍,双方确定记录无误。起草书面协议应谨慎和全面。推销洽谈的双方必须对所同意的条款认识一致,使协议名副其实。对敏感性问题应特别细致,比如价格、合同完成、规格要求、索赔处理等方面的协议条款要力求明确,不能含糊。

五、推销洽谈的策略

推销洽谈时可采用以下策略。

(一)自我发难策略

自我发难策略是指在推销洽谈中针对对方可能提出的问题,推销人员先自行列出,然后再加以解释、阐明立场的洽谈策略。

例如,由于推销人员的报价比其他企业同类产品高 30%,考虑到对方一定会对这个问题心存疑惑并且会怀疑推销人员洽谈的诚意,进而影响到对洽谈的态度和信心,所以,在洽谈的一开始,不等对方发问,推销人员就主动予以介绍:与同类产品的定价相比,本企业的价格要高出 30%,看起来似乎价格过高,但是实际上这个价格是合理的。首先,企业采用的是进口优质原料,虽然成本高但是质量绝对可靠,而其他企业的产品采用的是国产原料;其次,本企业的产品合格率比其他同类产品高,并且采用的是国际 ISO 9000 标准,对不合格的产品一律给予无条件退货;最后,本企业是该行业最大的供应商,货源充足,能够保证长期稳定的供应。

通过这种自我发难策略,能使对方认为推销人员是以诚相见,从而解除疑虑,达到洽谈的目的。但是,这种策略的运用必须建立在深入调查、知己知彼的基础上,问题和角度必须选得恰当,理由必须令人信服,否则不但达不到预期的目的,还会使自己陷于被动的局面。

(二)扬长避短策略

扬长避短策略是推销人员在推销洽谈中尽量突出己方优点和长处,避免谈及缺点和不足的策略。这种策略的目的是要改善推销人员在洽谈中所处的不利地位。例如,本企业产品在合格率及性能先进性方面落后于同类产品,但是,价格便宜、能够大量供应、提供不合格产品的退换货制度、提供零配件供应和厂家售后维修的支持等方面是己方的长处。因此,推销洽谈人员就可以在这些方面下功夫,突出自身的优势,说服对方,达成交易。

运用这种策略进行洽谈时,推销人员应注意,扬长避短是突出优势、弥补不足,绝不意味着弄虚作假、欺骗对方。

(三)曲线求利策略

一般来说,推销洽谈的双方为了交易的达成都必须做出一些让步。为己方谋取利益必须从整体的角度考虑,而不能只是在某些小地方坚持己见甚至钻牛角尖。曲线求利策略即从这一思想出发,在某些条件上己方可以向对方做出让步,损失部分利益,但是可以通过在其他方面提出条件要求对方让步来弥补这部分利益的损失。例如,产品降价的损失可以通过提高技术转让费和易损零配件的价格等来弥补;坚持产品要价不松动,则可以通过免费提供人员培训以及运货和安装等服务来弥补对方的损失。

(四)先发制人策略

先发制人策略是指在洽谈中由推销方先提出有关条件和合同草本的策略。例如,预先提出一个包含产品价格、供应数量、品种、规定产品的构成比例、付款方式等的洽谈框架。在这种情况下,对方很难另起炉灶,再提出一个方案,只能在已有方案的基础上做有限的修改。

先发制人要求知己知彼,掌握当前市场的有关情况及双方的力量对比,提出的条件要适度,过高容易导致洽谈失败,过低则会失去一定的利润。这种策略对推销方来说,多数应用于大企业对小买主的情况。先发制人并不意味着一口说死,不可改变。所以,提出方案后还要准备应变方针,即哪些条件可以让步,哪些条件是不能让步的,让步可以让到什么程度等。

如果对方采取这种策略,推销方不应为其所动,不能被对方牵着鼻子走。应该坚信,任何条件都是可以通过洽谈改变的,所以要按照己方原定的方针进行洽谈,不能被对方方案束缚住手脚,而不敢提出自己的方案或条件。

(五)步步为营策略

步步为营策略是指推销人员在推销洽谈中,不是一次就提出总目标,而是先从每一具体目标的洽谈入手,最后完成整个洽谈目标的洽谈策略。例如,先就订货数量、产品规格、型号、质量标准等进行洽谈,等达成一致意见后再就产品价格进行洽谈,然后再就付款方式、交货时间等进行洽谈。在每个具体问题上都取得了成果,基本上也就完成了总的洽谈任务。

(六)折中调和策略

这种调和策略是指在洽谈处于僵持局面时,由己方提出折中调和方案即双方都做出一些让步以达成协议的策略。例如,推销方同意降价 15%,但顾客也得同意将订货数量增加 30%;推销方愿意以优惠价供应这条生产线,但顾客必须再订购 1 000 套散件,等等。

折中调和貌似公平,但是实际上并不一定。所以,对付这种策略必须权衡得失,要经过仔细地计算,用数字说明问题。折中调和本身就意味着双方都有让步的余地,所以,坚持自己的原则立场,在关键问题上不让步,有时是可以让对方妥协,达成交易的。

第四节　处理顾客异议

小智囊:

从事推销活动的人,可以说是同拒绝打交道的人;战胜拒绝的人,才是推销成功的人。

——日本一位推销专家

☆案例 6-5

包装简易的清洁器

张明去一家商场推销一种包装比较简陋、售价为 35 元的清洁器。他向经理说明了来意,对方明显表现出不感兴趣的态度。当张明把样品呈现给经理看时,经理不屑地说:"这个小东西就要 35 元啊,包装还这么差,一看包装就知道不上档次,像劣质产品。"

可是张明并不在意。他一声不响地从提包里拿出事前准备好的一包碎头发、一团白棉花和一小块地毯。经理及办公室里的人都好奇地看着他。张明看了大家一眼,然后将碎头发撒在地毯上,又把白棉花团在地毯上搓了搓。接着张明对大家说:"我们的衣服上、家里的布艺沙发上、地毯上常常会沾上灰尘、头发和宠物的毛发等,这很难清除。即使用清水清洗,有时都很难办到。别发愁,大家看……"说着,张明拿起清洁器在地毯上来回推了几下,刚才还沾着碎头发和白毛毛的地毯一下子就干净了。再看清洁器的表面,沾满了地毯上的杂物。

办公室里的人都感叹清洁器的良好效果。他们有的还拿过清洁器在地毯上试用,有的把清洁器拿在手上端详。但还是有人说:"包装这么差,还要 35 元啊,贵了。"

张明没有正面回答,而是说:"这个清洁器是我们公司的专利产品。"说着,他把专利证书的复印件递了过去,说:"这是我们的专利证书。乍一看我们的这种清洁器产品,35元好像贵了点,但是它能反复使用 5 000 多次,平均每次花费不到 6 分钱。每次花 6 分钱,就能给我们的生活带来这么大的方便,您说贵吗?我们还替顾客着想,不让顾客花费太多,所以使用最简易的包装,降低了价格。要不它就不会卖 30 多元了,而是 40 多元或 50 多元了。这种生活用品是以实用为主,商品的包装能起到保护商品的作用就够了。顾客花 35 元购买我们的清洁器,是不用付包装费的。"

经理终于被说服了,现场订购了 500 个清洁器。

案例思考：

1. 张明处理顾客异议的步骤是什么？
2. 张明是如何灵活地运用处理顾客异议的方法，化解顾客的异议，从而达成交易的？

一、顾客异议的成因

顾客异议是指顾客对推销品、推销人员及推销方式和交易条件的怀疑、抱怨，提出否定或反对的意见。顾客异议是成交的前奏与信号。俗话说，"嫌货人是买货人"，"褒贬是买者，喝彩是闲人"。只有真正的购买者才会注意交易的具体问题，提出异议，这无疑孕育着成交的机会。顾客提出异议往往是出于保护自己的目的，其本质不具有攻击性，但它的后果不但可能影响此推销的成败，有时还能形成舆论压力，在空间、时间上对推销活动形成不利影响。要消除客户异议的负面影响，首先要识别和区分顾客异议的类型，然后采取相应的办法予以处理。一般来说，导致顾客产生异议的原因主要有以下几类。

（一）顾客方面的原因

顾客方面产生异议的原因主要集中在顾客的需求、顾客的支付能力、购买决策权异议、客户的购买经验等方面。

1. 顾客的需求

顾客的需求是顾客产生购买行为的根源。如果客户认为自己不需要某产品，自然就会拒绝购买，对推销人员来说，通常这种拒绝是难以改变的。例如，顾客从不吸烟，对于上门推销的戒烟产品就不会有丝毫的购买欲望。

但是，顾客认为不需要并不等于真正不需要。在现实生活中，许多顾客没有真正认识到自己的需要。有的顾客对产品的功能、用途不了解，盲目地认为不需要这种产品；有的顾客固守以往的生活方式，不愿意改变自己的生活习惯，对新产品持排斥态度。由此可见，顾客产生购买异议的根源主要是顾客对推销产品不了解以及顾客的偏见心理。如果顾客对推销的产品有一定的需要，并且有支付能力，顾客产生购买异议则意味着顾客还没有被说服，顾客的需求意识还没有被唤醒，推销人员的卖点诉求还没有打动顾客，仍无法使顾客产生购买冲动。

2. 顾客的支付能力

支付能力异议经常并不直接表现出来，而间接地表现为质量方面的异议或进货渠道方面的异议等。顾客无力支付的表现有以下几种。

（1）顾客的财务状况不佳，难以购买某类单位价值较高的产品。

（2）顾客只是暂时存在财务问题。

（3）顾客已购买或订购了其他产品，暂时没有多余的预算资金来购买推销人员所推销的产品。

3. 购买决策权异议

就购买决策权的性质来看，真实的决策权异议是成交的主要障碍，说明推销人员在顾客资格审查时出现了差错，应予以及时纠正，重新接近有关销售对象；而对于虚假的购买决策权异议,应将其看作是顾客拒绝推销人员和推销产品的一种借口,要采取合适的转化技术予以化解。

4. 顾客的购买经验

顾客在购买活动中积累了一定的经验,既有成功购买的经验,也有失败购买留下的教训。顾客的经验并不总是合理和正确的,当推销活动与顾客的购买经验不符时,顾客就会提出购买异议。推销人员只有在转变顾客的认识与态度后,才有可能对产品进行有效的推销。

(二)产品方面的原因

只有当产品能够满足顾客需要时,它才能被顾客接受。由于产品是一个综合概念,它涉及产品的功能、质量、款式、规格、价格、服务等内容,因此顾客的购买异议也极有可能源于产品本身。

1. 产品的质量

产品的质量特征可以概括为产品性能、寿命、可靠性、安全性和经济性五个方面。如果顾客认为产品的质量方面存在问题就会提出异议。这类异议包括:产品的上述质量特征方面确实存在着缺陷,难以满足顾客的需要;顾客缺乏经验或从主观上考虑,以质量不佳为借口来拒绝购买;顾客为了压低产品价格,以产品质量不好为借口等。

这些购买异议形成的原因非常复杂,要厘清比较困难。但有一点必须坚持,即不能向顾客推销质量有问题的产品。当顾客提出产品质量异议时,要找出引起顾客异议的真正原因,帮助顾客正确认识产品的质量标准。

2. 产品的价格

价格因素是形成顾客购买异议的主要因素之一,当顾客认为推销的产品价格较高时就会与推销人员讨价还价,此时,可以通过一定幅度的让价,使价格达到顾客心理预期水平,便能达成交易,否则顾客就会提出价格异议。

顾客认为产品价格偏高的原因是多方面的。例如,顾客基于对同类产品或替代产品价格的比较;顾客的经济状况、支付能力;顾客对该价格的心理预期等。推销人员要认真研究和掌握消费者的价格心理,以便采取相应的推销策略,消除顾客的价格异议。

3. 产品的服务

服务是产品整体概念中的外延部分。推销服务有着丰富的内容,既有业务技术方面的服务,也有满足顾客心理需要方面的服务。顾客对推销服务提出异议,原因就是顾客对推销服务提出了更高的要求。对推销服务的具体异议包括:对质量保证服务的异议;对安装、调试及检修等现场服务的异议;对备品配件供应服务的异议;对技术培训服务的异议以及对满足顾客心理需要服务的异议等。

(三)推销人员方面的原因

1. 举止态度让顾客产生反感

顾客心里想:"看你那个神气的样子,高傲,没礼貌。"

处理方法是：推销人员要加强自己言行举止方面的训练，树立职业化形象。

2．做了夸大其词的陈述，以不实的话语来欺骗顾客

有时顾客认为推销人员在说假话，在欺骗自己。

处理方法是：推销人员要诚实守信，实事求是。

3．使用过多的专业术语和涉及过于高深的专业知识

推销人员使用过多的专业术语和涉及过于高深的专业知识，可能会导致顾客听不懂。

处理方法是：推销人员要用通俗易懂的语言来进行陈述。

4．引用不正确的调查资料

推销人员引用不正确的调查资料，会导致顾客想："哪里是这样？"

处理方法是：推销人员要使用真实的材料数据。

5．展示失败

如果推销人员展示失败，顾客会想："不过如此。"

处理方法是：推销人员与客户见面之前，反复训练，熟练掌握展示方法。

因此，推销人员要加强自己的产品专业化训练，提升形象，提高业务水平。

二、处理顾客异议的原则

推销人员在处理顾客异议的时候，为了最大限度地消除或转化顾客异议，应树立以顾客为中心的营销理念，并遵循以下原则。

（一）尊重顾客的原则

当顾客异议发生时，不论顾客的异议有无道理和事实依据，推销员都应以温和的态度和语言表示欢迎，尊重对方的异议。当顾客提出异议时，推销人员要善于倾听，即使顾客的意见是不符合实际的、无理的，甚至是错误的，也不要随便打断顾客的话，应让顾客心平气和地讲完，推销人员应该一直认真地听下去。在提出对顾客异议的处理意见之前，可以沉思片刻，让顾客感觉到推销人员很重视他的意见并经过了认真考虑，必要时，推销人员可以简单概括和重复顾客异议，但要注意不要曲解顾客异议的内容。

（二）准确分析原则

顾客既然提出异议，一定有他的理由。所以，对持有异议的顾客，要尊重、理解、体谅，并找出异议的真正原因，然后帮助他、说服他。另外，推销人员还要学会洞察顾客的心理，认真分析顾客的各种异议，把握住到底有哪些是真实的异议，哪些是顾客拒绝购买的托词，并探寻其异议背后的"隐藏动机"。要弄清楚这一"隐藏动机"，需要推销人员向顾客提出问题，并细致地观察。只有认真准确地分析各种顾客异议，才能从中了解顾客的真实意图，才能在此基础上有针对性地处理各种异议，从而提高推销的成功率。

（三）永不争辩原则

争辩是推销的第一大忌，不管顾客如何批评我们，推销人员永远不要与顾客争辩，争辩并不能有效地说服顾客。可以说,占争论的便宜越多,吃推销的亏越大。与顾客争辩,失败的永远是推销人员。因为与顾客发生争辩,很容易使顾客感到他没有受到应有的尊重,推销人员取得争辩胜利的同时,他将可能取得推销的失败。所以说,顾客永远是对的。

(四)正确回答原则

回答顾客异议应简明扼要,不偏离正题。在回答问题时不要过于集中讨论某一方面的异议,要学会适当地转换话题,分散顾客对某一方面异议的注意力。在回答顾客异议时,要尽量避免用个人的看法去影响顾客,因为顾客并不那么相信推销人员或试图接受推销人员的意见,如果用推销人员个人看法来回答,更容易引起顾客的疑虑或反感。要巧妙、正确地回答顾客异议,就必须对产品有全面的了解,特别应熟悉产品的使用说明,顾客的情况和真实感受,强调顾客受益的原则,同时还要注意自己的回答对顾客可能产生的影响,要经常询问顾客是否满意,不搪塞顾客的要求和异议,否则自己的回答将达不到好的效果。

三、处理顾客异议的方法

(一)反驳处理法

反驳处理法也称直接否定法,是指推销人员利用事实和理由直接否定客户异议的方法。在推销活动中,推销人员应该尽可能保持与客户之间已经形成的良好洽谈气氛,尽量避免与客户对立。但是,在洽谈中如果客户提出毫无根据的事实来破坏企业形象或贬低推销的产品,或者客户根本不想购买推销产品而故意刁难,客户提出的异议明显不成立,推销人员可以直接否定客户的异议。

例如,顾客异议:"你们的产品比别人的贵。"推销人员回答:"不会吧,我这里有同类产品不同企业的报价单。我们产品的价格是最低的。"

又如,顾客异议:"这种分体式空调机只负责上门安装,又没有说上门维修,坏了不知道怎么办,我既不会拆,又不会装,还是不买了。"推销人员回答:"您尽管放心,生产这种空调机的厂家,在我市有特约维修服务部,随时可以上门维修、保养。您看产品说明书上写明了维修服务部的地址和电话。"

1. 反驳法的优点

(1) 以合理而科学的根据反驳顾客,能加强推销的说服力,增强顾客的购买信心。

(2) 针对顾客异议中的谬误,直截了当地回答,可以有效地节省时间,提高推销效率。

2. 使用反驳处理法应注意的问题

(1) 反驳处理法并不适用于所有的顾客异议,只在当顾客异议是由顾客的偏见、成见、信息不足等原因引起的情况下,才能使用反驳法。

(2) 必须运用科学合理的根据去反驳顾客异议。

(3) 应当始终保持良好的推销氛围,反驳法如使用不当,容易引起双方的正面冲突,不利于推销活动。因此,推销人员应做到态度诚恳,面带笑容,用词委婉,从顾客角度出发说服顾客。

（二）利用处理法

利用处理法也叫转化法,是指推销人员把顾客异议中正确的观点作为自己的观点,来说服顾客排除障碍的方法。顾客异议既是成交的障碍又是成交的信号。因此,推销人员可以利用顾客异议本身所固有的矛盾来处理顾客异议,肯定其正确的一面,否定其错误的一面;利用其积极因素,克服消极因素,排除成交障碍,有效地促成交易。

1. 使用利用处理法的优点

（1）先退后进,有利于融洽气氛。

（2）顾客感到被尊重、被理解,心理上容易接受。

2. 使用利用处理法应注意的问题

（1）如果转化的理由不充分,这不仅不能使顾客心悦诚服,甚至还可能弄巧成拙,使顾客产生逆反心理,所以推销人员应该能够提供更多的信息来消除顾客的疑惑。

（2）适用于因顾客成见、偏见或信息不通而产生的异议,不适用于探索型的、疑问型的顾客。

（三）补偿处理法

补偿处理法是指推销人员利用客户异议以外的该产品的其他优点或长处对顾客异议涉及的短处进行补偿或抵消的一种方法。补偿处理法适用于顾客的反对意见确实有道理的情况,这时推销人员采取否认的态度和反驳的策略是不明智的。在推销实践中,当顾客冷静地提出一些确实存在的异议时,推销人员应客观地对待,通过详细地产品介绍使顾客既看到产品的缺点,也清楚认识到产品的优点,并且确信优点大于缺点,该产品值得购买。

案例6-6

IBM 电脑价格贵了

客户说:"IBM电脑确实不错,就是价格高了点!"这是一客观的购买异议,推销人员不应该反驳和否定,应该在肯定的基础上加以补偿。"价格确实是有点高,但质量可靠呀,在10年之内几乎不会出现故障,也不会因为电脑出现故障而影响您做事。对您来说,最宝贵的是时间,您购买了IBM电脑就相当于配备了一位能干的助手,您不用再为修理电脑而花费大量精力和时间了,您的工作效率肯定会提高。多花一点钱买一台放心电脑,对您来说太值了!"

案例评析:

推销人员运用补偿处理法承认客户异议,并突出了诉求重点,抵消和补偿了顾客异议,使顾客在心理感受方面找到了平衡,有利于交易的达成。

1. 补偿处理法的优点

（1）先实事求是地承认缺陷,再另外提出和强调优点,有利于客户达到心理平衡。

（2）推销人员肯定了顾客的异议，有利于改善顾客和推销人员之间的关系。

（3）有助于重点推销，促成交易。

2. 使用补偿处理法应注意的问题

（1）推销人员应该实事求是地承认与肯定顾客异议。

（2）推销人员必须及时提出产品与成交条件有关的优点及利益，有效地补偿顾客异议。

（3）推销人员应进一步针对顾客主要购买动机进行补偿，淡化异议，强化利益。

（四）询问处理法

询问处理法也称提问法、追问法，是指推销人员通过顾客异议提出疑问来处理顾客异议的一种方法。在实际推销活动中，客户异议具有不确定性，令推销人员很难分析、判断异议的性质与真实原因，为排除推销障碍增加了困难。例如，顾客："我希望价格再降10％！"推销人员："王经理，我相信您一定希望我们给您百分之百的服务，难道您希望我们给您的服务也打折吗？"

1. 询问处理法的优点

（1）通过询问，推销人员可以掌握更多的信息，为进一步推销创造条件。

（2）在询问的同时，推销人员可以赢得思考的时间，制定下一步的推销策略。

2. 使用询问处理法应注意的问题

（1）推销人员向顾客询问时，不要急于求成，要由浅入深、循序渐进地提问。

（2）对于顾客异议要有针对性地进行询问，以免浪费时间，延误成交时机。

（3）推销人员要讲究礼仪、尊重顾客，顾客只有在感受到自己被尊重的情况下才愿意说出异议的真实根源。

（五）不予理睬处理法

不予理睬处理法是指推销人员有意不理睬顾客某些异议的一种处理方法。顾客异议是多种多样的，顾客的许多异议属于无效、无关异议，甚至是虚假异议。对此，推销人员在不影响最终成交的前提下可以不予理会。

例如，顾客："你们厂可真不好找。"推销人员可随声附和一语带过，接着转入正题："是的，我们厂的位置是有点偏。您看看我们的新产品在性能上又有一些改进。"再如，一位办公室用品制造公司的女推销员到一家公司进行推销，顾客异议："你们公司怎么会用女推销员？"推销人员回答："这种复印机是引进国外先进设备生产的，各项质量指标在国内都是一流的。"

1. 不理睬处理法的优点

（1）避免节外生枝，浪费时间。

（2）使推销人员避免与顾客在一些与成交关系不大的问题上发生不必要的争执和冲突。

2. 使用不理睬处理法应注意的问题

（1）只适用于处理无效、无关、虚假异议。

（2）推销人员对于偏激、不近情理的异议应保持清醒的头脑和宽大的胸怀，不与顾客斤斤计较，不去辩论是非曲直，有效控制自己的心理活动并保持良好的推销气氛。

（六）但是处理法

但是处理法又称间接否定法，是指推销人员根据有关的事实与理由来间接否定顾客异议的一种方法。这种方法首先承认和肯定顾客的异议有一定道理，然后用转折词阐述自己的看法，对顾客异议进行分析和反驳。

例如，一位童装厂的推销员向一位零售商推销童装。零售商异议："这种童装布料太薄了，现在的小孩子都很淘气，这种服装估计穿不了两天就会破，消费者不会买的。"推销人员回答："看到这套服装的顾客都担心它不耐穿。这种布料虽然看上去是很薄，其实它是用一种高级纤维织成的，穿在身上轻薄、凉爽，但耐磨力和抗拉力都非常好，消费者知道了它的优点后会喜欢的。"

1. 但是处理法的优点

（1）有利于与顾客建立友善的关系，营造融洽的推销氛围，避免了顾客因直接反对其异议而产生抵触心理，同时满足了顾客希望被尊重的需求，从心理上赢得顾客的好感。

（2）推销人员采用这种方法，能使顾客平和心态，继续听取推销人员的介绍说明，有利于推销活动继续有效地进行。

2. 使用但是处理法应注意的问题

（1）选择转折词要谨慎。推销人员应尽量少用那些听起来比较生硬、转折过于强硬的转折词，如"但是"等，同时应巧妙地运用语言技巧来表达自己与顾客不同的意见。例如，"您的话一点也不假，不过……""是啊，通常情况是这样，可这种情况有点特殊……""我原来也跟您想的一样，后来我才发现……"

（2）态度要真诚。推销人员在表示同意、理解顾客异议时，一定要真诚，切不可给顾客一种虚情假意的感觉。

本章小结

本章主要从寻找与识别顾客、接近顾客、推销洽谈和处理顾客异议四个方面介绍推销过程中应该注意的问题和需要掌握的技巧。通过本章的学习，掌握锁定目标顾客的途径和方法；了解建立顾客好感在顾客接近中的重要性；了解推销洽谈是一门技术更是一门艺术，掌握其内容、步骤和方法；了解顾客异议的处理是推销成败的关键，要求在推销过程中正视异议，并掌握处理异议的主要方法。

本章思考题

一、选择题

1. 推销的起点是(　　　)。

　　A. 寻找顾客　　　　B. 接近顾客　　　　C. 约见顾客　　　　D. 推销准备

2. 某矿山机械厂设计制造出新型采掘机,其性能、质量均优于原有产品,在打算向目标顾客推销时,下列哪种接近法比较可行(　　　)。

　　A. 表演接近法　　B. 好奇接近法　　C. 利益接近法　　D. 介绍接近法

二、简答题

1. 如何有效建立和利用客户档案?

2. 你认为哪一种推销洽谈的方法最有用,为什么?

第二篇

商务谈判篇

小故事

快到飞往巴黎的航班的登机口时,我们从一路飞奔变为一溜小跑。飞机尚未起飞,但登机通道已经关闭。登机口的工作人员正在平静地整理着票根。登机口到机舱口之间的登机桥已被收起。

"等等,我们还没登机!"我喘着气喊道。

"抱歉",登机口工作人员说,"登机时间已过。"

"可我们的转乘航班10分钟前才刚到。他们答应我们会提前打电话通知登机口的。"

"抱歉,登机口一旦关闭,任何人都不能登机。"

我和男友走到玻璃窗前,简直无法相信这个结果,我们长长的周末眼看就要化为泡影。飞机就停在我们眼前。太阳已经落下去了,两名飞机驾驶员微微下倾的脸庞正映照在飞机仪表板通明的光亮中。飞机引擎嗡嗡的轰鸣声越来越急促,一个家伙拿着一根亮亮的指挥棒不慌不忙地出现在机场跑道上。

我想了一会儿,然后领着男友来到玻璃窗正中央的位置,这个位置正对着飞机驾驶员座舱。我们站在那儿,我全神贯注地注视着飞机驾驶员,希望引起他们的注意。

一名飞机驾驶员抬起了头,他看到我们可怜兮兮地站在玻璃窗前。我直视着他的眼睛,眼里充满了悲伤和哀求。我把行李包扔在脚下。我们就这样站在那儿,那一刻好漫长,时间仿佛都凝滞了。

"帮你们改乘下一航班吧!"机场工作人员说。

这个故事显然就是一个谈判过程。虽然最终由于制度、规则等因素的原因,失败了,但整个过程没有一言一语,当事人意志明确、条理清晰,还是值得我们学习的。

案例思考:

在故事中用到了哪些谈判技巧?

第七章

商务谈判理论与方法

学习目标

通过本章的学习,使学生了解和掌握以下知识点:

- 理解谈判的概念、特征以及谈判的条件;
- 熟悉谈判的几种要素以及类型;
- 熟悉商务谈判的定义、原则;
- 了解商务谈判的程序与模式;
- 运用商务谈判的方法。

从盘古开天辟地起到如今,凡是有人群的地方,就有矛盾冲突、利益协调,也就有谈判的存在。谈判是社会需要和社会交流的产物。自从有了人类社会,产生了语言,人们有了相互交往的需要,于是就有了谈判活动。

引导案例

琼文和苏卡的一天

琼文和苏卡是一对年轻的夫妻,一大早他们就起床了,他们家的热水器制热效果不好,昨天已经修过了,换了两个零件,一共花去 413 元钱,但热水效果还是不好,于是琼文拿着换下的零件去鉴定,零件是好的。琼文知道上了当,还好零件在自己手里,明天维修人员又会过来,琼文心里明白,要讨回 413 元钱,可能需要一场艰难的谈判,必要时可能需要采取一些诸如情绪爆发等谈判策略。

琼文是一家制造厂设计组的负责人,琼文到达公司后在办公室门口遇到了采购部经理艾笛,艾笛提醒琼文必须解决一个问题,在琼文主管的部门中,工程师们没有通过采购部而直接与供应商进行了联系。琼文知道,采购部希望所有与供应商的接触都通过他们进行,但他也知道工程师们进行设计非常需要技术信息。而等着采购部反馈信息,将大大延长设计时间。琼文与艾笛都清楚上司希望他们部门经理之间不存在分歧,如果这个问题被提交到总经理那里,那么对他们双方来说都不好。于是,琼文准备和艾笛进行一次内部谈判以解决艾笛提出的问题。

临近中午时,琼文接到一个汽车销售商打来的电话。琼文想买一辆好车,但怕苏卡不同意花太多钱。琼文对销售商的报价很满意,但他认为他能让销售商的价格再优惠一些,因此他把他的顾虑告诉销售商,从而给销售商施加压力,压低车价。

琼文下午的大部分时间被一个年度预算会议所占用。在会上,财务部门随意将各部门的预算都削减30%,令所有的部门经理都不得不进行无休止的争论,以努力恢复他们在一些新项目的预算。琼文已经确定了所能退让的限度(即谈判的底线),而且决定一旦这个限度被打破,他就要进行抗争。

傍晚时,苏卡和琼文去逛商店。他们看到一件新潮大衣,标价590元,苏卡反复看了这件大衣后,对店主说:"能不能便宜点?"店主说:"那你给个价吧。"苏卡想了一下说:"480元怎么样?"店主二话没说,取下大衣往苏卡手里一送:"衣服归你了,付钱吧。"苏卡犹豫了,她想走。店主火了:"你给的价格怎能不要,你今天一定得要。"苏卡又要面临一场艰难的谈判了。

案例评析:

正如案例中所描述的那样,谈判是一个无法回避的现实,它存在于人们生活和工作的各个层面和各个方面。现实世界就是一个巨大的谈判桌,无论你愿意与否,你都是一个谈判的参与者。在现代商业活动中,谈判已是交易的前奏曲,谈判是销售的主旋律。可以毫不夸张地说,人生在世,你无法逃避谈判;从事商业经营活动,除了谈判你别无选择。尽管谈判天天都在发生,时时都在进行,但要使结果尽如人意,却不是一件容易的事。怎样才能做到在谈判中挥洒自如、游刃有余,既实现己方目标,又能与对方携手共庆呢?从本篇开始,我们来一起走进谈判的圣殿,领略其博大精深的内涵,解读其运筹帷幄的奥妙。

第一节　谈 判 概 述

讨论题 7-1

任何事情都可以谈判。你认为(　　)。

A. 正确　　　　　　B. 错误　　　　C. 也许

长期以来,人们经常有一种误解,似乎谈判只是谈判人员的事,是职业外交人员、政治家、商务主管人员才会面对的事。事实上,无论是在政治、文化、教育、家庭、婚姻、社交等活动中,还是在大量的经济活动中;无论是在战争、领土、民族等重大问题的冲突中,还是在人们日常的社会生活中,处处、时时都有谈判发生。

谈判作为一种普遍的生活现实,并不是人类社会发展至今才有的独特现象。所不同的只是,由于现代社会人们之间的交往大大增加,从而需要通过谈判协调的事务也大大增加。与古代社会相比,人们以比过去更高的频率,参与到更广层面的谈判之中。

谈判不仅是一种普遍的人类行为,而且是一种必须予以认真对待的生活现实。谈判进行的过程如何,取得怎样的结果,对人们的未来生活和工作可能会产生十分重大的影响。著名未来学家约翰·奈斯比特(J. Naisbitt)在评价尤里的《逾越障碍:寻求从对抗到合作的谈判之路》一书时认为:"随着世界的变化,谈判正逐步变成主要的决策制定形式"。作为一种决策制定形式,谈判的过程及其结果直接关系到当事者各方的相关利益能否得到满足,关系到决策各方的未来关系,关系到相关各方在未来相当长的时期内的活动环境。一次成功的谈判可能帮助企业化解重大危机,一场失败的谈判则可能使企业为开拓一个新世界所付出的若干努力付诸东流。

一、谈判的定义

简单地说,谈判是当事人为满足各自需求和维持而进行的协商过程。也可以说,谈判是解决冲突、维持关系或建立合作框架的方式。

谈判,有狭义和广义之分。狭义的谈判,仅指在正式专门场合下安排和进行的谈判。而广义的谈判,则包括各种形式的"交涉""洽谈""磋商"等。探讨谈判实践内在规律主要建立在广义谈判基础上的狭义谈判为研究对象。

谈判,实际上包括"谈"和"判"两个紧密联系的环节。谈,即说话或讨论,就是当事人明确阐述自己的意愿和所要追求的目标,充分发表关于各方应当承担和享有的责、权、利等看法;判,即分辨和判定,就是当事各方努力寻求关于各项权利和义务的共同一致的意见,以期通过相应的协议正式给予确认。因此,谈是判的前提和基础,判是谈的结果和目的。

谈判具有以下特性。

(一)谈判的相互性

谈判是双方通过不断调整各自的需要而相互接近,最终达成一致意见的过程。单方的让与取都不能看作是谈判。谈判要有谈判的对象。若自己和自己谈,就不能称其为谈判,也达不到谈判的目的。因此,人们在谈判的定义中都指出谈判的相互性,即涉及彼此关系这一基本点,如"为了改变相互关系""涉及各方""使两个或多个角色处于面对面位置上""双方致力于说明对方"或者"个人、组织或国家之间""谈判双方""协调彼此之间的关系"等。

(二)谈判的协商性

谈判是人们为了各自的目的而相互协商的活动。谈判是合作与冲突的对立与统一。各方的利益获得是互为前提的,这是谈判的合作性一面;而双方积极地讨价还价,这是谈判的冲突性一面。谈判不是命令或通知,不能由一方说了算。所以,在谈判中,一方既要清楚地表达其立场和观点,又必须认真地听取他方的陈述和要求并不断调整政策,以沟通信息、增进了解、缩小分歧、达成共识,这就是彼此之间的协商或磋商。因此,谈判的定义必须阐明谈判的协商性。例如:"交换观点""进行磋商""说明对方"或者"利用协商手段""观点互换""进行相互协商"等。

（三）谈判的目的性

谈判均有各自的需求、愿望或者利益目标，是目的性很强的活动。对谈判的各方来讲，谈判都有一定的利益界限。没有明确的谈判目的，不明白为什么而谈和正在谈什么，至多只能叫作"聊天"或"闲谈"。上述定义都强调谈判的目的性。例如，"满足愿望"和"满足需要""为了自身的目的""对双方都有利"或者"满足己方利益""利益互惠""为了各自的利益动机"等。

讨论题 7-2

下列哪种情况是谈判？（　　　）

A. 在解决一个难题

B. 双方进行交际

C. 双方为各自需要进行磋商

D. 一方需要另一方满足其利益

二、谈判发生的条件

在谈判学上有句很"辩证"的讲法，谈判的目的在解决僵局，但在解决僵局之前，必须先有一个僵局或维持一个僵局。如果 A 强于 B，当然，A 不会与 B 谈判，这时 B 只有一个想法，设法使自己变大，使 A 不能为所欲为，逼得 A 去跟他谈。

谈判的一个条件是：有一个无法容忍的僵局，双方都认为靠一方之力无法解决这一僵局。弱者小题大做，制造僵局。

（一）结盟

假如你是张三，有人拿 10 万元摆在你面前，要你去和李四结盟："如果你能和李四达成协议怎么分这 10 万元，这 10 万元你就拿去分。"强调一点，信息的力量。

千万要记住，不该让人家知道的信息就绝对不要让人家知道，否则你的权力将会像春天的雪一样，逐渐融化而浑然不觉。需要是决定谈判力大小的关键。

（二）升高情势

街头示威、孩子在街上吵着要买玩具。只要强势的一方觉得这一情势无法容忍，就足以产生谈判发生的条件。

强者如何反击？

结盟、升高情势都可以用，但在升高情势上则不太相同，因为 A 身份地位高，所以不可能与 B 一样，走上街头，而是可能上法庭。其实，A 真正的困难在于如何面对 B 扩大的新情势，是暂时的还是一种趋势。如果是一种趋势，B 也认为日趋渐境，那么 B 为什么要谈，所以 A 这时一定要提供足够大的诱因，把饼画大一些，促使 B 愿意坐上谈判桌。判断时间究竟在哪一边，不容易，分不清楚时间对谁有利的情况下，最好的方法是先开始谈判，一边谈判一边修改。

谈判的另一个条件是：谈判的吸引力包含谈判的可行性和可欲性。

前面两个条件,是把双方推到谈判桌旁边,还不能保证谈不谈。要谈判发生,还必须有谈判的吸引力。可行可欲是先决条件,一是有让步的空间,谈的可能性;二是给对方一些甜头。谈与不谈怎样才算划算,就是可欲性。比如:拿卖房子作为案例在给对方甜头时,一定是对方觉得甜才是甜。在谈判时绝不能一厢情愿,一定要花时间去了解对方到底需要什么。这个案子谈不谈得成,会不会影响他的年终奖金,会不会影响他在老板眼中的地位? 这些都会影响他的谈判行为。

三、谈判的要素

谈判的要素,是指构成谈判活动的必要因素。它是从静态结构上,对谈判行为的剖析。换言之,没有这些要素,谈判就无法进行。不论何种谈判,通常由谈判当事人、谈判议题、谈判背景三个要素构成。

(一)谈判当事人

谈判总是在人们的参与下进行的。谈判当事人,是指谈判过程中有关各方的所有参与者。从谈判组织的角度,谈判当事人一般有两类人员:台上的谈判人员和台下的谈判人员。

台上的谈判人员,指参加谈判一线的当事人,亦即出席谈判、上谈判桌的人员。一线的当事人,除单兵谈判外,通常还包括谈判负责人、主谈人和陪谈人。其中,谈判负责人,即谈判当事一方现场的行政领导,也是上级派在谈判一线的直接责任者,他虽然可能不是谈判桌上的主要发言人,但有发言权,可以对主谈人的阐述进行某些补充甚至必要的更正,是谈判桌上的组织者、指挥者,起到控制、引导和磋商核心的作用;主谈人,即谈判桌上的主要发言人,他不仅是场上的主攻手,也是谈判桌上的组织者之一,其主要职责是按照既定的谈判目标及策略同谈判负责人默契配合,与对方进行有理、有利、有根、有据的论辩和坦率、诚恳的磋商,以说服对方接受自己的方案或与对方寻求双方(各方)都能接受的方案;陪谈人,包括谈判中的专业技术人员、记录人员、译员等,其主要职责是在谈判中提供某些咨询、记录谈判的过程与内容以及做好翻译工作等。

台下的谈判人员,指谈判活动的幕后人员。他们在谈判过程中虽然不出席、不上桌,但是对谈判发挥着重要的影响。他们包括该项谈判主管单位的领导和谈判工作的辅导人员。主管单位的领导,其主要责任是组班布阵、审定方案、掌握进程、适当干预;辅导人员,其主要作用则是为谈判做好资料准备和进行背景分析等。

(二)谈判议题

谈判议题,是指谈判需要商议的具体问题。谈判议题是谈判的起因、内容和目的并决定当事各方参与谈判的人员组成及策略。所以,谈判议题是谈判活动的中心。没有议题,谈判显然无从开始和无法进行。

谈判议题不是凭空拟定或单方面的意愿。它必须是与各方利益需要相关,为各方共同关心,从而成为谈判内容的提案。谈判议题的最大特点在于当事各方认识的一致性。如果没有这种一致性,就不可能形成谈判议题,谈判也就无共同语言。

谈判中的谈判议题几乎没有谈判限制,任何涉及当事各方利益需要并共同关心的内容都可以成为谈判议题。正所谓"一切都可以谈判"。谈判议题的类别形式,按其设计内容分,有政治议题、经济议题、文化议题等;按其重要程度分,有重大议题、一般议题等;按其纵向和横向结构分,有主要议题及其项下的子议题(议题中的议题)、以主要议题为中心的多项并列议题、互相包容或互相影响的复合议题等。由于谈判议题具有多样性,各谈判的复杂程度也就不同。

(三)谈判背景

谈判背景,是指谈判所处的客观条件。任何谈判都不可能孤立地进行,必然处在一定的客观条件之下并受其制约。因此,谈判背景对谈判的发生、发展、结局均有重要的影响,是谈判不可忽视的条件。

谈判背景主要包括环境背景、组织背景和人员背景三个方面。

环境背景,一般包括政治背景、经济背景、文化背景以及地理、自然等客观环境因素。其中,政治背景在国际谈判中是一个很重要的背景因素,它包括所在国家或地区的社会制度、政治信仰、体制政策、政局动态、国家关系等。例如,国家关系友好,谈判一般较为宽松,能彼此坦诚相待,充满互帮互助情谊,出现问题也能比较容易解决;反之,国家关系处在或面临对抗与冷战状态,谈判会受到较多的限制,谈判过程的难度也会较大,甚至会出现某些制裁、禁运或其他歧视性政策。此外,政局动荡,该方谈判者自然地位脆弱;政府人事更迭,有可能导致现行政策的某些变化等。经济背景,也是很重要的背景因素,尤其对商务谈判有直接的影响。它包括所在国家或地区的经济水平、发展速度、市场状况、财政政策、股市行情等。例如,经济水平反映了谈判者背后的经济实力;某方占有市场的垄断地位,他在谈判中就具有绝对的谈判优势;市场供求状况不同,谈判态度及策略就会不同;财政政策与汇率,既反映了谈判方的宏观经济健康状况,又反映了支持谈判结果的坚挺程度;股市行情,则往往是谈判者可供参照和借鉴的"晴雨表"。文化背景,同样不可忽视,它包括所在国家或地区的历史渊源、民族宗教、价值观念、风俗习惯等。在这方面,东西方国家之间、不同种族和不同民族之间,甚至一个国家内的不同区域之间,往往会有很大差异。

组织背景,包括组织的历史发展、行为理念、规模实力、经营管理、财务状况、资信状况、市场地位、谈判目标、主要利益、谈判时限等。组织背景直接影响谈判议题的确立,也影响着谈判策略的选择和谈判的结果。

人员背景,包括谈判当事人的职级地位、教育程度、个人阅历、工作作风、行为追求、心理素质、谈判风格、人际关系等。由于谈判是在谈判当事人的参与下进行的,因此,人员背景直接影响着谈判的策略运用和谈判的进程。

讨论题 7-3

"购销合同"是一项谈判中的哪个要素?(   )

A. 谈判当事人   B. 谈判议题   C. 谈判背景   D. 谈判起因

E. 谈判结果

四、谈判的类型

谈判客观上存在不同的类型。认识谈判的不同类型,目的在于根据其不同特征和要求更好地参与谈判和采取有效的谈判策略。可以说,对谈判类型的正确把握,是谈判成功的起点。

(一) 按谈判参与方的数量,可分为双方谈判和多方谈判

双方谈判,是指谈判只有两个当事方参与的谈判。如,一个卖方和一个买方参与的交易谈判或者只有两个当事方参与的合资谈判均为双方谈判。

多方谈判,是指有三个及三个以上的当事方参与的谈判。如,甲、乙、丙三方合资兴办企业的谈判。在国家或地区之间进行的多方谈判,也叫多边谈判。

双方谈判和多方谈判,由于参与方数量的差别而有不同的特点。双方谈判,一般来说涉及的责、权、利划分较为简单明确,因而谈判也比较易于把握。多方谈判,参与方越多,其谈判条件越错综复杂,需要顾及的方面就越多,也难以在多方的利益关系中加以协调,从而会增加谈判的难度。

(二) 按谈判议题的规模及各方参加谈判人员的数量,可分为大型谈判、中型谈判和小型谈判

谈判规模,取决于谈判议题及相应的谈判人员的数量。谈判议题的结构越复杂,涉及的项目内容越多,各方参加谈判的人员数量也会越多。因此,谈判就有大型、中型、小型之分。但是,这种划分只是相对而言,并没有严格的界限。通常划分谈判规模,以各方台上的人员数量为依据,各方在 12 人以上的为大型谈判、4~12 人为中型谈判、4 人以下为小型谈判。

一般情况下,大中型谈判,由于谈判项目内容以及涉及的谈判背景等较为复杂,谈判持续的时间较长,因此需要充分地做好谈判的各方面准备工作。例如,组织好谈判班子(其成员要考虑有各类职能专家)、了解分析相关的谈判背景和各方的实力、制订全面的谈判计划和选择有效的谈判策略、做好谈判的物质准备等。小型谈判,虽然谈判内容、涉及背景、策略运用等相对简单,但也应做好准备、认真对待。

(三) 按谈判场所,可分为主场谈判、客场谈判和中立地谈判(第三地谈判)

主场谈判,也称主座谈判,是指在自己一方所在地、由自己一方做主人组织的谈判。主场谈判,占有"地利",会给主方带有诸多便利。例如,熟悉工作和生活环境、利于谈判的各项准备、便于问题的请示和磋商等。因此,主场谈判在谈判人员的自信心、应变能力及应变手段上,均占有天然的优势。如果主方善于利用主场谈判的便利和优势,往往会给谈判带来有利影响。当然,作为东道主,谈判的主方应该礼貌待人,做好谈判的各项准备。

客场谈判,也称客座谈判,是指在谈判对手所在地进行的谈判。客场谈判,客居他乡的谈判人员会受到各种谈判条件的限制,也需要克服种种困难。客场谈判人员,面对谈判对手必须审时度势,认真分析谈判背景、主方的优势与不足等,以便正确运用并调整自己

的谈判策略,发挥自己的优势,争取满意的谈判结果。这种情况在外交、外贸谈判中,历来为谈判人员所重视。

为了平衡主、客场谈判的利弊,如果谈判需要进行多轮,通常安排主、客场轮换。在这种情况下,谈判人员也应善于抓住主场机会,使其对整个谈判过程产生有利的影响。

中立地谈判,也称第三地谈判,是指在谈判双方(或各方)以外的地点安排的谈判。中立地谈判,可以避免主、客场对谈判的某些影响,为谈判提供良好的环境与平等的气氛等。但是,中立地谈判可能引起第三方的介入而使谈判各方的关系发生微妙变化。

(四) 按谈判内容的性质可分为经济谈判和非经济谈判

经济谈判,是指以某种经济利益关系为谈判议题、内容和目标的谈判。经济谈判是现代社会最为普遍的谈判类型,它囊括和涉及了现代社会各种不同利益主体之间的经济利益关系。例如,货物买卖、服务贸易、工程承包、知识产权转让、投资、融资、租赁、代理、拍卖、索赔等。经济谈判中的主要形式是商务谈判。

非经济谈判,是指以非直接的经济利益关系为谈判议题、内容和目标的谈判。例如,政治关系、外交事务、军事问题、边界划分、人质释放、文化交流、科技合作、家庭纠纷等。

经济谈判和非经济谈判有时相互交织,但由于谈判内容的性质不同,所以,遵循的原则、运用的策略以及对谈判人员的要求等均不同。

(五) 按商务交易的地位,可分为买方谈判、卖方谈判和代理谈判

买方谈判,是指以求购者(购买商品、服务、技术、证券、不动产等)的身份参加的谈判。显然,这种买方地点不以谈判地点而论。买方谈判的特征主要表现为以下三点。

(1) 搜集有关信息,"货比三家"。这种搜集信息的工作应该贯穿在谈判的各个阶段,并且其目的和作用应有所不同。

(2) 极力压价,"掏钱难"。买方是掏钱者,一般不会"一口价"随便成交。即使是重购,买方也总会以各种理由追求更优惠的价格。

(3) 度势压人,"买主是上帝"。买方地位的谈判方往往会有"有求于我"的优越感,甚至盛气凌人。同时,"褒贬是买主",买方常常以挑剔者的身份参与谈判,"评头品足""吹毛求疵"均在情理之中。只有在某种商品短缺或处于垄断地位时,买方才可能"俯首称臣"。

卖方谈判,是指以供应者(提供商品、服务、技术、证券、不动产等)的身份参加的谈判。同样卖方地点也不以谈判地点为转移。卖方谈判的特征主要表现为以下三点。

(1) 主动出击。卖方即供应商,为了自身的生存和发展,其谈判态度自然积极,谈判中的各种表现也均体现出主动精神。

(2) 虚实相映。谈判中卖方的表现往往是态度诚恳、交易心切与软中带硬、待价而沽同在,亦假亦真、若明若暗兼有。当己方为卖方时,应注意运用此特征争取好的卖价。而当他方是卖方时,也应注意识别哪是实、哪是虚。

(3) "打""停"结合。卖方谈判常常表现出时而紧锣密鼓,似急于求成;时而鸣金收兵,需观察动静。如此打打停停,停停打打,对于克服买方的压力和提高卖方地位,通盘考虑谈判方案及其细节,以争取谈判的成功也是必要的。

代理谈判,是指受当事方委托参与的谈判。代理,可以分为全权代理和只有谈判权而无权签约代理两种。代理谈判的主要特征表现为以下三点。

(1) 谈判人权限观念强,一般都准确和谨慎地在授权范围之内行事。

(2) 由于不是交易的所有者,谈判人地位超脱、客观。

(3) 由于受人之托,为表现其能力和取得佣金,谈判人的态度积极、主动。

(六) 按谈判所属部门,可分为官方谈判、民间谈判和半官半民谈判

官方谈判,是指国际组织之间,国家之间各级政府及其职能部门之间进行的谈判。官方谈判的主要特征是:谈判人员职级高、实力强、谈判节奏快、信息处理及时、注意保密、注重礼貌。

民间谈判,是指民间组织之间直接进行的谈判。民间谈判的主要特征是:相互平等、机动灵活、重视私交、计较得失。

半官半民谈判是指谈判议题涉及官方和民间两方面的利益,或者指官方人员和民间人士共同参加的谈判、受官方委托以民间名义组织的谈判等。半官半民谈判间兼有官方谈判和民间谈判的特点,一般表现为:谈判需兼顾官方和民间的双重意图及利益,制约因素多;解决谈判中的各类问题时,回旋余地小。

(七) 按谈判的沟通方式,可分为口头谈判和书面谈判

口头谈判是指谈判人员面对面直接用口头语言交流信息和协商条件,或者在异地通过电话进行商谈。口头谈判是谈判活动的主要方式,主要优点是:当面陈述、解释,直接、灵活,也为谈判人员展示个人魅力提供了舞台;便于谈判人员在知识、能力、经验等方面相互补充,协同配合,提高整体谈判能力;反馈及时,利于有针对性地调整谈判策略;也能够利用情感因素促进谈判的成功等。口头谈判,也存在某种缺陷,如:利于对方察言观色,推测己方的谈判意图及达到此意图的坚定性;易于受到对方的反击,从而动摇谈判人员的主观意志。但是这些缺陷,反过来也是可供运用的优点。

书面谈判,是指谈判人员利用文字和图表等书面语言进行交流和协商。书面谈判一般通过信函、电报、电传等具体方式进行。书面谈判通常作为口头谈判的辅助方式,主要优点是:思考从容,利于审慎决策;表达准确、郑重,利于遵循;避免偏离谈判主题和徒增不必要的矛盾;费用较低,利于提高谈判的经济效益等。书面谈判,切忌文不达意和马虎粗心,因此对谈判人员的书面表达能力和工作作风有较高的要求。

(八) 按谈判参与方的国域界限,可分为国内谈判和国际谈判

国内谈判,是指参与方均在一个国家内部的谈判。国际谈判,是指谈判参与方分属两个及两个以上的国家和地区的谈判。

国内谈判和国际谈判的明显区别在于,谈判背景存在较大的差异。对于国际谈判,谈判人员首先必须认真研究对方国家和地区相关的政治、法律、经济、文化等社会环境背景。同时,也要认真研究对方国家或地区谈判者的个人阅历、谈判作风等人员背景。此外,对谈判人员在外语水平、外事或外贸知识与纪律等方面,也有相应的要求。

（九）按谈判内容与目标的关系，可分为实质性谈判和非实质性谈判

实质性谈判，是指谈判内容与谈判目标直接相关的谈判。非实质性谈判，是指为实质性谈判而事先进行的关于议程、范围、时间、地点、形式、人员等的磋商和安排；事中进行的有关各方面具体事项的联络和协调；事后进行的对协议拟作技术处理和其他善后工作等的事务性谈判。

事实表明，谈判越是重要、复杂、大型、国际化，非实质性谈判与实质性谈判的关系越密切，越不可轻视，所以不能认为非实质性谈判是无关紧要的谈判。而那些善于利用自身的主动性，对谈判的议程、范围、时间、地点等进行周密安排的谈判者，往往能在实质性谈判还没有开始就已经事实上取得了主导和优势。这种主导和优势，有可能直接导致在实质性谈判中产生有利于己方的谈判结果。反之，某些稳操胜券的谈判，可能由于事先安排的一个小小疏漏或变动而酿成败局。因此，20 世纪 60 年代以来，国际上越来越重视非实质性谈判带给实质性谈判的影响作用，甚至是决定作用。

讨题题 7-4

如果己方想与对方保持长期的业务关系，并且具有这种可能性，那么，谈判态度与方法就应采取（　　）

A. 软式谈判　　　　　　　　　　B. 硬式谈判
C. 原则式谈判　　　　　　　　　D. 软式谈判和原则式谈判
E. 硬式谈判和原则式谈判

第二节　商务谈判程序与原则

一、商务谈判的概念、特征

商务，亦即交易之事务，因此，所谓商务谈判就是人们为了实现交易目标而相互协商的活动。商务谈判有以下特征。

（一）以获得经济利益为目的

不同的谈判者参加谈判的目的是不同的，外交谈判涉及的是国家利益；政治谈判关心的是政党、团体的根本利益；军事谈判主要是关心敌对双方的安全利益。虽然这些谈判都不可避免地涉及经济利益，但是常常围绕着某一种基本利益进行，其重点不一定是经济利益。而商务谈判则十分明确，谈判者以获取经济利益为基本目的，在满足经济利益的前提下才涉及其他非经济利益。虽然，在商务谈判过程中，谈判者可以调动和运用各种因素，而各种非经济利益的因素，也会影响谈判的结果，但其最终目标仍是经济利益。与其他谈判相比，商务谈判更加重视谈判的经济效益。在商务谈判中，谈判者都比较注意谈判所涉及的技术的成本、效率和效益。所以，人们通常以获取经济效益的好坏来评价一项商务谈判的成败。不讲究经济效益的商务谈判就失去了价值和意义。

（二）以价值谈判为核心

商务谈判涉及的因素很多，谈判者的需求和利益表现在众多方面，但价值则几乎是所有商务谈判的核心内容。这是因为在商务谈判中价值的表现形式——价格最直接地反映了谈判双方的利益。谈判双方在其他利益上的得与失，在很多情况下或多或少都可以折算为一定的价格，并通过价格升降而得到体现。需要指出的是，在商务谈判中，一方面要以价格为中心，坚持自己的利益，另一方面又不能仅仅局限于价格，应该拓宽思路，设法从其他利益因素上争取应得的利益。因为，与其在价格上与对手争执不休，还不如在其他利益因素上使对方在不知不觉中让步。这是从事商务谈判的人需要注意的。

（三）注重合同的严密性与准确性

商务谈判的结果是由双方协商一致的协议或合同来体现的。合同条款实质上反映了各方的权利和义务，合同条款的严密性与准确性是保障谈判获得各种利益的重要前提。有些谈判者在商务谈判中花了很大气力，好不容易为自己获得了较有利的结果，对方为了得到合同，也迫不得已做了许多让步，这时谈判者似乎已经获得了这场谈判的胜利，但如果在拟定合同条款时，掉以轻心，不注意合同条款的完整、严密、准确、合理、合法，其结果有可能会被谈判对手在条款措辞或表述技巧上引入陷阱，这不仅会把到手的利益丧失殆尽，而且还可能为此付出惨重的代价，这种例子在商务谈判中屡见不鲜。因此，在商务谈判中，谈判者不仅要重视口头上的承诺，更要重视合同条款的准确和严密。

二、商务谈判的程序与模式

一般来说，商务谈判的过程可以划分为准备阶段、开局阶段、摸底阶段、磋商阶段、成交阶段和协议后阶段等几个基本阶段。

（一）谈判准备阶段

谈判准备阶段是指谈判正式开始之前的阶段，其主要任务是进行环境调查，搜集相关情报、选择谈判对象、制订谈判方案与计划、组织谈判人员、建立与对方的关系等。准备阶段是商务谈判最重要的阶段之一，良好的谈判准备有助于增强谈判的实力、建立良好的关系、影响对方的期望，为谈判的进行和成功创造良好的条件。

（二）谈判开局阶段

开局阶段是指谈判开始以后到实质性谈判开始之前的阶段，是谈判的前奏和铺垫。虽然这个阶段不长，但它在整个谈判过程中起着非常关键的作用，它为谈判营造了一个好的氛围和格局，影响和制约着以后谈判的进行。因为这是谈判双方的首次正式亮相和谈判实力的首次较量，直接关系到谈判的主动权。开局阶段的主要任务是建立良好的第一印象、创造合适的谈判气氛、谋求有利的谈判地位等。

（三）谈判摸底阶段

摸底阶段是指实质性谈判开始后到报价之前的阶段。在这个阶段，谈判双方通常会交流各自谈判的意图和想法，试探对方的需求和虚实，协商谈判的具体过程，进行谈判情况的审核与倡议，并首次对双方无争议的问题达成一致，同时评估报价和讨价还价的形势，为其做好准备。摸底阶段，虽然不能直接决定谈判的结果，但是它却关系着双方对最关键问题（价格）谈判的成效；同时，在此过程中，双方通过互相的摸底，也在不断调整自己的谈判期望与策略。

（四）谈判磋商阶段

磋商阶段是指一方报价以后至成交之前的阶段，是整个谈判的核心阶段，也是谈判中最艰难的阶段，是谈判策略与技巧运用的集中体现阶段，直接决定着谈判的结果。它包括了报价、讨价、还价、要求、抗争、异议处理、压力与反压力、僵局处理、让步等诸多活动和任务。磋商阶段与摸底阶段往往不是截然分开的，而是相互交织在一起的，即双方如果在价格问题上暂时谈不拢，又会回到其他问题继续洽谈，再次进行摸底，直至最后攻克价格这个堡垒。

（五）谈判成交阶段

成交阶段是指双方在主要交易条件基本达成一致以后，到协议签订完毕的阶段。成交阶段的开始，并不代表谈判双方的所有问题都已解决，而是指提出成交的时机已经到了。实际上，这个阶段双方往往需要对价格及主要交易条件进行最后的谈判和确认，但是此时双方的利益分歧已经不大了，可以提出成交了。成交阶段的主要任务是对前期谈判进行总结回顾，进行最后的报价和让步，促使成交，拟定合同条款及对合同进行审核与签订等。

（六）协议后阶段

合同的签订代表着谈判告一段落，但并不意味着谈判活动的完结，谈判的真正目的不是签订合同，而是履行合同。因此，协议后阶段也是谈判过程的重要组成部分。该阶段的主要任务是对谈判进行总结和资料管理，确保合同的履行与维护双方的关系。

三、商务谈判的原则

商务谈判应遵循以下原则。

（一）互利原则：双赢

这条原则讲的是如何正确处理双方经济利益的矛盾。具体地说，它又分为两条原则。

1. 平等协商

谈判的双方在互相磋商中都处于同等的社会地位，享有相同的权利，谈判的时候应该公平往来。在涉外经贸中,这是我国对外经济关系中一项基本原则。谈判是一种相互间寻求合作的交往行为,其前提是谈判各方必须互视平等,如果一方不能用平等的态度看待对方,合作就不可能成立,谈判也就无法进行。我国与各国进行经济交流时,反对以任何借口,附带任何特权来谋求政治上和经济上的特权。同时,我国也绝不接受对方附加任何不平等的条件与不合理的要求。现在,中国在与各国的经济合作中,并不要求各国无条件让出专利权,只要价格合理,我们一分钱也不少给。

2. 互利互惠

有人以为,成功的谈判是自己得到了最大的利益,而对方几乎一无所得,这是偏颇的谈判观念。这样的谈判是不存在的。谈判取得成功的唯一标志是达成于双方都有利的协议,而绝不是一方全胜,另一方皆输。当然,谈判的双方各自都有不同的利益打算,谈判结束的利益互惠,其表现形式也是多种多样的:有物质上的互利,如贸易谈判,一方出售产品,一方获得利润;有精神上的互利,如文化谈判,国与国、地区与地区之间的文化交流,科技合作等;还有物质—精神互利,通过谈判一方获得技术指导,信息提供;另一方获得金钱报酬,等等。但无论以何种方式获取利益,都不可超乎对方的利益,如果我方的得益要以损害对方的根本利益为条件,对方不可能接受,这样的话,我方的利益也不可能获取。成功的谈判,应是在研究之中,找到双方利益的交汇点和平衡点,最后达成协议。成功的谈判是双方都有利可图。下面通过"红黑牌"游戏来体会如何实现双赢。

红黑牌游戏游戏规则:

1. 参加者分为两个团队,可自由选择出红牌或黑牌。

2. 计分标准如下:

A 队出法及权益		B 队出法及权益	
红牌	+3	红牌	+3
红牌	-6	黑牌	+6
黑牌	+6	红牌	-6
黑牌	-3	黑牌	-3

3. 游戏操作:

(1) 双方出牌共 10 个回合。

(2) 前四个回合,双方不得照面,只能告诉对方自己的决定。

(3) 第四回合后,如果双方都感到需要对话,可以交换意见一次。

(4) 后四个回合,双方仍不得照面,只能告诉对方自己的决定。

(5) 第八回合后,如果双方都感到需要对话,可再交换意见一次。

(6) 第九和第十回合得分加倍。

4. 感悟双赢:

(1) 诚信是双赢的关键。

(2) 沟通是双赢的手段。

（3）信息是双赢的法宝。

（4）利益是双赢的保障（一次利益和长远利益、沉没利益和现实利益）。

（二）合法原则

国际商务活动既是一种经济行为，又是一种法律行为。国际经济合同的洽商、订立和履行，都必须符合有关的法律规范，才能得到法律的承认和保护。这里所说的法律规范，既包含各有关国家的法律，也包含有关的国际条约和公约，还包含有关的国际贸易惯例。这里补充介绍几个问题：

1. 合同的法律效益

合同一经依法订立，就具有与法律相等的效力。但各国法律一般不具体规定经济合同应包含哪些内容，许多国家主张按照"契约自由"的原则，由当事人自由商定。但违反法律的强制性基础或限制，则合同无效。反过来说，只要不违反法律的强制性基础或限制，即使合同内容与法律的一般规定有所不同，也以合同内容为准。如果合同中对某些重要内容没有规定，则履行合同时应按有关的法律来办理。所以，在实际业务中，签订商务合同时，一定要认真仔细，合同内容力求完善。

2. 法律规定差异与国际条约

在国际商务活动中，所涉及的至少是两个不同国家的当事人，而各国的有关法律规定往往互有差异，亦即对同一事件的规定往往各不相同，由于这种差异，对同一讼事案件往往会得出不同的法律裁决，这就产生了应适用哪一个国家的法律作为解决纠纷标准的问题。这个问题一般称为法律适用问题或法律冲突问题。为了解决法律适用问题上的障碍，国际上展开了统一国际经济贸易法律的工作，各国之间缔结了不少国际条约和公约。目前各国对于解决国际商务活动中的法律适用问题，所采用的原则不尽相同。主要有属人法、标的物所在地法、订约地法、履约地法和法院地法等。我国和许多国家一样，采用由当事人在合同中自行选定适用哪一个国家法律的做法。这已成为解决法律冲突的一项较为普通的原则。但在某些具体问题上，我国的《涉外经济合同法》还有一些补充的制约。

3. 国际贸易惯例的效力

在国际商务活动中还常常需要引用国际贸易惯例的规定。所有国际贸易惯例是在国际经济贸易业务的长期实践中，逐渐形成一些通用的习惯做法或先例，其特点如下。

（1）它是通过长期反复实践而形成的，开始时只得在一定的地区或行业使用，后来随着国际经贸业务的不断发展，惯例的影响也不断扩大，有的甚至在世界范围通行。

（2）它具有确定的内容，并被许多国家和地区认可。在国际贸易惯例中，有的是不成文的，有的则已由某些国际组织或工商团体形成制度，制定成"规则"之类的文件。

（三）自愿平等、公平原则

双赢局面的出现有赖于公平原则的贯彻。公平这个概念本身包括主观的公平和客观的公平。人们所认为的客观上的公平往往存在公平中的不公平，即形式上的公平而实际上的不公平。目前谈判中最大的公平在于机会的公平。

1. 对于公平概念的理解

公平没有绝对的，只有相对的，那么对于公平的追逐，只能追求一种相对的平等。有些事情即使最后的结果显得很公平，但是由于认识不同，仍然不会让双方感到满意。

2. 公平意味着机会的平等

商务谈判中，有时候平等参与的过程比结果本身更为重要。一个由你提出的你觉得极为合理公平的合同不一定被对方所接受，就是因为合同的拟定缺少了对方的平等参与，使得对方觉得合同不能体现其意愿。谈判中，双方都十分看重参与过程的平等性。

3. 公平的计量

从定量的角度对公平进行分析，其中既包括心理感受的因素，也包括实际的获得，还包括博弈的结果。主要有朴素法和拍卖法两种计量方法。

4. 追求公平中的囚徒两难的应用

在商务谈判中，采取何种谈判策略有时类似于囚徒两难模型中囚徒的选择。谈判双方都有欺骗和合作两种策略，一方欺骗一方不欺骗时能够给欺骗方带来额外利益。

（四）诚信原则

这条原则讲的是谈判人员的态度问题。前面说过，在商务谈判中，双方的关系既有竞争的一面，又有合作的一面。但从根本上来说是为了合作以取得谈判成功才走到一起来的。市场经济既是一种规则经济，同时又是一种信用经济。为此，在谈判过程中，双方都应抱有合作的诚意、高度重视信用问题，以诚相待，信任对方，遵守诺言，在双方之间建立一种互相信任的关系，以便为本次签约后的长期合作打下基础。要知道，任何不诚意的合作都会破裂的。

（五）求同原则

这一条原则讲的是如何灵活准确地运用谈判策略和技巧的问题。议题的"弹性"在商务谈判中，一般表现为双方经济利益有一定的伸缩程度，而非定死一点，不可变动。正因为如此，双方在兼顾对方利益、保证合作的前提下，都会千方百计地为己方适当多争取一点利益，这是自然的，也是正当的。但光有这一点"伸"是不够的，还得同样拥有"缩"和"容"的准备。这就要懂得如何灵活正确地掌握谈判的策略与技巧。

商务谈判的策略是多种多样的，但在选用策略之际，应不忘下列几点：应有利于促进协议的达成，要有利于妥善解决双方之间的分歧和争论，还有利于加强双方之间以后的友好合作关系。这些都是求同原则的具体要求。我们应该明白这么一个观念："缩"也是为了"伸"，它是以"伸"为前提和参照的。反之，如果谈判策略运用不当，不仅会恶化本次谈判的气氛，甚至导致谈判的失败，还可能会对今后关系的发展投下阴影，甚至产生严重的影响。

（六）效益原则

谈判追求的是效率，最好能速战速决，除非万不得已，不要拖延时间。时间越长，谈判的成功率越低，双方耗费的人力、物力和财力越多。没有人愿意为一件没有结果、遥遥无期的事情耗费人力、物力和财力，因此，谈判要追求效率。

第三节　商务谈判的基本方法

一、硬式谈判法

（一）硬式谈判法概念

硬式谈判法也称立场型谈判，是指双方都站在自己的立场，为自己争辩，最后做出一定的妥协，找到双方都能接受的折中办法。最具有代表性的例子见表 7-1，这是一位顾客与旧货老板之间的讨价还价。这样的谈判，其实就是占领和放弃一系列阵地的连续过程，最终也许会达成共识，也许毫无结果。

表 7-1　顾客与老板讨价还价

顾 客	老 板
这个铜盘子什么价钱？ 别逗了，这有块压伤…… 我出 15 元。 那好，我出 20 元，75 元我绝对不买。 25 元。 37 块 5，再高我就走。	你眼光不错，75 元。 出个实际的价。 15 元简直是寻乐子。 夫人，你真够厉害，60 元钱马上拿走。 我进价也比 25 元高啊。 你看看上面的图案，到明年这样的古董价格能提一倍。

（二）硬式谈判法的特点

一般地讲，任何谈判方法的优劣都可以通过三个标准来加以衡量：谈判产生的结果应该是明智的；谈判应该有效率；谈判应该增进，至少不该损害双方的利益。硬式谈判却很难做到这三方面。

1. 硬式谈判的结果不够理想

当谈判者占据阵地开始谈判时，他们总是希望死守阵地不放。你越是声明你的原则，保护你的阵地，你对之也就投入的越多。由于过多的精力被投入阵地上，而使双方真正关心的问题被忽略掉了，达成协议的可能性也变小了。最后得到的谈判结果也许是机械地削减双方与最后阵地间的差距，而不是真正恰当地考虑双方的利益，因而也不会令双方满意。

2. 硬式谈判法没有效率

硬式谈判法会刺激谈判者，使谈判寸步难行，为了使最终结果有利于自己，双方的起步都很极端，而且死守不放，你要说服对方以你的观点看问题，直到迫不得已才做出一点小让步。因此谈判所需的时间较长。

3. 硬式谈判给友谊带来危险

硬式谈判完全是一种意志的较量,每个谈判者都坚持站在自己的一方,希望用自己的力量让对方退却。当一方看到自己的利益由于对方的强力压迫而得不到重视时,愤怒和憎恨往往由之而生。因此,硬式谈判会给友谊带来危机。

二、软式谈判法

(一)软式谈判法概念

软式谈判法是指希望通过一种柔和的谈判风格避免冲突,把谈判对方看作朋友而不是对手,强调达成双方共识的重要性,而不是本方胜利目标,避免意志的较量,做出必要的妥协等。这种软式谈判由于双方力求做到更加宽容对方,因此最终达成协议是没有问题的。但是,这又导致了另外一个问题,谈判的结果不一定是明智的。

(二)硬式谈判与软式谈判的比较

费舍尔等人认为,硬式谈判和软式谈判都是理想的谈判方法,他们给出了调整两者之间关系的方法,如表 7-2 所示。

表 7-2　软硬式谈判法对比及解决方法

问　　题		方　　法
软式谈判	硬式谈判	谈判原则:理性谈判
对方是朋友	对方是对手	对方是解决问题者
目标在于共识	目标在于胜利	目标在于有效、愉快地得到结果
为友谊做出让步	对友谊要求让步	把人与问题分开
对人和事采取温和态度	对人和事要采取强硬态度	对人软,对事硬
信任对方	不信任对方	谈判与信任无关
容易改变阵地	固守不前	集中精力于利益,而不是阵地
给予对方恩惠	给予对方威胁	
改变最低界限	对最低界限含糊其词	探讨相互利益,避免最低界限
为达成协议愿意承受单方损失	把单方优惠作为协议条件	
寻找对方可接受的单方解决方案	寻找自己可接受的单方面解决方案坚守阵地	为共同利益寻求方案,即寻求有利于双方的方案,以后再做决定
坚持达成共识避免意志的较量	坚持在意志的较量中取胜	坚持使用客观标准,努力获得不倾向于单方意愿的客观结果
迫于压力而妥协	施加给对方压力	坚持理性原则,向道理低头,而不是向压力低头

三、原则式谈判法

（一）原则式谈判法概念

费舍尔、尤里等人在硬多谈判和软式谈判基础上提出了理性谈判理论。它有四个基本点：人，把人与问题分开；利益，集中于利益，而不是阵地；选择，在决定之前分析所有的可能性；标准，坚持使用客观标准。

（二）原则式谈判法的观点

1. 关于人

清楚谈判者都是活生生的现实中的人。处理好两种利益的关系：实质利益和关系利益。例如，有位先生在生意上用一次次的价格折让和利益上的让步，甚至自己甘认亏本，而迁就于与对方保持关系和生意往来，最后终于有一天承受不了而破产，而对方却反过来埋怨这位朋友做生意不够意思，断了他的财路。

2. 关于利益

积极向对方陈述你的利益所在，引起对方的注意并使对方满足你的利益；承认对方的利益所在，考虑对方的合理利益，甚至在保证自己利益的前提下努力帮助对方解决利益冲突问题；在谈判中既要坚持原则（如具体利益），又要有一定的灵活性；对利益做硬处理，对人做软处理。强调你为满足对方利益所做出的努力，必要时对对方的努力表示钦佩和赞赏。

3. 关于方案

构思对彼此有利的方案。有个经典故事：分橙子，一个妈妈把一个橙子给了邻居的两个孩子，两个孩子发生争执。如何解决？一个孩子切橙子，而由另一个孩子选橙子。回到家后，一个孩子扔掉果皮把果肉放到果汁机上榨果汁喝，另一个孩子扔掉果肉把橙子皮磨碎了烤蛋糕吃。

从形式上看，两个孩子拿到了看似公平的一半，然而，他们各自得到的东西却没能物尽其用。也就是说，两个孩子没有说明各自的利益所在，从而导致双方盲目追求形式上和立场上的公平。结果，双方各自的利益并未在谈判中达到最大化。

如果两个孩子不是一个需要果皮，一个需要果肉，还可能出现什么情况呢？解决的方案如何？是否可以将其他问题拿来一起谈？两个孩子解决问题的过程就是不断沟通、创造价值的过程，在沟通的基础上寻求获取自己最大利益，同时满足对方利益需求的方案。

4. 关于标准

谈判双方应坚持使用客观标准。所谓客观标准，即指独立于各方主观意志之外的合法并切合实际的标准。客观标准一般有：法定、先例、惯例、案例、标准、模式。在这点上，我们应该注意以下几点：建立公平的标准；建立公平分割利益的步骤；将谈判利益的分割问题局限于寻找客观依据；善于阐述自己的理由，也接受对方合理正当的客观依据；不要屈从于对方的压力。

（三）原则式谈判法四大观点的运用

1. 分析阶段

分析阶段，指谈判人员对谈判双方的谈判情况进行分析，达到知己知彼的阶段。

分析阶段要点：利用可以取得的途径尽量获取信息，对信息进行组织、思考并对整体谈判形式做出判断。

关于人：谈判各方都持有什么样的观点？双方对同一个问题有没有认识上的差异？有没有敌对情绪？存在什么样的交流障碍？

关于利益：是否存在共同利益和兼容利益。

关于方案：审核既定的谈判方案，是否存在可供选择的解决方案。

关于标准：是否认可作为协议基础的标准，是否存在可以划分利益的公平标准。

2. 策划阶段

策划阶段，指谈判人员在分析谈判形势的基础上，进行进一步周密策划的阶段。

策划阶段要点：利用创造性思维策划如何实施谈判。

关于人：如果出现双方认识上的差异的情绪冲突，应如何解决？

关于利益：哪些利益对你最重要？哪些利益对对方最重要？用什么样的方法可以满足双方利益？

关于方案：找出双方都能接受的方案。

关于标准：找出供双方最终决策的标准。

3. 讨论阶段

讨论阶段，指谈判双方讨论交流的阶段。

讨论阶段要点：充分交流，努力达成协议。

关于人：探讨观念差异，克服交流的障碍。

关于利益：使用各种询问方式进一步证实对方的利益所在。

关于方案：双方积极配合对方在互利基础上寻求谈判解决方案。

关于标准：努力以客观标准划分利益，并达成协议。

讨论题 7-5

你认为谈判是为了（　　　）。

A. 达成公平对等的交易

B. 达成妥协

C. 与对方联合做出决定，尽可能照顾双方利益

补充材料：哈佛原则式谈判的由来

《庄子·渔父》里有句格言"同类相从，同声相应"，意思就是说"同类的人经常在一起，同样可以相互呼应"。用这句话来形容研究项目是最恰当不过的。荣格·费舍尔是哈佛大学法学院的荣誉教授，在 1959 年加盟该学院后一直从事谈判理论的研究和实践经验的总结。费舍尔有丰富的谈判阅历，他曾经长期担任美国热门电视栏目《辩护士》的特约嘉

宾,同时为许多著名的国际纠纷和冲突问题提供咨询,包括埃以首脑戴维营和谈(1978年)、伊朗贝鲁特人质事件(1981年)、第二次埃斯基普拉斯中美洲国家首脑会谈(1989年)等。与通常那些旷日持久的马拉松式的政治谈判不同,以上谈判事件都取得了较圆满的结局,堪称奇迹。也正因为这些不同寻常的经历,费舍尔曾经担任美国、伊朗、危地马拉等国家和政府的高级谈判顾问。在费舍尔的倡导下,1979 年哈佛大学法学院、商学院的一批学者成立一个关于谈判的研究兴趣小组,他们定期地聚会讨论谈判与冲突的问题,这就是著名的哈佛谈判项目的雏形。该项目凝聚了一批优秀的研究巨匠,例如霍华德·雷法、戴维·拉科斯、詹姆斯·赛本斯、杰弗·鲁宾、比尔·尤瑞等,一时间,哈佛大学成为全球谈判研究的圣地。在其感染下,美国其他院校也纷纷设立了谈判(或称为"争端解决""冲突处理"等)研究机构,其中哈佛大学、西北大学、麻省理工学院等最著名的 17 家研究机构长期受到美国休哈特基金会的资助。"同类相从,同声相应"。这些研究机构在不断丰富理论研究的同时,也通过著作出版、案例撰写或者会议交流等多种形式,丰富着、促进着全球谈判学的知识库。在哈佛谈判项目所提出的众多理论中,最著名的就是费舍尔在《赢得协议》一书里所总结的原则式谈判。也因此,《赢得协议》出版后迅速成为《纽约时报》最畅销的上榜著作,并被翻译成 10 多种语言,发行量超过 100 万册。

以往,人们通常将谈判划分为软式谈判和硬式谈判两种风格。其中,软式谈判又称为友好型谈判,谈判者可以为达成协议而让步,尽量避免冲突,总是希望通过谈判签订一个皆大欢喜的协议,或者至少能够签订一个满足彼此基本利益的协议而不至于空手而归。硬式谈判又称为立场型谈判,谈判者将谈判看作一场意志力的竞争,认为在这种竞争中,立场越强硬的一方最后获得的收益也会越多。硬式风格的谈判者往往更多地关注如何维护自身的立场、抬高和加强自己的地位,总是处心积虑地要压倒对方。

荣格·费舍尔的观点是,与软式谈判相比,原则式谈判也注重与对方保持良好的关系,但是并不像软式谈判那样只强调双方的关系而忽视利益的公平。与硬式谈判相比,原则式谈判主张注重调和双方的利益,而不是在立场上纠缠不清。因此,原则式谈判既不是软式谈判,也不是硬式谈判,而是介于两者之间。根据原则式谈判的思路,费舍尔对谈判过程的关键要素重新进行了诠释,并提出处理这些问题的基本原则。①人:谈判者要将谈判过程人的因素与谈判的具体问题区别开。②利益:谈判者应关注双方实质性的利益,而不是表面的立场。③方案:为了共同的利益,谈判者要努力创造各种可供选择的方案。

四、谈判的成败标准

美国谈判学会会长,著名律师杰勒德·I.尼尔伦伯格认为,谈判不是一场棋赛,不要求决出胜负,也不是一场战争,要将对方消灭或置于死地。恰恰相反,谈判是一项互利的合作事业。我们主张,谈判中的合作是互利互惠的前提,只有合作才能谈及互利。因此,从谈判是一项互惠的合作事业和在谈判中要实行合作的利己主义观点出发,我们认为评价商务谈判是否成功的价值标准有如下几点。

（一）要看商务谈判目标的实现程度

业务人员在参加谈判时总是事先规划一定的谈判目标，即将自己的利益需求目标化。当谈判结束时，我们就要看一下自己规划的谈判目标有没有实现，在多大程度上实现了预期谈判目标，这是人们评价业务洽谈成功与否的首要标准。需要指出的是，不要简单地把谈判目标理解为利益目标，这里所指的谈判目标是具有普遍意义的综合目标。不同类型的商务谈判，不同的参谈者，其谈判目标均有所不同。例如，举办合资企业的谈判，对于中方来讲，其谈判目标有可能是尽快的、以最合理控股权在某地合资生产某种产品。对于租赁业务洽谈，其谈判目标则有可能是以最低租金租到功能较齐全的某种设备。因此，谈判目标只有在具体的谈判项目中才能具体化。

（二）要看谈判的效率如何

任何商务谈判都是要付出一定成本的。有人认为谈判成本是无法计算的，而且也是没有必要计算的。这种看法是极为错误的，甚至是可笑的。经济领域里的任何经济行为，都是要讲效率的，即将付出与收益进行对比。商务谈判本身是经济活动的一部分，怎么可能不讲成本呢？谈判成本可以从以下三个部分加以衡量计算。

（1）第一部分成本是为了达成协议所做出的所有让步之和，其数值等于该次谈判预期谈判收益与实际谈判收益之差值。

（2）第二部分成本是指为洽谈而耗费的各种资源之和，其数值等于为该次谈判所付出的人力、物力、财力和时间的经济折算值之和。

（3）第三部分机会成本。由于企业将部分资源投入该次谈判中，即该次谈判占用和消耗人力、物力、财力与时间，于是这部分资源就失去了其他的获利机会，因而就损失了可望获得的价值。这部分成本的计算，可用企业在正常生产经营情况下，这部分资源所创的价值的大小来衡量；也可用事实上由于这些资源的被占用和耗费，某些获利机会的错过所造成损失的大小来计算。

以上三部分成本之和构成了该次谈判的总成本。通常情况下，人们往往认识到的成本只是第一部分，即对谈判桌上的得失较为敏感，而对第二种成本则常常比较轻视，对第三种成本考虑更少。要想准确考核谈判的效率，对谈判成本的准确计算就显得格外重要，计算出谈判成本，就可看出谈判效率的情况了。所谓谈判效率是指谈判所获收益与所耗费谈判成本之间的对比关系。如果谈判所费成本很低，而收益却较大，则本次谈判是成功的、高效率的；反之，如果谈判所费成本较高，收益很少，则本次谈判是低效率的，是不经济的，甚至在某种程度上讲是失败的。

（三）看谈判后人际关系如何

商务谈判是两个组织或企业之间经济往来活动的重要组成部分，它不仅从形式上表示为业务人员之间的关系，而且更深层地代表着两个企业或经济组织之间的关系。因此，在评价一场谈判成功与否时，不仅要看谈判各方市场份额的划分、出价的高低、资本及风险的分摊、利润的分配等经济指标，而且还要看谈判后双方人际关系如何，即通过本次谈判,双方的关系是得以维持,还是得以促进和加强,抑或得以破坏。商务谈判实践告诉我们,一个能够使本企业业务不断扩大的精明谈判人员,他往往将眼光放得很远,而从不计较某场谈判的得失,因为他知道,良好的信誉、融洽的关系是企业得以发展的重要因素,也是商务谈判成功的重要标志。任何只盯眼前利益,并为自己某场谈判的所得大肆喝彩者,这种喝彩也许是最后一次,至少有可能与本次谈判对手是最后一次,结果是"捡了眼前的芝麻,丢了长远的西瓜"。

综合以上三个评价指标,我们认为一场成功的或理想的谈判应该是通过谈判,双方的需求都得到了满足,而且这种较为满意的结果是在高效率的节奏下完成的。同时,双方的友好合作关系得以建立或进一步发展和加强。

本章小结

了解谈判的定义,可以从谈判实践和诸多的定义中抽象出其中的三个基本点:谈判的目的性、相互性、协商性。所以,谈判是人们为了各自的目的而相互协商的活动。

谈判的一般动因,应当从谈判的内涵中思考,即谈判的目的性——追求利益,谈判的相互性——谋求合作,谈判的协商性——寻求共识。

谈判的方法主要包含原则式谈判法、软式谈判法与硬式谈判法,其中,原则式谈判法是我们在商务谈判中普遍运用的方法。

商务谈判的程序,包括准备阶段、开局阶段、摸底阶段、磋商阶段、成交阶段、协议后阶段,每一阶段又包括若干工作内容或环节。商务谈判的原则是自愿平等公平原则、诚信原则、互利原则、求同原则、效益原则、合法原则。评价商务谈判的成败标准,主要看商务评判目标的实现程度、看评判的效率如何、看评判后人际关系如何。

本章思考题

一、简答题

1. 什么是谈判?什么是商务谈判?
2. 谈判活动有什么特征?
3. 你认为什么样的谈判才算得上是真正成功的谈判?
4. 商务谈判中着眼于利益与着眼于立场有何联系与区别?
5. 为什么在商务谈判中要把人与问题分开?怎样才能做到把人与问题真正分开?
6. 谈判中如何坚持客观标准的原则?
7. 为什么说谈判既是一门科学,又是一门艺术?
8. 对于软式、硬式和原则式三种谈判方法,你更倾向于哪一种?为什么?
9. 谈判之前应该做哪些准备工作?

二、模拟练习题

针对某一购销项目,学生分组进行模拟谈判的练习。

第八章

商务谈判的思维与心理

学习目标

通过本章的学习,使学生了解和掌握以下知识点:

- 了解如何运用需要层次理论;
- 掌握谈判者应拥有的商务谈判的思维和心理;
- 理解成功谈判者具备的心理素质。

商务谈判既是一门专业性学科,又是一门知识面涵盖宽泛的综合学科,还是一门实践性很强的应用学科,同时也是一门艺术。想要较好地掌握这门学科不仅需要相应的知识和技能,还要对谈判者的心理有较强的把握,如此才能更好地完成一场谈判。

引导案例

九头牛的价值

在很久以前的一个部落,有一个传统,那里的青年人想结婚,首先要学会捕牛的技术,捉了足够的牛作为聘礼,送给女方家,才可以成家立室。最少的聘礼是一头牛,最多的是九头牛。这个部落酋长有两个女儿。有一天,一个青年走到酋长的面前,说爱上了他的大女儿,愿意以九头牛作为聘礼迎娶。酋长听了之后大吃一惊,忙说:"九头牛的价值太高了,大女儿不值得,不如改娶小女儿吧,小女儿值九头牛。"可是,这位青年坚持要娶酋长的大女儿,酋长终于答应了他。这件事轰动了整个部落。

一年后的一天,酋长经过这位青年家,看见他家正在举行晚会,一大群人围个圈,正欣赏一位美丽的女郎载歌载舞。酋长十分奇怪,问青年那位女郎是谁。青年回答:"这就是你的女儿呀!"

青年以九头牛的价值对待他娶回来的妻子,同时酋长的大女儿也相信自己的价值与最高的九头牛相等时,她便发生了脱胎换骨的变化。

资料来源:创业:投资热点.

第一节   需求层次理论

一、需求层次理论

马斯洛理论把需求分成生理需求(physiological needs)、安全需求(safety needs)、爱和归属感(love and belonging)、尊重(esteem)和自我实现(self-actualization)五类,依次由较低层次到较高层次排列。在自我实现需求之后,还有自我超越需求(Self-Transcendence needs),但通常不作为马斯洛需求层次理论中必要的层次,大多数会将自我超越合并至自我实现需求当中。通俗理解:假如一个人同时缺乏食物、安全、爱和尊重,他对食物的需求通常是最强烈的,其他需要则显得不那么重要。此时人的意识几乎全被饥饿所占据,所有精力都被用来获取食物。在这种极端情况下,人生的全部意义就是吃,其他什么都不重要。只有当人从生理需要的控制下解放出来时,才可能出现更高级的、社会化程度更高的需要,如安全的需要。

伴随着社会的发展,曾经的马斯洛五个层次的需要已经不能满足当下人的需要了。一方面,为了跟随社会时代的发展,需要不断学习充电;另一方面,人们对精神层次的需求与日俱增,追求生命的美感成为更高层次的追求,人有不同层次的需要,只有满足不同人不同层次的需要,那接下来的事情才好办。

二、需求层次理论在商务谈判中的作用

需求层次理论在商务谈判中的作用主要体现在以下两个方面。

(1)较好地掌握和运用需求层次理论,可以为满足谈判者高层次的需要提供条件。

① 必须较好地满足谈判者的生理需要。

② 尽可能地为商务谈判营造一个安全的氛围。

③ 要与对手建立起一种信任、融洽的谈判气氛。

④ 在谈判时使用谦和的语言和态度,注意到谈判对手尊重和自尊的需要。

(2)较好地运用需求层理论,可以通过满足其他层次需要,来弥补谈判中无法满足的需要。

讨论题 8-1

有一艘船在海上航行,上面坐满了商人,有英国人、法国人、美国人、俄罗斯人、意大利人,船要沉了,于是船长让大副告诉大家跳海求生吧,不一会儿大副回来了,说他们都不跳,船长生气地说:"你看着舵,我去。"不一会儿,船长走过的地方的乘客都跳海了,这令大副特佩服。你知道船长是怎么办到的?

三、满足对方需要的多维性

前面讲过的,在商务谈判过程中,谈判者要尽可能在既定利益基础上寻找相关利益。

价格是谈判的核心,但还要注意与价格有关的其他因素。

★案例8-1

夫 妻 买 钟

　　一天晚上,一对夫妻在浏览一本杂志时注意到一篇广告中当作背景的老式时钟,夫妻俩都感觉不错,但广告上没有标价,于是他们决定在古董店里寻找那座钟,并且商量好若找到那座钟只能出500元以下的价格。经过3个月的寻找,他们终于在一家古董店的橱窗里发现了它。他们高兴地去看,且相互提醒绝不能超出500元的预算,可他们走近一看,标价为750元。妻子犹豫了,可丈夫说:"还是试试吧,我们找了这么久了。"那位丈夫鼓起勇气,对售货员说:"我注意到你们有座钟要卖,价格就贴在钟表上,而且蒙了不少灰尘,看来这钟很老,告诉你我的打算吧,我给你出个价,只要一出价,保你吓一跳,你准备好了吗?"他停了一下以增强效果。"你听着,250元。"这时那售货员连眼都没眨一下,说:"这钟是你的了,卖了。"这位丈夫的第一反应是什么?

　　他会在心里想:"我真棒,不但省下了一大笔钱,而且又得到我想要的东西。"不,绝不,他最初的反应很可能是:"我真蠢,为什么不出150元?"他的第二反应是这钟一定有毛病。他们抱着钟往回走,心里没有愉悦,总觉得这钟这么轻,是不是缺零件。当钟挂起来,当然很美,也没有毛病,但他就是心里不舒服。为什么? 交易完结得太快了,他没有获得讨价还价的快乐,没有体现他的能力。当他们退休时,每天晚上都要起来看看钟表,因为他们觉得他们没听到声音,日夜不安。结果,他们的身体累垮了,得了精神衰弱症。夫妻买钟看来唯一的利益是钱,但至少还有信任的需要。售货员的错误在于他没有注意到对方需要的多维性,他不知道简单的成交虽然为对方省了钱,但由此给对方带来了更大的精神痛苦。

案例思考:
买钟的夫妻为什么不高兴?
1. 请思考谈判者究竟追求什么?(　　　　)
(1) 想觉得自己不错
(2) 不想被逼到角落里
(3) 想避免日后的麻烦和风险
(4) 想获得上司及他人的好评
(5) 想学点东西
(6) 想保住饭碗,想升迁
(7) 想工作轻松点,不是麻烦些
(8) 想满足一下私欲却又不触犯规章
2. 如果你是谈判者,你的追求是什么?(　　　　)
(1) 想把所做的事说成很重要
(2) 想避免意外变动带来的不安

（3）想靠你帮忙

（4）想有人倾听

（5）想被体贴地照顾，想得到意外惊喜，吃好的、玩好的，甚至出去旅游

（6）想得个好理由

（7）想赶快结束谈判，好做其他的事

（8）想知道真相

（9）想树立自己诚实、公正、仁慈、负责等好形象

讨论题 8-2

　　某广告公司急需一名设计人员，登出广告数日后，一位各方面条件都比较合适的人来到了人力资源部，他提出了年薪 10 万元的要求，但按照公司的工资级别和他人的工资情况，公司只能给他 7 万元，而应征人员反复强调 10 万元是最低要求，如果就此讨论，显然，无法达成协议，谈判不会成功。那么这个分歧就没法解决了吗？

四、需求层次理论在谈判中的运用

（一）谈判者需求与谈判行为

1. 需求和对需求的满足是谈判进行的基础

　　存在尚未满足的需求是谈判进行的前提。没有需求，就没有谈判。如果个人或企业的所有需求都已得到充分满足，则该个人或企业就不会去寻找他人进行磋商。正因为存在尚未满足的需求，才需要去寻找能够满足这种需求的个人或企业，通过谈判满足需求。一个没有任何推销任务和欲望的人不可能成为推销谈判中的卖方，而需要完成推销任务的促销员则可能选择百货商店或顾客作为推销对象，通过谈判完成其推销任务。在日常生活中人们总是存在各种各样尚未得到很好满足的需求。资源的稀缺性使得许多需求的满足具有一定的难度，从而要通过谈判（甚至是艰苦的谈判）解决问题。正是从这一意义上说，人类生活中充满了谈判。在企业日常活动中，也总是会不断出现各种尚未满足的需求，如资金紧缺、货源紧张、商品滞销、人事关系紧张等，也正因为如此，企业经营离不开谈判。

2. 谈判者的需求满足状况及其对不同层次、不同类型需求的认识，决定了谈判行为

　　所有谈判者都具有特定的尚未满足的需求，但不同谈判者的谈判行为却往往有很大差异，即便是同一谈判者，在不同的谈判甚至是同一谈判的不同回合中，其谈判行为往往也不尽一致，有时甚至会给人判若两人的感觉。之所以如此，除了其他各种因素的影响外，一个很重要的决定因素就是谈判者的需求满足状况及其对不同层次、不同类型需求的认识不同。

　　在基本需求尚未满足而寻求较低层次需求满足时的谈判行为和寻求满足较高层次需求时的谈判行为明显不同。在对同一招标项目的投标中，一支久未承接任务、职工工资发放困难的建筑工程队和另一支承接项目很多、收入优厚的工程队的承包报价会存在明显差异。前者追求较高的中标概率，使之能获得工程建设任务，维持工程队的生存，其报价不可能很高，而后者追求的是高投资高回报率，追求高质量和良好的信誉，除非特定的策略需要，否则不可能报出低价。

（二）识别谈判者的需求方法

发现并满足对方的需求是谈判者取得成功的基础，那么，怎么才能发现谈判者的需求呢？由于谈判是人与人打交道，是人与人之间的信息交流，因此，要发现对方的谈判需求，就要运用各种策略技巧，从对方的言谈举止中寻找。这就决定了发现对方需求的主要方式有以下几种。

1. 提问

提问是获得信息的最基本手段，通过对方的回答，便可以了解对方在想什么。例如，在适当的场合向对方提出这样一些问题，"您希望通过这次谈判得到什么？""您想达到什么样的目的？"在对方的回答中便可知道对方在追求什么。为了保证所得信息的质和量，在提问时必须讲究策略和技巧，要从自己的需求和对方回答问题的可能出发，决定提问什么，如何表达所要提出的问题及在什么场合下提出这一问题更合适。

2. 陈述

恰当的陈述也是获得谈判对方需求的一个重要途径。例如，在谈判出现僵局的情况下，直截了当地说一句："在目前情况下，我们最多只能做到这一步了。"这时，你可以从对方的反应中获得有关信息。如果上一句说"我认为，如果我们能够解决这个问题，那么这个问题也不会有多大的麻烦"。这一陈述明确表示愿就第二个问题做出让步。这种陈述心照不宣地传递了信息，既维护了自己的立场，又暗示了适当变通的可能，谈判者在陈述前应深思熟虑，审慎斟酌，千万不能信口开河，轻浮草率。

3. 倾听

对方在陈述观点和回答问题时，会把自己的需求暴露出来。细心倾听对方吐露的每一个字，注意他的措辞、他选择的表达方式、他的语气、他的声调，所有这些都能为你提供线索，并有助于发现对方一言一语背后所隐含的需求。作为高水平的谈判者，不可能把自己的需求简单而又直接地告诉你，而是用婉转含蓄的说法把自己的需求表达出来。因而，在听的时候一定要从四个层次理解其含义：第一层次是对方讲话所包含的直接含义；第二层次是讲话的延伸含义；第三层次是根据其表达问题的措辞来推断其隐蔽含义；第四层次是根据其探讨问题的方式来探明其中真正含义。

4. 观察

注意观察对方的举止也是发现其需求的重要手段。一个人的举止有着种种心理上的暗示和含义，它传达着许多微妙的意思。因此，通过仔细观察对方在谈判活动中的手势、身体动作、面部表情（如眨眼、过分专注、沉默、烦躁、微笑、冷笑、发怒等），就可以发现他们所表达的无言的信息。但值得注意的是，在观察对方举止时，要弄清各国风俗习惯和语言文化的差异。例如，日本人在听别人讲话时，常说"嗨！"有些人把这种表示等同于英语国家的人说话中的"Yes"，即表示同意自己的观点，这就大错特错了。因为日本人的这种表示仅仅是出于礼貌，表示他在认真听你讲话，并没有任何肯定与否定的含义。

（三）需求层次理论在谈判策略中的应用

尼尔伦伯格把谈判者的需求理论应用于谈判实践，归纳成谈判的策略和方法。按照对谈判成功的控制力量的大小排列,他把需求分为六种基本类型。

1. 谈判者顺从对方的需求

谈判者在谈判中站在对方的立场上,设身处地地为对方着想,从而最终达成一致协议,这种方法最容易促使谈判成功。

2. 谈判者使对方服从自身的需求

这种类型的谈判,双方都能得到利益,每一方都是胜者。例如,商店营业员普遍对顾客使用这种策略,满足顾客需求,从而更好地推销商品。

3. 谈判者同时服从对方和自己的需求

这是指谈判双方从彼此共同利益出发,为满足双方每一方面的共同需求进行洽谈,进而采取符合双方需求与共同利益的谈判策略。如甲乙双方的贸易谈判,甲方要求将交货日期、品质、数量、规格、价值写入合同中,而乙方则要求合同签订后交付 20％预订金等。尽管双方曾进行过多次贸易,但双方这样做都是出于安全和保障的需求。

4. 谈判者违背自己的需求

这是谈判者为了争取长远利益的需求,抛弃某些眼前或无关紧要的利益和需求而采取的一种谈判谋略。谈判者为了达到某种目的而不惜损害自己的需求,这并不是一种非理性行为,而是经过深思熟虑,为实现自己预期目标采用的有效谈判手段。如某些商业企业有意识违背自身短期收入增长的需求,采取薄利多销的经营手段来吸引顾客,扩大影响,从而为自己树立诚信,获取更大利益做准备。

5. 谈判者不顾对方的需求

这类方法是谈判者只顾自己的利益,不顾他人需求和利益动机,是一种你死我活的谈判策略。采用这一策略的一方往往处于强者的主动地位,但更多的情况是导致谈判破裂。

6. 谈判者不顾对方和自己的需求

这是谈判者为了达到某种特定的预期目的,完全不顾双方的需求与利益,即双方"自杀"的谈判办法。例如,在商品贸易洽谈中,谈判双方展开价格战。买卖双方都甘愿冒亏本破产的危险。竞相压低价格,以挤垮竞争对手,此类场合采取的就是这种谈判策略。

上述六种不同类型的谈判谋略,都显示了谈判者如何满足自己的需求。从第一种到第六种,谈判的控制力量逐渐减弱,谈判桌上的危机逐渐加重。

第二节 谈判思维与心理概述

一、商务谈判的思维

(一) 谈判思维方式

商务谈判中的思维主要有观念思维、谋略思维和辩证思维,观念思维主要是从谈判的泛化角度来理解的,讲的是人人都是谈判者。谋略思维主要是指在谈判前应做好充分的准备,知己知彼,百战不殆。在商务谈判思维中最重要的是辩证思维,辩证思维精通各种谈判因素的正确关系,能驾驭谈判中的复杂情况。下面是在谈判中比较常见的关系因素。

(1) 一口价。只要双方同意谈判,就等于否定了一口价,只要坐在谈判桌边,也等于否定了标准价,无论拿出印刷的标准价格表,还是某年某月与某人签的合同都不能成为标准价,这些只能当作谈判的工具、价格的幌子,谁承认它们,谁就是傻瓜,只要你不承认,你就自由了,就可以放手谈判,只要放手谈判,就可以讨价还价。

在谈判中不敢讲丑话是谈判中的一大忌,尤其在熟人、朋友或特殊关系的对手之间,不敢设想或顾虑未来的危机、可能发生的纠纷,怕说出来伤害感情,不够面子。其实讲丑话是谈判的重要内容,隐患未除,尾巴未除,那就真的要出丑了。

(2) 舌头和耳朵。美国人称美元、信息和舌头是现代社会三大原子弹。多数人认为谈判过程是口舌之争,其实在整个谈判过程中,耳朵的功能是更加重要的,因为说的前提是思考,而思考的基础是信息,特别是来自对方的陈述信息,所以在商务谈判中认真听取对方的陈述是头等重要的大事,学会倾听是学习谈判艺术的第一课。

(3) 啰唆不可取,重复却需要强调。谈判本身就具有很强的重复性,可以说是最难进行语言沟通的交往活动。必须学习重复艺术。

在谈判过程中是免不了说谎的,双方相互试探、相互调整,谎言其实也是一种策略,人们无法将实话、真话和盘托出,谈判的过程就是从虚话走向实话、从假话走向真话的漫长而曲折的过程。在谈判桌上绝不说假话的人,一是不可能,二是未成年。光说假话的人,一是未成年,二是不可能。

(二) 谈判思维的概念

谈判思维是谈判者在谈判过程中理性地认识客观事实的行为与过程,是谈判者对谈判活动中的目的、谈判环境、谈判对手及其行为间接的、概括的反映。谈判思维是谈判者一种有意识的行为。

谈判的过程,其实质就是谈判人员的思维活动过程。人的思维过程,从思维形式上说,就是运用概念进行判断、推理、论证的过程。概念是思维的基本细胞、出发点。概念组成判断,由判断组成推理,由推理组成论证。判断是概念的展开,推理、论证则是概念、判断的联系和转换方式。概念、判断、推理、论证各逻辑环节构成商务谈判过程。

(三) 谈判思维要素

1. 概念

逻辑学认为概念是反映事物及其特有属性的思维形态,它是思维的细胞。任何概念都有两种逻辑特征,即内涵和外延,它们是概念在质和量两方面表现出来的逻辑特征。

运用概念必须遵守一条基本的逻辑规则,即概念要明确。所谓概念明确包含两层含义:一是明白,二是明确。在商务谈判中,明确概念尤为重要。概念是抓住谈判问题本质及其内部联系的基础,是进一步做出判断、推理、论证的逻辑起点。对于谈判中所使用的每一个概念,都要仔细斟酌,务必做到清晰明确,切忌含混不清、模棱两可。因概念上的差异而带来重大纠纷或造成重大经济损失,不论是在国内还是国外,都不乏其例。

2. 判断

谈判是对事物的情况有所断定的思维方式。有所断定是指有所肯定,或者有所否定。判断有四个逻辑特征。第一,两极性。即任何判断都有主词和宾词。第二,断定性。即对事物的情况有所断定,既不肯定又不否定就是判断。第三,异同性。即任何判断都是对象与属性的同一与差异的反映。第四,真假性。一个判断对事物的断定,如果符合客观实际情况,就是真判断,不符合,就是假判断。

在商务谈判中要做到判断恰当,必须对判断形式及其规律有所认识。充分认识和把握判断形式及其判断规律,是做出恰当判断的必要条件。

3. 推理

推理是根据已知的判断推出未知的新判断的思维方式。任何一个完整的推理都是由前提和结论两部分组成的。前提是已知的判断,是推理的根据和理由,它是推理过程的出发点,结论是根据前提引出的新判断,是推理的目的和结果。

根据推理方向的不同,推理可分为演绎推理、归纳推理、类比推理三种形式。如果在谈判过程中能够综合地运用这些推理形式去揭示某一论点,论据的实质和效果更强。

在商务谈判中要正确运用推理,必须遵循推理的逻辑要求,一个正确的推理要符合两个条件:一是前提真实;二是推理形式正确。在商务谈判中进行较为复杂的推理,如果不是遵循一定的推理逻辑规则而是仅凭个人主观臆断和一时的感觉,那么往往会造成逻辑推理错误。

4. 论证

商务谈判中的逻辑论证,是指各种逻辑形式、逻辑规则、逻辑规律在经济谈判中的综合运用,它是根据已知为真的判断来确定某个判断的真实性或虚假性的思维过程。论证具有两个证明的特点:证明的根据是已知为真的判断;证明的方法是通过逻辑推理。

逻辑论证一般由论题、论据、论证三部分组成。论题是指论证的对象,即对真实性需要加以确定的判断;论据是论证的依据,即用来证明论题真实性的依据;论证是运用论据证明论题的方式。一场谈判总要提出讨论的议题——论题。或开谈之前由对方或由双方议定;或在讨论过程中,对方选择自己论证过程中的某一论据、某一论断为新的议题;自己也可以选择对方论证中的论断或论据为新的论题,这就是论题的产生。谈判中要以各种论据判断分析问题,然后经过综合得出解决问题的方式。

讨论题 8-3

登机前 60 分钟,重要客户在机场催你签合约。你的选择是(   )。

A. 很高兴,赶快签正式合约

B. 先签承诺书,重要的价格问题等回国再签

C. 拒绝签任何合约,一切等回国再商讨

二、商务谈判的心理

思考:谈判对手故意忽视你,嘲笑你未能获得授权而拒绝与你继续谈判,你会(   )。

A. 当面表示你也不知道公司为什么不进行完全授权，并表现你的无奈

B. 告知对方你会将意见转达给主管，而后告辞

C. 请顾客在你的权限范围内先行协商

（一）商务谈判心理特点

与其他的心理活动一样，商务谈判心理有其心理活动的特点以及规律性。一般来说，商务谈判心理具有内隐性、相对稳定性、个体差异性等特点。

1. 内隐性

商务谈判心理的内隐性指商务谈判心理是藏之于脑、存之于心的，别人是无法直接观察到的。但尽管如此，由于人的心理会影响人的行为，行为与心理有密切的联系，因此，人的心理可以反过来从其外显行为加以推测。例如，在商务谈判中，对方作为购买方对所购买的商品在价格、质量、售后服务等方面的谈判协议条件都感到满意，那么在双方接触中，谈判对方会表现出温和、友好、礼貌赞赏的态度反应和行为举止；如果很不满意，则会表现出冷漠、粗暴、不友好、怀疑甚至挑衅的态度反应和行为举止。掌握这其中的一定规律，我们就能较为充分地了解对方的心理状态。

2. 相对稳定性

商务谈判心理的相对稳定性是指人的某种商务谈判心理现象，产生后往往具有一定的稳定性。例如，商务谈判人员的谈判能力会随着谈判经历的增多而有所提高，但在一段时间内却是相对稳定的。正是由于商务谈判心理具有相对稳定性，我们才可以通过观察分析去认识它，而且可以运用一定的心理方法和手段去改变它，使其利于商务谈判的开展。

3. 个体差异性

商务谈判心理的个体差异是指因谈判者个体的主客观情况的不同，谈判者个体之间的心理状态存在一定的差异。商务谈判心理的个体差异性，要求人们在研究商务谈判心理时，既要注重探索商务谈判心理的共同特点和规律，又要注意把握不同个体心理的独特之处，更有效地为商务谈判服务。

案例 8-2

据记载，一个美国代表被派往日本谈判。日方在接待的时候得知对方需于两个星期之后返回。日本人没有急着开始谈判，而是花了一个多星期的时间陪其在国内旅游，每天晚上还安排宴会。谈判终于在第 12 天开始，但每天都早早结束，为的是客人能够去打高尔夫球。终于在第 14 天谈到重点，但这时候美国人已经该回去了，没有时间和对方周旋，只好答应对方的条件，签订了协议。

案例思考：

1. 阅读此案例谈谈你对商务谈判谈判心理的感受。

2. 一个成功的商务谈判者应注重收集哪些信息？

（二）谈判者的心理类型

人的心理，是人脑对客观现实的主观能动的反应。谈判心理是谈判者在谈判过程中对于各种客观存在的条件、现象的主观能动的反应。谈判者正在谈判中的心理活动内容通过各自的知觉、能力、性格、兴趣、情绪和态度表现出来。

谈判者的心理活动内容是极其丰富的，可表现为多种心理类型。这些心理类型有些是积极的，它们能对谈判的顺利进行起到促进作用；有些是消极的，对谈判的进展起阻碍作用；有些心理活动对自己有利；有些心理活动则对对方有利。一般可总结出以下 12 种心理类型。

1. 虚荣心理

虚荣心理是指谈判者只追求表面的光彩而不顾实际的收益。具有虚荣心的谈判者喜欢表现自己，爱出风头，只要满足了自己的心理要求，就会主动放弃自己的利益。

2. 喜悦心理

喜悦心理指谈判者预计要取得满意的结果或已经取得一定成果而表现出来的满意心态。

3. 愤怒心理

愤怒心理是谈判者在谈判中所表现出的对某事或某人强烈不满的心态。

4. 惊异心理

惊异心理是指谈判者遇到一些意想不到的事情之后表现出的惊奇诧异的感觉。

5. 忧虑心理

忧虑心理是谈判者在谈判期间产生的忧愁和顾虑心理。如担心完不成任务，顾虑决策失误等。具有忧虑心理的谈判者因为对未来的前途缺乏信心而始终处于紧张状态。

6. 悲伤心理

悲伤心理是谈判者在谈判中由种种不利情况而产生的痛苦与伤心的感觉。造成这种心理的主要原因有自己的失误和别人的误解两大类。

7. 冲动心理

冲动心理是谈判者在谈判过程中因情感特别强烈而缺乏理性控制时的感觉。具有这种心理的谈判者容易感情用事而缺乏理性思考。这种心理主要表现在谈判者的形象、自尊心和荣誉感受到伤害时。

8. 烦躁心理

烦躁心理是谈判者遇到不顺心的事情而表现出来的烦闷急躁的心理。具有这种心理的谈判者大多急于求成。

9. 恐惧心理

恐惧心理是谈判者在谈判过程中产生的畏惧、害怕情绪。产生恐惧心理的根本原因是信息掌握不完整，担心在谈判中吃亏，害怕重大决策失误等。

10．恻隐心理

恻隐心理是谈判者因同情对方而产生的心理。产生恻隐心理的原因可能是因为谈判者心地太善良。具有这种心理的谈判者在讨价还价时，特别容易做出让步。

11．怀疑心理

怀疑心理是谈判者在谈判中产生的不信任情绪。谈判者的怀疑对象主要是对方，但也可能是自己的同僚和上级。

12．麻痹心理

麻痹心理是谈判者在谈判中麻痹大意而失去警惕性。具有这种心理的谈判者极易上当。

（三）谈判中的个体心理

谈判主体是由谈判者个体组成的，谈判是通过谈判者个体之间的接触交流来进行的。因此，想要了解和把握对方的谈判思想，就必须了解个体心理过程和个性心理特点。

1．知觉

知觉是客观事物直接作用于感官而在头脑中产生的对事物整体的认识，是谈判者个体心理表现的主要因素之一。知觉的来源是第一印象，即谈判双方第一次会面给对方留下的看法。根据心理学理论，知觉具有三个特点。

（1）选择性。谈判者对于提供的各种信息会根据各自的经验、身份、地位等需要进行取舍。选择性又包括选择性注意、选择性理解和选择性记忆三个层次。

（2）适应性。谈判者对初次接触的人与商品都有一个从不适应到适应的过程。

（3）错觉性。谈判者对对方提供的信息会产生错误的感觉。

知觉的这些特点告诫谈判者，一方面要端正自己的思想方式，以便能产生正确的知觉，从而为取得有利的谈判成果创造条件；另一方面，要正确认识对方的知觉，以便制定出正确的对策。

2．能力

能力是指谈判者能够顺利地完成谈判活动，并直接影响谈判效率的素质。谈判需要多方面的能力，如观察能力、判断能力、交际能力、应变能力、表达能力等。谈判者所具有的能力存在较大的个性差异，从而决定了谈判者的不同心理。

3．性格

性格是人们在生活过程中形成的对事物的比较稳定的态度和习惯性的行为。性格对谈判者的心理影响较大。不同的性格使谈判者在谈判中有不同的心理表现。

4．兴趣

兴趣是人们在长期的社会生活中形成的积极探究某种事物的认知倾向，是人们对客观事物及其喜好情绪的反应。兴趣在谈判者心理上的表现是：具有相同兴趣的谈判者会使双方很容易找到相同点而形成良好的谈判气氛，从而使谈判顺利进行下去。

5. 情绪

情绪是人们对客观事物的喜、怒、哀、乐、恶、惧等态度的反应。它具有肯定和否定两重性。当人们对事物感到满意时,在情绪上会有肯定的表示。当人们对事物感到不满时,在情绪上会有否定的表示。由于情绪影响人的活动能力,因而不同的情绪对谈判者的心理影响表现出积极和消极两方面。当谈判者具有积极的情绪时会精神饱满,充满信心。当谈判者具有消极情绪就会精神不振,效率低下。

6. 态度

态度是人们在认识客观事物的基础上表现出来的行为方式。人们对事物的态度,决定着以后的行为,这对经济谈判产生着直接影响。当双方都持协商友好的态度时,谈判会进行得比较顺利;当谈判双方的态度都不友好时,谈判则很难取得成功。

(四)谈判中的禁忌

1. 一般谈判心理禁忌

一般谈判心理禁忌主要包括以下几个方面。

(1)戒急:不要急于表达自我的购买意愿与利益底线。

(2)戒轻:不要轻视对方,也不要轻视自己。

(3)戒狭:不要思想与思维狭隘。

(4)戒俗:不要势利。

(5)戒弱:不要轻视自己。

(6)戒贪:不要只看到自己的利益,要照顾到对方的利益底线。

2. 专业谈判心理禁忌

专业谈判心理禁忌主要包括以下几方面。

(1)戒盲目谈判。谈判前要做好充分准备,不打无准备之仗。

(2)戒自我低估。谈判过程中不要看低自己。

(3)戒不能突破。遇到僵局时要勇于突破。

(4)戒感情用事。要沉着、冷静。

(5)戒只顾自己。谈判是合作的利己主义,要照顾到双方的利益。

(6)戒假设自缚。

(7)戒掉以轻心。

(8)戒失去耐心。

三、谈判动机

以什么样的目的来指导谈判就是谈判者的动机。需要说明的是,这里的谈判目的不是指委托人的谈判目的,而是指作为谈判者一种心态所反映出的个人动机。谈判者的动机有以下几个方面:第一,为了完成任务而谈判;第二,把谈判作为自己的事业而谈判;第三,为了提高社会名誉而谈判;第四,为了晋升而谈判;第五,为了出风头而谈判;第六,为了个人的物质利益而谈判。

总而言之,这些动机给谈判可能带来积极影响,也可能带来消极影响。认识谈判者的动机追求,其目的在于在谈判中驾驭这些动机,充分利用这些动机,同时有利于堵塞自己的心理漏洞,对自己的不良动机加以防范。

第三节　成功谈判者应具备的素质

一、崇高的事业心、责任感

崇高的事业心和责任感是指谈判者要以极大的热情和全部的精力投入到谈判活动中,以对自己工作高度负责的态度抱定必胜的信念去进行谈判活动。只有这样,才会有勇有谋,百折不挠,达到目标;才能虚怀若谷,大智若愚,取得成功。试问,一个根本不愿意进行谈判、对集体和国家都没有责任心的人,代表集体去进行谈判,他会全力以赴吗? 会取得成功吗? 不会的。再有,一个抱着个人目的代表集体去谈判的人,他会为集体的需要据理力争吗? 他会使集体需要获得最大限度的满足吗? 不会的。只有具有崇高事业心和强烈责任感的谈判者,才会以科学严谨、认真负责、求实创新的态度,本着对自己负责、对别人负责、对集体负责的原则,克服一切困难,努力完成谈判任务。

二、坚韧不拔的意志

商务谈判不仅是一种智力、技能和实力的比试,更是一场意志、耐性和毅力的较量。有一些重大艰难的谈判,往往不是一轮、两轮就能完成的。对谈判者而言,如果缺乏应有的意志和耐心,是很难在谈判中取得成功的。意志和耐心不仅是谈判者应具备的心理素质,也是进行谈判的一种方法和技巧。

著名的"戴维营和平协议"的签署就是一个由于持久耐心而促成的成功谈判的经典案例。这次谈判的成功,应归功于卡特的耐心和意志。卡特总统是一位富于伦理道德的正派人,他最大的特点就是持久和耐心。有人曾评论说,如果你同他一起待上 10 分钟,你就像打了一针镇静剂一样。

为了促成埃及和以色列的和平谈判,卡特精心地将谈判地点选择在戴维营,那是一个没有时髦男女出没,甚至普通人也不去的地方。尽管那里环境幽静、风景优美、生活设施配套完善,但卡特总统仅为 14 人安排了两辆自行车的娱乐设备。晚上休息,住宿的人可以任选三部乏味的电影中的一部看。住到第六天,每个人都把这些电影看过两次了,他们厌烦得近乎发疯。但是每天早上 8 点钟,萨达特和贝京都会准时听到卡特的敲门声和那句熟悉的单调话语:"你好,我是卡特,再把那个乏味的题目讨论上一天吧。"正是由于卡特总统的耐心、坚韧不拔、毫不动摇,到第 13 天,萨达特和贝京都忍耐不住了,再也不想为谈判中的一些问题争论不休,这就有了著名的戴维营和平协议。

三、以礼待人的谈判诚意和态度

谈判的目的是较好地满足谈判双方的需要,是一种交际、一种合作,谈判双方能否互相交往、信任、取得合作,这还取决于谈判双方在整个活动中的诚意和态度。谈判作为一种交往活动是人类自尊需求的满足,要得到别人的尊重,前提是要尊重别人。谦虚恭让的谈判风格、优雅得体的举止和豁达宽广的胸怀是一位成功谈判者所必需的。在谈判过程中以诚意感动对方,可以使谈判双方互相信任,建立良好的交往关系,有利于谈判的顺利进行。

谈判桌上谦和的态度和化敌为友的含蓄委婉,比任何场合的交谈都更为重要。例如,谈判者挨着谈判桌,摆出一副真诚的姿态,脸上露出淡淡的笑意,对方发言时总是显出认真倾听的样子,常常是很讨人喜欢的。"是呀,但是……""我理解你的处境,但是……""我完全明白你的意思,也赞同你的意见,但是……"这些话既表示了对对方的尊重、理解、同情,同时又赢得了"但是"以后所包含的内容,使谈判向成功又迈进了一步。

四、良好的心理调控能力

要完成伟大的事业没有激情是不行的。但在激情下面,限制我们激情所激发的行动是那种广泛、不受个人情感影响的心理调控能力。谈判是一种高智能的斗智比谋的竞赛活动,感情用事会给谈判造成很不利的影响。一名成功的谈判者,应具有良好的心理调控能力,在遭受心理挫折时,善于做自我调节、临危不乱、受挫不惊,在整个谈判过程中始终保持清醒、冷静的头脑,保持灵敏的反应能力、较强的思辨性和准确的语言表达,使自己的作用和潜能得以充分发挥,从而促成谈判的成功。

本章小结

谈判中需要的理论主要是马斯洛需求层次理论,包括生理需求(physiological needs)、安全需求(safety needs)、爱和归属感(love and belonging)、尊重(esteem)和自我实现(self-actualization)。了解对方心理,在达到谈判目的情况下满足对方需求是谈判的最高境界。

商务谈判的思维包括"一口价""舌头和耳朵""啰唆不可取,重复却需要强调"等。掌握对方的思维方式能让谈判者在谈判中占据主导地位。

商务谈判的心理包括虚荣心理、喜悦心理、愤怒心理、惊异心理、忧虑心理、悲伤心理、冲动心理、烦躁心理、恐惧心理、恻隐心理、怀疑心理、麻痹心理等。正确地运用这些心理会更好地达成谈判目的的。

成功谈判者应具备的素质有崇高的事业心、责任感,坚韧不拔的意志,以礼待人的谈判诚意和态度,良好的心理调控能力等。

本章思考题

一、选择题

1. 为得到更多的让步,或是为了掌握更多的信息,对方提出一些假设性的需求或问题,目的在于摸清底牌。此时你应该( )。

  A. 按照对方假设性的需求和问题诚实回答

  B. 对于各种假设性的需求和问题不予理会

  C. 指出对方的需求和问题不真实

  D. 了解对方的真实需求和问题,有针对性地给予同样假设性答复

  E. 窥视对方真正的需求和兴趣,不要给予清晰的答案,并可将计就计促成交易

  2. 在谈判过程中,对方总是改变自己的方案、观点、条件,使谈判无休无止地拖下去。你应该( )。

  A. 以其人之道还治其人之身,用同样的方法与对方周旋

  B. 设法弄清楚对方的期限要求,提出己方的最后期限

  C. 节省自己的时间和精力,不与这种对象合作

  D. 采用休会策略,等对方真正有需求时再和对方谈判

  E. 采用"价格陷阱"策略,说明如果现在不成交,以后将会涨价

二、简答题

1. 什么是人类需求的五个层次? 它是如何体现在商务谈判中的?

2. 什么是商务谈判心理特点?

三、思考题

1. 试分析谈判心理对商务谈判成功的影响。

2. 如何利用谈判人员的心理特点来把握谈判的节奏?

第九章

商务谈判准备阶段

学习目标

通过本章的学习,使学生了解和掌握以下知识点:

- 了解商务谈判信息的概念、作用和搜集;
- 掌握商务谈判的组织准备、时间和地点的选择以及商务谈判方案的制订;
- 掌握商务谈判的会务准备和现场布置;
- 理解模拟谈判的内容与方式;
- 能运用适当的手段和方法进行谈判背景的调查研究;
- 能够根据拟定的谈判目标,制订相应的谈判方案。

知己知彼,百战不殆。进行一场商务谈判,前期的准备非常关键。准备工作做得充分可靠,谈判者就会增强自信,从容应对谈判过程中的变化,处理好各种问题,在谈判中处于主动地位。商务谈判准备工作一般包括背景调查、谈判组织准备、谈判计划的制订等项任务。

第一节 商务谈判背景调查

小智囊:

英国谈判学家马什认为整个谈判是一个循序渐进的"过程",谈判者一方面必须注意谈判过程的每一个时空细节,另一方面还要随时注意全面观察、分析、判断,同时进行不断的能动"调整",利用有利因素,弱化不利因素。

一、背景调查的内容

（一）谈判环境调查

商务谈判是在特定的社会环境中进行的,社会环境各种因素(如政治环境、经济环境、社会文化环境、自然资源环境、基础设施条件、气候条件、地理位置等),都会直接或间接地影响谈判。谈判人员必须对上述各种环境因素进行全面系统正确的调查和分析,才能因地制宜地制定出正确的谈判方针和策略。具体地讲,谈判环境调查的内容包含以下几项。

1. 政治状况

（1）国家对企业的管理程度。这涉及参加谈判的企业自主权的大小问题。如果国家对企业管理程度较高,那么政府就会干预或限定谈判内容及谈判过程,关键性问题可能要由政府部门人员做出决定,企业人员没有太多的决定权;相反,如果国家对企业的管理程度较低,企业有较大的自主权,那么企业人员就可能自主决定谈判的内容、目标,对有些关键性问题可能自己敲定。

（2）国家对企业的领导形式。如果是中央集权制,那么中央政府权力较集中;如果是地方分治制,那么地方政府和企业权力较大。在计划管理体制下,企业只有争取到了计划指标,才可能在计划范围里实施谈判,灵活性较小;在市场经济条件下,企业建立起独立的管理机制,有较大的经营自主权,谈判的灵活性较强。

（3）对方对谈判项目是否有政治上的关注? 如果有,程度如何? 哪些领导人对此比较关注? 这些领导人各自的权力如何?

商务谈判通常是纯商业目的的,但有时可能会受到政治因素的影响,如政府或政党的政治目的参与到商务谈判中,政治因素将影响甚至决定谈判的结果,而商业因素或技术因素要让步于政治因素。涉及关系国家大局的重要贸易项目,涉及影响两国外交的敏感性很强的贸易往来,都会受到政治因素的影响。尤其是集权程度较高的国家,领导人的权力将会制约谈判结果。

（4）谈判对手当局政府的稳定性如何? 在谈判项目上马期间,政局是否会发生变动? 总统大选的日子是否在谈判期间? 总统大选是否与所谈项目有关? 谈判国与邻国关系如何? 有无战争风险?

国家政局的稳定性对谈判有重要的影响。一般来说,如果政局不稳,发生动乱,或者爆发战争,谈判都将被迫中止,或者已达成的协议会变成一张废纸,不能履行合同,造成极大的多方面的损失。

（5）买卖双方政府之间的关系如何? 如果两国政府关系友好,那么买卖双方的贸易是受欢迎的,谈判将是顺利的;如果两国政府之间存在敌对矛盾,那么买卖双方的贸易会受到政府的干预甚至被禁止,谈判中的障碍很多。

（6）该国有没有将一些间谍手段运用到商务谈判中的情况? 在国内外市场竞争激烈的今天,有些国家和公司在商务谈判中采用一些间谍手段,如在客人房间安装窃听器,偷听电话、暗录谈话内容等。谈判人员应该提高警惕,防止对方采用各种手段窃取信息、设置陷阱,造成己方谈判的被动局面。

2. 宗教信仰

(1) 该国家占主导地位的宗教信仰是什么?

世界上有多种宗教信仰,宗教信仰对人的道德观、价值观、行为方式都有直接影响。首先要搞清楚该国家或地区占主导地位的宗教信仰是什么,其次要研究这种宗教信仰对谈判人的思想行为会产生哪些影响。

(2) 该宗教信仰是否对下列事物产生重大影响。

① 政治事务。例如该国政府的施政方针、政治形势、民主权力是否受该国宗教信仰的影响。

② 法律制度。某些宗教色彩浓厚的国家或地区,其法律制度的制定不能违背宗教教义,甚至某些宗教教规就是至高无上的法律。

③ 国别政策。由于宗教信仰不同,一些国家在对外贸易上制定国别政策;对宗教信仰相同的国家实施优惠政策,对宗教信仰不同的国家(尤其是有宗教歧视和冲突的国家及企业)施加种种限制和刁难。

④ 社会交往与个人行为。宗教信仰对社会交往的规范、方式、范围都有一定的影响;对个人的社会工作、社交活动、言行举止都有这样那样的鼓励或限制。这些都会形成谈判者在思维模式、价值取向、行为选择上的宗教痕迹。

⑤ 节假日与工作时间。不同宗教信仰的国家都有自己的宗教节日和活动,谈判日期不应与该国的宗教节日、祷告日、礼拜日相冲突,应该尊重对方的宗教习惯。

3. 法律制度

(1) 该国的法律制度是什么? 是依据何种法律体系制定的?

(2) 在现实生活中,法律的执行程度如何? 法律执行情况不同将直接影响到谈判成果能否受到保护。有法可依、执法严格、违法必究,将有利于谈判按照法律原则和程序进行,也将保证谈判签订的协议不会受到任意侵犯。

(3) 该国法院受理案件的时间长短如何? 法院受理案件时间的长短直接影响谈判双方的经济利益。当谈判双方在交易过程中以及合同履行过程中发生争议,经调解无效,递交法院。法院受理案件的速度越快,对谈判双方争议的解决就越有利,损失就越小。

(4) 该国对执行国外的法律仲裁判决有什么程序? 要了解,跨国商务谈判活动必然会涉及两国法律适用问题,必须清楚该国执行国外法律仲裁判决需要哪些条件和程序。

(5) 该国当地是否有完全脱离于谈判对手的可靠的律师。

4. 商业做法

(1) 该国企业是如何经营的? 是不是主要各公司的负责人经营或是公司中各级人员均可参与? 有没有真正的权威代表?

(2) 是不是做任何事情都必须见诸文字? 或是只有文字协议才具有约束力? 合同具有何等重要意义?

(3) 在谈判和签约过程中,律师等专业顾问是不是始终出场,负责审核合同的合法性并签字,还是仅仅起到一种附属作用?

(4) 正式的谈判会见场合是不是只是为双方的领导而安排的,其他出席作陪的成员是否只有当问到具体问题时才能讲话?

(5) 该国有没有工业间谍活动? 应该如何妥善保存机要文件以免谈判机密被对方窃取?

(6) 在商务往来中是否有贿赂现象? 如果有的话,方式如何? 起码的条件如何? 调查这些问题的目的在于防止不正当的贿赂使己方人员陷入圈套,使公司利益蒙受损失。

(7) 一个项目是否可以同时与几家公司谈判,以选择最优惠的条件达成交易? 如果可以的话,那么保证交易成功的关键因素是什么? 是否仅仅是价格问题?

如果一个项目可以同时与几家公司谈判,谈判的选择余地就大得多,如果能够抓住保证交易成功的关键因素,就可以为达成交易寻找最佳伙伴。

(8) 业务谈判常用的语种是什么? 如使用当地的语言,有没有可靠的翻译? 合同文件是否可用两种语言表示? 两种语言是否具有同等的法律效力?

5. 社会习俗

谈判者必须了解和尊重该国、该地区的社会风俗习惯,并且善于利用这些社会习俗为己方服务。例如,该国家或地区人们在称呼和衣着方面的社会规范标准是什么? 是不是只能在工作时间谈业务? 在业余时间和娱乐活动中是否也能谈业务? 社交场合是否携带妻子? 社交款待和娱乐活动通常在哪里举行? 赠送礼物有哪些习俗? 当地人在大庭广众之下是否愿意接受别人的批评? 人们如何看待荣誉、名声等问题? 当地人公开谈话不喜欢哪些话题? 妇女是否参与经营业务? 在社会活动中,妇女是否与男子具有同样的权利? 这些社会习俗都会对人们的行为产生影响和约束力,必须了解和适应。

6. 财政金融状况

该国的外债情况如何? 该国的外汇储备情况如何? 该国主要依靠哪些产品赚取外汇? 该国货币是否可以自由兑换? 有何限制? 该国在国际支付方面信誉如何? 是否有延期的情况? 要取得外汇付款需经过哪些手续和环节? 该国适用的税法是什么? 是根据什么法规进行征税的? 该国是否签订过避免双重征税的协议? 公司在当地赚取的利润是否可以汇出境外? 有什么规定?

(二) 对谈判对手的调查

1. 客商身份调查

首先应该把谈判对手属于哪一类客商了解清楚,避免错误估计对方,使自己失误甚至受骗上当。目前,贸易界的客商基本上可以归纳为如表 9-1 所示类别。

(1) 对待在世界上享有一定声望和信誉的公司,要求我方提供准确、完整的各种数据,令人信服的信誉证明,谈判前要做好充分准备,谈判中要有较高的谈判技巧,要有充足的自信心,不能一味为迎合对方条件而损害自己的根本利益。

(2) 对待享有一定知名度的客商,要看到对方比较讲信誉,占领我国市场比较迫切,技术服务和培训工作比较好,对我方在技术方面和合作生产的条件比较易于接受,是较好的贸易伙伴。

表 9-1　谈判客商类别

客 商 类 别	特 征
在世界上享有一定声望和信誉的跨国公司	资本雄厚,有财团做后盾,机构健全,聘请法律顾问专门研究市场行情以及技术论证
享有一定知名度的客商	资本比较雄厚,产品在国内外有一定的销售量,靠引进技术,创新发展,在国际上有一定的竞争能力
没有任何知名度的客商	没有任何知名度,但却可提供完备的法人证明,具备竞争条件
专门从事中介交易的客商	俗称中间商,无法人资格,无权签署合同,只是为了收取佣金而为交易双方牵线搭桥
知名母公司下属的子公司	资本比较薄弱,有独立的法人,实行独立核算,在未获授权许可前无权代表母公司
知名母公司总部外的分公司	无法律和经济上的独立性,不具有独立法人资格,公司资产属于母公司
利用本人身份搞非其所在公司业务的客商	在某公司任职的个人,打着公司的招牌,从事个人买卖活动,谋取暴利或巨额佣金
骗子客商	无固定职业,专门靠欺骗从事交易,以行贿等手段实施欺骗活动

（3）对待没有任何知名度的客商,只要确认其身份地位,深入了解其资产技术、产品、服务等方面的情况,也是我们很好的合作伙伴。

（4）对待专门从事交易中介的客商,要认清他们所介绍的客商的资信地位,防止他们打着中介的旗号行欺骗之实。

（5）对待"借树乘凉"的客商,不要被其母公司的光环所迷惑,对其应持慎重态度。如果是子公司,我方应要求其出示其母公司准许其以母公司的名义洽谈业务,并承担子公司一切风险的授权书。

2. 谈判对手资信调查

对谈判对手进行资信状况的调查研究,是谈判前准备工作极其重要的一步。缺少必要的资信状况分析,谈判对手主体资格不合格或不具备与合同要求基本相当的履约能力,那么所签订的协议就是无效协议或者是没有履行保障的协议,谈判活动就会前功尽弃,蒙受巨大损失。

对谈判对手资信情况的调查包括两方面的内容:一是对方主体的合法资格;二是对方的资本信用与履约能力。

（1）对客商合法资格的审查。商务谈判的结果是有一定的经济法律关系的,参加一定的经济法律关系而享受权利和义务关系的组织或个人,叫作经济法律关系主体。作为参加商务谈判的企业组织必须具有法人资格。

法人应具备三个条件:一是法人必须有自己的组织机构、名称与固定的营业场所,组织机构是决定和执行法人各项事务的主体;二是法人必须有自己的财产,这是法人参加经济活动的物质基础与保证;三是法人必须具有权利能力和行为能力。所谓权利能力是指法人可以享受权利和承担义务,而行为能力则是法人可以通过自己的行为享有权利和承担义务。

对对方法人资格的审查，可以要求对方提供有关条件。如法人成立地注册登记证明、法人所属资格证明、验看营业执照，详细掌握对方企业名称、法定地址、成立时间、注册资本、经营范围等。还要弄清对方法人的组织性质，是有限公司还是无限责任公司，是母公司还是子公司或分公司。因为公司组织性质不同，其承担的责任是不一样的。还要确定其法人的国籍，即其应受哪一国家法律管辖。对于对方提供的证明文件首先要通过一定的手段和途径进行验证。

对客商合法资格的审查还应包括对前来谈判的客商的代表资格或签约资格进行审查；在对方当事人找到保证人时，还应对保证人进行调查，了解其是否具有担保资格和能力；在对方委托第三者谈判或签约时，应对代理人的情况加以了解，了解其是否有足够权力和资格代表委托人参加谈判。

（2）对谈判对手资本、信用及履约能力的审查。对谈判对手资本审查主要是审查对方的注册资本、资产负债表、收支状况、销售状况、资金状况等有关事项。对方具备了法律意义上的主体资格，并不一定具备很强的行为能力。因此，应该通过公共会计组织审计的年度报告、银行、资信征询机构出具的证明来核实。

通过对谈判对手商业信誉及履约能力的审查，主要调查该公司的经营历史、经营作风、产品的市场信誉与金融机构的财务状况，以及在以往的商务活动中是否具有良好的商业信誉。

（3）了解对方谈判人员的权限。谈判的一个重要法则是不与没有决策权的人谈判。弄清对方谈判人员的权限有多大，对谈判获得多少实质性的结果有重要影响。不了解谈判对手的权力范围，将没有足够决策权的人作为谈判对象，不仅在浪费时间，甚至可能错过更好的交易机会。一般来说，对方参加谈判人员的规格越高，权限也就越大；如果对方参加谈判的人员规格较低，我们就应该了解对方参加谈判人员是否得到授权？对方参谈人员在多大程度上能独立做出决定？有没有决定是否让步的权力？

（4）了解对方的谈判时限。谈判时限与谈判任务量、谈判策略、谈判结果都有重要关系。谈判者需要在一定的时间内完成特定的谈判任务，可供谈判的时间长短与谈判者的技能发挥状况成正比。时间越短，对谈判者而言，用以完成谈判任务的选择机会就越少。哪一方可供谈判的时间长，哪一方就拥有较大的主动权。了解对方谈判时限，就可以了解对方在谈判中会采取何种态度、何种策略，我方就可制定相应的策略。因此，要注意收集对手的谈判时限信息，辨别表面现象和真实意图，做到心中有数，针对对方谈判时限制定谈判策略。

（5）了解对方谈判人员其他情况。要从多方面搜集对方信息，以便全面了解谈判对手。例如，对方谈判班子的组成情况，即主谈人背景、谈判班子内部的相互关系、谈判班子成员的个人情况，包括谈判成员的资历、能力、信念、性格、心理类型、个人作风、爱好与禁忌等；谈判对手的谈判目标，所追求的中心利益和特殊利益；谈判对手对己方的信任程度，包括对己方经营与财务状况、付款能力、谈判能力等多种因素的评价和信任程度等。

（三）对谈判者自身的了解

在谈判前的准备工作中,不仅要调查分析客观环境和谈判对手的情况,还应该正确了解和评估谈判者自身的状况。古人云:"欲胜人者,必先自胜;欲论人者,必先自论;欲知人者,必先自知。"没有对自身的客观评估,就不会客观地认定对方的实力。孟子说过:"知人者智,自知者明。"谈判者一定要有自知之明。但是自我评估很容易出现两种偏向:一是过高估计自身的实力,看不到自身的弱点;二是过低评估自身实力,看不到自身的优势。自我评估首先要看到自身所具备的实力和优势,同时要客观地分析自己的需要和实现需要所欠缺的优势条件。

1. 谈判信心的确立

谈判信心来自对自己实力和优势的了解,也来自谈判准备工作是否做得充分。谈判者应该了解自己是否准备好支持自己说服对方的足够的依据,是否对可能遇到的困难有充分的思想准备,一旦谈判破裂是否会找到新的途径实现自己的目标。如果对谈判成功缺乏足够的信心,是否需要寻找足够的信心确立条件,还是需要修正原有的谈判目标和方案。

2. 自我需要的认定

满足需要是谈判的目的,清楚自我需要的各方面情况,才能制定出切实可行的谈判目标和谈判策略。谈判者应该认定以下几个问题。

(1) 希望借助谈判满足己方哪些需要。例如,作为谈判中的买方,应该仔细分析自己到底需要什么样的产品和服务,需要多少,要求达到怎样的质量标准,价格可以出多少,必须在什么时间内购买,供方必须满足买方哪些条件,等等;作为谈判中的卖方,应该仔细分析自己愿意向对方出售哪些产品,是配套产品还是拆零产品,卖出价格最低限是多少,买方的支付方式和时间如何,等等。

(2) 各种需要的满足程度。己方的需要是多种多样的,各种需要重要程度并不一样。要搞清楚哪些需要必须得到满足;哪些需要可以降低要求;哪些需要在必要情况下可以不考虑。这样才能抓住谈判中的主要矛盾,保护己方的根本利益。

(3) 需要满足的可替代性。需要满足的可替代性大,谈判中己方回旋余地就大;如果需要满足的可替代性很小,那么谈判中己方讨价还价的余地就很小,当然也就很难得到预期结果。需要满足的可替代性包含两方面内容。一是谈判对手的可选择性有多大。有些谈判者对谈判对手的依赖性很强,就会使己方陷入被动局面,常常被迫屈从于对方的条件。分析谈判对手可选择性要思考这样一些问题:如果不和他谈,是否还有其他的可选择对象? 是否可以在将来再与对手谈判? 如果与其他对手谈判可以得到的利益和损失是什么? 弄清这些问题,才有助于增强自己的谈判力。二是谈判内容可替代性的大小。例如,如果价格需要不能得到满足,可不可以用供货方式、提供服务等需要的满足来替代呢? 眼前需要满足不了,是否可以用长期合作的需要满足来代替? 这种替代的可能性大小,要通过认真权衡利弊的评价来确定。

(4) 满足对方需要的能力鉴定。谈判者不仅要了解自己要从对方得到哪些需要的满足，还必须了解自己能满足对方哪些需要，满足对方需要的能力有多大，在众多的同时提供需要满足的竞争对手中，自己具有哪些优势，占据什么样的竞争地位。

满足自身的需要是参加谈判的目的，满足他人需要的能力是谈判者参与谈判、与对方合作交易的资本。谈判者应该分析自己的实力，认清己方到底能满足对方哪些需要，如出售商品的数量、期限、技术服务等。如果谈判者企业具有其他企业所没有的满足需要的能力，或是能够比其他企业更好地满足某种需要，那么谈判者就拥有更多的与对方讨价还价的优势。

（四）市场资料

市场资料是商务谈判可行性研究的重要内容。市场情况瞬息万变、构成复杂、竞争激烈。对此，谈判者必须进行多角度、全方位、及时的了解和研究。与谈判有关的市场信息资料主要有以下几类。

（1）交易商品市场需求量、供给量及发展前景。

（2）交易商品的流通渠道和习惯性销售渠道。

（3）交易商品市场分布的地理位置、运输条件、政治和经济条件等。

（4）交易商品的交易价格、优惠措施及效果等方面。

市场情况对企业的商务谈判活动产生重大影响，谈判者要密切注视市场的变化，根据市场的供求运动规律，选择有利的市场，并在谈判中注意对方的要价及采取的措施。

（五）竞争对手资料

竞争对手资料是谈判双方力量对比中一个重要的砝码，会影响谈判天平的倾斜度。竞争对手资料主要包括以下几类。

（1）现有竞争对手的产品因素，如数量、品种、质量、性能、包装方面的优缺点。

（2）现有竞争对手的定价因素，如价格策略、让价策略、分期付款等方面。

（3）现有竞争对手的销售渠道因素，如有关分销、储运的实力对比等方面。

（4）现有竞争对手的信用状况，如企业的成长史、履约、企业素质等方面。

（5）现有竞争对手的促销因素，如推销力量、广告宣传、营业推广、服务项目等方面。

了解竞争者是较困难的，但如果是卖方，至少应该知道一个销售价格高于自己而质量比自己差的竞争对手的详细情况。作为买方，则应该掌握有关供货者的类似情报。

通过对以上情况的了解分析，找出主要竞争对手及其对本企业商品交易的影响，认清本企业在竞争中所处的地位，并制定相应的竞争策略，才能掌握谈判的主动权。

（六）交易条件及有关货单、样品资料

交易条件资料是商务谈判准备的必要内容。交易品资料一般包括商品名称、品质、数量、包装、装运、保险、检验、价格、支付等方面的资料。

货单、样品，双方交换过的函电抄本、附件，谈判用的价格目录表、商品目录、说明书等资料也很重要。货单必须做到具体、正确，每个谈判人员对此必须心中有数。谈判样品必须准备齐全，特别是注意样品必须与今后交货相符。

二、背景调查的信息渠道及方法

商务谈判背景调查工作应该坚持长期一贯性,企业应该不间断地搜集各种信息,为制定战略目标提供可靠依据;同时,面对某一具体谈判,又要有针对性地调查具体情况。调查要寻求多种信息渠道和调查方法,使调查的结果全面真实,准确地反映现实情况。

(一) 背景调查的信息渠道

1. 印刷媒体

印刷媒体主要通过报纸、杂志、内部刊物和专业书籍中登载的消息、图表、数字、照片来获取信息。这个渠道可提供比较丰富的各种环境信息、竞争对手信息和市场行情信息。谈判者可以通过这些渠道获得比较详细而准确的综合信息。

2. 电脑网络

电脑网络是 21 世纪非常重要的获取资料的渠道。在电脑网络上可以非常方便快捷地查阅国内外许多公司信息、产品信息、市场信息以及其他多种信息。

3. 电波媒介

电波媒介即通过广播、电视播发的有关新闻资料,如政治新闻、经济动态、市场行情、广告等。其优点是迅速、准确、现场感强,缺点是信息转瞬即逝,不易保存。

4. 统计资料

统计资料主要包括各国政府或国际组织的各类统计年鉴,也包括各银行组织、国际信息咨询公司、各大企业的统计数据和各类报表,特点是材料详尽,可提供大量原始数据。

5. 各种会议

通过参加各种商品交易会、展览会、订货会、企业界联谊会、各种经济组织专题研讨会来获取资料。特点是信息非常新鲜,要善于从中捕捉有价值的东西。

6. 各种专门机构

各种专门机构包括国内贸易部、对外贸易部、对外经济贸易促进会、各类银行、进出口公司、本公司在国外的办事处、分公司、驻各国的大使馆等。

7. 知情人士

例如,各类记者、公司的商务代理人、当地的华人、华侨、驻外使馆人员、留学生等。

(二) 背景调查的方法

1. 访谈法

调查者直接面对访问对象进行问答,包括个别对象采访,也包括召集多人举行座谈。在访谈之前,应准备好一份调查提纲,有针对性地设计一些问题。访谈对象回答问题可录音或记录,以便事后整理分析。这种方法的特点是可以有针对性地抽样选择访谈对象,可以直接感受对方的态度、心情和表述。

2. 问卷法

调查者事先印刷好问卷,发放给相关人士,填好以后收集上来进行分析。问卷的设计要讲究科学性和针对性,既有封闭式问题又要有开放式问题。这种方法的特点是可以广泛收集相关信息,利于实现调查者的主导意向,易于整理分析,难点在于如何调动被调查者填写问卷的积极性以及保证填写内容的真实性。

3. 文献法

文献法是收集第二手资料常采用的方法。可以从公开出版的报纸、杂志、书籍中收集,也可以从未公开的各种资料、文件、报告中收集。文献法的特点是可以收集到比较权威、比较准确的信息,但是要注意信息是否陈旧过时。

4. 电子媒体收集法

电子媒体指电话、电脑、电视、广播等媒体。电子媒体收集信息的作用越来越重要,通过电子媒体收集信息有许多优点,它传播速度快,可以及时获取最新信息;它传播范围广,可以毫不费力地收集到各个国家的重要信息;它表现力生动,电脑、电视媒体可以提供声音、图像、文件,提供真实的现场情景,尤其是电脑,储存的信息相当丰富。

5. 观察法

观察法是指调查者亲临调查现场收集事物情景动态信息。这种方法可以补充以上几种方法的不足,通过亲自观察得到最为真实可靠的信息。但是这种方法也有局限性,例如受交通条件限制,有些现场不能亲自去观察,受观察者自身条件限制,观察难免不全面,也难免受主观意识的影响而带有偏见。

6. 实验法

实验法即对调研内容进行现场实验的方法。如用商务活动的方式运转,商品试销、试购,谈判模拟等方法来收集事物动态信息。这种方法比观察法又进一步,可以发现一些在静态时不易发觉的新信息。

三、背景调查的原则及资料整理

(一)背景调查的原则

1. 可靠性

收集的信息要力求真实可靠,要选用经过验证的结论、经过审核的数据和经过确认的事实。不要满足于一种方法收集信息,可以采用几种方法,从不同角度来反映客观事实,不要凭主观判断片面做出结论。如果收集的信息不可靠,甚至是错误的,就会给谈判工作埋下隐患,造成不可估量的损失。

2. 全面性

背景调查的资料力求全面系统,应该从整体上反映事物的本质,不能仅仅靠支离破碎的信息来评估某些事物。尤其对一些重要信息,如经济环境、市场状况、商品销售情况、谈判对手的实力和商誉情况,在时间上和空间上都会存在差异,只有将调查工作做得更全面一些,才能保证所获得信息的完整准确性。

3. 可比性

调查资料要具备可比性。一方面可以横向比较,针对同一问题收集多个资料,就可以在比较中得出正确的结论;另一方面可以纵向比较,如市场行情、产品销售状况、企业商誉情况等,有了不同时期的资料就可以通过事物的过去分析其现在和未来的发展趋势,找出事物发展的规律性。

4. 针对性

背景调查工作是一项内容繁杂的工作,需要耗费大量的精力和时间,短时间内不可能把所有背景都调查清楚。要将与谈判有最密切联系的资料作为重点调查内容,要将最亟须了解的问题作为优先调查内容,这样才能提高调查工作效率,争取时间,占据主动。

5. 长期性

背景调查既是谈判前的一项准备工作,又是企业的一项长期的任务。在企业经营管理工作中重视信息的重要作用,建立完善的信息收集网络,不间断地将各种重要信息随时进行收集存档,就可以为企业经营、商务谈判不失时机地提供各种决策依据。如果平时不重视信息收集工作,事到临头匆匆忙忙搞调查,就很难保证调查工作的周密和完善。从这个角度来看,背景调查工作不仅仅是谈判人员的临时任务,而应该是企业各方面都要承担的长期的任务。

(二)资料的加工整理

资料的加工整理主要包括以下工作。

(1)要将收集的资料进行鉴别和分析,剔除某些不真实的信息、某些不能有足够证据证明的信息、某些带有较多主观臆断色彩的信息,保存那些可靠的、有可比性的信息,避免造成错误的判断和决策。

(2)要在已经证明资料可靠性的基础上将资料进行归纳和分类。将原始资料按时间顺序、问题性质、反映问题角度等要求分门别类地排列成序,以便于更明确地反映问题的各个侧面和整体面貌。

(3)将整理好的资料做认真的研究分析,从表面现象探求其内在本质,由此问题逻辑推理到彼问题,由感性认识上升到理性认识,然后提出有重要意义的问题。

(4)对提出的问题做出正确的判断和结论,并对谈判决策提出有指导意义的意见,供企业领导和谈判者参考。

(5)写出背景调查报告。调查报告是调查工作的最终成果,对谈判有直接的指导作用。调查报告要有充足的事实、准确的数据,还要有对谈判工作起指导作用的初步结论。

第二节　商务谈判的组织准备

一、谈判人员的遴选

　　谈判人员的遴选是谈判组织准备工作中最关键的一环。谈判者没有良好的素质,就不可能胜任艰苦复杂的谈判工作。谈判人员在掌握专业知识技能的同时,还应具备良好的综合素质。谈判人员的素质结构大体分为三个层次:核心层——识,中间层——学,外围层——才(图 9-1)。

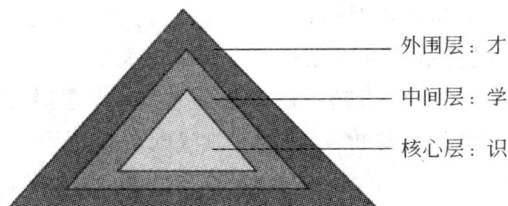

图 9-1　谈判人员的素质结构

　　古人云:"学如弓弩,才如箭镞,识以领之,方能中鹄。"形象地说明了这三个层次之间的辩证关系。

(一)谈判人员的"识"

　　"识"是谈判人员素质结构中最核心的内容,对谈判人员整体素质起着决定性的作用,主要包括气质性格、心理素质、思想意识等内容。

　　1. 气质性格

　　谈判人员应具备适应谈判需要的良好的气质性格。有些性格特征是不利于谈判的,如性格内向、孤僻多疑、不善表达、冷漠刻板、急躁粗暴、唯我独尊、嫉妒心强、心胸狭窄等。良好气质性格要求:大方而不轻佻、豪爽而不急躁、坚强而不固执、果断而不草率、自重而不自傲、谦虚而不虚伪、活泼而不轻浮、严肃而不呆板、谨慎而不拘谨、老练而不世故、幽默但不庸俗、热情但不多情。

　　2. 心理素质

　　在谈判过程中会遇到各种阻力和对抗,也会发生许多突变,谈判人员只有具备良好的心理素质,才能承受住各种压力和挑战,取得最后的成功。谈判人员应具备的良好心理素质主要有以下几个方面。

　　(1)自信心。自信心是谈判者最重要的心理素质。所谓自信心是指谈判者相信自己企业的实力和优势,相信集体的智慧和力量,相信谈判双方的合作意愿和光明前景,具有说服对方和把握谈判的自信。没有自信心,就不可能在极其困难的条件下坚持不懈地努力,为企业争取最佳的谈判成果。自信心的获得建立在充分调查研究的基础上,建立在对谈判双方实力的科学分析的基础上,而不是盲目地自信,更不是藐视对方、轻视困难、固执自己错误的所谓自信。

(2) 自制力。自制力是谈判者在谈判过程中遇到激烈的矛盾冲突而能保持冷静,克服心理障碍,控制情绪和行动的能力。谈判过程中难免会由于双方利益的冲突而形成紧张、对立、僵持、争执的局面。如果谈判者自制力差,出现过分的情绪波动,如发怒、争吵、沮丧、对抗,就会破坏良好的谈判气氛,造成自己举止失态、表达不当,使谈判不能进行下去,或者草草收场,败下阵来。谈判者具备良好的自制力,在谈判顺利时不会盲目乐观,喜形于色;在遇到困难时,也不会灰心丧气,怨天尤人;在遇到不礼貌的言行时,也能够克制自己的情绪。

(3) 尊重。尊重是谈判者正确对待自己、正确对待谈判对手的良好心理素质。谈判者首先要有自尊心,维护民族尊严和人格尊严,面对强大的对手,不妄自菲薄、奴颜献媚,更不会出卖尊严获取交易。同时,谈判者还要尊重对方,尊重对方的利益,尊重对方的意见,尊重对方的习惯和文化观念,尊重对方的正当权利。在谈判中,只有互相尊重,平等相待,才可能保证合作成功。

(4) 坦诚。坦诚的谈判者善于坦率地表明自己的立场和观点,真诚地与对方合作,赢得对方的了解和信任。谈判就是通过坦诚、合理的洽谈和协商使合作的愿望变成现实。开诚布公、真诚待人的态度是化解双方矛盾的重要因素。坦诚应该是一切谈判的前提,也是双方差异最终消除的必要条件,更是双方长期合作的重要保证。

3. 思想意识

(1) 政治思想素质。忠于祖国,坚决维护国家主权,坚决维护民族尊严,分清内外,严守国家机密,严格执行保密规定,在经济活动中严格按照党的方针政策办事,正确处理好国家、企业和个人三者的利益关系。

(2) 信誉意识。把信誉看作商务活动的生命线,高度重视并维护企业良好形象,反对背信弃义谋取企业利益的做法。

(3) 合作意识。自觉地将真诚的合作看作一切谈判的基础,以互惠互利作为谈判原则,善于借助一切可借助的力量实现自身利益,善于将竞争与合作有机统一起来。

(4) 团队意识。谈判者应具备对本企业的认同感、归属感和荣誉感,谈判组织成员之间具备向心力、凝聚力,团结一致,齐心协力。

(5) 效率意识。谈判者视时间为金钱、效益为生命,以只争朝夕的精神,力争花最少的时间和精力取得最好的谈判结果。

(二) 谈判人员的"学"

"学"是谈判人员应具备的良好知识结构和经验。

1. 知识结构

谈判人员要具备较高的知识水平和科学的知识结构,并且要累积丰富的谈判经验。

(1) 商务知识。要系统掌握商务知识,如国际贸易、市场营销、国际金融、商检海关、国际商法等方面的知识。

（2）技术知识。要掌握与谈判密切相关的专业技术知识,如商品学、工程技术知识;各类工业材料学知识;计量标准、食品检验、环境保护知识等。

（3）人文知识。要掌握心理学、社会学、民俗学、语言学、行为学知识,了解对方的风俗习惯、宗教信仰、商务传统和语言习惯等。

2. 谈判经验

没有千篇一律的谈判,每一次谈判都有谈判的共性和特殊性。要尽量挑选有多次谈判经验的人作为主谈人,并且要大胆选拔青年骨干,在实践中积累谈判经验。

（三）谈判人员的"才"

"才"是谈判人员所具备的适应谈判需要的能力。

1. 社交能力

谈判实质上是人与人之间思想观念、意愿感情的交流过程,是重要的社交活动。谈判人员应该善于与不同的人打交道,也要善于应对各种社交场合。这就要求谈判人员塑造良好的个人形象,掌握各种社交技巧,熟悉各种社交礼仪。

2. 表达能力

谈判人员应该有较强的文字表达和口语表达能力。要精通与谈判有关的各种公文、协议合同、报告书的写作,掌握计算机技术,同时要善于言谈、口齿清晰、思维敏捷、措辞周全,善于驾驭语言,有理、有利、有节地表达己方的观点。在涉外商务谈判中要具备熟练的外语的听、说、写、译能力。

3. 组织能力

谈判是一项需要密切配合的集体活动,每个成员都要在组织中发挥出自己的特殊作用。谈判组织要严格管理、协调一致、有机统一地凝聚在一起,以发挥出最大的战斗力。

4. 应变能力

谈判中会发生各种突发事件和变化,谈判人员面对突发的形势,要有保持头脑冷静,进行正确的分析、迅速的决断,善于将原则性和灵活性有机结合,机敏地处理好各种矛盾,化被动为主动,变不利为有利。想提高自己的应变能力,必须具备洞察力;洞察力来源于感知能力。感知能力的提高,有赖于全神贯注地倾听和提出切中要害的问题。

5. 创新能力

谈判人员要具备丰富的想象力和不懈的创造力,勇于开拓创新,拓展商务谈判的新思路、新模式,创造性地提高谈判工作水平。

视野扩展

优秀谈判者应具备的特点有(　　)。

A. 具有该项目必备的专业知识和经验,并接受过一定的谈判技巧训练

B. 对该项目的相关产品及服务比较熟悉,了解市场

　　C. 如果是律师,不仅要熟悉法律事务,而且对该项目的谈判内容也要有一个比较透彻的了解

　　D. 具有较强的领悟能力,能够倾听对方的意见,客观分析对方的意图

　　E. 具有较好的语言表达能力和行为表达能力

　　F. 具有较好的决断力,能够排除外界干扰而独立地决策

　　G. 具有较强的心理分析能力,善于从对方的角度来看待事物

　　H. 具有健康的体魄,精力分配合理

　　I. 言行风趣幽默,有较强的人际吸引力和人格吸引力

　　J. 办事有条理,善于抓住重点,不会因事务繁杂而工作乱无头绪

　　K. 善于与不同国籍、不同信仰、不同等级、不同性格的人相处

　　L. 具有较强的自制力和自律性,有原则,敢于且善于说"不",无不良生活方式及倾向

二、谈判组织的构成

(一)谈判组织的构成原则

1. 知识互补

　　知识互补包含两层意思。一是谈判人员具备自己专长的知识,都是处理不同问题的专家,在知识方面相互补充,形成整体的优势。例如,谈判人员分别精通商业、外贸、金融、法律等专业知识,就会组成一支知识全面而又各自精通一门专业的谈判队伍。二是谈判人员书本知识与工作经验的知识互补。谈判队伍中既有高学历的青年知识学者,也有身经百战具有丰富实践经验的谈判老手。高学历学者专家可以发挥理论知识和专业技术特长,有实践经验的人可以发挥见多识广、成熟老练的优势,这样知识与经验互补,才能提高谈判队伍的整体战斗力。

2. 性格协调

　　谈判队伍中的谈判人员性格要互补协调,将不同性格人的优势发挥出来,互相弥补其不足,才能发挥出整体队伍的最大优势。性格活泼开朗的人,善于表达、反应敏捷、处事果断,但是性情可能比较急躁,看待问题也可能不够深刻,甚至会疏忽大意;性格稳重沉静的人,办事认真细致,说话比较谨慎,原则性较强,看问题比较深刻,善于观察和思考,理性思维比较明显,但是他们不够热情,不善于表达,反应相对比较迟钝,处理问题不够果断,灵活性较差。如果这两类性格的人组合在一起,分别担任不同的角色,就可以发挥出各自的性格特长,优势互补,协调合作。

3. 分工明确

　　谈判班子每一个人都要有明确的分工,担任不同的角色。每个人都有自己特殊的任务,不能工作越位,角色混淆。遇到争论不能七嘴八舌争先恐后发言,该谁讲谁讲,要有主角和配角,要有中心和外围,要有台上和台下。谈判队伍要分工明确、纪律严明。当然,分工明确的同时要注意大家都应为一个共同的目标而通力合作,协同作战。

（二）谈判人员配备标准

1. 选择谈判人员标准的几种观点

（1）以专业分工原则为标准。认为这样可以最大限度地发挥各专业人员的特长。

（2）以业务分管原则为标准。认为这样可以发挥各主管部门负责人的作用。

（3）以谈判项目涉及的相关专业因素来选择，涉及多宽的领域就选择多少谈判人员。

2. 谈判班子的总体素质要求

（1）具有良好的专业基础知识，专业结构配置合理，能够迅速有效地解决谈判中可能出现的任何问题。

（2）各成员的气质、性格能互补，彼此之间关系融洽，能求同存异。

（3）各成员在谈判过程各环节及各阶段配合默契，通力合作，工作主动性和敬业精神极佳。

3. 谈判人员配备

（1）谈判队伍领导人。负责整个谈判工作，领导谈判队伍，有领导权和决策权。有时谈判领导人也是主谈人。

（2）商务人员。由熟悉商业贸易、市场行情、价格形势的贸易专家担任，商务人员要负责合同条款和合同价格条件的谈判，帮助谈判方理出合同文本，负责经济贸易的对外联络工作。

（3）技术人员。由熟悉生产技术、产品标准和科技发展动态的工程师担任，在谈判中负责对有关生产技术、产品性能、质量标准、产品验收、技术服务等问题的谈判，也可为商务谈判中价格决策做技术顾问。

（4）财务人员。由熟悉财务会计业务和金融知识、具有较强的财务核算能力的财会人员担任。主要职责是对谈判中的价格核算、支付条件、支付方式、结算货币等与财务相关的问题把关。

（5）法律人员。由精通经济贸易各种法律条款，以及法律执行事宜的专职律师、法律顾问或本企业熟悉法律的人员担任。职责是做好合同条款的合法性、完整性、严谨性的把关工作，也负责涉及法律方面的谈判。

（6）翻译。由精通外语、熟悉业务的专职或兼职翻译担任，主要负责口头与文字翻译工作，沟通双方意图，配合谈判运用语言策略。在涉外商务谈判中翻译的水平将直接影响到谈判双方的有效沟通和磋商。

除以上几类人员之外，还可配备其他一些辅助人员，但是人员数量要适当，要与谈判规模、谈判内容相适应，应尽量避免不必要的人员设置。

（三）确定谈判班子的规模

依据项目的复杂程度、项目的重要程度和主谈人的素质等因素，谈判小组的理想规模以 4 人左右为宜。

(1) 4 人左右谈判小组的工作效率最高。一个集体能够高效率工作的前提是内部必须进行严密的分工和协作,而且要保持信息交流的畅通。如果人数过多,成员之间的交流和沟通就会发生障碍,需耗费更多的精力统一意见,从而降低工作效率。

(2) 4 人左右是最佳的管理幅度和跨度。管理幅度的宽窄与管理工作的性质和内容有关。在一般性的管理工作中,管理幅度以 4～7 人为宜,但对于商务谈判这种紧张、复杂、多变的工作,既需要其充分发挥个人独创性和独立应对事变的能力,又需要其内部协调统一、一致对外,故其领导者的有效管理幅度在 4 人左右才是最佳的。

(3) 4 人左右能满足一般谈判所需的知识范围。多数商务谈判涉及的业务知识领域大致是下列四个方面:第一,商务谈判,如确定价格、交货风险等;第二,技术方面,如确定质量、规格、程序和工艺等;第三,法律方面,如起草合同文本、合同中各项条款的法律解释等;第四,金融方面,如确定支付方式、信用保证、证券与资金担保等。

(4) 4 人左右便于小组成员调换。参与谈判的人员不是一成不变的,随着谈判的不断深入,所需专业人员也有所不同。如在洽谈摸底阶段,生产和技术方面的专家作用大些;而在谈判的签约阶段,法律方面的专家则起关键性作用。这样,随着谈判的进行,小组成员可以随时调换。

(四) 谈判人员的分工与配合

谈判人员的分工是指每一个谈判者都有明确的分工,都有自己适当的角色,各司其职。谈判人员的配合是指谈判人员之间思路、语言、策略的互相协调,步调一致,要确定各类人员之间的主从关系、呼应关系和配合关系。

1. 主谈与辅谈的分工与配合

所谓主谈是指在谈判的某一阶段,或针对某些方面的议题时的主要发言人;除主谈以外的小组其他成员处于辅助配合的位置上,故称为辅谈或陪谈。

主谈是谈判工作能否达到预期目标的关键性人物,其主要职责是将已确定的谈判目标和谈判策略在谈判中得以实现。主谈的地位和作用对其提出了较高的要求:深刻理解各项方针政策和法律规范,深刻理解本企业的战略目标和商贸策略,具备熟练的专业技术知识和较广泛的相关知识,有较丰富的商务谈判经验,思维敏捷,善于分析和决断,有较强的表达能力和驾驭谈判进程的能力,有权威气度和大将胸怀,并能与谈判组织其他成员团结协作,默契配合,统领谈判队伍共同为实现谈判目标而努力。

主谈必须与辅谈密切配合才能真正发挥主谈的作用。在谈判中己方一切重要的观点和意见都应主要由主谈表达,尤其是一些关键的评价和结论更要由主谈表述,辅谈决不能随意谈个人观点或与主谈不一致的结论。辅谈要配合主谈起到参谋和支持作用。例如,主谈在发言时,自始至终都应得到辅谈的支持。辅谈可以通过口头语言或肢体语言做出赞同的表示,并随时拿出相关证据证明主谈观点的正确性。当对方集中火力,多人多角度刁难主谈时,辅谈要善于使主谈摆脱困境,从不同角度反驳对方的攻击,加强主谈的谈判实力。当主谈谈到涉及辅谈所熟知的专业问题时,辅谈应给予主谈更详尽的证据支持。当然有关商务条件的提出和对方条件的接受与否都应以主谈为主。主谈与辅谈的身份、地位、职能不能发生角色越位,否则谈判就会因为己方乱了阵脚而陷于被动。

2."台上"和"台下"的分工与配合

在比较复杂的谈判中,为了提高谈判的效果,可组织"台上"和"台下"两套班子。台上人员是直接在谈判桌上谈判的人员,台下人员是不直接与对方面对面地谈判,而是为台上谈判人员出谋划策或者准备各种必需的资料和证据的人员。

一种台下人员是负责该项谈判业务的主管领导,可以指导监督台上人员按既定目标和准则行事,维护企业利益。也可以是台上人员的幕后操纵者,台上人员在大的原则和总体目标上接受台下班子的指挥,敲定谈判成交时也必须征得台下人员的认可,但是台上人员在谈判过程中仍然具有随机应变的战术权力。

另一种台下人员是具有专业水平的各种参谋,他们主要向台上人员提供专业方面的参谋建议,台上人员有权对其意见进行取舍或选择。当然,台下人员不能过多过滥,也不能过多地干预台上人员,要充分发挥台上人员的职责权力和主观能动性,及时地创造性地处理好一些问题,争取实现谈判目标。

三、谈判组织的管理

要使谈判取得成功,不仅要组建一支优秀的谈判队伍,还要通过有效地管理,使谈判组织提高谈判力,使整个队伍朝着正确的方向有效地工作,实现谈判的最终目标。

(一)谈判组织负责人的挑选和要求

谈判组织负责人应当根据谈判的具体内容、参与谈判人员的数量和级别,从企业内部有关部门中挑选,可以是某一个部门的主管,也可以是企业最高领导。谈判组织负责人不一定是己方主谈人员,但他是直接领导和管理谈判队伍的人。在选择组织负责人时要考虑以下几点。

1.具备较全面的知识

谈判负责人本身除应具有较高的思想政治素质和业务素质之外,还必须掌握整个谈判涉及的多方面知识。只有这样才能针对谈判中出现的问题,提出正确的见解,制定正确的策略,使谈判朝着正确的方向发展。

2.具备果断的决策能力

当谈判遇到机遇或是遇到障碍时,能够敏锐地利用机遇,解决问题,做出果断的判断和正确的决策。

3.具备较强的管理能力

谈判负责人必须具备授权能力、用人能力、协调能力、激励能力、总结能力,使谈判队伍成为具备高度凝聚力和战斗力的集体。

4.具备一定的权威地位

谈判负责人要具备权威性,有较大的权力,如决策权、用人权、否决权、签字权等;要有丰富的管理经验和领导威信,能胜任对谈判队伍的管理。谈判负责人一般由高层管理人员或某方面的专家担任,最好与对方谈判负责人具有相对应的地位。

(二)谈判组织负责人的职责

(1)负责挑选谈判小组的其他成员,规定谈判小组的人数,明确小组成员的分工。

(2)管理谈判队伍,协调谈判队伍各成员的心理状态和精神状态,处理好成员间的人际关系,增强队伍凝聚力。

(3)制订谈判执行计划,组织模拟谈判。

(4)总管谈判并对有关事宜做出决策:我方让步的时间及程度;哪些条款可以作为交换条件;何时召开小组回顾会议;休会的安排等。

(5)保持同企业领导通信、汇报、请示,对事务决策负有最后责任。

(三)谈判人员的职责

(1)谈判前参与信息收集,谈判调研,做好各自的准备工作。

(2)谈判中为主谈人出谋划策,当好左右手。

(3)根据工作需要,服从统一指挥,听从主谈人的安排。

(4)各司其职,各负其责,既有分工,又有合作,随时向主谈人提供有关商务技术、法律金融等方面的知识信息。

(5)参与合同协议起草和签署,参与谈判工作的总结事宜。

注意,不要由于下列原因任命谈判负责人:此人正好无事可干;此人虽是该产品的技术专家,或是与谈判结果有关的高级经理,但对谈判工作却缺乏经验;此人与谈判对手有过私人交往。

(四)高层领导对谈判过程的宏观管理

1. 确定谈判的基本方针和要求

在谈判开始前,高层领导人应向谈判负责人和其他人员指出明确的谈判方针和要求,使谈判人员有明确的方向和工作目标。必须使谈判人员明确这次谈判的使命和责任是什么,谈判的成功或失败将会给企业带来怎样的影响,谈判的必达目标是什么,满意目标是什么,谈判的期限是什么,谈判中哪些是可以由谈判班子根据实际情况自行裁决的,权限范围有多大,哪些问题必须请示上级才可以决定。

2. 谈判过程中对谈判人员进行指导和调控

高层领导应与谈判者保持密切联系,随时给予谈判人员指导和调控。谈判内外的情况在不断发展变化。谈判桌上有些重要决策需要高层领导批准,有时谈判外部形势发生变化,企业决策有重大调整,高层领导要给予谈判者及时指导或建议,发挥指导谈判队伍的作用。一般来说,在遇到下述情况时,高层领导就有关问题与谈判人员进行联系是十分必要的。

(1)谈判桌上发生重大变化,与预料的情况差异很大,交易条件的变化已超出授权界限时,需要高层领导做出策略调整,确定新的目标和策略。

（2）企业本部或谈判班子获得某些重要的新信息，需要对谈判目标、策略做重大调整时，高层领导应及时根据新信息做出决定，授权谈判班子执行。

（3）谈判队伍人员发生变动时，尤其是主谈发生变动时，要任命新的主谈，并明确调整后的分工职责。

3. 关键时刻适当干预谈判

当谈判陷入僵局时，高层领导出面干预，可以会见谈判对方高层领导或谈判班子，表达友好合作意愿，调节矛盾，创造条件使谈判走出僵局，顺利实现理想目标。

第三节　商务谈判计划的制订

一、商务谈判计划的要求

（一）商务谈判计划的合理性

商务谈判计划的合理性必须建立在周密细致的调查和准确科学分析的基础上，真正体现出企业的根本利益和发展战略，并能对谈判人员起到纲领性指导作用。谈判计划的合理性要考虑以下几方面问题。

1. 合理只能是相对合理，而不能做到绝对合理

现实中，任何一个可行方案都难以达到绝对合理的要求。这是由于制订计划前所掌握的资料和各类信息不可能绝对准确和全面，对社会环境、经济环境、谈判对手的评价和预测不可能绝对正确没有失误，谈判过程中会发生偶然因素的影响，会出现意外的变化，谈判人员思想水平和认识能力都有一定的局限性。所以很难制订出一个绝对合理的安排计划，所谓谈判计划的合理性只能是一个相对概念。

2. "合理"是一个应从理性角度把握的概念

任何谈判都不可能追求十全十美，也不容易达到最满意的目标。幻想没有任何妥协和让步获得全盘胜利是不现实的。谈判不能以最理想的方案作为目标，而只能以比较令人满意的目标作为评估标准。如果符合国家大政方针，符合企业根本利益，有利企业长远合作和发展，满足谈判时间的要求，能够在确保可接受的最低限度的基础上，实现期待的目标值，这就是一个合理的计划。

3. 合理是谈判双方都能接受的合理

谈判计划虽然是己方人员制订给自己人看的计划，但是这个计划应该是和对方进行过多次接触和交流之后，双方在一些关键性问题达成共识之后制订的，因此它的合理性已经渗入对方的意愿。而且计划目标能否实现，谈判策略能否奏效，让步幅度是否合适等，这些必然受到对方态度的影响。只顾己方利益和条件不考虑对方的各种因素，那么这个计划的合理性是没有可靠保障的。

（二）商务谈判计划的实用性

商务谈判计划内容力求简明、具体、清楚，要尽量使谈判人员很容易记住其主要内容和基本原则。涉及的概念、原则、方法、数字、目标一定要明确，不要因为概念模糊不清而导致理解上的混乱。计划内容还要具体，不能过于空泛和抽象，不应有过多的夸张、描绘、情感语言。

如以下两种表达方法：

（1）"我们应当尽可能争取最高利润。"

"我们必须以最低的价格来购买该技术。"

"我们要求对方提供的技术应尽可能先进。"

"要争取尽快地解决运输问题。"

这种表达方法对制定决策毫无帮助。

（2）"我们必须以不高于 6 000 万元的价格来引进这套设备。"

"对购进的产品按每批 1 000 件计，单位每件不超过 1.50 元，用本公司的第三套抽样检验办法，不良品率不得超过 1%。"

这种用定量的语言或数据来表达的方法，实用性强。

（三）商务谈判计划的灵活性

谈判过程中各种情况都可能发生，要使谈判人员在复杂多变的形势中取得比较理想的结果，就必须使谈判计划具有一定的灵活性。谈判人员应在不违背根本原则的前提下，根据情况的变化，在权限允许的范围内灵活处理有关问题，取得较为有利的谈判结果。谈判计划的灵活性表现为有几个可供选择的谈判目标；策略方案根据实际情况可选择某一种方案；指标有上下浮动的余地，还要把可能发生的情况考虑在计划中，如果情况变动较大，原计划不适合，可以实施第二套备用计划。

二、商务谈判计划的内容

商务谈判计划主要包括谈判目标、谈判策略、谈判议程以及谈判人员的分工职责、谈判地点等内容。

（一）谈判目标的确定

谈判目标指商务谈判人员根据企业经营目标，通过可行性分析和估量，结合考虑诸方面的影响因素而确定的谈判期望水平。商务谈判的目标主要是以满意的条件达成一笔交易。确定正确的谈判目标是保证谈判成功的基础。

商务谈判目标可分为以下三个层次。

1. 最低限度目标

最低限度目标是在谈判中对己方而言毫无退让余地，必须达到的最基本目标。对己方而言，宁愿谈判破裂，放弃商贸合作项目，也不愿接受比最低限度目标更低的条件。因此,也可以说最低限度目标是谈判者必须坚守的最后一道防线。

2. 可接受目标

可接受目标是谈判人员根据各种主、客观因素,经过对谈判对手的全面估价,对企业利益的全面考虑、科学论证后所确定的目标。这个目标是一个区间或范围,己方可努力争取或做出让步的范围,谈判中的讨价还价就是在争取实现可接受目标,所以可接受目标的实现,往往意味着谈判取得成功。

3. 最高期望目标

最高期望目标是对谈判者最有利的一种理想目标,实现这个目标将最大化地满足己方利益。当然,己方的最高期望目标可能是对方最不愿接受的条件,因此很难得到实现。但是确立最高期望目标是很有必要的,它激励谈判人员尽最大努力去实现高期望目标,也可以很清楚地评价出谈判最终结果与最高期望目标存在多大差距。在谈判开始时,以最高期望目标作为报价,有利于在讨价还价中使己方处于主动地位。

谈判目标的确定是一个非常关键的工作。首先,不能盲目乐观地将全部精力放在争取最高期望目标上,而很少考虑谈判过程中会出现的种种困难,陷入束手无策的被动局面。谈判目标要有一点弹性,定出上、中、下限目标,根据谈判实际情况,随机应变,调整目标。其次,所谓最高期望目标不仅有一个,可能同时有几个目标,在这种情况下就要将各个目标进行排队,抓住最重要的目标努力实现,而其他次要目标可以降低要求。最后,己方最低限度目标要严格保密,除参加谈判的己方人员之外,绝对不可透露给谈判对手,这是商业机密。如果疏忽大意,透露出己方最低限度目标,就会使对方主动出击使己方陷于被动。

(二)商务谈判目标的估量

商务谈判目标的估量是指谈判人员对所确立的谈判目标在客观上对企业经济利益和其他利益(如新市场区域的开拓,知名度等)的影响及所谈交易在企业经营活动中的地位等所做的分析、估价和衡量。基本估量方法步骤如下,形式表格如表9-2所示。

第一,提出谈判目标影响企业利益的因素,并将这些因素汇集起来列在表中第一列。

第二,根据每个项目对企业的重要性分别给一个项目估量分数作为底分。假如每项为10分,列在第二列。

第三,给谈判目标对经营目标每项因素影响的程度分别打分,即给出估分,并略加评议,分别列在表中第三列和第四列。

第四,加计项目估量底分和估分,并计算总估分占项目估量总底分的比率。

表9-2　商务谈判目标估量表

影响企业利益的因素(A)	底分(B)	估分(C)	评议(D)
该项谈判目标是否与本企业经营目标一致	10	10	一致
该项谈判的交易是否是企业业务活动的主流	10	8	属于企业目前的主要活动

续表

影响企业利益的因素（A）	底分（B）	估分（C）	评议（D）
该项谈判的交易对本企业现有市场占有率的影响	10	7	这笔交易的达成在一定程度上扩大企业现有市场占有率
该项谈判的交易机会是否是目前最有利的	10	5	经调查近期做这笔交易的机会还有一个
该项谈判目标的达成对降低企业经营成本的影响	10	8	有利于降低企业经营成本
预计价格目标的达成其利润率是否符合经营目标利润率	10	10	利润率略高于企业经营成本
达成谈判的交易是否会提高企业的知名度	10	6	能在一定范围内提高本企业的知名度
总　　计	70	54	$54/70 \times 100\% = 77.14\%$
估分占项目估量总分的比率			

（三）商务谈判目标可行性分析

1. 可行性分析的主要内容

可行性分析的主要内容包括：本企业的谈判实力和经营状况；对方的谈判实力和经营状况，资信情况和交易条件、态度、谈判风格等；竞争者的状况，他们具有的优势，可能和已经采取的竞争措施等；商品的供求状况；影响谈判的相关因素；以往合同的执行情况。

2. 商务谈判目标可行性分析方法

对价格、质量与决策人的不同组合的评估。

（1）对方只考虑价格因素并由一个决策人做出购买决定。

估量方法：只能根据自己所具有的关于竞争者价格的经验和收到的信息来确定成功概率，这就决定了估量的成功概率是否准确只有依赖于经验和信息的可靠性。

（2）对方考虑价格、质量两种因素，但仍由一个决策人作出购买决定。

估量方法：第一步，对收集到的信息进行分析，找出哪些因素影响购买者的决策，并确定各因素对购买者的影响程度。各因素的影响程度可用估量权数来表示。第二步，从购买决策人的角度比较本企业与竞争者在各因素上的优势和劣势，并确定优劣程度。优劣程度可用估量分数来表示，如表 9-3 所示。

表 9-3　方法举例

估量因素	估量分数的分配		买主对各因素重要性的估量权数	经买主估量权数之后的估量分数分配	
	本企业	竞争者		本企业	竞争者
价格	60	40	60％	36	24
质量	30	70	40％	12	28
经过买主估量权数的总分				48	52

（3）对方考虑多种因素，并由集体做出购买决定。

估量方法：第一步，分别估量出由一个决策集体成员单独决策时的成功概率，方法与第（2）种情况相同。第二步，根据每个成员在决策中的影响力，估量出集体共同决策时的成功概率。

假如由甲乙两人共同决策，则本企业成功的概率为

$$本企业成功的概率＝甲单独决策时成功率×甲在决策中影响力＋$$
$$乙单独决策时成功率×乙在决策中影响力$$

对市场竞争、经营态度、时限诸因素的评估：

以买方为例，能否达到谈判目标，必须了解并估量市场竞争情况、本方在购买经营上的态度以及采购受到的时间限制。市场竞争情况、在开拓经营上的态度和采购时限三项因素同样可以设计为权数进行量的评估。

商务谈判目标的可行性研究，一方面使谈判者明确己方谈判目标成功的概率；另一方面有助于己方发现自己的不足，从而有针对性地采取有力措施提高成功的概率。

（四）谈判策略的部署

谈判目标确定以后，就要拟定实现这些目标所采取的基本途径和策略。谈判策略有多种，要根据谈判过程中可能出现的情况，事先有所准备，心中有数，在谈判中灵活运用。

（1）速决策略。谈判者预计所选择的交易条件下，只需进一步磋商就会被对方所接受。

（2）克制策略。谈判者所选择的交易条件有足够的吸引力，预计对方不会置之不理，这种交易条件留有一定的谈判余地，对对方的某些要求也可以考虑予以满足。

在谈判中，任何一方谈判策略的选择是否恰当都要取决于他与对手的关系是主导、从属，还是不确定。若其与对手的关系为主导地位，就应选择速决战略；若为从属地位，就取决于对手所选择战略；如果不确定地位关系，就可以选择采用克制策略。

（五）谈判议程的安排

谈判议程的安排对谈判双方非常重要，议程本身就是一种谈判策略，必须高度重视这项工作。谈判议程一般要说明谈判时间的安排和谈判议题的确定。谈判议程可由一方准备，也可由双方协商确定。议程包括通则议程和细则议程，通则议程由谈判双方共同使用，细则议程供己方使用。

1. 时间安排

时间安排就是确定谈判在什么时间举行、多长时间、各个阶段时间如何分配、议题出现的时间顺序等。谈判时间的安排是议程中的重要环节。如果时间安排得很仓促，准备不充分，匆忙上阵，心浮气躁，就很难沉着冷静地在谈判中实施各种策略。如果时间安排得很拖延，不仅会耗费大量的时间和精力，而且随着时间的推延，各种环境因素都会发生变化，还可能会错过一些重要的机遇。

2. 影响时间安排的因素

（1）谈判的准备程度。如果已经做好参加谈判的充分准备，那么把时间安排得越早越

好,而且也不怕马拉松式的长时间谈判,如果没有做好充分准备,不宜匆匆忙忙开始谈判。

(2) 谈判人员的身体和情绪状况。如果参加谈判的人员多为中年以上的人,要考虑他们身体状况能否适应较长时间的谈判,如果身体状况不太好,可以将长时间谈判分割成几个较短时间的阶段谈判。

(3) 市场形势的紧迫程度。如果所谈项目与市场形势密切相关,瞬息万变的市场形势不允许稳坐钓鱼台式的长时间谈判,谈判就要及早及时,不要拖太长的时间。

(4) 谈判议题的需要。对于多项议题的大型谈判,不可能在短时间内解决问题,所需时间相对长一些,对于单项议题的小型谈判,没有必要耗费很长时间,力争在较短时间内达成一致。

3. 时间安排策略

(1) 主要的议题或争执较大的焦点问题,最好安排在总谈判时间的 3/5 时提出来。这样既经过一定程度的交换意见,有一定基础,又不会拖得太晚而显得仓促。

(2) 合理安排己方各谈判人员发言顺序和时间,尤其是关键人物关键问题的提出应选择最成熟的时机,当然也要给对方人员足够的时间表达意向和提出问题。

(3) 对于不太重要的、容易达成一致的议题可以放在谈判的开始阶段或即将结束阶段,而应把大部分时间用在关键性问题的磋商上。

(4) 己方的具体谈判期限要在谈判开始前保密,如果对方摸清己方谈判期限,就会在时间上用各种方法拖延,待到谈判期限快要临近时才开始谈正题,迫使己方为急于结束谈判而匆忙接受不理想的结果。

4. 确定谈判议题

议题就是谈判双方提出和讨论的各种问题。

(1) 将与本谈判有关的问题罗列出来,尽可能不遗漏。哪些问题是主要议题,列入重点讨论范围;哪些问题是非重点问题;哪些问题可以忽略。这些问题之间是什么关系,在逻辑上有什么联系;对方可能提出哪些问题;哪些问题需要认真对待、全力以赴去解决,哪些可以让步,哪些可以不予讨论。

(2) 根据对本方利益有利还是不利的准则将问题分类,尽可能列入有利问题,而排除不利问题。

三、商务谈判地点的选定

商务谈判地点的选定一般有三种情况,分别是主场谈判、客场谈判和中立地谈判。不同地点均有其各自的优点和缺点,需要谈判者充分利用地点的优势,克服地点的劣势,变不利为有利,变有利为促使谈判成功的因素。

(一)主场谈判

1. 有利因素

主场谈判的有利因素有如下几点。

(1) 谈判者在家门口谈判,有较好的心理态势和自信。

（2）己方谈判者不需要耗费精力去适应新的环境和人际关系，可以把精力更集中地用于谈判。

（3）可以选择己方较为熟悉的谈判场所，按照自身的文化习惯和喜好布置谈判场所。

（4）作为东道主，可以通过安排谈判之余的活动来掌握谈判进程，并且从文化上、心理上对对方施加潜移默化的影响。

（5）"台上"人员与"台下"人员的沟通联系方便，谈判队伍可以非常便捷地随时与高层领导联络，获取所需资料和指示，谈判人员心理压力相对比较小。

（6）谈判人员免去旅途劳累，可以以饱满的精神和充沛的体力去参加谈判。

（7）节省差旅费和旅途时间，提高经济效益。

2. 不利因素

主场谈判的不利因素有如下几点。

（1）由于身在公司所在地，不易与公司工作彻底脱钩，经常会由于公司事务需要解决而干扰谈判人员，分散谈判人员的注意力。

（2）由于离高层领导近，联系方便，容易产生依赖心理，一些问题不能自主决断而频繁地请示领导，也会造成失误和被动。

（3）己方作为东道主负责安排谈判会场以及谈判中的各种事宜，要负责对客方人员的接待工作。安排宴请、游览等活动，负担较重。

（二）客场谈判

客场谈判的有利因素有如下几点。

1. 有利因素

（1）己方人员远离家乡，可以全身心投入谈判，避免来自工作和家庭的干扰。

（2）在高层领导规定的范围，更有利于发挥谈判人员的主观能动性，减少谈判人员的依赖性。

（3）可以实地考察对方公司的情况，获取直接信息。

（4）省却了作为东道主必须负责招待、布置场所、安排活动等事务。

（5）可向对方要求合理待遇，有终止谈判的理由。

2. 不利因素

客场谈判的不利因素有如下几点。

（1）由于与公司相距遥远，某些信息传递困难，某些重要问题不易及时联络协商。

（2）谈判人员对当地环境、气候、风俗、饮食等方面会不适应，再加上旅途劳累、时差不适应等因素，会使谈判人员身体状况受到不利影响。

（3）在谈判场所和日程安排等方面处于被动地位，己方也要防止对方过多安排景点等活动而消磨谈判人员的精力和时间。

（三）中立地谈判

有利因素是在中立地谈判对双方来讲都是公平的，不存在偏向和东道主优势，也无作客他乡的劣势。中立地通常招待亲切,立场公平、公正,隐秘性高,双方容易投入。

不利因素是双方可能要为谈判地点的确定而谈判,地点的确定要使双方都满意也不是一件容易的事。

(四)在双方所在地轮换谈判

有些多轮谈判可以采用在双方所在地轮流交叉谈判的方式。这样的好处是对双方都是相对公平的,也可以考察对方实际情况,增进对方相互了解,融洽感情。

四、商务谈判场所的选择与布置

(一)谈判场所的选择

商务谈判地点的选择应满足以下几方面要求。

(1)谈判室所在地交通、通信方便,便于有关人员来往,便于满足双方通信要求。

(2)环境优美安静,避免外界干扰。

(3)生活设施良好,使双方在谈判中不会感觉到不方便、不舒服。

(4)医疗卫生、保安条件良好,使双方能够以饱满的精神参加谈判。

(5)作为东道主应当尽量征求客人的意见,达到客人满意。

(二)谈判场所的布置

较为正规的谈判场所可以有三类房间,即主谈室、密谈室和休息室。

1. 主谈室布置

主谈室应宽大舒适,光线充足,色调柔和,空气流通,温度适宜,使双方能心情愉悦、精神饱满地参加谈判。谈判桌居于房间正中。主谈室不设电话,以免干扰谈判进程,泄露有关秘密。主谈室也不要安装录音设备,录音设备对谈判双方都会产生心理压力,难以畅所欲言,影响谈判正常进行。如果双方协商同意,也可以安装录音设备。

2. 密谈室布置

密谈室是供谈判双方内部协商机密问题单独使用的房间。它最好靠近主谈室,有较好的隔音性能,室内配备黑板、桌子、笔记本等物品,窗户要有窗帘,光线不宜太亮。作为东道主,决不允许在密谈室安装微型录音设备偷录对方密谈信息。作为客户在外地谈判,使用密谈室时要提高警惕。

3. 休息室布置

休息室是供谈判双方在紧张的谈判间隙休息用的,休息室应该布置得轻松、舒适,以便能使双方放松紧张的神经。休息室应布置一些鲜花,放一些轻柔的音乐,准备一些茶点,以便于调节心情,舒缓气氛。

(三)谈判座位的安排

谈判双方的座位安排对谈判气氛、对内部人员之间的交流、对谈判双方的工作都有重要影响。

谈判座位的安排也要遵循国际惯例,讲究礼节。通常可安排两种方式就座。

1. 双方各居谈判桌的一边,相对而坐

谈判桌一般采用长方形条桌。按照国际惯例,以正门为准,主人应坐背门一侧,客人面向正门而坐;若谈判桌窄的一端面向正门,则以入门的方向为准,右边坐客方人员,左边坐主方人员。主谈人居中而坐,翻译安排在主谈人右侧紧靠的座位上,其他人员依职位分工分两侧就坐。

这种座位的安排方法适用于比较正规严肃的谈判。它的好处是双方相对而坐,中间有桌子相隔,有利于己方信息保密,一方谈判人员相互接近,便于商讨和交流意见,也可形成心理上的安全感和凝聚力。它的不利之处在于人为地造成双方的对立感,容易形成紧张的谈判氛围,对融洽双方关系有不利的影响。

2. 双方谈判人员混杂交叉就座

可用圆形桌或者不用桌子,双方在围成一圈的沙发上混合就座。这种座位方式适合于双方关系比较融洽的谈判。它的好处是双方不表现为对立的两个阵营,有利于融洽关系,活跃谈判气氛,减轻对立心理情绪。不利之处是双方人员被分开,成员可能会有一种被孤立的感觉。同时不利于己方谈判人员之间协商问题和资料保密。

第四节　商务谈判策划的步骤

一、确定谈判目标

确定谈判目标是谈判的起点,也是进行谈判、策划的出发点。谈判是在目标确定的基础上再制订谈判方案,是对谈判所要达到结果的设定,是整个谈判策划工作核心。商务谈判的目标多种多样。一次设计涉及多个目标会影响谈判者的角色设置,影响对谈判结果的评估判断。

在商务谈判中,谈判双方的谈判目标往往是矛盾的。因此,我们在制定谈判策略时,为保证谈判的顺利进行,必须考虑谈判各方的目标,特别是冲突目标间的调停。

例如:某工业建筑(厂房)不动产出售。资产拥有者希望在这笔生意中将厂房卖出,以期达到如下目的:

(1) 将这座工业建筑物"脱手"(自我中心目标);

(2) 增加流动资产(自我中心目标);

(3) 避免进一步损失,因为生意上已经出现赤字(保护性目标);

(4) 最大限度地抬高售价以获取最大限度的纯利润(竞争性目标);

(5) 以最低限度的上缴税率而又不增加买主负担的方式销售(自我中心目标);

(6) 使买主和业主都能以最低限度的纳税率来分配收益(对买主来说既是合作性目标又是自我中心目标;对业主来说是自我中心目标)。

上述某些目标要有买主的支持和同意方能实现,因此,它们包含了合作性目标。

　　一般的贸易谈判的目标指标主要有确定价格、商品质量、交货日期、付款方式和费用、对方的可靠性、合同期限以及合同续签的优先权等内容。例如,一项投资合作、共同组建新的经济实体的谈判目标主要包括了投资控股权(投资股权比率及相应资产作价)、新公司的经营权分配、新公司财务控制制度、合作的期限、投资各方的权益保证等内容。

二、收集谈判所需情报资料

　　在确定谈判目标后,要根据谈判目标的要求,在谈判前尽可能获取与谈判相关的情报资料。这是谈判策划的基础,也是整个谈判成功与否的基石。谈判策划所需的主要情报资料如下:

　　(1) 己方的目标;

　　(2) 双方的论点;

　　(3) 有关的市场数据;

　　(4) 双方和谈判者的主要利益;

　　(5) 双方和谈判者的优劣势;

　　(6) 对方的底价;

　　(7) 目前的经济、社会和政治气候的影响。

　　实际上这种情报的搜集往往在谈判目标的确定前就已经开始了,而且贯穿于整个谈判过程中。

　　如:某项专利技术的出售者在谈判开始前,应尽可能收集事实材料获得信息,包括以下内容:

　　(1) 潜在购买者为发展或获得同种或相当的技术而做的努力;

　　(2) 潜在购买者可能通过获得该项技术而获得的经济和其他方面的利益;

　　(3) 潜在购买者为了切实运用该技术(如果购买成功的话)而付出的费用和时间。

三、确定谈判争议点

　　在谈判目标确定后,通过对相关资料的分析,就必须对会达成每一个目标而存在的争议点进行研究。谈判的争议点是当谈判双方由于各自谈判目标不一致而发生冲突和即将发生的冲突时产生的矛盾焦点。在一定程度上说,谈判就是为了有效解决争议点而进行的磋商活动。没有争议点的谈判仅仅是一种商务事项的明确,而非真正意义的谈判。

　　所有的争议点可以分为经济类和非经济类两种,也可以根据争议点获取收益的长短分类。

　　对争议点的分析,首先必须分析双方矛盾所在,以了解谈判的具体要点。在确定有哪些争议点的基础上,分析各争议点的实质内涵,研究各争议点之间的相互联系,最后确定各争议点的主次层级关系。当确定争议点后,要对照已搜集的信息,对谈判目标进行重新审定。目标与争议点相比照后,如果发现当初定的目标不切实际,就应当对照目标进行适当调整。对谈判争议点的分析可以从以下角度来进行:

　　(1) 已经获得的信息和还需要的信息;

（2）当争议点影响每一目标时产生的具体利弊；

（3）相关市场因素；

（4）优势、劣势，各方的兴趣、利益；

（5）对方在谈判开始时可能的态度和底价；

（6）可能的双方获利的结果；

（7）事实上的谈判开始时的立场态度；

（8）事实上的底价；

（9）选择的战略战术；

（10）可能的让步和权衡。

有时争议点的提出会被作为一种战术使用，所以进行争议点分析时，还必须辨明对手所提出的争议点是真实的还是虚假的。当谈判者单独提出一个争议点以交换让步，而该让步对另一方来说其价值高于它要求更换的东西，也会产生争议点，确定真实的争议点有助于识别对方谈判者是否正运用这一战术制造虚假的争议点。

四、谈判双方的优劣分析

为了进一步评估谈判双方所处的地位，必须系统分析谈判双方所处的环境、条件及其所提供的机会及威胁。分析己方与谈判对手所拥有的资源优势与劣势。这是确定谈判战略战术的先决条件。

己方谈判中所拥有的优势及存在的劣势的确定，对方优劣势的评估将影响到谈判基础战略与战术的运用。通过对这些分析，己方可以在谈判中扬长避短，创造于本方有利的谈判氛围与谈判地位，并针对对手的弱点与不足，进行有力地攻击。

（一）确定和评估谈判各方的优劣势

（1）谈判双方关系可以分为四种类型。

① 独立。各方至少有一个其他可行选择。

② 依赖。各方均没有其他可行选择。

③ 程度不等的互相依赖。各方均缺乏可行选择，但一方比另一方更需要签订协议。

④ 单方面依赖。只有一方缺乏可行的选择。

（2）确定和评估谈判各方的优劣势，要在确定谈判各方的关系性质的基础上，从以下几个方面着手。

① 各方的主要利益点。

② 环境造成的压力和限制。

③ 其他谈判人员的影响。

（二）主要利益

无论是在计划还是谈判中，谈判者应该懂得，双方都认为签订协议要比不签协议继续谈判更为有利，而且符合自己的最佳利益，才会签协议，否则就不会达成协议。而评估谈判双方优劣势的最好方法就是考虑自己的和对手的主要利益。如果自己是能够影响对方主要利益的一方,就已为自己发现了一个优势。

参加商务谈判双方的主要利益不外乎三点:达成一个公认公正的结果;获得利益越多越好;避免损失。

在双方利益的基础上,还应估计双方赋予各项目的价值以及可能的谈判结果。例如,在交易时,应评估双方谈判需要有什么不同,或者应协商怎样创造出比无协议时更多的优惠以供分享。如果购买者和销售者对商品的估价完全一致,他们就不会签约交易,因为任何一方都得不到利润。例如,某件商品能卖到 100 元,是因为销售者认为 100 元大于该商品的价值(成本),使之有利可图,他才愿意卖;另一方面,购买者则认为该商品的价值要高于 100 元,认为交易是划算的,他才愿意买。只有这样交易才可能完成。所以,一般商务谈判协议的达成是基于这样一些共识:各方均放弃一些东西,以获得彼此认为价值更高的对方的另一些东西;各方均获得了比各自放弃的具有更高价值的东西。

(三)估计对手的主要利益的方式

要估计对手的主要利益,就应尽可能全面地回答:为什么对方想参加这一交易? 这需要从以下七个互相重叠的问题着手分析。

1. 对手的真正需要

谈判者首先应分清对手的真正需要与看似真正需要两者之间的界限。以下几个问题可用来判断对方的真正需要。

(1) 为什么对方会对某一问题是否有谈判的可能性感兴趣?

(2) 有没有足够的理由让对方甘心情愿地为此次谈判承担责任?

(3) 对方希望得到什么?

(4) 对方希望得到的东西为什么对对方如此重要?

(5) 如果要缓签甚至取消某一谈判协议对对方来说会有什么问题?

(6) 对推进和完善某一谈判协议,对方有什么计划和期望?

(7) 对方有多少不同利益? 在对方表面需求之下是否还隐藏着其他更为基本的需要?

(8) 对方是否强调合法性和公正性? 如果是,其侧重点在程序方面还是在实质方面,或者是两者兼而有之?

(9) 对方以往在相似情景下有何举措?

2. 对手背景

对方的背景分析包括考察对方有关人员的培训、职业、履历及个人习惯。在这些方面的不同表现往往反映出各人不同的处世哲学和人生价值观。这些不同既可能为双方达成协议创造某种机会,亦可能起阻碍作用。不同的价值观很可能会使谈判变得容易一些,因为就同一议题做出的不同价值判断往往为双方采用共赢战术和互惠战术创造更多的机会,这样也就导致谈判中会出现妥协和让步。当然也要注意的是,不同的预测也可能导致双方的误解和无效沟通,从而成为谈判达成的障碍。

如果双方具有一些共有的背景可能更有助于谈判。在谈判之前必须了解你与对方以前是否有过关系或者有没有其他关系。如果有,那应该通过下面几个问题分析这些共有背景的意义。

（1）你们在过去的谈判中或你们双方的关系是处于友好状态还是敌对状态?

（2）你们过去的谈判和相处过程中,是否发生过任何特殊事件可能影响对方现在的需要、业务以及优势?

（3）对双方来说,以前的谈判是否很成功且足以使他们相信眼前的谈判肯定亦会走向对双方都有利的结果? 如果不是,那么是否有可能通过这次谈判来缓解以前的僵局或挽回失败?

3. 对手对协议的需要

对手对协议的需求性质和强度也将影响谈判双方的谈判地位,成为影响谈判对手主要利益点的重要因素。以下问题有助于判断对手对协议的需要程度。

（1）对方希望多少条款在谈判中达成一致?

（2）如果问题通过协议得到解决,那么对方会获得怎样的结果?

（3）如果问题没有通过谈判得以解决,对方又会怎样?

（4）如果问题没有通过谈判得以解决,对方会有哪些变通措施?

（5）假设双方的和解范围是相同的,那么双方所要达成的协议的可能获利范围如何?

（6）如果达成协议,最可能的收获是什么?

（7）如果协议不能达成,会产生哪些结果?

（8）如果协议不能达成,最可能的结果是什么?

（9）对方是否愿意冒险?

4. 对方及对方谈判者的个人感受

个人感受是确定对方主要利益的第四个根据。通过对下列问题的了解,你必须清楚对方及对方谈判者的个人感受。

（1）对方及对方谈判者的个人嗜好或类似倾向是否会影响对方的目标和优势?

（2）对方及对方谈判者的个人厌弃和类似倾向是否会影响对方的目标和优势?

（3）对方及对方谈判者的个人权利、特权、思想倾向、工作责任心以及偏见是否会影响谈判?

5. 对对方的其他影响

除上述影响外,还有下列因素可能影响对方的主要利益。

（1）心理效应和条件。

（2）家庭压力。

（3）社会标准,社会习俗,传统和压力。

（4）长期和短期的政治状况。

（5）长期和短期的经济状况。

6. 环境造成的压力和限制

商务谈判中双方会受到环境压力和限制的影响。另外一些非直接源自谈判的压力也可能是双方有意回避某些协议或急于求成。尽管这些压力可能和对方的主要利益正相吻合。但他们也有可能源于当时特殊环境压力、个人习性或真正内在的需要。下列是一些引发环境压力和限制的因素。

（1）双方表现出很强的个性，敢于冒风险并承受不稳定压力。

（2）各项议题、条款或协议的达成将成为谈判代价过于昂贵的先例，影响未来双方的谈判地位。

（3）如果达成的某项议题、条款或协议，将为未来提供有用的先例。

（4）任何为销售或购买提出的有特殊内容的条款。

（5）谈判一方所拥有的业务上的、社会的、政治的或个人的权势。

（6）谈判一方对引起诉讼的担忧。

（7）是否有潜在的谈判竞争者，这些谈判竞争者也在同你的谈判对手进行交易，并且很有可能阻碍己方和谈判对手之间的交易。

（8）影响长期或短期协议达到理想化程度的优势和劣势。

（9）在成本或价格方面存在预料中的阻碍，影响了长期或短期协议的理想化程度。

（10）来自第三方的对其中一方的不良评价会影响该方的信誉。

7. 对方谈判者的个人喜好、个性以及行为方式

谈判者必须考虑对方谈判者的个人喜好及其个性。如果对方谈判者能代表对方但委托权限有限，那么，还必须考虑对方的最后决策人的个人喜好和个性情况。对谈判对手个性的判断可以从以下几个方面进行。

（1）诚实程度。

（2）掌握控制权的欲望。

（3）喜欢还是回避与人冲突，或者喜欢竞争还是喜欢合作。

（4）表现个人特定形象（如坚韧不拔、公正、骄傲、积极向上等）。

（5）出于谈判者和决策人的个人利益而常常轻视集体利益。

（6）喜欢冒险并且有能力承担任何不确定的压力。

五、预测对方的底价及初始立场

运用充分的想象力，较准确地估计对方的底价，并通过分析对方的观点及己方方针对每一论点和目标改变对方的能力，估计对方在谈判开始时的立场态度，是制定谈判战略战术方案的重要前提。

（一）预测谈判对手的谈判底线

预测谈判对手的谈判底线之前，要明确两个问题：一是根据己方对现实的估计，确定谈判对手可能接受的最糟糕的结局会是什么？二是如果己方的战略战术奏效，期望的最好结局又会是什么？

谈判双方对谈判目标、经济或非经济的成本、附加的谈判拖延、谈判困难、谈判中断等问题的价值评估，会影响他们在谈判中所确定的谈判底线。谈判双方的谈判底线也会相互影响。所以，在估计对方的谈判底线时也要考虑对方如何估计本方的谈判底线。在预测对方谈判底线的同时,谈判者还要预测一下谈判对手对谈判结果的最高期望值。

(二)预测谈判对手的初始立场

要预测谈判对手的初始立场,就得考虑以下两个问题。

(1)谈判对手会不会恰在或低于最高期望值的点上开始谈判。而其目的是为以后的条件交换、让步或改变自己的错误估计打下伏笔?

(2)如果对方在高于最高期望值点上开场,那么最终可能高出多少?

对每一项条款的价值的理解和期望会影响双方的立场。谈判双方对谈判结果期望值的现实程度将会影响到谈判协议的可能性,也就是说,由不现实的期望值导致的不现实要求往往会降低协议达成的可能性。

六、制定谈判的战略、战术方案

在完成了上述各项信息搜集与分析工作后,接着所要做的就是制定谈判的战略战术方案。谈判战略战术方案的制定是整个谈判策划工作的核心与灵魂。谈判的成功与否直接受所制定的战略战术方案的影响。恰当的战略战术方案是谈判成功的有力保证。商务谈判的战略战术方案主要包括:确定初始立场、确定谈判底线、选择战略战术、考虑让步和条件交换等内容。

(一)确定初始立场

确定谈判初始立场,是制定谈判战略战术方案的第一项内容。所谓谈判的初始立场是指己方在谈判初始所提出的交易条件与交易要求,是贸易谈判中的开盘条件,也是己方对谈判结果的理想期望值。在确定己方在一个或一组争议点上的谈判初始立场时,应该既有一定的现实性,又要有一定的高度,应该设定在对对方谈判底线的估计之上,以求得让步的余地。

高的现实性期望对获得谈判成功至关重要。高的现实性期望是指预想中的较高的位置或目标,亦即在谈判目标允许之上下限范围内获得的尽可能多的利益。如果期望偏低,谈判者所获往往不尽如人意。有研究表明,与保守的期望相比较,由较高期望驱动的谈判一般能得到更有利的结局。但是,若初始立场远离现实,往往会令谈判对方怀疑己方的谈判诚意或合作可信度,引起对方不满甚至触怒对方致使谈判陷入僵局,严重的甚至会导致谈判的破裂。因此,只有根据一个高的现实性期望来确定谈判的初始立场。

确定谈判初始立场,首先要根据所掌握的有关资料,再对谈判双方所处地位、所拥有的资源条件进行详细分析及对谈判对手所持立场进行精确判断,对谈判中的每一个争议点或争议点组合暂定一个假设的立场,从而形成一个有计划的、综合的初始立场起点值。然后,根据第一轮谈判结束时所获得的信息来判断此起点是否适用于整个谈判过程,并从全局的角度考虑是否合理,对这一初始立场的起点进行适当调整,使设定的初始立场得到完善。

(二)确定谈判底线

谈判底线是在谈判中谈判者对谈判结果的最低值期望要求,是谈判时接受谈判结果与否的一个判断基准值。凡是低于这一基准值的任何开价或要求,谈判者都应予以拒绝。在所有谈判中,实际上都是谈判者在谈判的初始立场与谈判底线之间所做的讨价还价、说服、妥协工作。在谈判中,谈判者就是要尽量使谈判结果靠近谈判的初始立场,远离谈判底线,获得满意的谈判结果。

不仅要为整个谈判设定底线,还要为每一个谈判争议点设立底线。如果各争议点之间存在可能的条件交换关系,应当为第一组相关的争议点的组合设定底线。

为了更有利于谈判底线的设定,可以将谈判的各争议点进行排序。一般是按各争议点的挑衅性强弱进行排序,除非是有些争议点的解决有必要推迟做出。这里所说的挑衅性强并不是指对方有意伤害或蓄意引起争端,而是指那些抛开对成功可能性考虑,仅视己方利益而定的旨在获得最有利结局的争议点。例如,一次谈判中谈判场地的租赁以及组织工作的花费相当可观,那么,这次最具挑衅性的争议点便是要对方来承担这些费用。

在谈判底线设计时,为了某些战略战术的需要可以使用不现实的谈判底线,甚至不设底线。在大多数场合,谈判底线的设定应建立在对谈判比较现实的假想或者合理的需求之上。但有两个例外:一是对方自身的预估不现实;二是同样或更多的利益可以在其他场合获得。有时在谈判中,可以缺乏授权或有限授权为由抵御对方的压力,保持谈判桌上的和谐,并积极收集信息。这是在计划过程中谈判底线没有设定好之前的一个明智选择。

(三) 选择战略、战术

战略是指导谈判的客观策略,即指导谈判活动的一些原则性思路;而战术则是用以实施战略的具体手段。

选择合适的战略方针,对实现谈判的目的、目标有重要的意义。要选择恰当的战略,就必须对谈判的有关问题有清醒的认识。

1. 谈判战略选择前需弄清的有关问题

(1) 谈判是否包括争议或和解?

(2) 是否存在一个以上的争议?

(3) 能否在谈判中引入新的争议?

(4) 谈判各方的利益是短期的还是长期的?

(5) 谈判各方之间的关系是长期保持还是仅限于某次谈判,或介于两者之间?

(6) 谈判者之间的关系是长期保持还是仅限于某次谈判,或介于两者之间?

(7) 各方的利益是经济性的还是非经济性的,或两者兼有?

(8) 各方是否以相同的方法评价谈判项目?

(9) 各方进行谈判是否出于自愿?

(10) 谈判是秘密进行还是公开进行?

(11) 谈判内容是否公之于众?

(12) 委托人是个人还是私人组织、公司、单位或其他类型的机构?

(13) 谈判中所要协商的各种事项对各方的价值是大还是小?

(14) 谁获益最多?谁失去最多?

(15) 谈判涉及的是常规事项还是特别事项?

（16）各方的需求、事实、法律、经济资源、道义等方面实力是否均等？

（17）谈判是面对面进行还是以电话、信函方式进行，或以上方法兼而有之？

（18）是否存在诸如优先取舍权那样的选择可能性？ 如有，又能在何种程度上被接受？

2. 常见的谈判战略

（1）不让步。

（2）不再让步。

（3）仅为打破僵局而让步。

（4）以小的系列让步实现高的现实性期望。

（5）让步在先。

（6）解决问题。

（7）达成协议以外的其他目标。

（8）终止谈判。

3. 常见的谈判战术

（1）披露信息。

（2）创造事实。

（3）接受信息。

（4）漏斗方式。

（5）利用信息资源。

（6）通过讨价还价获取信息。

（7）经讨论获取信息。

（8）提出先决条件。

（9）率先开价或避免率先开价。

（10）要求对报价和立场做出反应。

（11）互惠。

（12）双赢提议。

（13）尝试性提议。

（14）议价。

（15）辩论。

（16）有条件提议。

（17）实力。

（18）虚张声势。

（19）语气。

（20）重视与轻视。

（21）制造心理许诺。

（22）保全面子。

（23）不与有问题的人打交道。

(24) 插入新争议点。

(25) 集中注意力于进程。

(26) 启动。

(27) 僵局。

(28) 休会。

(29) 耐心。

(30) 最后期限。

(31) 缺乏授权或有限授权。

(32) 出其不意。

(33) 诉诸个人利益。

(34) 委托人或决策者的积极参与。

(35) 集体谈判。

(36) 联盟者。

(37) 媒介与社会压力。

(38) 多方谈判。

(39) 利用可选择的机会。

(40) 折中。

(41) 送礼物或娱乐。

(42) 自行解决。

(43) 诉讼。

影响谈判的战略战术选择的因素主要有预想中的谈判动力、谈判目标的性质以及谈判是否牵涉一个以上议题等。

(四) 考虑让步和条件交换

为了获得最大程度的收益,在考虑谈判战略战术的时候,也要计划好让步和条件交换。一般来说,双方都期待对方做出让步。谈判对手也相信在谈判过程中他们能够左右对方的行为而使对方最终做出让步。谈判对方对谈判争议点的不同价值取向,为条件交换创造了机会。这里所谓的条件交换是指由于谈判双方从不同经济角度或非经济角度来看待各自的得失。例如,有些谈判者着眼于未来而并不看重眼前的利益或成本;而另一些谈判者将安全感与和平相处看得很重,而这种东西对对方来说根本无须实际付出便可给予。条件交换实际上是对某一谈判选择及其组合进行价值与利益评估,最终做出能获得对双方都最为有利的决策的过程。

每一次让步都有一定的理由因而显得合理而稳固。这种稳定性对于谈判者有利陈述自己的立场非常重要。每一次让步的实质内容和顺序都是为一个或一组争议点设定的。谈判者还必须清楚在每一个争议点之间是否存在允许条件交换的内在联系。在一场各个争议点之间存在潜在条件交换的多项议题谈判中,计划好所有的让步和条件交换还有以下几个作用。

(1) 通过设计好一些谈判者并不十分看重的表面让步来达到其条件交换的目的。例如,谈判者故意就一个无关痛痒的争议点做出让步,从而为在下一个真正有价值的争议点上要求对方做出让步打下基础。

(2) 有助于谈判者在一些小的利益方面做出让步而在谈判关键问题上不让步。

(3) 有助于谈判者为每一个潜在立场考虑好充分的理由,而这些往往是在真正的讨价还价过程中难以顾及的。

(4) 有助于事先对潜在条件交换进行价值评估。预先计算要比在谈判中当场计算更有效。在做出让步前,你必须清楚对方所努力争取的一切价值何在。

本章小结

谈判人员准备就是组建谈判班子,它包括谈判班子的规模,谈判人员应具备的素质,谈判人员的配备和谈判班子成员的分工与合作等内容。

根据谈判对知识方面的要求,谈判班子应配备专业人员、法律人员和翻译人员等。

谈判者的信息搜集是为了解对方意图,制订谈判计划,是确定谈判策略及战略的基本前提。

情报收集时应注意以下问题:要注意资料来源的真实性、可靠性,要对资料进行科学的分析和整理,根据所掌握的信息对谈判方案和谈判策略做适当的调整。

谈判方案是指在谈判开始前,对谈判目标、议程、对策预先所做的安排。谈判方案是指导谈判人员行动的纲领,在整个谈判过程中起着重要的作用。

本章思考题

一、选择题

1. 商务谈判小组成员一般以(　　)人为宜。
   A. 3　　　　　　　B. 4　　　　　　　C. 5　　　　　　　D. 6

2. 谈判小组的人员构成原则不包括(　　)。
   A. 知识具有互补性　　　　　　　B. 性格具有互补性
   C. 选用高学历人才　　　　　　　D. 分工明确

3. (　　)是商务谈判人员必须坚守的最后一道防线。
   A. 基本目标　　　B. 可接受目标　　　C. 最高目标　　　D. 期望目标

4. 只供己方使用,具有保密性的是(　　)。
   A. 通则议程　　　B. 细则议程　　　C. 谈判时间安排　　D. 以上都不是

5. 商务谈判的组织准备工作主要包括(　　)。
   A. 组织成员的结构　　　　　　　B. 组织成员的规模
   C. 组织成员的性别　　　　　　　D. 组织成员的学历
   E. 组织成员的籍贯

6. 商务谈判小组最好包括(　　)。
   A. 商务人员　　　B. 技术人员　　　C. 财务人员　　　D. 法律人员

E. 翻译人员

7. 商务谈判方案的制订,应该(　　)。

A. 简明扼要　　　　B. 明确　　　　　C. 具体　　　　　D. 富有弹性

E. 及时

8. 可以用于背景调查的方法有(　　)。

A. 印刷媒体　　　　B. 访谈法　　　　C. 观察法　　　　D. 知情人士

E. 问卷法

9. 谈判准备阶段一般包括(　　)。

A. 谈判信息的搜集　　　　　　　　B. 谈判会谈

C. 谈判目标的确定　　　　　　　　D. 确定谈判的策略

E. 谈判反馈

10. 谈判环境调查的内容包括(　　)。

A. 政治环境　　　　B. 人口比率　　　C. 宗教信仰　　　D. 地理环境

E. 社会习俗

二、简答题

1. 社会环境各种因素对商务谈判会产生哪些影响?

2. 具备什么条件的客商有合法谈判资格?

3. 背景调查有哪几种方法?

4. 谈判人员怎样培养良好的心理素质?

5. 谈判人员应具备哪些能力?

6. 谈判组织的构成原则和人员配备方式是什么?

7. 高层领导怎样对谈判过程进行宏观管理?

8. 如何确定谈判目标? 选择谈判时间的长短应考虑哪些因素?

9. 谈判通则议程与细则议程有何异同点?

10. 如何认识模拟谈判的必要性? 模拟谈判方式有哪些?

三、综合题

如果你是谈判小组的负责人,在关于影响货物销售或购买的贸易谈判中,从语言艺术的角度,你会如何制订谈判的方案? 收集有关资料并进行说明。

第十章

商务谈判开局策略

学习目标

通过本章的学习,使学生了解和掌握以下知识点:

- 了解开局在谈判中的重要作用;
- 了解开局前的接触和礼仪;
- 明确开局的目标和基本任务;
- 掌握商务谈判开局策略和技巧。

开局谈判是谈判双方进入面对面谈判的第一阶段。这一阶段,谈判双方对谈判还没有实质性的感性认识,各项工作千头万绪。由于实践的复杂多变,无论准备工作做得如何充分,都会遇到新的情况和问题。这个阶段主要是见面、介绍、寒暄,以及就谈判内容以外的话题进行交谈,一般不进行实质性的谈判。开局谈判从时间上来看,只占整个谈判过程的很小部分,但定下了整个谈判的基础,对整个谈判起着相当重要的影响和制约作用。

引导案例

某民营企业 A 进驻移动超市 B 公司的谈判过程及启示
——案例由新海集团副总经理郑立勇结合真实案例编写

一、公司简介

A 公司是一家做全国零售连锁的食品生产加工、销售为一体的集团化民营企业。它成立于改革开放的中期,属于食品加工企业领域内地域品牌的代表,至今已有近 30 年的历史,涉及养殖、研发、生产、销售等经营范围。目前销售模式:自营超市、联合经营超市、加盟商、代理商、医药连锁超市、社区体验店的经营业态,属于当地特色旅游商品生产、销售企业。

B 公司是一家拥有地域性销售平台、服务于人民群众的国有企业。它成立于 2013 年,隶属于国有企业的投资公司,下设 C 个分公司、D 个经营部,主要负责地域性的商业开发、保洁、餐饮等服务于人民群众的国有企业。

二、背景及谈判对方分析

2013 年,中共中央开始在全国推进全面从严治党,深入推进党风廉政建设和反腐败斗争。坚持反腐败高压态势,对反腐败工作采取无禁区、全覆盖、零容忍,坚持重遏制、强高压、长震慑,严肃查处违纪违法案件。在这种环境下,B 公司发生了高层人事变动,同时,牵扯出了商业利益的案件,B 公司决策层立即对现经营的业主进行约谈、解约,重新进行招商引资。解约期间,正值中国的农历春节前夕,B 公司采取什么样的措施既能保证服务好人民群众,又能实现原业主和新招商业主平稳交接,这是摆在 B 公司眼前需要立即解决的难题,主要表现在以下三个方面:

1. 如果采取国有企业惯有的招商模式公开招标,时间来不及,会发生春节期间对人民群众服务的空当期,有损 B 公司母公司的形象,会引起社会舆论的广泛关注。

2. 如果不采取公开招标,责任谁来承担?会不会再次发生不正当竞争、发生腐败的事情?

3. 地域性有能力的业主怎么选择?标准怎么确定?

三、A 公司情况分析

A 公司在 5 年前曾经在 B 公司管辖范围内经营过商铺,因高层变动原因,商铺实行统一招投标,A 公司失去了商铺的经营权。A 公司对 B 公司管辖商铺的情况比较了解,包括经营时间、结算方式、经营产品。A 公司一直在寻找新的营销渠道,一直关注 B 公司的商铺经营权问题。

1. 新的公司总经理刚上任。

2. 对商铺的地理位置、经营业态不熟悉,要熟悉的话,时间来不及。

3. 原有的管理团队,因为高层变动原因,都不愿意承担责任。

4. 总公司要求:不能因为商铺更换影响对人民群众的服务,树立良好的社会形象,要实现零投诉、零反馈,商铺经营权要平稳过渡。

四、谈判双方准备

A 公司当时的组织架构有 11 个部门:生产中心、营销中心、大数据中心、采购部、财务部、研发部、质量管理部、企划部、国际贸易部、人力资源部、综合管理部。招商部属于营销中心的一个部门,招商部得知信息后,立即上报给营销总监,同时上报给分管集团副总经理,A 公司成立了以集团副总经理为组长的谈判对接小组,具体分工如下:

M 部长负责谈判时的资料整理、数据汇总、汇报材料确认;

N 经理负责关注 B 公司的招商情况,收集 B 公司招商的最新动态;

O 经理负责现场实地考察每个商铺的地理位置、面积、现有时段客流情况;

P 经理负责收集现在经营业主经营的产品种类、生产厂家、代理商信息;

Q 经理负责假如招商成功后,所有商品区域统一划分、产品品种数量、进货渠道、返利、进货成本的核算。

组长规定：每天上午 7：50 召开一次 20 分钟的项目沟通会议

B 公司召开中层领导以上干部会议,会议纪要中记录：由运营部全权负责此次招商及经营权变更,变更的原则,B 公司利益最大化,实现多赢的结果;更换过程要公开、清晰、透明。运营部团队组成：公司分管副总、运营部部长、副部长、业务经理、财务负责人。

接触当地有意向、有名气的业主 3 家以上,寻求是否有合作的意向,筛选优质客户,抛出橄榄枝。

五、A 公司与 B 公司第一轮谈判

目的：互相探视底线

A 公司充分利用 B 公司考察团队一行考察期间完成了第一轮谈判：

（一）A 公司谈判开局技巧

1. 心态调整

所有参与考察沟通的人员,都放松心态,微笑面对所有的来访者。

2. 沟通技巧

安排专人汇报 B 公司想要听到的信息,表明 A 公司的态度和经营方案。

3. 切入时机

遵循“一切谈判都是从废话开始的原则”,在沟通中寻找切入谈判的点。

4. 达成共识

第一次考察的印象和态度很重要,让 B 公司随行人员对 A 公司引起注意。

（二）A 公司准备的参观路线

1. B 公司随行人员的行程总共只有四个小时,A 公司先带 B 公司全部考察人员对 A 公司经营的自营店、联营店、生产流水线、研发室、检验中心、厂区进行了实地考察,让 B 公司对 A 公司的经营范围、公司规模、公司实力进行了实地考察接触,重点体现 A 公司的“专业”,也让 B 公司再考察其他公司时有个参照比较,时间为 1.5 个小时。

2. 安排招商部专业人员进行“切入主题”的汇报,重点针对现有的商铺布局、产品陈列、销售策略、营销模式等方面,以方便人民群众、提高服务水平、体现 B 公司的社会价值为出发点,汇报时间 0.5 个小时,中间休息 15 分钟。

3. 会议休息期间,安排了新研发产品试吃环节,让 B 公司考察人员能亲口品尝 A 公司的产品口味,有原味、孜然、微辣、中辣、麻辣等适合不同年龄段消费者需求的产品。

4. 双方交换意见 1 小时 15 分钟,A 公司副总经理用 15 分钟做本次考察谈判总结、B 公司部长对此次考察活动做总结。目的：加深合作的基础。

（三）谈判会晤

A 公司知道 B 公司要在考察 10 天内完成店铺交接,其中包含很多在售商品的交接,牵扯到谈判接收价格、装修店铺的资金、店铺现有的设备、店铺现有的人员安置问题。为此,A 公司当日召开了临时会议,为双方第二次谈判做准备。（因为从 B 公司工作人员口中了解到,此次参与竞争的对手有两家,其中一家是商贸公司,没有自生产产品;另一家有生产车间,但是综合实力、自营店铺面积都不如 A 公司）A 公司由此判断,考察团在短时间内还会要求进行第二轮谈判,谈判地点的选择尤为重要。

六、A 公司与 B 公司的第二轮谈判

目的：探出对方商品、设备、装修交接的价格。

1. 时间的选择

B 公司回到驻地的第二天，接到 A 公司电话，要求 B 公司抓紧时间确定商铺接手的公司名称。（言外之意，A 公司很有诚意接手）

2. 地点的选择

因为 A 公司打电话给 B 公司，B 公司也在试探 A 公司是否能接受上一个业主的一些请求；A 公司目的很明确，第二次谈判地点就是要选择在 A 公司驻地会议室进行。

3. 谈判前的准备

A 公司准备：

（1）安排专人对每个商铺的面积进行了实地考察和不动声色的丈量，对装修风格和设备进行了记录，当日核算出所有的装修成本价格，按照会计要求，把固定资产进行按年份分摊，计算出折旧后的价格，也是二次谈判的底线。

（2）公司提前储备好人员，抽调各个系统和部门的经营人员，可以利用一个晚上的时间盘点完所有店铺的商品。

B 公司准备：

（1）要求跟原有的业主解约（合同不到期），原有的业主对装修费用、设备费用要的转让价格较高。

（2）要求原有业主提供库存商品数量及进货价格、进货代理商名称。

第三天，B 公司原班谈判人员如期到达 A 公司会议室，双方就装修费用、设备费用、折旧费用、人员薪资、人员保险、商品库存、商品价格进行了第一次协商。期间谈崩了两次，是装修费用过高的原因（后期经调查，在装修期间，原有业务负责基建的副总经理个人从中作梗），经过 B 公司从中协调，装修和设备的结算按照合同和发票的 60% 计算。

第二次谈判历时一天，初步完成了装修、设备价格、人员薪资、人员设备的谈判。

七、A 公司、B 公司第三次谈判

目的：确定商品的转交时间、盘点数量、进货价格、签约。

A 公司准备：

1. 提前跟经销商和代理商谈判，确定其仓库备货数量，确定其进货价格，确定其结款方式。

2. 对价值高的产品进行进价估值；因前期管理不善，有很多临期商品，计划不要这些临期商品。

B 公司准备：

跟原业主确认交接时间、商品转交数量、转交价格

谈判地点：

A 公司会议室。

案例启示：

谈判从本质意义上来说，是一种沟通、一种对话，只是这种沟通、对话赋予了要做出判

决的使命,从而显得庄严、隆重。谈判中的"谈"是一个过程,而"判"是一个结果,在"谈"的过程中一定要做好以下七个方面的工作。

一、谈判中要时刻体现"利他主义"思想

"利他"并不是"损己",而是通过彼此深度了解、深度促进、深度接纳、深度融合的方式,自然形成一种新的价值创造观点,让谈判双方、相关利益者以及更广阔层面的社会价值、自然环境都能体现各自的价值,把谈判的"行业""事业"打造出一个新的高度、一个新的境界、一个新的模式,"利他"的核心是为了增加自己谈判的筹码。

二、善于学会"倾听"、"记录"

谈判中一定要做到耐心的听取任何人的发言,记录发言的要点,这是一种尊重,也是一种态度。不要随意、刻意、特意的打断对方的发言,从中了解对方表达的意思和传递的信息,要做到边听、边想、边分析,增加谈判的筹码。倾听不但可以挖掘对方的动机,而且可以找到问题的真相。从而调整自己的应变策略。对于模糊的语言要记录在册,认真咨询对方,同时,要注意咨询的角度、深度、广度的语言组织和表述。

三、做好谈判前的各项准备工作

1. 要做到"知己解彼":在谈判过程中,谈判者一定要进行公司、部门、自身情况的全面分析,可以用"SWOT"来进行自我解剖分析,谈的过程中要避重就轻,自身分析主要是通过对拟谈判进行可行性分析;要通过各种信息渠道了解谈判对手的情况,预想对方可能握在手中的"底牌"、"底线"是什么,包括对手的现状、地位、过去的业绩、荣誉等信息,同时要了解谈判人的工作风格、喜好等。

2. 牵扯到公司的大项目运作谈判一定要进行部门内部的模拟谈判。从公司内部不同部门选调精英骨干(入职2年以上的员工、部门负责人)做谈判对手,公司专人负责公司介绍、项目介绍、优势分析,根据模拟谈判对对方可能提出的问题进行汇总、归类,专人回答不同层面的问题,体现谈判方的"专业"。

四、制定不同阶段的谈判策略

1. 本案例是典型的商务谈判中的"合作"谈判,我们谈判的基础就是,在哪一种方式、模式、条件下能够让多方都能受益。谈判初期要自我梳理、知己知彼;谈判中期要综合分析、寻求契机;谈判后期要利益共享、风险共担。

2. 谈判中最重要的就是"态度"。态度过于强势,对方会感觉谈判方没有诚意,容易伤及对方,致使谈判关系破裂;态度过于软弱,对方会感觉谈判方不自信,容易受制于人。一般的商务谈判要采取"刚柔相济"的策略比较奏效。

3. 谈判中要运用好"见招拆招、自建自拆、拆招见招"的谈判方式,一般在谈判中期,谈判团队中要有"黑脸""白脸"的角色。"黑脸"角色要直面对方的敏感地方、不留情面,即使面红耳赤也坚决予以让步;"白脸"角色要态度和蔼、语言温和,但不失原则,处处留有余地,一旦出现僵局,能从中回旋挽回局面。

4. 谈判过程中不能立即答应和回复对方提出的要求,要有缓和的时间点,要答应对方大部分的事项和要求,在没有正式签订合同之前,留有讨价还价的余地。

五、要寻求有一定影响力的"中间人"

在双方谈判中都陷入"僵局"的状态,谁都不愿意第一个出现让步和妥协的情况下,发挥"中间人"的作用,同时,要根据自己的实力和对方关注的焦点找不同的"中间人",一般"中间人"能影响或者左右对方人员的决定。

六、谈判都是从"废话"中开始

所谓的"废话"是为了营造一个和谐、宽松的谈判环境。谈判过程中,要向对方阐述自己的实施方案、意愿、方法、立场等观点,不谈与主题关系不密切的事情,最好做到有实际证明材料,其中数字表达一定要准确,一般情况下要精确到小数点后一位数,一定不能使用"可能、也许、大概、差不多"等中性词语。

七、参与谈判的人员要目标一致

1. 在每次谈判之前的沟通会议上,所有参与谈判的人员到达成一致的意见,这也是公司谈判的目标,所有问题的回复,迂回问题的阐述都要围绕这个目标、这个中心不动摇,要坚守好自己谈判的底线。

2. 在回答对方问题的时候,要把握必须合作、利益分享的原则。要向对方阐明,对方接纳了自己的意见,将会有什么样的利弊得失,说服对方是为了尊重和坦诚,如果接受了这个建议,双方从中会有什么样的收益。要时刻记住:谈判是一种充满挑战的特殊交际活动,要合理地应用社交中的谈判技巧。

第一节　开局的意义

一、开局是谈判成功的前提条件

俗话说"良好的开端是成功的一半"。有经验的谈判人员都知道,虽然整个谈判过程十分复杂,所包含的内容繁多,但要取得谈判的成功必须从谈判开局阶段入手。从某种意义上讲,谈判的开局比其他阶段更为重要。

(1)谈判刚开始时,人的经历最为充沛,注意力也最为集中。在刚开始谈判的几分钟,所有人都会全神贯注地专心倾听别人发言,理解其讲话的内涵。但过不了多久人的注意力和精力就会随时间的延长而递减,注意力开始分散,对发言内容取舍不一,甚至忽略其中非常重要的内容。

(2)谈判的格局在开始几分钟内就基本确定了,而且一经确定,就很难更改。

(3)在开局谈判阶段,双方都从对方的行为、举止中观察、判断对方的特点,以此确定自己的行动方式。在这个阶段,谈判人员对于对方的谈判特点、个性特点等都会做出一个基本判断从而为后面谈判定下基调。

二、开局决定着谈判质量的高低

商务谈判的质量取决于谈判各个阶段的质量,但开局阶段对谈判质量的影响极为重要。开局阶段对谈判质量的影响体现在以下几个方面。

（一）对谈判全过程的影响

譬如说,在谈判一开始,如果卖主就让步,那么买主就会只注意卖主让步的尺度,即使那已经是一个很大的让步,买主仍会觉得不够,而向卖主提出更多的要求。

（二）对妥协范围的影响

谈判是妥协的艺术,但妥协对于双方都是有一定范围和界限的。如果谈判一开始就一味迁就对方,进行不必要的妥协。那么,谈判将会朝着不利于自己的方向发展下去。因此,作为谈判者,必须清楚妥协的范围(即买主估计卖主所接受的最低限度和卖主估计买主所愿付出的最高限度之间的差距)。在谈判的开始阶段,谈判双方都应设法尽力改变对方的过高期望和估计,从而使妥协范围朝着有利于自己的方向改变。

（三）对于争取谈判主动权的影响

在谈判的开始阶段,就进行重点攻击,有助于谈判质量的提高。其实谈判开始阶段在合理范围内"漫天要价,坐地还价"是有利于掌握判断主动权的。另外,在谈判中,买方应该注意到,即使对货物各个方面都比较满意也不要表露出来,而要尽力挑剔产品的缺陷,以便在谈判中掌握主动权。至于其他的次要问题,慢些再谈也不迟。因为一个精明的卖主是不会因为次要问题而放弃整笔交易的。

三、开局决定着谈判双方的合作程度

1. 想要谈判顺利进行,必须使谈判在良好的气氛中进行下去

谈判双方的态度对于谈判能否顺利进行下去,是至关重要的。不难想象,如果谈判的一方兴趣较大,而另一方态度冷漠,那么谈判是难以维持下去的,即使勉强进行下去,最终也不会达成协议。影响谈判双方态度的因素很多,有时一个微小的举动、某一场合的措辞都会形成影响。因此,作为谈判人员,如果你想真正地使谈判成功,达到自己的目的,从谈判开始,就必须端正自己的态度,并尽力创造一个良好的谈判气氛。

2. 任何一方,都必须用诚恳的态度来对待对方

谈判过程并不仅仅是讨论问题或者签订合同的过程。实际上,谈判者往往还会利用这个机会去判断对方的能力和品质。在谈判中,诚恳是很关键的。如果一方诚恳,另一方也诚恳,那么谈判进程就会顺利。同时对于价格也有着极大的影响。诚恳是不可能用智慧、能力或者严谨的法律条文来取代的。即使是一次对双方都有利的谈判,倘若双方或者有一方缺乏诚意,也不能达成令人满意的协议。判断对方是否具有诚意,那就要看对方从谈判一开始是否具有很高的价值感,公平解决困难的决心,以及履行合约内容的责任感。如果对方缺乏这份诚意,就没有必要与他进行后面的谈判。

3. 谈判的开局阶段还决定着双方的合作态度

作为谈判者,要用自己的观点去说服对方,同样,对方也有一套自己的想法。谈判者要想向对方宣传自己的观点,并希望自己的观点能有效地说服对方,必须注意一些要领。

否则,把自己的观点强加于对方会影响对方的接受程度。这些要领有如下几点:

(1)如果对方希望表现自己,就尽量保持沉默,只是倾听,等你发表意见时,他也会欣然聆听。

(2)在对方说话时,尽量不要插话,因为经常插话会打乱对方的思路,以致阻碍意见的交流。

(3)如果你不是以严厉、大声或嘲笑的态度说话,而是以温和而有节制的态度待人,那么对方将会比较愿意和你商谈。说话态度温和的人,可以使别人以相同的态度回报。

(4)最好让对方先表明观点,然后再说出你自己的观点。人们都喜欢你保持合作态度,而不愿意彼此冲突和对峙。

从以上分析可以看出,谈判的开局在整个谈判过程中举足轻重,它决定着正式谈判的基调。俗话说"千里之行,始于足下",做每一件事,需从第一步开始认真做好。商务谈判是一个复杂的过程,为使谈判顺利进行下去,谈判双方必须在思想上正确认识开局的意义,在行动上采取适当的对策。

第二节　开局礼仪

一、开局前的接触

开局前的接触是指进入正式谈判前的通信、联系、迎接、会面、介绍、交谈等社交活动。它能为开局阶段创造一个良好的前提与基础。

开局前接触的双方都想既能表达合作的愿望、了解对方的意图、隐藏己方的目标条件,又能揭示合作存在的最大障碍与克服的可能性。开局前接触需要清楚对方的资信状况,了解对方的谈判目标,以及掌握对方谈判人员的个人情况,在充分了解对方之后进行谈判。谈判人员可以通过信函、电报、电传、电话等非面晤形式与面晤形式与对方进行接触。

开局前的接触是"投石问路"的过程,应注意以下几个问题。

(1)提问题要恰当。如果提问题规定的回答方式能够得到使对方接受的判断,那么这个问题就是一个恰当的问题,反之就是一个不恰当的问题。例如,在经济合同的谈判过程中,买方与卖方在交货问题上激烈辩论。卖方晚交货两个月,同时只交了一半的货。买方对卖方说:"如果你们再不把另一半货物按时交来,我们就向其他供货商订货了。"卖方问:"你们为什么要撤销合同? 如果你们撤销合同,重新订货,后果是不堪设想的,这些你们明白吗?"在这里卖方提出"你们为什么要撤销合同",这是一个不恰当的问题,因为这个问题隐含着一个判断,即买方要撤销合同。这样,买方不管怎样回答,都得承认自己要撤销合同。这就是强人所难、逼人就范,谈判自然不欢而散! 所以,谈判必须准确地提出争论的问题,力求避免包含着某种错误假定或有敌意的问题。

(2)提问题要有针对性。在谈判中,一个问题的提出要把问题的解决引导到交易能否做成这一方向上去,并给予足够的时间使对方尽可能详细地正面回答。为此,谈判者必须根据对方的心理活动运用各种不同的方式提出问题。例如,当需方不感兴趣、不关心或犹豫不决时,供方应问一些引导性问题:"你想买什么东西?""你愿意付出多少钱?""你对于我们的消费调查报告有什么意见?""你对于我们的产品有什么不满意的地方?"等等。提出这些引导性问题后,供方可根据需方的回答找出一些理由来说服对方,促使买卖成交。

(3)尽量避免暴露提问的真实意图,不要与对方争辩,也不必陈述己方的观点。

二、开局前的礼仪与公关

开局要注意以下几个方面的礼仪:

首先,双方要对谈判人员进行介绍,以便相互了解参与谈判人员的有关背景。

正确的介绍顺序是:先把主方成员介绍给客方;先介绍身份等级高的人员或长者。介绍时要落落大方,介绍完毕要相互握手致礼。如果对方是外商,要尊重对方习惯和风俗;作为客方,也要注意入乡随俗。

其次,不要急于切入正题,需要一些中性话题开头。

优秀的谈判者总会利用谈判技巧,创造出轻松、诚挚、愉快的开局气氛,引起对方的合作兴趣。如谈一些有关气候和季节的话题,谈谈关于体育、文艺、新闻等共同爱好方面的话题。若对方是熟悉的客户,则可回顾以往愉快的合作、成功的经历等。这些话题具有积极向上、令人愉快的特点,容易被人接受,有利于消除陌生感和尴尬的心理。开局时切忌离题万里地夸夸其谈,也要避免伤害对方自尊的言辞和行为。应注意的是,开头的寒暄不能时间过长,以免冲淡谈判的气氛。

最后,谈判要及时切入正题。双方应各自说明自己的基本意图和目的。说明己方的观点时应简明扼要,突出重点,要让对方感到己方的坦率和真诚,不要拐弯抹角地绕圈子,应选择恰当的词句,恰如其分地表达自己的想法和态度,尽量不要引起对方的不满和不安。在对方陈述时,要认真倾听,并注意记录和分析。不能漫不经心,左顾右盼。认真倾听是对对方的尊重,同时,在投石问路、探听虚实的阶段,应特别谨慎留心。认真倾听,还可以在获取对方信息资料的同时,给对方形成一种心情愉快、乐意继续讲述的气氛。为此,可适当采取一些点头之类的形体语言,以表示对对方讲述的理解和赞同。陈述时间不宜太长,一般两三分钟即可。若要连续陈述,一般需征得对方的同意。发言的时间双方要平分秋色,切不可挟地主之便造成独霸江山的局面。谈判的语气要轻松愉快,要尽量满足对方的合理需要,创造一致感,为继续谈判奠定基础,不能在这一阶段就显现出分歧。

第三节 开局目标

一、开局心理

问题:初次见到你的谈判对手你会从哪些方面来评价对方的实力?

讨论题 1:谈判对手身穿裁剪美观大方的名牌套装,手戴劳力士金表,脚蹬名贵皮鞋,你对他身份的评价如何?

　　A. 低　　　　　　　　B. 高　　　　　　　　C. 不能肯定

　　讨论题 2：一个人牵了 6 头骆驼来到一处绿洲找水喝，在泉眼旁站着另一个人，旁边还竖着一块告示板，写着"水管够，价钱一头骆驼!"你认为谁更有力量？

　　A. 牵骆驼的

　　B. 站在泉眼旁的

　　C. 难说

> **小智囊：关于力量的判断**
>
> 　　力量是谈判过程中最本质的东西，谈判者往往根据对双方力量的判断来指导自己的行动。
>
> 　　力量完全是主观的，谈判中双方力量的对比没有固定的计算公式，它完全取决于彼此的主观看法。存在于人的头脑之中，就像风一样，看不见摸不着，只能凭感觉得知。
>
> 　　在谈判中，人们无法肯定自己对于处境的设想是否符合实际。如果对方的看法和你截然不同，你就搞不清对方的态度是如实地反映了双方力量，还是虚张声势想压你改变立场。
>
> 　　在谈判中切记：采取一些策略或举动，影响对方对双方力量对比的看法，如果能更有技巧、更有效地影响对方的看法，则在谈判中所获得的机会更多。不要在失去影响力的时候向对方提要求。只要对方认为你有力量，你就有力量，可以在谈判中占到便宜；反过来，你如果认为对方更有力量，那力量就属于他，而你也将为此付出本可不付的代价。

　　在现实中，人们往往认为生活标准高是成功的象征，在国外有游艇、飞机、别墅，国内有汽车、宽敞的房子、名牌服饰等都是财富的证明。所以，拥有这些东西的人一定会腰缠万贯，事业成功。而事实可能并非如此。实际上，已经破了产的人经常搭乘飞机的头等舱，住星级宾馆，这使债权人误以为此人必定财力雄厚，而不急于向他要债。商业上使用道具可以加强你在对方心目中的力量。人们在交易中一直都在对对方的形象做判断，而且都习惯于把这种判断等同于对方力量的强弱的象征。

二、开局目标与基本任务

（一）开局目标

　　谈判开局目标是一种与谈判的终极目标紧密相连而又相互区别的初级目标。

　　客观上，要求谈判双方人员在开局之初就做出共同的、积极的努力，创造出一种有利于谈判进展的建设性的谈判气氛。因此，通常情况下，谈判者都把力求实现双方坦诚合作、互谅互让、积极创造和维护融洽的谈判气氛作为谈判开局目标设计的方向。总的来说，这一热烈、友好与积极、建设性的谈判气氛通常表现出诚挚、合作、轻松和认真的特点。所谓诚挚，就是有要达成交易的迫切愿望，有同对方做成生意的诚意；合作，就是双方为实现各自的目标，相互配合，相互支持；轻松，就是双方谈判者处于不拘谨、不对立、应对自如的状态；认真，就是以严肃负责的态度，积极主动地搞好商务谈判，力争交易实现。

宗旨是"谋求一致"，为谈判双方朝着互利互惠方向努力，为促进合作成交营造融洽和谐的气氛，创造良好条件。

（二）分析开局目标的形成

大量统计观察发现，形成谈判气氛的关键时间往往是双方开始接触之初的短暂几分钟，甚至几秒钟。双方在开始接触之前彼此获得的对于对方的间接印象，也会对营造谈判气氛产生影响。但"百闻不如一见"，在开始接触时的第一印象，会比见面前的印象强烈得多，甚至会很快取代过去的印象。

注意：谈判者要防止开始营造起来的良好谈判气氛因沟通不及时或不恰当而转化为抵触气氛。

谈判气氛一经形成，就会对双方产生情绪上的惯性，甚至立场上的微妙影响。良好的谈判气氛会有助于形成良好的双边关系，恶劣的谈判气氛则有助于强化敌对的双边关系。常见的谈判气氛类型有：严肃、认真、平静；紧张、对立、冷峻；热烈、友好、和谐；松懈、散漫、持久。

（三）开局阶段的基本任务

开局阶段的基本任务包含以下几个方面：

（1）营造适当的谈判气氛。开局话题适当，以中性话题确保良好沟通，避免过分闲聊，离题太远；谈判环境舒适，即谈判场所的位置、房间位置、设施等都给人舒适的感觉。

（2）塑造良好形象。谈判人员讲究礼仪，规范得体，相互尊重。

（3）协商谈判通则、注意事项、双方在谈判中必须遵守的原则。

（4）开场陈述和报价。参与谈判的各方分别把己方的基本立场、观点和利益向对方阐述，相互了解对方的谈判目的和谈判风格，然后根据开场的陈述进行报价。

三、开局策略

在谈判的开局阶段最重要的不是承诺性地表态，而是试探了解对方的真实目的，以及对方为达到这些目的准备采取的措施。

谈判者彼此都希望对方把情况讲透、条件谈够，但自己却不愿意把话讲死。

（一）开局阶段应把握的原则

开局阶段应把握如下原则：发言机会均等；提问与表述尽量简洁；合作协商；求同存异，善于接受对方的意见；留有余地。

（二）几种情况的处理

1. 如果开始由对方提出一份书面的交易条件

（1）对每一个条件都认真查问，并请对方说明为什么这样做。

（2）表现出一无所知的样子，让对方自己证明其意见的正确性。

（3）记下对方的回答，并保留自己的意见。

（4）不追究对方的理由。

（5）表现出聪明过人的样子，把那些应该由对方回答的问题拿来自己回答。

（6）马上就同意对方的要求。

（7）务必把每一个要点都搞清楚，即使再三询问也不要紧。

（8）极力试探出对方对每一项交易条件的坚定性究竟如何，以便在以后的磋商中可以有的放矢地进行讨价还价。

（9）听到似乎对本方有利的交易条件或者某个解释，就马上同意。

（10）对任何一个交易条件都进行讨价还价。

（11）注意本合同与其他合同的内在联系。

（12）表现极为冷静和泰然自若。

（13）随时注意纠正对手某些概念性错误。

（14）只注意目前所谈的合同内容。

（15）对于对方的言行，表现时而愤怒，时而惊奇，时而高兴。

（16）只是在对本方不利的情况下才来纠正对方的错误。

2．如果开始由本方提出一份书面的交易条件

（1）尽量不要多回答对方提出的问题，让对方多发言。

（2）试探对方反对意见的坚定性。如果己方不做任何相应的让步，对方是否同意撤回其反对意见？

（3）详尽地说明自己的动机。

（4）在全部交易条件还没有磋商完毕，就先做出让步或妥协。

3．双方都没有提交过书面形式的文件

（1）在会谈时明确所有要谈的内容。

（2）把每一个问题都谈深、谈透，以便彼此明确各自的立场。

（3）尽量使谈判留有充分的磋商余地。

（4）避免会谈漫无边际地东拉西扯。

（5）只把精力集中在某一个问题上，忽视问题之间的关系。

（6）不能立即把自己处于明确承担义务的地位。

（三）掌握正确的开局方式

谈判人员在开局时切忌过分闲聊、离题太远。开局阶段的话题主要集中在以下几个方面。

1．人物介绍

人物介绍应该大方自然，给本方谈判人员自尊和身份。这样可以引起对方的敬重，使本方谈判人员在正式谈判中讲话更有分量。如果一开始就谦虚地说"这是小王，刚参加工作，经验不足，请多关照"之类的话，无疑小王在以后的谈判中就会"人微言轻"。

2．寒暄

适度的寒暄是缓解谈判紧张气氛的好方法。谈判双方可根据双方以前的交往状况选择一些共同感兴趣的问题进行简短交流,如重大新闻、体育比赛、旅途趣闻、风土人情等中性话题。如果双方有一定的友谊基础,还可对家庭成员状况进行介绍。寒暄时间不可太长,所选话题也不可引起冲突。

3. 计划

计划包括日程安排和议题顺序的约定。计划一般由主场方负责具体安排,客场方一般应客随主便,但应注意防止主场方利用计划控制谈判进程。计划安排应该紧凑而富有弹性。

（四）理想的开局方式

最为理想的开局方式是以轻松愉快的语气先谈一些双方容易达成一致意见的话题,例如,"咱们先确定一下今天的议题,如何?""先商量一下今天的大致安排,怎么样?"这些话题从表面上看似无足轻重、分量不大,但这些要求往往最容易引起对方肯定的回答,因此比较容易创造出一种"谈判就是要达成一致的意见"的气氛,有了这种"一致"的气氛,双方就能比较容易地达成互利互惠的协议。可见良好的开局方式是成功的一半。

（五）怎样避免一开始就陷入僵局

商务谈判有时会因为彼此的目标、对策相差甚远而在一开局就陷入了僵局中。这时,双方应努力先就会谈的目的、计划、速度和人物达成一致意见,这是掌握好开局过程的基本策略和技巧,实践证明,这样做适合于各种谈判。若对方因缺乏经验而表现得急于求成,即开局一开始就喋喋不休地大谈实质性问题。这时,我们要巧妙地避开他的要求,把他引到谈判目的、计划、速度和人物等基本内容上来,这样双方就很容易合拍了。当然,有时候谈判对手出于各种目的在谈判一开始就唱高调,那么我方可以毫不犹豫地打断他的讲话,将话题引向谈判的目的、计划等问题上来。总之,不管出于哪种情况,谈判者应有意识地创造出"一致"感,以免造成开局便陷入僵局的局面,为创造良好的开局气氛创造条件。

（六）开局时间比例的掌握

开局阶段所用时间比例的长短要根据谈判性质和谈判期限的长短来区别对待。一般来讲,控制在谈判时间的 5% 之内比较合适。比如长达 5 个小时的谈判,用 15 分钟开局就足够了。

（七）开局阶段应考虑的因素

不同内容和类型的谈判需要有不同的开局策略与技巧与之对应。为了结合不同的谈判项目,采取恰当的策略与技巧进行开局,需要考虑以下几个因素。

1. 谈判双方企业之间的关系

根据谈判双方之间的关系来决定营造怎样的开局气氛、采用怎样的语言及内容进行交谈,以及何种交谈姿态。具体有以下四种情况。

　　（1）双方企业过去有过业务往来，而且关系很好，那么，这种友好关系应该作为双方谈判的基础。这种情况下，开局阶段的气氛应该是热烈的、友好的、真诚的、轻松愉快的。开局时，本方谈判人员在语言上应该是热情洋溢的；内容上可以畅谈对方过去的友好合作关系，或两企业之间的人员交往，亦可适当地称赞对方企业的进步与发展；在姿态上应该是比较轻松、自由、亲切的。可以较快地将话题引入实质性谈判。

　　（2）双方企业过去有过业务往来，但关系一般，那么，开局的目标仍然是要争取创造一个比较友好、随和的气氛。但是，本方在语言的热情程度上应该有所控制；在内容上可以简单地聊聊双方过去的业务往来及人员交往，亦可说一说双方人员在日常生活中的兴趣爱好；在姿态上，可以随和自然。在适当的时候，己方自然地将话题引入实质性谈判。

　　（3）双方企业过去有过业务往来，但本企业对对方企业的印象不佳。那么开局阶段的气氛应该是严肃凝重的。语言上，在注意讲礼貌的同时，应该是比较严谨的，甚至可以带一些冷峻；内容上可以对双方过去业务关系表示出不满意、遗憾，以及希望通过本次交易磋商能够改变这种状况，也可谈论一下途中见闻、体育比赛等中性的话题；在姿态上，应该充满正气，并注意与对方保持一定的距离。在适当的时候，可以慎重地将话题引入实质性谈判。

　　（4）双方企业在过去没有进行任何业务往来，本次为第一次业务接触。那么在开局阶段，应力争创造一个友好真诚的气氛，以淡化和消除双方的陌生感，以及由此带来的防备甚至略含敌对的心理，为实质性谈判奠定良好的基础。因此，在语言上，应该表现得礼貌友好，但又不失身份；内容上，多以途中见闻、近期体育消息、天气状况、业余爱好等比较轻松的话题为主，也可以就个人在公司的任职情况、负责的范围、专业经历等进行一般性的询问和交谈；姿态上，应该不卑不亢，沉稳而不失热情，自信但不骄傲。在适当的时候，可以巧妙地将话题引入实质性谈判。

2. 双方谈判人员个人之间的关系

　　谈判是人们相互之间交流思想的一种行为，谈判人员个人之间的感情会对交流的过程和效果产生很大的影响。如果双方谈判人员过去有过交往接触，并且结下了一定的友谊，那么在开局阶段即可畅谈友谊地久天长。同时，也可回忆过去交往的情景，或讲述离别后的经历，还可以询问对方家庭的情况，以增进双方时间的个人情感。实践证明，一旦双方谈判人员之间发展了良好的私人情感，那么，提出要求、做出让步、达成协议就不是一件太困难的事。通常还可以降低成本，提高谈判效率。

3. 双方的谈判实力

　　就双方的谈判实力而言，不外乎以下三种情况。

　　（1）双方谈判实力相当。为了防止一开始就强化对方的戒备心理和激起对方的敌对情绪，致使这种气氛延伸到实质性阶段而使双方为了一争高低，造成两败俱伤的结局。在开局阶段，仍然要力求创造友好、轻松、和谐的气氛。己方谈判人员在语言和姿态上要做到轻松而不失严谨、礼貌而不失自信、热情而不失沉稳。

　　（2）己方谈判实力明显强于对方。为了使对方能够清醒地意识到这一点，在谈判中不抱过高的期望值，从而产生威慑作用，同时又不至于将对方吓跑，在开局阶段，在语言和姿态上,既要表现得礼貌友好,又要充分显示己方的自信和气势。

（3）己方谈判实力弱于对方。为了不使对方在气势上占上风,从而影响后面的实质谈判,开局阶段,在语言和姿态上,一方面要表示友好,积极合作;另一方面要充满自信,举止沉稳,谈吐大方,使对方不至于轻视己方。

案例 10-1

一次迟到的开局

日本一家著名汽车公司刚刚在美国"登陆",急需找一个美国代理商来为其推销产品以弥补他们不了解美国市场的缺陷。当日本公司准备同一家美国公司谈判时,谈判代表因为堵车迟到了,美国谈判代表抓住这件事紧紧不放,想以此为手段获取更多的优惠条件,日本代表发现无路可退,于是站起来说:"我们十分抱歉耽误了您的时间,但是这绝非我们的本意,我们对美国的交通状况了解不足,导致了这个不愉快的结果,我希望我们不要再因为这个无所谓的问题耽误宝贵的时间了,如果因为这件事怀疑我们合作的诚意,那么我们只好结束这次谈判,我认为,我们所提出的优惠条件是不会在美国找不到合作伙伴的。"

日本代表一席话让美国代表哑口无言,美国人也不想失去这次赚钱的机会,于是谈判顺利进行下去了。

案例思考:

1. 美国公司的谈判代表在谈判开始时试图营造何种开局气氛?
2. 日本公司谈判代表采取了哪一种谈判开局策略?
3. 如果你是美方谈判代表,应该如何扳回劣势?

本章小结

好的开局是谈判成功的基础,开局决定着谈判质量的高低,应重视开局在商务谈判中的重要作用。应充分了解商务谈判的心理,对对方的力量有准确的判断,不要被商业道具迷惑。在谈判前,需要与对方充分接触,进行有效沟通,了解谈判目标。谈判开局的目标是力求实现双方坦诚合作、互谅互让,积极创造和维护融洽的谈判气氛。基本任务是营造适当的谈判气氛、塑造良好形象、遵守谈判原则、根据开场陈述进行报价。理想的开局方式是开始就创造出"谈判就要达成一致"的气氛。准确运用各种开局策略以及技巧,以应对不同形式下的谈判开局。

本章思考题

一、选择题

1. 你手头有一批货物可供外销。你认为若能卖到 100 000 美元,就会感到十分满足。

某外商提议以 200 000 美元的现汇购买这批货物,此时,你最明智的做法是( )。

    A. 毫不犹豫地接受该客商的建议

    B. 告诉他一星期后再做答复

    C. 跟他讨价还价

2. 你是某零件的供应商。某日下午你接到某买主的紧急电话,要你立即赶赴机场去和他商谈有关你大量采购的事宜。他在电话中说,他有急事前往某地不能在此处停留。你认为这是你一个难得的机会,因此在他登机前 15 分钟抵达现场。他向你表示,假若你能以最低价格供应,他愿意同你签订一年的供需合约。在这种情况下你的做法是( )。

    A. 提供最低价格

    B. 提供稍高于最低价的价格

    C. 提供比最低价高出许多倍的价格,以便为自己留下更大的谈判余地

    D. 祝他旅途愉快,告诉他你将与他的部下联系并先商谈一下零件的价格,希望他回到此地后能与你联系

二、简答题

谈判开局阶段,谈判者应该如何去营造特定的谈判气氛?

三、案例分析题

A 公司与 B 公司就买卖地皮一事进行谈判。以下是双方的开场陈述:

A 公司代表:我公司的情况你们可能也了解,我公司是××公司和××公司(均为全国著名的大公司)合资创办的,经济实力雄厚,近年来在房地产开发领域业绩显著,在你们市区开发的××花园收益不错,听说你们的周总也是我们的买主啊。你们市的几家公司正在谋求与我们合作,想把其手里的地皮转让给我们,但我们没有轻易表态。你们这块地皮对我们很有吸引力,我们准备拆迁原有的住户,开发一片居民区。前几天,我们公司的业务人员对该地区的住户、企业进行了广泛的调查,基本上没有什么阻力,时间就是金钱啊,我们希望以最快的速度就这个问题达成协议,不知你们的想法如何?

B 公司代表:很高兴能有机会与你们合作。我们之间以前虽没有打过交道,但对你们的情况还是有所了解的,我们遍布全国的办事处也有多家住的是你们的房子,这可能也是一种缘分吧。我们确实有出卖这块地皮的意愿,但我们并不急于脱手,因为除了你们公司外,××、××等一些公司也对这块地皮表示出了浓厚的兴趣,正在积极地与我们接洽。当然了,如果你们的条件比较合理,价钱比较优惠,我们还是优先愿意与你们合作的,可以帮助你们简化有关手续,使你们的工程能早日开工。

问题:请分析 A 公司代表和 B 公司代表开局好在哪里?

第十一章

商务谈判的磋商策略

学习目标

通过本章的学习,使学生了解和掌握以下知识点:

- 了解磋商阶段的含义、原则及其在整个谈判中的作用;
- 熟悉在磋商阶段根据谈判进程和对手的情况,适当运用相应的策略,以确立有利于双方进一步合作的谈判协议基本框架;
- 掌握报价的基础、原则、形式并掌握其策略;
- 掌握价格解释的含义及技巧;
- 了解价格评论的意义、方法和策略;
- 了解讨价的基本方法及运用的技巧;
- 了解还价的依据、还价方式的选择及技巧;
- 了解让步的策略及方式;
- 明确拒绝策略的选择;
- 了解谈判僵局的类型、产生原因及化解僵局的策略。

谈判开局阶段的任务完成以后,各方将开始就实质性事项进行磋商,即进入谈判的磋商阶段。磋商阶段是谈判的实质性及实践性阶段,在此阶段,各主体将根据对方在谈判中的行为,来调整己方的谈判策略、修改己方的谈判目标,以逐步确立谈判协议的基本框架。所以这一阶段不仅是谈判主体间实力、智力和技术的具体较量阶段,而且也是谈判主体间求同存异、合作谅解让步的阶段。同时,磋商阶段也是谈判各主体间通过互相交流各种信息及物质条件对利益与需要进行分割的过程。其中,关于价格的沟通、关于价格的磋商及所涉及的僵局处理是这一过程的核心。

引导案例

LIQU 公司收购其他企业谈判方案策划

　　背景：LIQU 公司是广西桂林的一家生产快速消费品的中型股份制企业，年生产能力达 30 万吨，销售量 25 万吨，销售额 5 个多亿，利润 5 000 万元。其主要产品销售区域在广西区，目前该公司在广西区的市场份额达到 70%。另 30% 的市场份额由广西南宁的 WANL 公司（20%）和国内其他几家大型公司共同瓜分。近几年随市场竞争的日趋激烈，竞争对手特别是国内几家大型公司在广西内的销售投入越来越大，使 LIQU 公司感受到极大的竞争压力。另外随着企业的发展，公司也感到产能不足，想另外投资增加公司的产能，为此，有人提出收购或控股 WANL 公司。经初步接触了解到，WANL 公司也有被收购的意向。

　　为此，LIQU 公司领导对收购 WANL 公司谈判方案进行了初步的策划：

　　(1) 谈判目标：控股 WANL 公司。

　　(2) 资料的收集与准备。为了进行有效的谈判，公司派出了经营管理状况评估、财务评估、法律评估等三个专家小组到 WANL 公司进行了正式谈判前的前期接触，并收集了大量的信息资料。

　　(3) 双方谈判的主要争议点。本次谈判中，双方最主要的几项谈判争议点会出现在：购并的方式是全资收购还是控股收购（控股的比例）；对公司原有债权债务的处理；对 WANL 公司现有品牌的处理方式；对公司现有管理层的变更与安置；收购价格；收购款的支付方式；收购以后的交接事宜，等等。在谈判前期还可能在收购评估公司、收购评估费用、收购谈判议程等方面出现争议。

　　(4) 对双方谈判地位的判断。经过调研了解到 WANL 公司也是一家拥有 30 万吨产能的中外合资企业，现在年销售量为 5 万吨左右，多年来由于销售形势不好，经济效益较差，其主要投资者（外资）有意向进行股权转让，据悉国内某大型公司曾与之进行过几次接触。WANL 公司的状况良好，但由于效益较差，后续资金不足，想依靠自己的力量与 LIQU 公司在市场竞争上有所起色，难度很大。由于在市场竞争中，与 LIQU 公司始终是主要对手，WANL 公司的主要管理层对 LIQU 公司敌意较大，可能产生的情绪反应比较强烈，这是必须考虑的因素之一。因此，在本次谈判中，WANL 公司虽有一定的意向，但可能动力不足，处于防守地位，某大公司的介入，也会使该公司的立场趋向强硬；而 LIQU 公司处于主动地位。

　　(5) 对 WANL 公司可能持的初始立场及最后底线的分析。WANL 公司在谈判各个争议点所持的底线主要有：在控股比例上，可能会至少要求本公司收购 50% 的股权；在债务上可能会要求全额承担所有债务；在收购价格上其实际底价可能在 3 元/股左右（每股净资产为 2.35 元，初步开盘价为 4.2 元）。

　　(6) 本次收购的战略、战术方案。根据有关情况在策略上主要考虑以下几个问题：一是谈判议程的谈判，主要确定先谈判什么，后谈判什么；分几个场次进行谈判；在什么地方谈;每场谈判的级别怎样。二是有关信息披露的时间、程度;是否需要采取某种信息烟雾。三是谈判中 LIQU 公司的底线怎样确定;谈判中怎样报盘比较好。四是谈判的让步策略怎样,等等。

案例评析:

企业并购谈判往往涉及的领域广,购并资金投入量大,处理方式灵活,是商务谈判中比较复杂的谈判。这些谈判不是一次就能谈成的,它是一种谈判组合,而且其专业性也比较强,不同领域的谈判需要不同方面的专家主持。有时还需要聘请有关的专业公司参与谈判。在这些谈判过程中最为关键的三点是:①谈判的目标确定要具体、明确,最好还要有分阶段、分项目的目标;②信息的收集是谈判成功的一个重要因素,比如企业的资产状况等需要聘请专业公司的专家到对方企业进行详细审计,准确地评估,以降低购并风险;③谈判前的分析,这是谈判策略制定的前提与关键。这种分析要将有关事项分析清楚,还要对谈判中所涉及的每个人进行深入评价。既要对谈判对手(包括影响者)的性格、爱好、个人价值取向进行评估,又要将购并活动对各方的利益影响分析透彻。这样才能做到有的放矢,制定出恰到好处的谈判策略。

第一节　磋商的基本内容

一、谈判过程思维活动的分析

根据谈判过程的不同阶段的特点,谈判者的思维活动大致分为两类,一类是在进入实质性谈判之前的"前期思维活动",另一类是在进入实质性谈判之后的"临场思维活动"。

凡是在与谈判对手正式相遇前或初始接触时,己方根据对对手的分析和己方谈判目的所进行的信息分析、方案制订、交易条件的设定与评估等思维活动都是"前期思维活动"。磋商阶段谈判者根据在前期思维活动中确立的对策和在实质性谈判阶段中双方情势的变化而进行的思维调整性活动都是"临场思维活动"。

前期思维活动是临场思维活动的基础,临场思维活动是根据事实和需要对前期思维活动的完善。

二、商务谈判磋商阶段的策略调整

前期思维活动具有相当大的主观性,产生的谈判策略和向对方提出的条件都有一定的理想成分,它们与现实的差距只有在双方的实质性谈判开始之后才会真正地反映出来。

磋商阶段是谈判过程的实质阶段,也是关键阶段,谈判各方在这之前所进行的初始接触,更多的是试探性的,是为开出交易条件做准备的。也就是说,在此之前,各方的行为几乎都是姿态性的,并不是决定性的,只有进入磋商阶段,双方才正式地以决定性的态度来调整各自的谈判策略和要求。

三、策略调整的关键

磋商阶段的重点是对过去制定的谈判策略的调整,它带有极强的战术性。这个阶段,谈判者的临场观察能力、分析能力和应变能力,谈判小组内部成员之间的配合默契程度和对外交流的统一性将受到严峻的考验,包括以下两点。

(1) 注意辨别所获信息的真伪。

(2) 在策略调整过程中,真正的困难在于己方谈判成员对调整的必要性在认识上的差异。

注意:己方内部有意见和认识上的分歧是正常的,但如果将这些分歧公开在谈判桌上就不正常了。

四、商务谈判磋商的原则

(1) 不轻易给对方讨价还价的余地。调查表明:在价格上拥有灵活权利的推销员与没有获得授权的推销员卖掉的商品数量没有明显差别。

(2) 没有充分准备的情况下应避免仓促参与谈判。这里所说的"充分准备",不仅指市场调查、对对手资料的收集与分析、对策的制定、己方谈判人员的组成及必要的培训和演练,还意味着在正式与对手谈判前,先做一些削弱谈判对手实力的铺垫。

(3) 设法让对方主动地靠近你,你在保持某种强硬姿态的同时,应通过给予对方心理上更多的满足感来增强谈判的吸引力。

(4) 给自己在谈判中的目标和动机幅度留有适当余地。

(5) 不要轻易暴露自己已知的信息和正在承受的压力。

(6) 谈判中应多听少说,能问不答,能说不写;别人问你时,转成问句返回去让对方答。

(7) 要与对方所希望的目标保持接触。

五、商务谈判磋商的基本内容

(一) 标的

标的是指谈判双方或多方当事人权利义务所共同指向的对象。标的包括有形财产、劳务、工程项目、无形财产等。

(二) 质量

质量是标的的内在素质和外观形态。

(三) 数量

数量是标的在量方面的限度、标准、尺度。其条款包括计量单位、数量指标、计量方式、计量方法、正负尾差等。若是国际贸易,应注意各国计量单位、方式、方法、溢缺等的不同含义和解释,熟悉其计算内涵,并能对比换算,尽量采用国际通用的标准方法,避免争议。还须注意谈判对方对某些数字的忌讳。

（四）价款

价款是合同谈判中获得标的物所有权或使用权的当事人向转移标的所有权或使用权的当事人支付等价量的货币。价款包括使用哪一种货币、货币单位、单价、总金额等。

（五）酬金

酬金是获得服务或技术带来经济利益的当事人向提供劳务、技术成果的当事人偿付等价报酬的金额。酬金应根据国家规定执行，做到计算有依据、收费要合理。

（六）履行期限

履行期限指谈判各方为享有权利、履行义务而限定的时间界限。履行期限包括双方履行义务的期限，分批、分阶段履行义务的期限，双方享受权利的期限，分部、分项享受权利的期限，应标明起止年月日。

（七）履行地点

履行地点是谈判各方履行义务和接受履行义务的空间地理位置的界定。履行地点是谈判标的转移、交接、服务的具体地点。

（八）履行方式

履行方式指谈判各方要履行谈判约定的义务所选择的方式。履行方式可以是一次性履行方式，也可以是分期履行方式。

（九）违约责任

违约责任指当事人一方或几方由于过错造成不能履行或不能完全履行谈判订立的条款时，应当承担的法律责任。违约责任分为两部分：一方面是合同履行中可能出现的违约情况；另一方面是发生了违约情况后，责任方应承担什么责任。违约责任的范围：法律有规定的按规定执行；法律没有规定的，由当事人谈判协商解决。

（十）解决争议的方法

解决争议的方法，谈判中有约定的，按约定处理。没有约定的可以采用以下方法：通过当事人自行协商解决；通过第三者进行调节；申请仲裁机构仲裁；向法院起诉，通过审判司法解决。

第二节　报价与价格解释

关于价格的沟通、价格的磋商及其中所涉及的僵局处理是商务谈判磋商阶段的核心工作。虽然价格不是谈判的全部，但有关价格的讨论是谈判的主要组成部分。在任何商务谈判中,关于价格的协商通常会占据整个谈判过程 70% 以上的时间。其中,报价是价格谈判过程中非常关键的一步,它将给谈判双方带来第一印象,也是是否能引起对方兴趣的前奏。报价是否得当,对实现经济利益具有举足轻重的意义。报价掌握得好,就会把对手的期望值限制在一个特定的范围内,在以后的讨价还价过程中占据主动地位,从而直接影响到谈判的最后结果。所以,谈判方在报价时要持慎重的态度。

一、报价的基础

商务谈判报价是指谈判一方向对方提出的有关整个交易的各项交易条件,包括标的物的质量、数量、价格、包装、运输、保险、支付、商检、索赔、仲裁等,其中价格条款是核心部分。在报价环节,谈判人员最根本的任务就是要准确地表明自己的立场和所追求的利益。

(一)影响价格形成的因素

商品价格是商品价值的货币表现,是在市场交换过程中实现的。对于具体的商品来说,影响价格形成的直接因素主要有:商品本身的价值、货币的价值以及市场的供求状况。上述每一种因素本身又受许多因素影响,而这些因素又处于相互联系、相互制约和不断变化之中。这就造成价格形成的复杂多变和具体把握价格问题的困难。从商务谈判的角度看,至少有以下一些影响价格的因素需要认真考虑。

1. 顾客的评价

某一商品是好是坏,价格是贵还是便宜,不同的顾客会有不同的评价标准。例如,一件款式新颖的时装,年轻人或以年轻人为主的销售对象认为,穿上这样的衣服潇洒、气派、与众不同,价格高一点也可以接受;而老年人则偏重考虑面料质地如何,是否结实耐穿,并以此来评价价格是否合适。

2. 需求的急切程度

当"等米下锅"时,人们就不大计较价格。所以,如果对方带着迫切需要某种原材料、产品、技术或工程项目的心情来谈判,那么,他首先考虑的可能是交货期、供货数量,以及能否尽快签约,而不是价格高低的问题。

3. 产品的复杂程度

产品越复杂、越高级,价格问题就越不突出。因为产品结构、性能越复杂,档次越高,其制作技术就越复杂,生产工艺就越精细,核算成本和估算价值就越困难。

4. 交易的性质

大宗交易或一揽子交易比那些小笔生意或单个买卖更能减少价格水平在谈判中的阻力。几万元在大宗交易中可能只是个零头,而在小本生意中却举足轻重。

5. 销售的时机

旺季畅销,淡季滞销。畅销时可以卖个好价钱,滞销时则往往不得不削价贱卖,以免造成积压,影响资金流动。

6. 产品或企业的声誉

企业、产品的声誉以及谈判者的名声信誉都会对产品价格产生影响。一般来说，人们都愿意花钱买好货，或与重合同、守信誉的企业打交道，对优质名牌产品的价格或声誉良好的企业的报价有信任感。

7. 购买方所得到的安全感

销售方向购买方显示产品的可靠性或承诺提供某种保证或服务时，如能给对方一种安全感，则可以降低或冲淡价格问题在其心目中的重要性。

8. 货款的支付方式

在商品买卖或其他经济往来中，货款支付方式有很多，按分类方式不同可分为：现金结算、支票使用、信用卡结算或产品抵偿；一次性结清货款、赊账、分期付款、延期付款等。不同的货款支付方式对价格产生的影响有一定的差异。

9. 竞争者的价格

从卖方角度看，如果竞争者的价格比较低，买方就会拿这个价格作为参照和讨价还价的条件，逼迫卖方降价；反之，如果买方竞争者出价较高，则会使卖方在价格谈判中处于有利地位。

（二）报价的有效性

报价决策不是由报价一方随心所欲制定的，报价时需要考虑对方对这一报价的认可程度，即报价的有效性。报价的有效性首先取决于双方价格谈判的合理范围，同时还受市场供求状况、双方利益需求、产品复杂程度、交货期要求、支付方式竞争等多方面因素的制约。

在商务谈判中，谈判双方应处于对立统一体中，他们既相互制约又相互统一，只有在对方接受的情况下，报价才能产生预期的结果。通过反复比较和权衡，设法找出报价者所得利益与该报价所被接受的成功概率之间的最佳组合点，有助于提高报价的有效性。

（三）报价形式的选择

一般来说，报价的形式有书面报价和口头报价两种。

1. 书面报价

书面报价主要有以下两种形式：

（1）书面报价，不做口头补充。谈判一方提出书面交易条件的同时必须为报价准备较详尽的文字材料、数据和图表等，将己方愿意承担的义务表达清楚。采用这一方式基本上否定了谈判双方磋商的可能。

（2）书面报价，做口头补充。这一方式较前一种要灵活一些。它的优点是提供书面材料能使谈判安排得更为紧凑；能使对方仔细考虑己方提出的要点；有利于应对较复杂的条款。

书面报价的缺点是书面材料将成为己方言行的永久性记录，从而限制了己方在谈判后期的让步和变化；同时书面材料使对方掌握了己方准备做出让步的更多信息，增加了对方在谈判中的主动性。

2. 口头报价

口头报价是不提交任何书面形式的文件，而只以口语方式提出交易条件的报价方式。与书面报价方式相比，口头报价具有更大的灵活性，谈判者可以根据谈判的进程，来调整和变更自己的谈判战术，能够先磋商后承担义务，没有义务约束感。察言观色、见机行事，营造某种个人关系来缓和谈判气氛是这种报价方式最大的长处。

口头报价的缺点是对方可以从己方的言行中推测己方所选定的最终目标以及追求最终目标的坚定性；一些复杂要点，如统计数字、计划图表等难以用口头阐述清楚，容易因没有被真正的理解而产生误会；容易偏离主题而转向枝节问题。此外，由于对方事先对情况一无所知，他就可能一开始很有礼貌地聆听企业的交易条件，然后退出谈判，直到他准备好了如何回答才回来谈判，从而影响了谈判的进度。

为了克服口头报价的不足，应在谈判前准备一份印有己方交易重点、要点、某些特殊要求、各种具体条件的谈判大纲，以供谈判时有大致的纲要可循。

（四）对价格的合理性解释

当我们身处谈判之中时，对"合理"价格的理解，既与我们的身份（买方或卖方）有关，又与我们的感觉有关。

买方：心理和行为都认为价格应比对方声称的水平更低一些，究竟低多少，取决于己方在与对方打交道时的感觉。

卖方：心理和行为都认为己方开出的价格水平就是合理的水平，这种合理性的程度会受对方认知的影响。对方的反应是否强烈，会影响到我们感觉的稳定性。

结论：合理的价格估计常常存在于行为分析领域之中，而不是存在于对费用的精确测算之中。

二、报价的原则

1. 卖方在对方没有对交易产生兴趣时不要提出价格意向

在对方尚未真正了解到交易内容及其给他带来的好处时，他对交易是不会有兴趣的。谈判者如果在这样的情况下提出价格意向，极可能向对方暴露己方的某种愿望。

假如对方对交易最终不感兴趣，你提出这种价格意向就是徒劳。

假如对方对交易最终产生了兴趣，由于你的价格意向已经提出，就不能趁着对方的兴趣强烈卖一个好价。

2. 在讨价还价之前，谈判者要尽可能地给对手没有任何商量余地的印象

谈判者只要给了对手一种有让步可能性的印象，其结果便不只是要被迫做出让步，而且还由于对手尚不知你的底价，向你拼命施加压力，从而导致你的让步不能轻易地停下来。要么做成一笔无利可图的生意，要么就因自己再无退路而致使谈判破裂。留有余地

并不意味着你一定要告诉对方价钱可以降低。

3. 卖方第一次出价要高，且不要表现有商量的余地

经验证明：谈判者首次开出的价格条件越低，对自己在未来谈判中的地位就越不利。例如——我们最多只能让 10 元左右。

我们最多只能让 10 元。

——这产品卖 458 元，你真想买的话还可以再优惠。

这产品仅卖 458 元。

报价后，要说明为什么要这种价格，并努力使对方觉得价格便宜。可以从以下几个方面进行说明：

（1）强调产品质量、性能等方面的使用价值；

（2）不同的购买批量、购买时间及不同的付款方式采取不同的价格；

（3）灵活处理买方的支付方式；

（4）提供各种附加服务；

（5）价格比较；

（6）价格分割。

4. 报价应考虑当时的谈判环境和与对方的关系

如果对方为了自身的利益而向己方施加压力，则己方就必须以高价向对方施加压力，以维护己方的利益；如果双方关系比较友好特别是有过较长时期的合作关系，报价就应当稳妥一些，出价过高会有损双方的关系；如果己方有很多竞争对手，就必须把要价压低到至少能受到邀请而继续谈判的程度，否则会被淘汰出局失去谈判的机会。

三、报价的策略

报价涉及的策略有很多，主要介绍以下几种。

（一）报价先后的策略

价格谈判时，面临的第一个问题就是先报价还是后报价的问题。商务谈判的实践证明，先报价与后报价各有利弊。

1. 先报价的利弊

在谈判中，不管是出于自愿、主动，还是应对方的请求，总有一方要先报价。先报价有以下有利点。

（1）先报价的交易条件为以后的谈判划定了一个框架或基准线，最终协议将在这个范围内达成。

（2）先报价如果出乎对方的预料和设想，往往会打乱对方的原有部署，甚至动摇对方原来的期望值，使其失去信心。

总之，先报价可以占据主动、先施影响，并对谈判全过程的所有协商行为发挥持续性的作用。

先报价也有不利之处，当己方对市场行情及对手的意图没有足够了解时，贸然先报价,会产生限制自身期望值的负面影响。对方听了己方的报价后,可根据其中的数据、材料和所掌握的各种信息,调整期望值,从而获得他本来不曾想、不敢想或估计很难得到的一些好处。

2. 后报价的利弊

后报价的利弊正好和先报价相反。其有利之处在于:对方在明处,自己在暗处,可以根据对方的报价及时地修改己方的谈判方案,以争取更大的利益。后报价的弊病也很明显,即被对方占据了主动,而且必须在对方划定的框框内谈判。

3. 先后报价的选择

既然先后报价都有利有弊,而且"利"与"弊"都和一定的条件相联系。所以,关于先后报价孰优孰劣要根据特定条件和具体情况灵活掌握。通常在评估先后报价的利弊时,要考虑以下几点。

(1) 如果己方的谈判实力强于对方,或者与对方相比在谈判中处于相对有利的地位,则己方先报价是有利的。尤其是在对方对本次交易的行情不太熟悉的情况下,先报价的利更大。

(2) 如果通过调查研究,估计双方的谈判实力相当,谈判过程中一定会竞争得十分激烈,那么,同样应该先报价,以争取更大的影响。

(3) 如果己方谈判实力明显弱于对手,特别是在缺乏谈判经验的情况下,应该让对方先报价。因为这样做可以通过对方的报价来观察对方,同样也可以拓宽自己的思路和视野,然后再确定应对己方的报价做哪些相应的调整。

(4) 如果双方的谈判是在友好合作的背景下进行的,则先后报价无实质性区别。

此外,商务谈判中就谁先报价形成了一些惯例:发起谈判者与应邀者之间,一般应由发起者先报价;投标者与招标者之间,一般应由投标者先报价;在货物买卖业务的谈判中,一般卖方应先报价。

案例 11-1

意想不到的 50 万美元专利转让费

有一个跨国公司的高级工程师,他的某项发明获得了发明专利权。一天,公司总经理派人把他找来,表示愿意购买他的发明专利,并问他愿意以多少的价格转让。他并不清楚自己的发明到底值多少钱,心想只要能卖 10 万美元就很不错了。可是他的家人却事先告诉他至少要卖 30 万美元。等他到了公司总经理的办公室,一是因为怕老婆,二是怕经理不接受,所以胆怯,一直支支吾吾,不愿先正面说出自己的报价,而是说:"我的发明专利在社会上有多大作用,能给公司带来多少价值,我并不十分清楚,还是先请您说一说吧!"这样无形中把球踢给了对方,让总经理先报价。总经理只好先报价了:"50 万美元,怎么样?"这位工程师简直不敢相信自己的耳朵,直到总经理又说了一遍,他才认识到这是真的,经过一番假模假样的讨价还价,最后就以这一价格达成了协议。

案例思考：

从这个案例中可以看出后报价有哪些好处？

（二）报价起点策略

报价起点策略，也称"开价要高，出价要低"的策略。即卖方报价起点要高，要开最高的价；买方报价起点要低，要出最低的价。这一做法已成为商务谈判中的惯例。这是因为，从心理学的角度来看，人们都有一种希望得到比他们预期更多的心理倾向。

1. 买方采取出价要低策略的原因主要有以下几点

（1）买方的报价是向对方表明自己的要求标准。虽然谈判各方知道报价水平将随谈判进程而会有所调整，但报价低会给对方一定的心理压力。

（2）买方报价低为此后谈判中的价格调整与让步留出较大的余地。

（3）报价的高低在一定程度上反映了买方的期望水平、自信与实力。

2. 卖方采取开价要高策略的原因主要有以下几点

（1）报价起点，即开盘价，给卖方的要价确定了一个最高的限度，也为谈判最后的结果确立了一个终极上限。在谈判中，除特殊情况外，要尽量避免出现报价之后新报价的情况，况且对方也不会接受卖方报价之后的提价。

（2）卖方采取开价高的策略，为其在此后谈判中的让步留有较大的空间，有利于其在必要的情况下做出妥协，打破僵局。

（3）报价的高低影响谈判对方对己方潜力的评价。

（三）报价时机策略

在商务谈判中，何时报价是一个策略性很强的问题。一般而言，应首先让对方充分了解商品的使用价值和能为对方带来的收益，待对方对此产生兴趣后，再谈价格的问题。掌握报价的时机是一门艺术，注意以下几点会帮助谈判者在谈判时抓住最合适的报价时机。

1. 对方对产品的使用价值有所了解

不管一方的报价多么合理，但价格本身并不能使对方产生成交欲望，对方注重的首先是商品自身的使用价值。所以，谈判报价时，应先谈产品的使用价值，等对方对产品的使用价值有所了解以后，再谈产品的价格问题。

2. 对方对价格兴趣高涨

谈判中报价的最佳时机应是对方对价格兴趣高涨的时候，因为这时候己方报价是水到渠成的事情，可以减少谈判的阻力。

3. 价格已成为最主要的谈判障碍

此时，对方坚持要求马上答复价格问题，再拖延就是不尊重对方的行为。谈判者应当建设性地回答价格问题，比如把价格和使用寿命联系起来回答，或者把价格与达成协议可得到的好处联系起来。

（四）报价表达策略

报价无论采取口头方式还是书面方式,报价表达都要坚定、明确、完整,不加解释和说明,要做到"不问不答,有问必答,避实就虚,能言不书"。在实际应用中,一般有以下基本要求。

1. 先粗后细

先报总体价格,在必要时,再报具体的价格构成。

2. 诚恳自信

报价的态度要诚恳、自信,以得到对方的信任。

3. 坚定果断

报价要坚定、果断,不能有任何犹豫动摇的表现。这样才能使对方相信己方对谈判抱着认真和坚定的态度。

4. 明确清楚

报价要明确、清晰而完整,使对方能够准确了解己方的期望。报价时的含混不清往往使对方产生误解,从而扰乱己方锁定步骤,对己不利。

5. 不加解释

在对方没有提出问题或要求做解答和说明时,报价一方不要主动解释或说明,否则会产生"此地无银三百两"的感觉,甚至让对方察觉己方关注的问题或心有顾虑之处。

（五）报价差别策略

同一商品,因客户性质、购买数量、需求急缓、交易时间、交货地点、支付方式等方面的不同,会形成不同的购销价格。这种价格差别,体现了商品交易中的市场需求导向,在报价时应重视运用。例如,对大批量购买的客户或老客户,为建立稳定的交易联系或巩固良好的客户关系,可适当实行价格折扣;对于新客户,有时为开拓新的、有潜力的市场,可适当给予折让;对某些需求弹性较小的商品,则可适当实行高价策略。

（六）报价对比策略

价格谈判中,使用报价对比策略,往往能增强报价的可信度和说服力。报价对比可以从多方面进行。例如,将本商品的价格与另一商品的价格进行比较,以突出相同使用价值的不同价格;将本商品及其附加各种利益后的价格与可比商品不附加各种利益的价格进行对比,以突出不同使用价值的不同价格;将本商品的价格与竞争者同一商品的价格进行对比,以突出相同商品的不同价格等。

（七）报价分割策略

报价分割策略是一种心理策略。主要是为了迎合对方的求廉心理,制造买方心理上的价格便宜感。价格分割包括以下两种形式。

1. 用较小的单位报价

用较小的单位报价即将商品的计量单位细分化,然后按照最小的计量单位报价。这是报价分割策略中最常用的形式。用小单位报价比大单位报价会使人产生便宜的感觉,更容易使人接受。例如,将大米每吨 1 000 元报成每千克 1 元。又如,巴黎地铁公司的广告"每天只需付 30 法郎,就有 200 万旅客看到你的广告"。

2. 用较小单位商品的价格进行比较

例如:"每天少抽一支烟每天就可订一份报纸。""使用这种电冰箱平均每天只需 0.5 元电费,而 0.5 元只能够吃 1 根最便宜的冰棍。"用小商品的价格去类比大商品的价格会给人以亲近感,拉近与消费者之间的距离。

(八) 报价方式策略

在国际商务谈判活动中,有两种比较典型的报价方式策略,即西欧式报价和日本式报价。

1. 西欧式报价

西欧式报价的一般模式:首先提出留有较大余地的价格,其次根据买卖双方的实力对比和该笔交易的外部竞争状况,通过给予各种优惠,如数量折扣、价格折扣、佣金和支付条件上的优惠(如延长支付期限、提供优惠信贷等)来逐步接近买方的条件,最后达到成交的目的。

2. 日本式报价

日本式报价的一般模式:将最低价格列在价格表上,以求首先引起买主的兴趣。这种低价格一般是以对卖方最有利的结算条件为前提的,而且在这种低价格交易条件下,各个方面都很难全部满足买方的需求,如果买主要求改变有关条件,则卖主就会相应提高价格。因此,买卖双方最后成交的价格往往高于价格表中的价格。

综上两种报价,虽说日本式报价较西欧式报价更具有竞争实力,但它不适合买方的心理,因为一般人总是习惯价格由高到低,逐步降低,而不是不断地提高。因此,谈判高手会一眼识破日本式报价者的计谋,而不会陷于其制造的圈套中。

四、价格解释

(一) 价格解释的含义

在卖方报价后,买方可要求卖方作出价格解释。价格解释是指卖方就其商品特点及其报价的价值基础、行情依据、计算方式等所做的介绍、说明或解答。价格解释的内容,应根据具体交易的项目确定。同时,价格解释的内容应层次清楚,最好按照报价内容的次序逐一进行解释。

(二) 价格解释的技巧

价格解释的技巧主要有不问不答、有问必答、答其所问、简短明确。

不问不答是指对方不主动提及的问题不要回答,不能因怕对方不理解而做过多的解释和说明,以免造成"言多必失"的结果。

有问必答是指对对方提出的所有相关问题,都要一一做出回答,并且要迅速、流畅。如果回答问题时吞吞吐吐、欲言又止,则容易引起对方的疑虑,甚至会提醒对方注意,从而穷追不舍。

答其所问是指在回答时仅就对方所提问题作出解释说明,不做画蛇添足式的多余答复。

简短明确就是要求卖方在进行价格解释时做到简明扼要、明确具体,以充分表明自己的态度和诚意,使对方无法从陈述中发现漏洞。

案例 11-2

报价和解释

1983 年,日本某电机公司向中方出口其高压硅堆的全套生产线,其中技术转让费报价 2.4 亿日元,设备费 12 亿日元,服务(培养与技术指导)费 0.09 亿日元。谈判开始后,营业部长松本先生解释道:技术费是按中方工厂获得技术后,生产的获利提成计算出来的。取数是生产 3 000 万支产品,10 年生产提成是 10%,平均每支产品价 8 日元。设备费按工序报价,清洗工序费用为 1.9 亿日元;烧结工序费用为 3.5 亿日元;切割分选工序费用为 3.7 亿日元;封装工序费用为 2.1 亿日元;打印包装工序费用为 0.8 亿日元。技术服务费是按培训费报价的,12 人到日本培训一个月 250 万日元;10 个技术指导人员的费用为 650 万日元。

案例评析:

本案例中,卖方解释做得较好,讲出了报价计算方法和取数,给买方评论提供了依据,使买方满意。由于细中有粗,给自己谈判仍留了余地,符合解释的要求。卖方采用的是分项报价、逐项解释的方式。

资料来源:聂元昆主编.商务谈判学.北京:高等教育出版社,2009.

第三节   还 价 策 略

一、价格评论

(一)价格评论的含义

买方对卖方的价格及通过卖方解释了解到的价格的贵贱性质做出批评性的反应就是价格评论。即买方通过对卖方的解释予以研究,寻找报价中的不合理点,并对其中存在的"虚头""水分"在讨价还价之前先"挤一挤",就像总攻前的"排炮",扫一扫路障,打掉一些明碉暗堡。

（二）价格评论的策略

价格评论不同于平常工作中人与人之间提意见，这里包含了利害冲突、经济利益得失等问题。因此，要有一定的策略，主要有以下几点。

1. 针锋相对，以理服人

价格评价既要猛烈，又要掌握节奏。猛烈，指准中求狠，即切中要害、猛烈攻击、着力渲染，卖方不承诺降价，买方就不松口。掌握节奏，就是对问题逐一发问、评论。

价格评论还要重在说理、以理服人。对于买方的价格评论，卖方往往会以种种理由辩解，而且不会轻易就范认输。所以，买方若要卖方俯首称臣，就必须以理服人。

2. 严密组织，边听边议

在价格谈判中，虽然买方参加谈判的人员都可以针对卖方的报价及解释发表意见、加以评论，但是，鉴于卖方也在窥测买方的意图，寻找买方的"底牌"，所以，绝不能每个人想怎么评论就怎么评论，而是要事先精心谋划、"分配台词"，然后在主谈人的暗示下，其他人员适时、适度发言。

3. 评论中再侦察，侦察后再评论

买方进行价格评论时，卖方以进一步的解释予以辩解，这是正常的现象。对此，买方不仅应当允许其辩解并注意倾听，而且还应善于引导，以便侦察其反应。实际上，谈判需要"舌头"，也需要"耳朵"。买方通过卖方的辩解，可以了解更多的情况，以便进一步调整评论的方向和策略；若又抓到了新的问题，则可使评论增加新意，使评论逐步向纵深发展，从而有利于赢得价格谈判的最终胜利。

二、讨价策略

（一）讨价的定义和作用

讨价，是在一方报价之后，另一方认为其报价离己方的期望目标太远，而要求报价一方重新报价或改善报价的行为。这种讨价要求既是实质性的，即迫使价格降低，也是策略性的，其作用是引导对方对己方的判断，改变对方的期望值，并为己方的还价做准备。

（二）讨价的方式

讨价的方式一般可以分为全面讨价、分别讨价和针对性讨价三种。

1. 全面讨价

全面讨价常用于价格评论之后对于较复杂的交易的首次讨价。主要是指讨价者根据交易条件全面入手，要求报价者从整体上改变价格，重新报价。这种讨价不只能使用一次，还可以根据情况多次使用。

2. 分别讨价

分别讨价常用于复杂的交易，对方第一次改善报价之后，或不方便采用全面讨价方式时,讨价者分别针对交易条件中的不同条款,向报价方提出不同的要求。

3. 针对性讨价

针对性讨价常用于在全面讨价和分别讨价的基础上,有针对性地从交易条款中选择某些条款,要求报价者重新报价。这些条款往往是明显不合理和水分较大的部分。

(三)讨价的基本方法

1. 举证法

举证法亦称引经据典法。为了增加讨价的力度,谈判者应以事实为依据,要求对方改善报价。引用的事实可以是当时市场的行情、竞争者提供的价格、对方的成本、过去的交易惯例、产品的质量与性能、研究成果、公认的结论等。总之引用的事实必须是有说服力的,是对方难以反驳或难以查证的。

2. 求疵法

讨价往往是针对对方报价条款的缺漏、差错、失误而开展的。有经验的谈判者,都会以严格的标准要求对方,对其报价的条款加以挑剔以寻找对方的缺陷,并引经据典、列举旁证来降低对方的期望值,要求对方重新报价或改善报价。

3. 假设法

假设法以假设更优惠条件的语气来向对方讨价。如以更大数量购买、更宽松的付款条件、更长期的合作等优惠条件来向对方再次讨价,这种方法往往可以摸清对方可以承受的大致底价。假设条件因其是假设,不一定会真正履行。

4. 多次法

讨价一般是针对对方策略性虚拟价格的"水分""虚头"进行的,它是买方要求卖方降价、卖方向买方要求加价的一种表示。不论是加价还是降价,一般都不可能一步到位,都需要分步实施。只要每一次讨价的结果可以使交易条件得到改善,只要对己方有利,即使对方的理由并不全部合乎逻辑都应表示欢迎。

三、还价技巧

(一)还价的定义

还价,也称"还盘",指针对谈判对手的首次报价,己方做出的反应性报价。还价以讨价为基础。在一方首次报价以后,另一方通常不会全盘接受,但也不至于完全推翻,而是根据对方的报价并伴随价格评论,在经过一次或几次讨价之后,估计其保留价格和策略性虚报部分,推测对方可妥协的范围,并按照一定的策略与技巧提出自己的反应性报价,即做出还价。

在还价过程中,首先要明确还价的依据,以此确定还价起点和幅度。还价起点和幅度的高低直接关系到己方的利益,也反映出谈判者的水平。因此,还价的总体要求是,既要力求使自己的还价给对方造成压力,影响或改变对方的判断,又要接近对方的目标,使对方有接受的可能性。这就要求谈判人员掌握还价的依据。

（二）还价的依据

还价的依据主要包含以下几个方面。

1. 对方的报价

在还价之前必须充分了解对方报价的全部内容,准确了解对方提出条件的真实意图。要做到这一点,还价之前就必须设法摸清对方报价中的条件哪些是关键的、主要的;哪些是附加的、次要的;哪些是虚设的、诱惑的;甚至哪些仅仅是交换性的筹码。为了摸清对方报价的真实意图,要逐项核对对方报价中所提出的各项交易条件,探询其报价根据或弹性幅度,注意倾听对方的解释和说明。

2. 己方的目标价格

己方的目标价格是己方根据自身和他人利益需要及各种客观因素制定的,并力图经过讨价还价达成的成交价格。因此,对方的每一份报价,己方都会拿它与自己的目标价格相比较,然后,根据差距决定下一步行动。对方报价离自己的价格目标越远,其还价起点越低;对方报价离自己的价格目标越近,其还价起点越高。

3. 己方准备还价的次数

己方准备还价的次数是确定如何还价的第三项依据。在每次还价幅度已定的情况下,当自己准备还价的次数较多时,还价的起点就较低;当准备还价的次数较少时,还价的起点就应较高。

4. 交易物的实际成本

所交易物品的实际成本是决定还价起点的一个重要因素,因为交易价格必然以成本为起点,再加上合理的利润,至于这部分利润的大小则取决于谈判双方的讨价还价能力。

只有依照上述四个因素确定一个好的还价起点和幅度,才能定好谈判双方起决定作用的第一锤。

（三）还价前的筹划

由于报价具有试探性质,即报出一个价格看一看对方的反应如何,然后再调整自己的讨价还价策略。因此,在通常情况下,当一方报价以后,另一方不要马上回答,而应根据对方的报价内容调整自己事先的想法,并准备好应对方案后,再进行还价,以实现"后发制人",还价策略的精髓就在于此。而要想达到"后发制人"的目的,就必须在还价前做出周密的筹划。

1. 确定还价的突破口和依据

在还价前,要根据对方对己方讨价所做出的反应和自己所掌握的市场行情及商品比价资料,对报价内容进行全面的分析,从中找出对方报价"虚头"最大、己方反驳论据最有力的部分作为突破口,同时也要找出报价中相对薄弱的环节,作为己方还价的筹码。

2．制定还价的相应策略

在还价前，要根据所掌握的信息对整个交易通盘考虑，估量对方及己方的期望值和保留价格，制定出己方还价方案中的最高目标、中间目标和最低目标，另外，还要设计出相应的对策，以保证还价时自己的设想、目标按计划有序实施。

3．设计并评估备选方案

在还价前，要根据己方的目标设计出几种不同的备选方案，以保证发生不同的情况时都有相应的方案应对。这样才便于保持己方在谈判立场上的能动性，使谈判协议更易于在己方接受的范围内达成。

四、还价方式的划分

谈判者要确保己方的利益要求，就必须采用不同的还价方法。按照不同的标准，还价可分为不同的方式。

（一）按还价的依据

1．可比价还价

可比价还价是指以搜集相同或相近的贸易业务价格为依据，参照给予还价。可比价还价的关键在于所选择用于对比的产品是否具有可比性，只有比价合理才能使对方信服。这种方式的优点是既便于操作，又容易被接受。

2．成本还价

成本还价是指己方根据成本构成的资料计算出所谈产品的成本，然后以此为基础再加上一定百分比的利润作为依据进行还价。这种还价方式的关键是所计算成本的准确性，成本计算得越准确，谈判还价的说服力越强。

（二）按还价项目的多少

1．总体还价

总体还价，又叫一揽子还价，是指不分报价中各部分所含水分差异，均按同一个百分比还价。

2．分组还价

分组还价是指把谈判对象划分成若干项目，并按每个项目报价中所含水分的多少分成几个档次，然后逐一还价。对不同档次的商品或项目采用区别对待、分类处理的办法。

3．单项还价

单项还价是指对主要设备或商品以及其他各交易条款逐项逐个进行还价。如对包装费、运输费、工程设计费逐项还价；对成套设备，按主机、辅机、备件等不同的项目还价。

五、还价方式的选择

商务谈判中，怎样选择和应用还价方式，应结合谈判中的具体情况，本着哪种方式在当时更具有说服力就采用哪种方式的原则。

具体来看,两种还价方式的选取决定于手中掌握的比价材料。如果比价材料丰富而且完备,应按可比价还价;反之就用成本还价。在选定了还价的性质之后,再来结合具体情况选用具体技巧。

如果报价方价格解释清楚,成交有诚意,并且也有耐心及时间,同时还价方手中比价材料丰富,采用单项还价对还价方有利,对报价方也充分体现了"理"字,报价方也不会拒绝,他可以逐项防守。

如果报价方价格解释不足,有成交的信心,但性急或时间较紧,同时还价方掌握的价格材料少,采用分组还价的方式有利双方此后谈判进程的顺利进行。

如果报价方报价时较粗,且态度强硬或双方相持时间较长,但有成交愿望,在报价方已做过一两次调价后,还价方也可针对其成交条款中水分较大的几部分还价。不过,在还价时要注意"巧",即既要考虑对方改善过报价的态度,又要注意掌握报价方的情绪,留有合理的妥协余地,做到在保护己方利益的同时,又要使报价方感到还有获利的希望,而不至于丧失成交的信心而放弃谈判。

六、还价技巧

(一)吹毛求疵:鸡蛋里挑骨头

在价格磋商中,还价者为了获得较理想的成交价格,常常采用吹毛求疵的策略,即买方针对卖方的商品,千方百计寻找缺点,本来满意之处,也非要说成不满意,为自己的还价制造借口。吹毛求疵可以动摇卖方的信心,迫使卖方接受买方的还价,从而使买方获得较大的利益。需要注意吹毛求疵不能过于苛刻,否则,卖方会觉得买方缺乏诚意。

(二)积少成多

积少成多是指为了实现自己的利益,通过耐心地一项项谈、一点点取,达到积沙成塔、集腋成裘的效果。因为人们常常对微不足道的事情不太计较,如对区区蝇头小利不太在乎,也不愿意为了一点点利益的分析而伤害了彼此间的交易关系。这样,买方可以根据这种心态,对总体交易进行分解,然后逐项分别进行还价,通过各项获得的微薄的利益,最终实现自己的目标。诱因细分后的项目因其具体、容易寻找还价的理由,使自己的还价具有针对性并且有理有据,从而易于被对方接受。使用这一策略的另一种方式就是将目标分解后,进行对比分析,会非常有说服力。

(三)最大预算

运用最大预算的技巧,通常是在价格中一方面对卖方的商品及报价表示出感兴趣,另一方面又以自己的最大预算为由迫使卖方最后让步和接受自己的报价。例如,在买衣服的时候,看到一件衣服款式特别新颖,颜色亮丽,属于自己喜欢的类型,但是卖家的开价是200元,经过初次协商之后价格为150元,但是这个还不是自己的预期交易价格,就对老板说："这衣服着实很喜欢,也特别想买,但是身为学生的我没有那么多钱,身上只有125块钱,若是老板肯以这个价格成交的话,我下回还来光顾你的店,同时还给你带生意来。"这样,买方以最大预算来实现了交易。这种还价技巧运用时要注意还价的时机。经过多次的价格交锋,卖方报价中的水分已经不多,因此,以最大预算的方法来激发还价,乃是最后一次价格交锋,迫使卖方做出最后的让步。

运用最大预算技巧,还要准确判断卖方的意愿。一般卖方成交心切,就易于接受买方的最大预算的还价。否则卖方会待价而沽,少一分钱也不卖。

同时,还要准备变通办法。如果卖方不管你最大预算真假如何,坚持自己的原来立场,买方必须要有变通的方法。一是固守最大预算,对方不让步,自己也不能让步,只好以无奈为由中止交易;二是维护最大预算,对方不让步,自己做出适当的让步。

(四)最后通牒

当谈判进入最后阶段,谈判双方争执不下,对方不愿做出让步来接受己方的交易条件时,为了逼迫对方让步,己方可以向对方表示,如果对方在某个期限内不接受己方的条件,己方将宣布谈判破裂并退出谈判,这就是最后通牒策略。

在谈判过程中,谈判人员总是寄希望于未来能有更多的利益,因而不愿放弃讨价还价。此策略的使用,可以打破对方的幻想,迫使正在犹豫的谈判对手尽快下决心。运用最后通牒策略必须注意以下几点。

(1)谈判人员处于强有力的地位,特别是该笔交易对对方的重要性超过了己方。

(2)谈判的最后阶段或关键时刻才宜使用最后通牒。经过旷日持久的谈判,对方已花费大量人力、物力、财力和时间,一旦拒绝己方的要求,这些成本将付诸东流,对方会因考虑失去这笔交易所造成的损失而被迫达成协议。

(3)"最后通牒"的提出必须非常坚定、明确、毫不含糊,不让对方存有任何幻想。己方也要做好对方真的不让步而退出谈判的思想准备,不至于到时候惊慌失措。

案例11-3

一台精彩的挑剔还价法的喜剧

美国的谈判专家罗切斯特有一次去买冰箱,营业员指着他要的那种冰箱说:249.5美元一台。罗:这种型号的冰箱一共有几种颜色? 营:共有32种颜色。罗:可以看看样品本吗? 营:当然可以。罗边看边问:你们店里现货中有几种颜色? 营:现有20多种。请问您要哪一种? 罗指着样品本上有而店里没有的颜色说:这种颜色与我的厨房墙壁相配! 营:非常抱歉,这种颜色现在没有。罗:其他颜色同我的厨房颜色都不协调,颜色不好,价格还这么高,要不便宜一点,否则我去其他的商店了。我想别的商店有我要的颜色。营:好吧,便宜一点就是了。罗:可这台冰箱有点小毛病,你看这儿。营:我看不出什么。罗:什么? 这一点毛病虽小,但冰箱外表有毛病,通常不都要打点折扣吗? 营:……罗又打开冰箱门,看了一会儿说:这冰箱有制冰器吗? 营:这个制冰器每天24小时为您制冰块,一小时才2美分电费。罗:这可太糟糕了,我的孩子有哮喘病,医生说他绝对不能吃冰决,你能帮助我把它拆下来吗?营:制冰器无法拆下来,它和整个制冷系统连在一起。罗:可是这个制冰器对我来说不仅根本没用,现在要花钱把它买下来,将来还得为它付电费,这太不合理了。当然,价格可以再降低一点的话……结果罗切斯特以相当低的价格——不到200美元买下了他十分中意的冰箱。

资料来源:http://blog.sina.com.cn/s/blog_15b99c2a00102wlj6.html.

案例思考:

谈判专家罗切斯特是如何讨价还价的?

小智囊:

1. 买方绝对不能接受卖方的第一次要价

一般来讲,卖方往往不会给买方讨价还价的余地,卖方的姿态会做得很强硬。买方还价应注意:搞清卖方有没有价格减让的权利,如果有就应抓住价格问题不放松。

买方做姿态的目的,不只是向对方做亮相的表示,也不只是为了抵抗对方的压力,还应争取激发卖方对你的兴趣。尽可能找理由挑剔对方,有些是实际存在的,而有些却只是虚张声势。

2. 利用变数寻求解决的办法

只要不把价格视为谈判中的唯一主要问题,就可以做成很多对双方都有益的交易。一宗交易里所有可供交换的条件全都可以用来促进谈判进程,并维护双方利益。卖方运用这些办法对付砍价,对方就必须考虑坚持砍价的后果。他在价钱上固然可能有得,但在其他方面就必然有所失。买方运用这种办法砍价总能有所收获。如果对方在价格上要挟你,就和他们谈质量;如果对方在质量上苛求你,就和他们谈服务;如果对方在服务上挑剔你,就和他们谈条件;如果对方在条件上逼迫你,就和他们谈价格。即遵循价格—质量—服务—条件—价格。

这一办法强调谈判者在遭遇价格压力时要善于灵活处事,积极调动与价格相关的因素来改善自己的价格条件。谈判者不能死守一方,不知进退,要善于跳出问题看问题,跳出圈圈看圈圈。要想在价格谈判中占据优势,功夫在价格之外。

第四节　让步策略

商务谈判本身是一个讨价还价的过程,也是一个理智的取舍过程。一个高明的谈判者应该知道在哪里放弃。对于存在利益差异关系的谈判双方来说,在资源有限的条件下,为达成一致而做出让步是不可避免的。

一、让步策略概述

让步是指谈判双方向对方妥协,退让己方的理想目标,降低己方的利益要求,向双方期望目标靠拢的谈判过程。让步的实质是对谈判者己方利益的一种割让,是为了达成一致协议而必须做出的选择。

让步本身就是一种策略,它体现了谈判者用主动满足对方需要的方式来换取自己需要得到满足的实质。如何把让步作为谈判中的一种基本技巧和手段加以运用,是让步策略的基本意义。

谈判双方在谈判过程中要正确地对待让步。每次让步都是以牺牲自己的利益使对方得到某方面的满足,因此,以最小让步换取谈判的成功,以局部利益换取整体利益是己方让步的出发点。如果向对方做出让步承诺,那就应该争取对方在其他交易条件中向自己做出让步。理想的让步是互惠、双向的让步。

(一)让步的类型

让步按照不同的标准可分为不同的类型。

1. 按照让步的姿态分类

(1)积极让步。积极让步是指以某些谈判条款上的妥协来换取主要或其他方面的利益的让步。在以下情况时,可采用积极让步:谈判的一方具有谈判实力和优势;收集掌握了充分的资料,并拥有关于谈判相对比较准确的数据;通过事先安排,制订合理科学的让步计划和幅度。

(2)消极让步。消极让步指谈判双方中一方单纯地退让部分利益以达成交易的让步。在以下情况时,会采用消极让步:谈判一方有求于人;急于达成交易;报价的"水分""虚头"被揭开;在谈判中明显处于劣势。

2. 按照让步的实质分类

(1)实质让步。在利益上的真正让步,旨在以己方的让步换取对方的合作与让步。

(2)虚置让步。让步只是一种形式,而没有任何实质内容。虚置让步并不是真正的让步。此方式可以分散谈判对手的注意力而拖延谈判时间,是对抗谈判对手、让步压力的一种较好方式。

(3)象征让步。象征让步是指在双方僵持不下时,一方做出让步,但除降低利益的要求,还要有非利益要求的补偿,即以同等价值的替代方案换取对方立场的松动,使对方心理上得到满足,从而达成贸易的成交。

3. 按照让步的主次分类

(1)主要让步。主要让步是在谈判最后期限之前做出的让步,以便让对方有足够的时间来思考。

(2)次要让步。次要让步一般是安排在谈判的最后时刻做出的让步,有时当谈判进展到最后,双方只是在最后的某一两个问题上尚有不同意见,需要通过最后的让步才能求得一致,签订协议。

(二)让步遵循的原则

做生意无非是手上有钱的人和脑中有经验的人打交道。有经验的人凭经验赚到钱,有钱的人则花钱买了经验。

让步主要遵循以下原则。

（1）不要让对方轻易从己方获得让步的许诺，要使对方感到让步是艰难的。

（2）让步要有明确的利益目标。

（3）把握"交换"让步的尺度。

（4）在重要的关键性问题上要力争使对方先做出让步。

（5）不要承诺做出和对方同等幅度的让步。

（6）让步要有明确的导向性和暗示性。

（7）要注意使己方的让步同步于对方的让步。

（8）一次让步的幅度不宜过大，让步的节奏也不宜过快。

（9）避免让步失当，让步之后如觉不妥，可以寻找合理的理由推倒重来。

（三）让步的方式

让步的方式可以分为以下八种。

1. 强硬型

这种方式在开始就给人态度强硬、立场坚定的感觉，直到谈判的最后时刻才一次让步到位。如果对方比较软弱，己方有可能得到很大利益。采用这种方式时，应注意两个问题：第一，对方在再三要求让步遭到拒绝的情况下，可能等不到最后，就会离开谈判桌；第二，最后一次让步的幅度过大可能会鼓励对方进一步纠缠，且攻势会更猛烈。这种让步通常比较少，由于要冒很大的风险，应该慎重使用。

2. 均值型

这种方式每次让步的幅度是一个均值，以求均匀地满足对方的需求，并赢得对方的好感。应该注意的是，采用这种方式时必须让对方认识到己方所做出的最后让步是最低的价格，否则很容易鼓励对方争取进一步的让步，在无任何暗示且让步幅度比较大的情况下，不再让步，较难说服对方，有可能会使谈判陷入僵局。

3. 刺激型

这种方式让步幅度具有递增的趋势，一方面逐渐让步会让对方看到己方的成交诚意，另一方面也会刺激对方寻求进一步的让步，而且胃口越来越大，最终也可能会使谈判陷入僵局，难以收场。

4. 希望型

这种方式让步的幅度具有递减的趋势，比较符合常理，显示出让步态度越来越强硬，但是不利于向对手施加成交压力，而很容易让其产生"应该还能再让一次"的推断。

5. 稳妥型

这是一种比较稳妥的让步方式，同时表现出强烈的妥协性和艺术性。它一方面告诉对方我们已经尽了最大努力让步，表现了强烈的合作意愿；另一方面又暗示对方：让步的幅度越来越接近极限，不能再让，最后成交的时机已经到来。

6. 风险型

这种方式的风险体现在：前两次让步幅度太大，势必会大大提高对方的期望值，而第三次突然坚决不让步使对方难以接受，最后又给予了小小的让步，表达了成交的诚意，但是可能会因为难以满足对方过高的期望值而使谈判陷入僵局。

7. 虚伪型

这是一种虚伪的让步，先在前两次使让步的幅度达到极限，使对方欣喜，但是第三次让步时突然宣称由于某种原因（如计算错误、市场价格变化等）提高报价，显然很难让对方接受，甚至会使对方误解和气愤，第四次又纠正前面的"失误"，提供一个小小的让步，可能会使对方得到一点安慰，从而达到最初的交易目标。

8. 坦诚型

这种方式在一开始就把所有的让步幅度都给了对方，目的是尽快达成协议，提高谈判效率，争取时间。但是，这种方式会带来很大的风险：使对方逼迫你再做让步，怀疑你的坦诚。所以，这种方式适用于双方有比较良好亲密的合作关系的谈判。

在实际谈判中，第四种和第五种方式，步步为营，使买方的期望值逐渐降低，符合一般常理，比较容易接受，而第七种和第八种方式在使用时需要有较高超的艺术技巧和冒险精神。让步方式表格如表 11-1 所示。

表 11-1　让步方式表格

让步方式	让步尺度	第一次	第二次	第三次	第四次
强硬型	60	0	0	0	60
均值型	60	15	15	15	15
刺激型	60	8	13	17	22
希望型	60	22	17	13	8
稳妥型	60	26	20	12	2
风险型	60	49	10	0	1
虚伪型	60	50	10	−1	1
坦诚型	60	60	0	0	0

✎ **视野扩展**

时间对让步的影响

在谈判开始就顾及时间的限制，让步频率越高的一方，谈判结果对其就越不利。

由于双方都意识到时间限制对于对方的压力，极可能在彼此谈判之初，双方都不做任何让步，或仅仅只做姿态性的让步。

由于双方都意识到时间限制对于各自有压力，极可能在谈判的最后时限之前的某段时间，双方都积极地寻求达成交易的可能性并做出某些实质性的让步。

谈判实力较弱的一方，在最后的时限到来之前，会感受到巨大的压力，除非其不想成交,最后的结果往往是全盘接受对方的交易条件。

谈判双方的谈判实力越是彼此相当,则双方做出让步的时间就越迟。双方既不会过早地做出让步,也不会拒绝做出任何让步,适时的让步对双方都很重要,甚至有的让步会直到最后时限之前的几分钟才做出。

如果时间限制太短,以致双方均未将有关通信联系、与第三方接洽、交通条件等方面的困难因素考虑进去,则时间限制在战略上的作用反而会丧失。

二、掌握己方让步策略

没有让步,也就没有谈判的成功。在许多情况下,谈判双方常常要做出多次让步,才能逐步地趋于一致。但何时让步、在哪些方面做出多大让步,却又是极为复杂的问题。有经验的谈判人员总是能掌握让步的条件、时机、原则,以灵活的让步方法、微小的让步幅度,换取对方较大的让步。因此,谈判中的让步是每个谈判人员都必须面对的棘手问题。

1. 列出让步磋商的清单

在详细分析谈判形势后,确定哪些条件是必须坚持的,哪些条件是可以适当让步的,并尽可能正确地预测让步的程度。

2. 考虑让步后对方的反应

在做出让步决策时,谈判人员要结合谈判前和谈判开始后对对方的观察了解,考虑己方在某些方面的让步会引起对方怎样的反应。一般来说,对方的反应有以下三种。

(1) 对方很看重己方所做出的让步,并感到心满意足,甚至会在其他方面也做出让步作为回报,这是己方最希望的结果。

(2) 对方对己方所做的让步不很在乎,因而在态度或其他方面没有任何改变或让步的表示。

(3) 己方的让步使对方认为,己方的报价中有很大的水分,甚至认为只要他们再加以努力己方还会做出新的让步。

后两种反应及结果都是己方所不愿意看到的。在让步时考虑对方的反应是非常重要的。有些谈判人员仅从己方角度考虑,认为有些让步对自己是微小的、不足惜的。但殊不知,有些对己方微小的让步却正是对方重大价值所在,是谈判中对方希望获得的重大利益。因此,在谈判中,谈判人员若能时时处处考虑己方让步后对方的反应,就能加重己方赢得对方重大让步的砝码。否则,己方的让步只会被对方"视而不见",进而要求己方做出更多、更大的让步。

三、迫使对方让步策略

谈判是一项互惠的合作事业,谈判中的让步也是相互的。但在现实的谈判活动中,谈判双方又各有其追求的目标,在许多情况下,谈判者并不会积极主动地做出退让,双方的一致是在激烈的讨价还价中逐步达成的。所谓迫使对方让步策略,就是谈判一方运用诱导或施压等手段迫使对方做出让步,从而为己方争取尽可能多的利益。诱导就是通过给予好处引诱对方让步。施压就是施加各种压力迫使对方让步。以下就是迫使对方让步的几种策略。

（一）制造竞争策略

制造竞争和利用竞争永远是谈判中逼迫对方让步的最有效的武器和策略。当谈判的一方存在竞争对手时，其谈判的实力就大为减弱。买方把所有可能的卖方请来，同他们讨论成交的条件，科用卖方之间的竞争各个击破，为自己创造有利的条件。有的时候，对方实际不存在竞争对手，但谈判者可巧妙地制造假象迷惑对方，以此向对方施压。

案例11-4

联想收购 IBM 全球 PC 业务

联想收购 IBM 全球 PC 业务（个人计算机）的谈判可谓一波三折，其最大的障碍莫过于价格的问题。

联想想要在对方开价的基础上"横砍一刀"，但实际上 IBM 是非常专业的，当然也希望自己的股东能够得到最好的回报，其作价有充分根据，所以双方谈得非常辛苦。IBM 把价钱谈到 13 亿美元，联想就站在 11 亿美元的基础上不动。而 IBM 是与两家同时谈，谁的价格合理就卖给谁，在这种背景下，联想除了承受谈判条款的巨大压力外，还增加了一个竞争对手的压力。

IBM 声称联想如果不能把价格加到 13 亿美元，就马上去找另外一家。当时是星期五下午，双方在纽约谈判，很快 IBM 谈判团队就全部撤回，并要求联想立刻离开谈判大楼。

整个星期六、星期天，联想都处于非常困难的境地。因为交易确实对联想，甚至对双方都非常好，这个交易要是不成功非常可惜，但联想又不愿意轻易加价。最后联想谈判人员采取了非正式接触，谈判团队里 4 个核心人员和对方核心谈判人员中的 3 个人在一个酒店做了一次秘密会晤。之所以称为秘密会晤，就是因为双方都不通知自己的高层。这次会晤，双方都做了一个让步：联想将价格加到 12 亿美元，IBM 也同意可以降到 12.5 亿美元。最后大家都同意把这 5 000 万美元叫作"主席交易"，就是说这 5 000 万美元的缺口留给主席。并购最终在双方都做出可以接受的让步后圆满结束。

案例思考：
IBM 运用什么策略使联想陷入困境？联想又是怎样摆脱困境的？

（二）虚张声势策略

在有些谈判中，双方一开始都会提出一些并不期望能实现的过高要求，随着时间的推移，通过让步逐步修正这些要求，最后在两个极端之间的某一点上达成协议。谈判人员可能会将大量的条件放进谈判议程中，其中大部分是虚张声势，或者是想在让步时给对方造成一种错觉，似乎他们已经做出了巨大牺牲，但实际上只不过舍弃了一些微不足道的东西。

谈判人员要学会演戏。例如,为了使出浑身解数压低价格,谈判人员虚张声势:"看起来不错,不过我要先向董事会汇报一下,这样吧,我明天给你最终答复。"第二天,该谈判人员告诉对方:"天啊,董事会真不好对付。我原以为他们会接受我的建议,可他们告诉我,除非你们能把价格再降 200 元,否则这笔生意恐怕是没希望了。"其实谈判人员根本没有向董事会汇报,对手却往往心甘情愿地做出让步。

(三)最后期限策略

在谈判双方争执不下,对方不愿做出让步以接受己方交易条件时,为了逼迫对方让步,己方可以向对方发出最后期限的通知。

在多数情况下最后期限是一个非常有效的策略。在谈判中人们对时间是非常敏感的,特别是在谈判的最后关头,双方已经过长时间紧张激烈的讨价还价,在许多方面已经达成一致或接近的意见,只是在最后的一两个问题上相持不下。这时如果一方给谈判规定了最后期限,另一方就必须考虑自己是否准备放弃这次机会,牺牲前面已投入的巨大谈判成本,权衡做出让步的利益牺牲与放弃整个交易的利益牺牲谁轻谁重,以及坚持不做让步、打破对方的最后通牒而争取达成协议的可能性。运用最后期限策略来逼迫对方让步,必须注意以下几点。

(1)己方的谈判实力应该强于对方,特别是该笔交易对对手来讲比对己方更为重要,这是运用这一策略的基础和必备条件。

(2)最后期限策略只能在谈判的最后阶段或最后关头使用。因为这时对方已在谈判中投入了大量的人力、物力、财力和时间,花费了很多成本,一旦谈判真正破裂,这些成本也将付诸东流,这样可以促使对方珍惜已花费的劳动,使之欲罢不能。同时,只有在最后关头,对方才能完全看清楚自己通过这笔交易所能获得的利益。

(3)最后期限的提出必须非常坚定、毫不含糊,不让对方存留幻想。

小智囊:遇到对方"最后期限"的处理方法

(1)分析和判断对方的"最后期限"是真还是假。

(2)置对方最后期限于一边,改变交易的方式以及其他交易条件,试探对方的反应,在别的条件上与对方谈判。

(3)对方的"最后期限"可能是真的,此时认真权衡一下做出让步达成协议与拒绝让步失去交易的利弊得失,再做决策。

资料来源:张秋林.商务谈判理论与实务[M].南京:南京大学出版社,2008.

四、拒绝策略

拒绝就是不让步,谈判中实施拒绝策略不是宣布谈判破裂,而是否定对方的进一步要求,蕴含着对以前商议或让步的肯定。

一般在以下情况中我们可以明确地对对方说"不":我方在攻防力量对比中明显占上风;我方处于不相称的弱者地位;对方的竞争者大量存在。

为了在谈判中争取到对自己有利的谈判地位,我们常常需要对对方说"不",又不能因此而导致谈判的破裂,这时就需要一定的策略,主要有以下几种。

(一) 权力有限

谈判中,当对方进攻有理、己方无理反驳时,己方可以以某种客观理由或条件的制约而无法满足对方的要求为由,阻止对方的进攻。而对方就只能根据己方所有的权限来考虑这笔交易。

案例 11-5

委托人缺席的谈判

尼尔伦伯格在《谈判的艺术》中讲述了这么一件事:他的一位委托人安排了一次会谈,对方及其律师都到了,尼尔伦伯格作为代理人也到了场,可是委托人自己却失约了,等了好一会儿,也没影。这三位到场的人就先开始谈判了。随着谈判的进行,尼尔伦伯格发现自己正顺利地迫使对方做出一个又一个的承诺,而对方提要求时,他却以委托人不在、权力有限为由而加以拒绝。结果,他为委托人争取到对方很多的让步而己方却没有相应的让步。

资料来源:尼尔伦伯格.谈判的艺术

案例评析:

当对方进攻有理而己方无力反驳时,可以运用权力、资料、环境、时间等限制因素的制约,因此不能满足对方的需求为借口。在受限的环境下,谈判者更容易说"不"。

(二) 疲劳战术

这种战术是通过许多回合的拉锯战,使锐气十足的谈判者疲劳生厌,逐渐失去锐气;同时也扭转了己方在谈判中的不利地位,待到对方筋疲力尽时,己方再主动出击,促使对方接受己方条件。

(三) 休会

休会也是谈判人员比较熟悉并经常使用的基本策略。它是指在谈判进行到某一阶段或遇到障碍时,谈判双方或一方提出中断会议、休息一会儿的要求,以使谈判双方人员有机会恢复体力、精力和调整对策,推动谈判的顺利进行。实际上,休会已成为谈判人员调节、缓和气氛,控制过程的策略。

休会的提出一般是在会谈接近尾声,或者出现低潮、僵局时,这时提出休会对双方的策略调整和气氛改善都是有益的。从国际惯例上来看:东道主提出的休会,客人出于礼貌很少会拒绝。

休会要注意的问题:说明休会的必要性;确定休会时间;避免提出新异议。

(四) 以退为进

这种策略从表面上看,是谈判一方在妥协退让,但实际上退却是为了换取更大的目标。通常在实际谈判运用较多的是：谈判一方故意提出两种不同的条件，然后迫使对方接受其中一种。

（五）亮底牌

该策略是在谈判进入让步阶段后实行的。这种策略一般在己方处于劣势或双方关系较为友好的情况下使用。使用这种策略时，谈判者露出实底，容易感动对方，让对方感受到强烈的信任和合作气氛，给对方留下坦诚相见的良好印象。但是这样做，不免让对方觉得还有利可挖，继续讨价还价，而且也不利于己方讨价还价。

五、僵局策略

僵局策略是一方有意识制造僵局，给对方造成压力而为己方争取时间和创造优势的拖延性策略。

心理实验表明：

（1）当陷入僵局时，弱的一方往往会有挫折感，实验结束后他们仍会继续讨论，企图使意见一致，他们对对方、对队友、对自己都不满。

（2）一个人处于僵局时，最怕的是被孤立。于是人们常常避免与别人搞僵，有时甚至宁愿丧失原则、歪曲事实，也不愿和朋友失和。

僵局形成后应积极地给对方人员施加影响，在僵局期间充分借用外部形势或时间的有利影响，重点突破对方的薄弱之处。

注意：采用僵局策略，应表现坚决、选择恰当、慎重行事。

第五节 僵局及其化解策略

一、僵局的类型和产生僵局的原因

（一）僵局的类型

谈判僵局指商务谈判过程中出现难以再顺利进行下去的僵持局面。在谈判中，谈判双方各自对利益的期望相差太大或对某一问题的立场和观点存在分歧，而又都不愿做出妥协向对方让步时，谈判就有可能陷入僵局。

谈判僵局对谈判各方的利益和情绪都有不良影响，会产生两种后果：打破僵局继续谈判和谈判破裂。后一种结果是双方都不愿看到的，因此，谈判者必须了解僵局出现的原因，以尽量避免出现僵局。如果出现僵局，谈判者也应学会运用科学有效的策略和技巧打破僵局，使谈判重新顺利进行，取得有利的结果。

广义的谈判僵局分为协议期僵局和执行期僵局。协议期僵局是双方在磋商阶段意见产生了分歧而形成的僵持局面；而执行期僵局是在执行项目合同过程中因双方对合同条款理解不同而产生的分歧，或出现了双方始料未及的情况而有意把责任推给对方，或者一方未能严格履行协议而引起另一方的严重不满，由此而引起的责任分担不明确的争议。

狭义的僵局包含了初期僵局、中期僵局、后期僵局三种。谈判初期,双方处于彼此熟悉了解、营造融洽气氛的阶段,双方对谈判都充满了期待。初期一般不会出现僵局,除非出现误解或者双方准备不充分而伤害到对方感情的情况。谈判中期,是谈判的实质性阶段,双方需要就技术、价格、合同条款等进行详尽讨论、协商。合作背后的利益分歧可能会使谈判朝着双方难以统一的方向发展,形成中期僵局。谈判中期的僵局往往会反反复复、此消彼长。有些僵局可以通过双方沟通解决,有些则因双方的不退让,而使谈判长时间悬而未决。所以,中期僵局纷繁多变,容易导致谈判破裂。谈判后期是双方达成了协议,在解决了技术、价格等关键要素后,还有项目验收、付款条件等执行细节的进一步磋商,特别是合同条款的措辞、语气等容易引起争议,造成僵局。后期僵局只要双方作出些让步就可以顺利结束谈判,但是也要加以小心,有时仍会出现重大的问题,甚至前功尽弃。

(二) 产生僵局的原因

谈判过程中,僵局在任何时候都有可能发生,且任何主题都有可能使双方形成分歧与对立。一般而言,僵局产生的原因主要有以下几个方面。

1. 谈判一方故意制造谈判僵局

谈判的一方为了试探出对方的决心和实力而有意出难题,扰乱视听,甚至引起争吵,迫使对方放弃自己的谈判目标而向己方目标靠拢,使谈判陷入僵局。其目的是使对方屈服,从而达成有利于己方的交易。

2. 谈判双方立场对立引起僵局

这是谈判实践中最常见的一种产生僵局的原因。在讨价还价的谈判过程中,如果双方对某一问题各持自己的看法和主张,产生意见分歧,双方越是坚持各自的立场,彼此双方之间的分歧就会越大。这时,双方真正的利益会被这种表面的立场所掩盖,于是,谈判就变成了一种意志力的较量,从而陷入僵局。

3. 成交底线的差距较大

在许多商务谈判中,即使双方都表现出十分友好、坦诚与积极的态度,但如果谈判方案中所确定的成交底线差距太大,而这种差距很难弥合,谈判就会陷入僵局。

当然,因成交底线的差距导致谈判就此暂停乃至最终破裂不是绝对的坏事。谈判的暂停以使双方都有机会重新审视、回顾各自谈判的出发点,既能维护各自的合理利益又会注意挖掘双方的共同利益。如果双方经过思考都认为弥补现在的差距是有价值的,并愿采取相应的有效措施,将有可能促使谈判进程更顺利地进行。而谈判破裂的结局也不一定是不欢而散。双方通过谈判,即使没有成交,但彼此之间加深了了解,增加了信任,这为日后的有效合作打下了良好的基础。所以,在双方条件相去甚远的情况下,一场未达成协议的谈判也可能带来意外的收获。

4. 谈判人员素质较低

俗话说"事在人为"。人的素质因素永远是引发事由的重要因素。在商务谈判中,谈判人员素质的高低往往成为谈判进行顺利与否的决定性因素。无论是谈判人员工作作风不好,还是知识经验、策略技巧不足或失误等方面的原因,都可能导致谈判陷入僵局。

5. 沟通障碍

沟通障碍就是谈判双方在交流彼此情况、观点、协商合作意向、交易条件等过程中,可能遇到的由于主观与客观的原因所造成的理解障碍。

由于谈判本身主要就是靠"讲"和"听"来进行沟通的。信息沟通,不但要求真实、准确,而且还要求及时、迅速。在实践中,即使一方完全听清了另一方的讲话内容并予以正确的理解,而且也能够接受这种理解,但这并不意味着就能够完全把握对方所要表达的思想内涵。谈判双方信息沟通过程中的失真使双方之间产生误解而出现争执,并因此陷入僵局的情况经常发生。

商务谈判中,造成沟通障碍的主要原因有文化差异、职业或受教育程度不同以及心理原因等。

6. 外部环境发生变化

谈判中因外部环境变化,谈判一方不愿按原有的承诺签约,也不愿直接说明,而采取不了了之的拖延战术,使对方忍无可忍,造成僵局。比如,市场价格突然变化,如按双方已洽谈的价格签约,必然会给一方造成较大的损失,若违背承诺又担心对方不接受,此时便故意拖延,形成僵局。

二、化解谈判僵局策略

(一)僵局的处理原则

处理僵局应遵循以下原则。

1. 理性思考

谈判陷入僵局后,谈判气氛也随之紧张,这时双方都不可失去理智、任意冲动,以防止和克服过激所带来的干扰。双方必须明确冲突的实质是双方利益的矛盾,而不是谈判者个人之间的矛盾;同时应设法建立一项客观的准则,即让双方都认为是公平的又易于实行的办事原则、程序或衡量事物的标准。谈判双方要充分考虑双方的利益到底是什么,从而理智地克服一味地希望通过坚持自己的立场来"赢"得谈判的做法。

2. 协调好双方利益

当双方在同一问题上观点分歧较大,并且各自理由充足,均既无法说服对方,又不能接受对方的条件时,就会使谈判陷入僵局。这时,应认真分析双方的利益所在,寻求双方利益的平衡点,最终达成谈判协议。

3. 欢迎不同意见

不同意见,既是谈判顺利进行的障碍,也是一种信号。它表明实质性的谈判已开始。如果谈判双方能就不同意见互相沟通,最终达成一致意见就能促进谈判顺利进行下去。因此,作为一名谈判人员,对不同意见应抱着欢迎和尊重的态度。只有这样,才会平心静气地倾听对方的意见,掌握更多的信息和资料,同时也体现出一名谈判者应有的宽广胸怀。

4. 避免争吵

争吵无助于矛盾的解决,只能使矛盾激化。如果谈判双方出现争吵,就会使双方对立情绪加重,从而很难化解僵局、达成最终协议。即使一方在争吵中获胜,另一方无论从感情上还是心理上都很难接受这种结果,这对此后的谈判仍然会造成重重障碍。所以,谈判人员应是据理力争,而不是和对方大声争吵来解决问题。

5. 正确认识谈判僵局

谈判人员应该认识到僵局的出现对双方都不利。如果能正确分析问题、恰当处理矛盾,会变不利为有利。虽然谈判人员不应把僵局视为一种策略,运用它胁迫对手妥协;但也不能一味地妥协退让。否则,非但避免不了僵局,还会使自己陷入被动局面。我们应相信:只要具备勇气和耐心,在保全对方面子的前提下,灵活运用各种策略和技巧,僵局就能化解。

(二)僵局的化解策略

谈判僵局对每一个谈判者来说都有正反两方面的作用:一方面,谈判者可以利用制造僵局给己方带来更大的收益;另一方面,僵局如果没有解决好会导致谈判破裂。为了避免出现后一种情况,我们可以采用下面的策略和技巧化解僵局。

1. 劝导法

当双方在某个问题上发生分歧,且各自理由充足,互不妥协,陷入僵局时,可采用劝导法。如建议双方从各自的目前利益和长远利益的结合上看问题,从而协调双方利益,保证双方利益的实现。劝导法是通过双方采取合作态度共同打破僵局的。

2. 横向谈判

当谈判陷入僵局,经过协商毫无进展,双方的情绪均处于低潮时,可以采用避开话题的办法,换一个新的话题与对方谈判。横向谈判是回避低潮的好办法。具体做法是:先撇开争议的问题,再谈另一个问题,等到该问题谈得差不多了,再回头谈僵持的问题。这时,因为话题和利益之间的关联性,其他话题取得成功时,再谈僵持问题就容易多了。

3. 寻找替代方案

商务谈判中僵局的出现是不可避免的,如果这时候谁能够创造性地提出可供选择的方案,谁就掌握了主动权。试图在谈判初期就确定唯一一套最佳方案,这往往阻止了其他许多可选择的方案的产生。在谈判初期,构思更多的相关备选方案有利于推动谈判顺利进行下去。

4. 休会

谈判出现僵局时,双方的情绪都比较激动、紧张。这时,休会是个好的缓和办法。休会一般在谈判出现低潮、会谈出现新情况,或者出现僵局以及谈判进入尾声时采用。

休会一般由一方提出,经对方同意后才能进行。争取对方的同意,首先要把握好时机,看准对方态度的变化,适时提出。其次提出要求时要清楚委婉,但是也要让对方准确无误地知道。

5. 更换谈判人员或领导出面

有时，谈判中的僵局是由谈判人员引起的，由于其不能很好地区分对人与对事的态度，从而引发个人矛盾。这时，可以在征得对方同意的情况下，及时更换谈判人员，缓和紧张气氛，打破僵局，以便与对方保持良好的合作关系。

有时，更换谈判人员是出于自我否定的需要，用调换谈判人员表示：以前己方提出的某些条件不能算数，原来谈判人员的主张欠妥，因而在这种情况下调换人员也蕴含了向对方道歉的意思。

6. 有效退让

达成谈判目的的途径多种多样。有时在谈判双方对某一方面的利益分割僵持不下时，轻易让谈判破裂的做法得不偿失。其实，在某些问题上的让步往往能争取到更好的条件。例如，在购买国外设备的谈判中，当价格僵持，而其他方面诸如设备功能、交货时间、运输条件、付款方式等都没涉及时就中止谈判，是不明智的。这时，不妨考虑接受稍高的价格，在购货条件、付款方式等方面提出更多的要求。综合考虑得失后，以较小让步换取较大的利益。当促使合作成功带来的利益大于谈判破裂的好处时，有效退让是应该采取的策略。

7. 场外沟通

场外沟通是非正式的谈判，双方可以无拘无束地交换意见，达到沟通交流、打破僵局的目的。

选择场外沟通，主要有以下的几种情况：第一，僵局双方有心求和，但碍于面子，下不了台；第二，双方碍于身份，不宜在谈判桌上打破僵局；三是谈判对手在正式场合严肃、傲慢、自负等，在非正式场合与其沟通，才有可能打破僵局；第四，谈判对手喜好郊游、娱乐，那么在郊游、娱乐场合有可能谈判成功。

场外沟通时注意两点：第一，谈判不只限于谈判桌，场外沟通也是谈判的一部分；第二，不管是否出现僵局，场外沟通都是必要的，这样，有利于促进交流、融洽合作关系、提高谈判效率。

8. 硬碰硬

当对方制造僵局对己方施压时，妥协退让已无法满足对方的欲望，应采取以硬碰硬的方法向对方反击，让对方放弃过高的要求。这样做，有些谈判对手便会自动降低自己的要求，使谈判进行下去。

谈判实际上谈的是利益如何分割，谈判成功的一个必要条件是双方的利益要求差距不超过合理限度。只有在此条件下的谈判才有可能成交，利益差距太大的谈判只能导致谈判破裂。

具体谈判中，最终采取何种策略应该由谈判人员根据谈判背景和形式来决定。不同的谈判环境，不同的谈判人员组成，以及不同的谈判阶段都会导致谈判有着不同的特点，相应谈判策略选择也会不同。谈判策略的选择关键还在于谈判人员的素质、谈判能力、己方的谈判实力，以及实际谈判中的个人及小组的力量发挥等。

本章小结

　　磋商谈判是商务谈判的实质性及实践性阶段,在整个谈判的流程中具有重要地位,该阶段的表现将直接影响到成交时的签约价格及后续服务。在这一阶段,谈判各方将根据对方在谈判中的行为,来调整己方的谈判策略、修改谈判目标,以逐步确立谈判议题的基本框架。谈判磋商阶段主要包括报价与价格解释、价格评论、讨价还价、让步、拒绝以及僵局的处理等主要环节和关键点。各个环节都有相应的步骤和技巧,通过对这些内容的学习,旨在更好地了解如何处理磋商阶段中各主要环节的关键问题,并在实践中加以运用和掌握。

本章思考题

一、选择题

1. 吹毛求疵策略最适合在商务谈判的哪个阶段运用?(　　)
　　A. 谈判开局阶段
　　B. 谈判磋商阶段
　　C. 谈判结束阶段

2. 在商务谈判时,当己方处于被动地位时,为了实现谈判目标,我们可以选择的策略有(　　)
　　A. 以战取胜　　　　B. 多听少讲　　　　C. 抛砖引玉　　　　D. 声东击西

二、简答题

1. 报价应遵循哪些主要原则?

2. 报价的方式和策略有哪些?

3. 谈判僵局的处理策略有哪些?

4. 商务谈判中可以采取哪些策略迫使对方退让?哪些策略可以帮助我们有效地阻止对方的进攻?

5. 在谈判过程中,当己方遇到"不合作型"谈判对手时,应采取哪些对应策略?

第十二章

商务谈判的签约与履约策略

学习目标

通过对本章的学习,使学生了解和掌握以下知识点:

- 了解签约与履约谈判在商务谈判中的重要作用;
- 熟悉签约与履约谈判各个环节的内容;
- 掌握签约阶段判定、基本策略、文本谈判、履约谈判,以及索赔谈判的内涵及其相互关系;
- 掌握谈判终结阶段判定的依据与策略、合约签订的步骤与技能。

签约与履约谈判是商务谈判过程的重要谈判内容之一。本章从介绍如何判定终结阶段开始,重点讨论签约与履约谈判的策略、索赔策略,旨在执行已谈成的交易,从而明确和巩固在谈判过程中取得的成果。

🌸 引导案例

一批电动车的问题

小刘所在的 A 公司向小秦所在的 B 公司订购了一批电动车,但是这批电动车出现了不少问题。此时,小刘知道有其他的供货商很乐意向他们提供电动车,但是小刘顾虑到与小秦建立起来的良好供给关系,不忍心去破坏。

然而,小秦并没有在金钱上给予小刘补偿的权限,唯一能做的就是提供换货服务。小刘不得不把事情告知小秦。由于采购了质量不好的电动车,已经给公司造成了很大的损失,尤其是导致公司的名誉受损,换货并不足以补偿。小秦听后,并未做出什么承诺或表示。

第二天,小刘预订了一张机票,将在 3 个小时后起飞。小秦获悉后,来到他下榻的酒店房间进行沟通。然而,小刘发现小秦滔滔不绝只是为了拖延时间,再顾及礼貌自己也得不到任何好处,于是生气地站起来,转身离开了房间。小秦感到非常尴尬,但又不想叫他回来,以免失了颜面。

以后小刘所在的公司再也没有与小秦所在的公司发生任何业务往来。

案例思考:

1. 该案例中,小刘与小秦最好的谈判结果是什么?
2. 为什么小刘所在的公司再也没有与小秦所在的公司发生任何业务往来?

第一节　签约谈判的策略

签约是商务谈判的当事人用文字形式把各方权利、义务加以肯定并依法签署商务合同的行为。签约是一项繁杂的工作任务,涉及的内容相当广泛,不仅要求谈判者具备国内外有关法律法规方面的知识,也要求谈判者审时度势,准确把握谈判结束的时机。

一、签约阶段的判断

商务谈判何时终结?是否已到终结的时机?这是商务谈判结束阶段极为重要的问题。谈判者必须正确判定终结时机,只有如此,才能运用好结束阶段的策略。关于收尾的时机,匆匆忙忙,对方感觉你占便宜了,导致"煮熟的鸭子飞了";拖拖拉拉,国际市场变化很快,行情变化很快;既不拖拉也不匆忙是很重要的。错误的判定将导致丧失成交的机遇。谈判是一门科学,更是一门艺术。

(一)谈判终结阶段判定的依据

1. 从谈判涉及的交易条件来判定

这个方法是从谈判所涉及的交易条件解决状况来分析判定谈判是否进入终结阶段。谈判的中心任务是交易条件的洽谈,在磋商阶段,双方进行多轮讨价还价,临近终结阶段要从以下三个方面考察交易条件,并因此判定谈判是否进入终结阶段。

(1)考察交易条件中尚余留的分歧。从数量上看,如果双方已达成一致的交易条件占据绝大多数,所剩的分歧数量仅占极小部分,就可以判定谈判已经进入终结阶段。因为量变会导致质变,当达成共识的问题数量已经大大超过分歧数量时,谈判的性质就已经从磋商阶段转变为终结阶段或是成交阶段了。从质量上看,如果交易条件中最关键、最重要的问题都已经达成一致,仅余留一些非实质的、无关大局的分歧点,就可以判定谈判已进入终结阶段。谈判中关键性问题常常会起决定性作用,也常常需要耗费大量的时间和精力。谈判是否成功,主要看在关键问题上是否达成共识。如果仅仅在一些次要问题上达成共识,而关键问题还存在很大差距,是不能判定进入终结阶段的。

(2)考察谈判对手交易条件是否达到己方的最低目标。最低目标是指己方可以接受的最低交易条件,是达成协议的下限。如果对方认同的交易条件高于己方下限,谈判自然进入终结阶段。因为已经出现高于双方最低限度的局面,只有紧紧抓住这个时机,继续努力维护或改善这种状态,才能实现谈判的成功。当然己方还想争取到更好一些的交易条件,但是已经实现的可以接受的成果又无疑是值得珍惜的,也是不能轻易放弃的。如果能争取到更多的优惠条件当然更好,但是考虑到各方面因素,此时不可强求最佳成果而重新形成双方对立的局面,而错失有利的时机。因此,谈判交易条件已达成己方的最低目标时,就意味着已进入终结阶段。

(3)考察双方在交易条件上的一致性。如果谈判双方在交易条件上全部或基本达成一致,而且对个别问题如何做技术处理也达成了共识,就可以判定终结阶段的到来。首先,双方在交易条件上达成一致不仅指对价格已达成共识,而且也包括对其他相关问题所持的观点、态度、做法、原则都达成共识。其次,双方也要认可个别问题的技术处理。因为如果个别问题的技术处理不恰当、不严密、有缺陷、有分歧,就会使谈判者在协议达成后提出异议,使谈判重燃战火,甚至使达成的协议被推翻,从而使劳动成果付之东流。因此,在交易条件基本达成一致的基础上,个别问题的技术处理也达成一致意见时,才能判定终结的到来。

2. 从谈判时间来判定

谈判的过程必须在一定时间内终结,当谈判时间即将结束,即进入终结阶段。受时间的影响,谈判者调整各自的战术方针,抓紧最后的时间获得有效的成果。谈判时间的判定有三种依据。

(1)双方约定的谈判时间。在谈判之初,双方一起确定整个谈判所需的时间,谈判进程完全按约定的时间安排,当谈判已接近规定的时间时,自然进入谈判终结阶段。双方约定谈判时间的长短要依据谈判规模的大小、谈判内容的多少、谈判所处的环境形式以及双方政治、经济、市场的需要和本企业利益来定。如果双方实力差距不是很大,利益不是很悬殊,双方有好的合作意向并且能够紧密配合,就容易在规定的时间内达成协议,否则就比较困难。按约定时间终结谈判对双方都有时间的紧迫感,促使双方提高工作效率,避免长时间地对一些问题而争论不休。如果在约定时间内不能达成协议,一般也应该遵守约定的时间将谈判告一段落,或者另约时间继续谈判,也可宣布谈判破裂,双方再重新寻找新的合作伙伴。

(2)单方约定的谈判时间。由谈判一方限定谈判时间,随着时间的终结,谈判随之终结。在谈判中占有优势的一方,或是出于对本方利益的考虑需要在一定时间内结束谈判;或是还有其他可供选择的合作者,因此请求或通知对方在己方希望的时限内终结谈判。单方限定谈判时间无疑对被限定方具有某种约束,被限定方可以服从,也可以不服从,关键要看交易条件是否符合己方谈判目标,如果认为条件合适,又不希望失去这次交易机会,可以服从,但要防止对方以时间限定向己方提出不合理的要求。另外,也可利用对手对时间限定的重视性,向对方争取更优惠的条件,以对方优惠条件来换取己方在时间限定上的配合。如果以限定谈判时间为手段向对方施加不合理要求,那么就会引起对方的不满抵触情绪,破坏平等合作的谈判气氛,从而造成谈判破裂。

(3)形势突变的谈判时间。本来双方已经约好谈判时间,但是在谈判进行过程中形势突然发生变化,如市场行情突变、外汇行情大起大落、公司内部发生重大事件等,谈判者就会突然改变原有计划,比如要求提前终结谈判。谈判的外部环境总是在不断发展变化,谈判进程不可能不受这些变化的影响。

3. 从谈判策略来判定

(1) 最后立场策略。最后立场策略是指谈判双方经过多次磋商之后还是没有结果，一方阐明最后立场，声明只能让步到某种程度。如果对方不接受，谈判即宣布破裂；如果对方接受该条件，此策略可以作为谈判终结的判定。一方阐明自己的最后立场，成败在此一举，如果对方不想使谈判破裂，只能做出让步，表示接受该条件。如果双方并没有经过充分的磋商，还不具备进入结束阶段的条件，此时一方提出最后立场就含有恐吓的意思，让对方俯首听从，这样并不能达到预期目标，反而会过早地暴露己方最低限度条件，使己方陷入被动局面。

(2) 折中进退策略。折中进退策略又称折中态度策略，是指将双方的交易条件存在的差距之和取中间条件作为双方共同前进或妥协的策略。例如，谈判双方经过多次磋商互有让步，但还存在余留问题，而此时已经消耗了太多的谈判时间。为了尽快达成一致的意见，一方提出一个比较简单易行的方案，即双方都以同样的幅度做出让步，如果对方接受此建议，即可判定谈判结束。折中态度策略在双方都很难说服对方、各自坚持己方立场的情况下，也不失为寻求尽快解决分歧的一种方法。其目的就是化解双方矛盾的差距，比较公平地让双方分别承担相同的义务，避免在余留问题上耗费过多的时间和精力。

(3) 总体条件交换策略。双方谈判临近预定谈判结束时间或阶段时，以各自的条件做整体一揽子的进退交换以求达成协议。双方谈判内容涉及许多项目，在每个项目上已经进行了多次磋商和讨价还价。经过多个回合的谈判后，双方可以将全部条件通盘考虑，做"一揽子交易"。例如，涉及多个内容的成套项目交易谈判、多种技术服务谈判、多种货物买卖谈判，可以统筹全局，总体一次性地进行条件交换。这种策略从总体上展开一场全局性磋商，使谈判进入终结阶段。

（二）谈判终结技巧

谈判终结阶段可采用以下技巧。

1. 分段决定

为了避免谈判在定局时产生大的矛盾和阻力，可以把谈判的定局工作分段进行，即把需要决定的较大规模的买卖或重要的条件分成几部分，让对方分段决定。

在大型和高级谈判中，把重大原则问题和细节问题区别开来，上层领导洽谈基本原则，中、低级人员洽谈具体、辅助事项，进行原则的落实、确切的说明和精确的计算，也是分段决定法的一种表现形式。

2. 循循善诱

循循善诱是指运用严密的逻辑思维，提出一系列问题，诱导对方对问题做出肯定回答，最后成功地达成交易的技巧。

3. 诱导反对

当谈判的一方对交易发生了浓厚的兴趣，但仍犹豫不决时，心中必有某种反对意见。另外，当谈判接近尾声时，成交的一方往往总是要提出某种反对意见，或增加谈判筹码，或作为一种成交前的表示。因此,对于另一方来说,只有及时启发,诱导他们尽早说出这些意见,才有可能解决问题,促成交易。诱导反对应用时机有以下几种。

（1）对方对交易无任何肯定意见或否定意见,并明确表示暂缓交易。

（2）对方对交易有肯定意见,已产生兴趣,但仍表示要"等一等"。

（3）对方象征性地再次提出以前谈判中提出过或已经基本解决的反对意见。

（4）对方提出自己权力有限,不能决定,要向上级请示。

4．利益劝诱

谈判的一方可以通过许诺,给对方以某种利益来催促对方接受定局。

（1）强调这种利益的许诺是与最后定局紧密联系的,以对方同意定局为条件,通常应安排在最后时刻做出。

（2）注意这种利益许诺的尺度,一般不宜过大,要使对方感到这是谈判讨价还价之外的优惠。

（3）对方管理部门的重要高级人员出面谈判时,采用这种技巧,效果可能更佳。

5．分担差额

在谈判的最后时刻,双方如果对一些重要条件仍有分歧,且分歧较难统一,谈判双方都可以通过采用"分担差额"的技巧来解决最后的难题。

"分担差额"并不一定是从正中分开,也可以是其他比例。如果你首先提出这种解决办法的话,那么要确保你事先一定能得到对方的保证,同意以某种方式向你靠拢。

6．结果比较

在定局阶段,一方可以为对方分析签约与不签的利害得失,并强调现在的时机是有利的。例如:卖方可以向买方分析物价即将上涨的背景,如果拖延时间,迟迟不能成交,这将会给买方或双方造成损失。

二、签约谈判的基本策略

经过漫长而艰苦的谈判之后,双方终于可以握手相庆,至少达成意向性协议。但这只能说是向前进了一大步,只有将所谈内容用合同的形式定下来,才能对双方形成约束力。合同签订的过程就是当事人就合同内容进行反复磋商并取得统一意见的过程。合同磋商过程从法律上讲,要经过要约和承诺两个步骤。这两个步骤既是签约的基本程序,也是签约谈判的基本策略。

（一）要约

1．要约具备法律效力的条件

合同签订的前提是要约,要约是希望和他人订立合同的意思表示。一项要约要取得法律效力必须具备一定的条件。

（1）要约是特定的当事人所为的意思表示。所谓特定的当事人,是指通过要约的内容人们能够知道是谁发出的要约,发出要约的人为要约人,接受要约的人为受要约人。例如,某汽车贸易公司向某汽车厂发出一份传真,传真中载明:汽车贸易公司准备购买汽车厂生产的 1.5 吨中型柴油货车 10 辆。这份传真便是一份典型要约,要约人是汽车贸易公司,受要约人则是汽车厂。

（2）要约必须具有与他人订立合同的目的。要约是一种意思表示,这种意思表示需有与要约人订立合同的真实意愿。其外在表现形式为要约人主动要求与受要约人订立合同。前例中的汽车贸易公司发出的要约表明了该公司准备与汽车厂订立汽车购销合同的真实目的。

（3）要约的内容必须具体、明确、全面。受要约人通过要约不但能明确了解要约人的真实意愿,而且还能知晓未来订立合同的主要条款。如汽车贸易公司向汽车厂发出的要约中明确载明了要购买汽车的型号、吨位、颜色、可以承受的价格、付款方式、提货时间和地点。

（4）要约必须得到受要约人承诺后才能生效。一旦受要约人对要约加以承诺,要约人与受要约人之间的合同即可签订。要约人自然受合同已成立的约束,例如,汽车厂在要约人约定的答复期内向汽车贸易公司做出了承诺,接受汽车贸易公司的条件,那么汽车贸易公司就不能变卦,而只能按自己发出的要约内容进行付款提货。

2. 要约邀请

要约邀请,又称要约引诱。是希望他人向自己发出要约的意思表示,是当事人订立合同的预备行为,行为人在法律上无须承担责任。要约邀请与要约区别在于以下几点。

（1）要约是当事人自己主动愿意订立合同的意思表示。以订立合同为直接目的,要约邀请则是当事人表示某种意思的真实行为,是希望对方向自己提出订立合同的意思表示。

（2）要约必须包含合同的主要内容,而且要约人有愿意受到要约拘束的意愿;要约邀请则不含有当事人表示愿意接受拘束的意思。

（3）要约大多数是针对特定的相对人的,故要约往往采取对话方式和信函方式。而要约邀请一般针对不特定的多数人,故往往以电视、报刊等媒介为传递手段。根据新《经济合同法》规定,寄送的价目表、拍卖公告、招标公告、招股说明书、商业广告为要约邀请。其中,商业广告的内容若符合要约的规定,视为要约。由于要约和要约邀请具有不同特征,一些利用合同进行欺诈的合同陷阱设置人在要约上大做文章

3. 要约中常见的陷阱及风险防范

案例 12-1、案例 12-2 分别从两个角度解释了这一问题,一是"名为要约邀请,实为要约",二是"'指鹿为马',强索赔偿"。

案例12-1

名为要约邀请,实为要约

某甲有一套处于闹市区的私房准备出售,他在报上刊登了售房公告。公告中明确写

明了房屋位置、结构、面积、出售价格及某甲的联系电话。某乙见报后迅速与某甲联系,表示愿意以某甲提出的价格购买这套房屋,并向某甲付了2万元定金。几天后,某丙找到某甲表示愿以更高价格买下该房。某甲因贪图钱财,便与某丙签订了卖房合同。某乙知道后认为某甲违约,要求其赔偿损失。但某甲却以自己刊登的是"要约邀请"而非要约为由拒绝赔偿损失,仅答应归还定金。这一例子便是以要约邀请的通常形式发出要约,当受要约人明确承诺后,要约人却以是要约邀请而非要约为由逃避违约责任的典型案例。

这一类型的陷阱成因主要有两点。首先,法律条文明确将一般商业广告作为要约邀请,这便为许多并不准备恪守信用的要约人提供可乘之机。他们往往以要约邀请的形式如(广告等)发出有明确具体内容的要约,以便在对方承诺时"可进可退",不像要约那样一旦对方承诺,自己便要受要约内容的约束。其次,接受要约的当事人合同观念淡薄。他们在做出承诺时往往以口头形式或以交付定金作为承诺的主要方式,而并未与要约人签订正式的合同并履行相应手续,一旦发生纠纷,由于缺乏相应有力的证据,往往容易使自己处于被动地位。

这一类型陷阱的防范对策有三条。首先,仔细审查是要约还是要约邀请。在确定对方发出的意思表示有明确、具体内容时再考虑是否作为要约予以接受。其次,一旦准备承诺对方发出的要约,应尽快与对方订立合同,履行完毕相应的法律手续,如前例陷阱中的某乙若在承诺后即与某甲签订房屋买卖合同并到房管机关登记过户备案,则某甲不可能再将房屋"一女二嫁"。最后,若承诺方预先给付了要约方定金。一旦要约方违约,还可以依法要求违约方双倍返还定金,作为惩罚;若因违约给承诺方造成损失,还可要求要约方予以赔偿。

案例12-2

"指鹿为马",强索赔偿

甲省某农业机械厂为召开秋季产品供货会,向全国各地几十家农机销售公司发出了邀请书,在邀请书上将该厂新出品的10多种新产品的性能、型号、价格列在其中,作为供货会的主要洽谈对象。乙省某农机公司一行数人在收到邀请后前往甲省该农业机械厂所在地参加会谈。在供货会期间,双方进行多次洽谈,但终因乙省农机公司提出的价格太低,甲省农业机械厂未能接受。乙省农机公司工作人员在甲省开会期间开支很大,公司负责人认为这笔费用是因为对方提出要约后产生的,公司承担不划算。于是便以农业机械厂发出要约后拒绝为由,要求甲省农业机械厂承担违约责任并承担农机公司工作人员在甲省期间所花费的巨额费用。这一案例便是一方当事人为转嫁巨额费用,偷梁换柱,将要约邀请强谈成要约而产生的风险。

这一陷阱成因主要有两点。首先,乙省农机公司紧紧咬住甲省农机机械厂发出的邀请函,以函上载有该厂新产品的简介为由,认为农业机械厂发出的不是邀请函而是要约。其次,乙省农机公司在"要约"成立的前提下提出一个通常市场上难以接受的价格作为"承诺",若农业机械厂不接受,则乙省农业机械厂"违约";若农业机械厂迫不得已接受了,则甲省农机公司以非正常的低价购买了一批产品,已经赚了一笔。于是,这个两全其美的陷阱便挖好了。

这类陷阱的防范对策有两条。首先,发出要约邀请方应保证自己的要约邀请中没有可能被误解为要约的内容(如将要约邀请明确命名为价目表、拍卖公告、招标公告等),或明确在邀请中说明在对方当事人对邀请做出承诺时,邀请发出人仍有权拒绝该承诺。其次,要约邀请方在得到对方承诺时,应尽快给予对方相应答复,如向对方说明自己发出的仅是要约邀请,或对方的"承诺"条件自己无法接受等,以免被有心人恶意利用。

(二)承诺

1. 有效承诺的必要条件

承诺,是指受要约人同意接受要约的全部条件的意思表示。承诺必须具备以下条件。

(1)承诺须由受要约人向要约人做出。

(2)承诺的内容须与要约的内容完全一致,若受要约人在承诺时限制、变更或扩张了要约的内容,则不构成承诺,而是作为对原要约的拒绝而做出的新要约。

(3)承诺应当以明示方式做出,缄默或不行为不能视为承诺。

2. 承诺中常见的陷阱

(1)沉默并非承诺。

(2)改变履行方式的承诺无效。

第二节　履约谈判的策略

履约谈判是合同执行中重开的谈判。尽管谈判双方在合同文本签约的细节上做到了完善、全面、准确、肯定和严密,然而还必须清晰认识到世界迄今没有一个能包罗万象的合同。在合同执行中总会有一些无法预料的情况发生,这时就要本着"相互了解、相互信任、互惠互利、长期合作"的信念,做好履约过程中每一阶段的谈判。

一、履约前的谈判

(一)履约前未能实施的原因

一般来说,签订的合约必须认真履行,履约前不能履行的原因主要有以下三个方面。

1. 政策变化

一般来说,在商务谈判终结后就必须签订合同与协议,然后双方就必须负责履行合同。但是外部环境的不确定性可能导致事先签订的合同不能顺利履行,政策变化带来的极大不稳定性也可能会造成合同履约的困难。例如,在货物买卖中,买卖双方经过多次的磋商和谈判最后达成协议,商品的价格按 30 元/公斤成交。但是,由于国家为了调控经济而实行的价格限制政策,规定该商品的价格不能高于 28 元/公斤。所以双方在履行合约前必须考虑政策变化的因素。

2. 不可抗力事故

不可抗力又称人力不可抗拒。它是指在货物买卖合同签订以后,不是由于订约者任何一方当事人的过失或疏忽,而是由于发生了当事人不能预见和预防,又无法避免与克服的意外事故,以致不能履行或不能如期履行合同,遭受意外事故的一方,可以免除履行合同的责任或延期履行合同。不可抗力是合同的一项条款,也是一项法律原则。

3. 企业内部原因

由于企业信用缺失导致不能履约。合同是建立在信用基础上的经济活动,当履约方不能恪守信用时,必然导致不能履约;部分企业存在注册资本未到位、抽离出资、会计报表不实、资产负债率高等情况,都会致使一些企业合同履约能力低下,不能履约。另外,部分企业内部合同管理制度不完善,存在漏洞,也会使已签订的合同不能如期执行。

（二）履约前的谈判策略

（1）在履约前的谈判中,双方考虑到一些不可控因素可能会导致原合同的部分条款履行困难。但是,由于经过多次的磋商和谈判后所签订的合同可以给双方带来较大的经济利益,交易双方不愿意因为一些不可控的因素而撤销合同,因为这样只能是一无所获。所以双方协商维护原合同,变更部分合同内容。

（2）如果交易双方觉得政策变化或是不可抗力事故带来的损失要远大于履行合同所带来的收益,那么双方可以划分责任,撤销原合同。例如,在货物运输的过程中,交易双方规定了到货时间。但是,由于考虑到海啸等不可抗力的发生,双方可以明确地划分清楚如有此类事故发生而影响交货,哪方应该负责,原合同是否还有效力。

（3）履约前的合同谈判中,要对合同订立的必要性、可行性进行必要的研究,充分运用约定的权利,使双方的义务权利平等公正。同时,也要考虑对方缔约能力、履行能力及信用,避免与一些空壳公司或信誉极差的企业签订合同。在履约时,若发现对方没有如期进行履约,要在约定期内向对方提出抗辩。为增加履约的可靠性,签约谈判可要求对方签订担保合同。另外,还要加强对自身合同文本的管理以避免文本丢失出现的违约或被骗现象。

二、履约中的谈判

（一）履约后不能完全履行的原因

一般而言,合同履约中不能履行主要由以下三方面的原因引起。

1. 货款支付与合同不符

支付违约反映在延迟支付或无理拒付上,也有买方多付而卖方不及时退款的情况。

（1）延迟支付。延迟支付分为有理延迟支付和无理延迟支付两种情况。

① 有理延迟是相对合同支付条件的修改。如因客观原因,单证实际传递延误,卖方单证不符,买方因卖方知道的原因不能一时支付。在这些情况下,卖方在谈判中应予以理解,使合同得以履行,但是要谈判新的支付期限并采取措施使支付能尽快履行。对于买方

的原因延迟,则还要要求"利息"的偿付。实际情况中,利息的计算由银行的"付款通知单"解决,在该单上,银行已注上"某日起,已计息"。

② 无理延迟包括沉默拖延和纠缠拖延,实属违约。有的买主既不付款也不说明理由,等"提示"后再应;有的是挑出单证或货物的任一差异来拖延,如"2 张支票,仅有 1 张""5 份发票只有 4 份";有的货到得比单快,买方先提货看货,发现"货符合合同,但是不符合实际需要",于是与卖方交涉,这一交涉就把支付延迟了。对此,卖方有两种反应:不理与论理。有的管理不善的企业,对延期付款不予查询、追究。而原则上应电传或电话提示,继而交涉谈判,根据询问所得的印象决定谈判态度。买方友善,则只重谈"支付期"及"利息"。否则,要谈判"货物的扣押""货物的追还""民事起诉欺诈"等。这些不同层次的交涉中,其"论理"中的理由来自各国买卖合同及国际销售协议、贸易惯例,其中合同是关键。

(2) 无理拒付。应该说,若正常的、讲道理的人拒付均会事出有因。但若遇到无理拒付,卖方的谈判应果断:预告或实物扣押。若是鲜活时令货物则马上转卖并保留索赔权;若是机器设备,则在保留一段时间后还可以转卖并索赔可能的经济损失;若价金较高,则应派专人谈判,甚至可以找对方政府主管部门交涉,据理力争"履行支付、赔偿利息或是其他直接损失",也可以找其"担保人"或是"资力证明人"来履行支付收货的义务,最后则是诉诸仲裁或是民事诉讼。如某太阳能电池项目,买方已支付预付金近百万美元,由于买方内部经济调整,在预付金支付一年后,其他义务均未履行。卖方坚持合同支付条款——开余额的信用证,而买方则希望余额分两次开证。卖方已收汇一年多但未实际履约,觉得买方受损失也不小,同意考虑买方意见,但与律师商议后改变主意。买方谈判人员在利用对方情绪、抑制律师纠缠不力致使洽谈失败。其实,卖方的这种行为极可能引起一场诉讼,如果买方认为百万美元的压力对他无法忍受而失去耐心时,会诉诸法律,卖方不仅会陷入声誉危机,还要为其律师支付高额的报酬,而按有关预付金和义务的法律去评判,也未必偏向卖方。

(3) 多付或少付。由于单与货不同、工作中脱节、业务人员疏忽,会造成重复开单,重复付款,成为合同规定多付或少付的情况。

多付时,买方要交涉,因为作为卖方是不会着急退款的,除非个别卖方出于信誉主动退款。一般情况下若是"明显是非",无争议可言,仅及时"通告"退款即可,要注意时间限定,如果拖得很长、金额很大,或跨财政年度才发现,退款手续会很复杂。若是中间付款,则可洽谈后面的支付,利息损失自己承担。因为多付与买方工作疏忽有关,损失应自负。当多付在合同履行末期的时候,卖方为了保证自己安排收汇,多不同意退款,而让买方从保证金里扣除。这样,验收有争议时,被买方扣押的资金可以保留在最小限度内。当然若验收失败,买方还可以提条件来补偿。

少付时,可用电传交涉,一般买方应按理补付。谈判时,卖方可视该项是中期支付还是末期支付而制定策略:在中期,可以通告买方迅速补付,否则扣押后面未交付的货物和不履行服务的义务;在末期,则可以"备件和维护"为谈判筹码,也可以"减少或免除保证期"等扣押买方补付。如果是卖方过错造成,利息不补;若是买方的原因,则要求补偿利息。

2. 交货不符合合同

有的卖主交货数量短缺、规格型号不对,均违反了合同的构成要件。买方可以拒收货物、解除合同、要求损害赔偿,也可以退回货物要求退其价金,或留下货物经鉴定人评价后要求退回部分价金。对于"卖金子而交石头"的卖主,则纯属行骗,不只是违约,已构成犯罪,应予以追诉。

谈判拒收货物时,应考虑价金问题及涉及违约的性质。若价金已支付,但仅是数量短缺,那么拒收对买方来讲弊大于利,此时宜收下已到的货物,只谈判补偿短缺的部分,可取消该部分合同并要求退款补偿或者附加某些补偿条件再继续执行短缺部分。如价金未付,也不宜拒收货物,除非来货对自己已无用处或无利可图,只附加补偿条件就可以执行。当违约性质为规格、型号与合同不符合时,则无论价金是否已支付,均可拒收货物,或者要求更换合同规定的货物,还可以提出一定的补偿条件,其间的一切费用均由卖方承担。在涉及进口货物时,还要配合海关部门。

作为中间商,会由于卖方的数量不足或型号不对,而影响自己与最终客户的合同履行,经济损失与错过商机在所难免,因此以合同成立与否和要求赔偿为谈判基调也属自然。总的来讲,数量不符属"部分违约"合同,不应解除全部合同,只能考虑短缺部分。就型号规格不符进行谈判时,要罗列费用及损失,如价金利息、使用价值、市场利润、销售费用、人工费、报关费、运输费、存储费,这些费用和损失应客观计算出来。

3. 合约理解不一致

在具体的合约履行中,因为条款不明确而导致对合约理解的不一致而产生争执也容易使原合同不能顺利履行。在签订合同的时候,交易的双方没有仔细推敲合同的条款,使得合同的某些条款含糊其词、含混不清。这就容易使双方对合同的理解产生分歧,在履行合同的过程中各行其是,最后导致合同不能顺利履行。

(二)履约中谈判的策略

在合同履行中,由于以上种种原因导致合同不能顺利履行。但是,交易双方考虑到原合同如果能顺利、认真地实施,还是能给交易双方带来巨大的利益。况且,如果撕毁原合同所费成本很高,因为双方不可能在短时间内再找到比现在更合适的合作伙伴。在此种情况下,交易双方可以在原合同条件不变的前提下谈判,这样可以减少成本,不必再浪费时间和精力来重新寻找另外的企业谈判。这种做法不失为一种明智之举。

如果因为合同没有如实履行,给双方带来了巨大的损失。那么,交易双方要保持冷静的头脑,认真分析自己的不足,不要一味地责怪对方,而应仔细地思考应变的对策,把责任明确地划分出来,并尽可能寻找可谈判空间。往往这种情况出现后,交易双方都会从心理上排斥对方,能再次坐在谈判桌上的可能性很小,可周旋的余地也不大。

三、履约后的谈判

(一)履约后不能完全履行的原因

通常,合同在履约后不能履行的原因主要由两方面引起。

1. 最终使用与合同不符

商务谈判经过磋商后签订了合同,但这并不代表商务谈判就结束了。在双方履行合约后,如果发现合约没有如实履行,那么双方还必须要谈判,这可能是由于最终使用与合同不符造成的。最终使用是指在合同中货物或是别的工具、物品的最终使用目的、用途。如果最终使用与合同中的规定不符,自然原合同的履行就大打折扣,从而会影响一方的利益。

2. 售后服务条件未能保证

尽管交易双方在合同的履行中都比较负责认真,但是售后服务的条件未能保证也算是一种变相的违约。例如,经过多次的商务谈判,交易双方签订了合同规定货物的交货日期、地点、时间。货物虽然按时交付了,但是其售后服务却非常差劲,从而导致了货物或是机器不能正常运作。这也是一种对合约的不负责任行为。

(二)履约后谈判的策略

在履约后,交易方因为最终使用与合同不符或是售后服务条件未能保证,而导致了合同没有顺利完整地履行。那么,作为己方应该寻求判断是非的依据:商检证明、权威机构检测报告等,通过这些客观的依据证明谁应该负责。然后,交易双方再坐到谈判桌上,摆出这些客观的证据进行再一次的谈判。

第三节　索赔谈判的策略

一、索赔谈判及其目的

索赔是指履约中受损害方向违约方提出赔偿要求。由于各种原因使所签合约不能如约履行,从而必定会造成损害。受损方必然会向违约方提出赔偿的要求,它包括怎么赔偿、赔偿多少等问题。违约方当然也不会全面接受受损方的全部赔偿要求,这就要进行再次的谈判与磋商。可见,索赔谈判是指合同义务不能履行或不完全履行时,合同当事人双方进行的谈判。索赔谈判有何特征,如何顺利实现索赔,是谈判交易各方共同企盼予以厘清解决的问题。

(一)索赔谈判的特点

索赔谈判在商务谈判中很常见,也是一种主要的谈判类型。与合约谈判相比较,这种谈判有以下显著特点。

1. 谈判的态度和气氛不同

在多数情况下,索赔谈判是由于一方或双方违约造成损失,受损方要求对方赔偿的行为。由于给某一方造成损失,所以,在谈判的初始阶段,双方就会摊牌,受损方会提出具体的索赔要求,而另一方马上针锋相对,提出自己的立场。双方的这种较量不同于合约谈判,合约谈判是交易双方为了达成一致获得共同的利益而进行的谈判,是双方试探、摸底,以求最大限度地满足己方要求的合作。谈判双方寻求一致的利益,其心情应该是很平和的,其态度也应该是颇为冷静的。而索赔谈判是遭受损害方向违约方提出赔偿要求的谈判,双方注重的是维护自身利益。受损方想获得更多的赔偿,而违约方则想方设法推卸责任。双方在感情和行动上都比较冲动,态度也比较强硬,谈判的气氛自然也比较紧张。由于谈判人员处在解决问题的对立面,所以达成赔偿的协议十分困难,场面也令人十分不快,这可以算是最艰难的谈判之一。

2. 谈判的内容和要求不同

合同谈判是解决问题,达成一致的协议实现求同存异。谈判的内容大多包括商品的质量、标的、价格、运输方式、保险等。合同谈判多数注重双方共同获利。索赔谈判是分清责任和赔偿数量,索赔谈判主要是要把"谁负责"的问题,以及具体的赔偿数量的问题解决好。索赔谈判更看重的是明确的责任、具体的赔偿数额。

(二)索赔谈判的目标与方式

由于索赔是一方向另一方提出赔偿要求,直接涉及双方的切身利益,所以双方在谈判的目标上事先都设置底线。一般来说,双方各自设置的底线总会有差距,因此为使谈判尽量寻求双方都可以接受的条件,必须设置谈判的目标,并为实现这一目标选择恰当的谈判方式。

1. 索赔谈判目标

索赔谈判结果与设定的谈判目标有关。合理地确定索赔谈判目标是谈判人必须关注的问题。以下分析了索赔谈判目标的三个层面。

(1)利益目标。索赔谈判是对发生的利益损害如何补偿而进行的谈判。客观上它存在三种可能,即让对方多赔点,从而有赚;让对方如实补偿,从而持平、不亏;让对方尽力而为,有可能亏。这三种可能视对方财力而定。即便对手有钱,那种谋利的做法也不可取。从实践来看,欲通过索赔获利,弥补损失,只会导致谈判的复杂化,不会促进谈判迅速达成一致。

对于责任方,在索赔的事件中也许同是受害人,但也要予以赔偿。当然,赔偿可尽力而行,即量当时之力和未来之力而行。在恪守信誉、诚恳处事的前提下"量力放利"的做法一般能够被对方接受。如若想尽力少放利,不顾对方的损失,则既不合情也不合理。在责任方有一定能力赔付对方的情况下,不顾对方损失而尽量少赔,必然导致对方不满并做出强烈反应,也必然会使对方与责任方进行激烈的对抗,以求维护其权益。

(2)关系目标。关系目标是指当事人之间的关系状况。一般分三种情况。

① 当索赔与业务发展有关时,两者应通盘考虑,即权衡索赔所得情况与其业务发展所得的综合效果。

② 当索赔与自然人有关时,与索赔有关的人对双方业务发展有促进作用,对其意见应予以关注。在索赔力度与清偿的时间上可适当放松。但因个人关系放弃索赔,或者不认真索赔是不可取的,这种不健康的人际关系对当事双方都有损害。

③ 当索赔与第三者有关时,第三者通常与索赔事项有连带责任或利益关系。第三者

的态度对索赔谈判会产生影响。

（3）信誉目标。信誉目标是指当事人的商誉,它贯穿于索赔谈判,综合考虑第三者利益。

商誉是当事人在经营中长期积累起来的重要的无形资产,也是其追求的经营价值目标之一,对企业生存与发展具有重要的战略意义。在索赔涉及金额不大时,当事人可能更偏重于维护信誉。从表面上看,偏重于信誉似乎是虚的追求,但在实际谈判中也是实的追求。当事人在索赔谈判中重信誉,努力增加信誉度,实际上是考虑不因眼前利益而损失长远利益,为未来的发展夯实基础。故索赔者通过谈判弘扬信誉,促使对方恪守信誉,而将物质赔付置于其次,就是从长远角度考虑问题。这种情景多在协商式的索赔谈判中出现。被索赔者在谈判中应"不因小利而失大义",追求诚信,恪守信誉。

2. 索赔谈判方式

一旦索赔产生后,可供选择的谈判方式有两大类。第一类为直接索赔,含协商索赔;第二类为间接索赔,含调解、仲裁、诉讼。

（1）索赔方式的分析。

索赔的方式具有以下几种:

① 协商索赔。协商索赔是签约人之间直接交涉违约造成的损失或损害的补救办法的谈判形式。由于这种索赔在当事人之间进行,它有利用关系或维系关系的优点,故使用者也多。

② 调解索赔。调解索赔是由第三者出面协助当事各方解决合同违约（部分或全部）造成的损害赔偿的问题。第三者可以是自然人（如与索赔无直接责任或利益的上级领导或社会名人）,也可以是机构,如行业商会、仲裁庭、地方法院出面调解。

③ 仲裁索赔。仲裁索赔是由常设的仲裁机构或临时组成的仲裁庭替当事人各方裁定合同违约造成的损害赔偿方案。常设的仲裁庭有中国对外经济贸易仲裁委员会设立的仲裁庭、地方政府设定的委员会所属的仲裁庭。它们根据当事人之间达成的仲裁协议,以及当事人的仲裁申请,按其制定的仲裁规则进行仲裁。仲裁裁决是终局的,具有强制执行的效力。

④ 诉讼索赔。诉讼索赔是由法院对当事方的违约责任进行审理并对损害赔偿进行判决的索赔形式。

（2）索赔方式选择依据。选择索赔方式既要遵循索赔谈判目标,又要参考各种索赔方式的利弊,还要追求索赔谈判的高效与低本。鉴于此,正确选择索赔谈判方式尤为重要。选择依据有以下四点:

① 索赔金额。若涉及的份额较大,采用较复杂的谈判方式才值得;若份额较小,则处理方式一定要简单。

② 合同约定。合同对索赔及争议的处理规定。若已有明确规定,则依其规定而行;若无规定或不明确,则由简单形式逐步上升到复杂形式,这也是谈判成本渐增的控制原则。

③ 双方的关系。当贸易双方关系悠久良好,则尽量从简处理,若相反,则"公事公办"地选择由第三者"协助"或"做主"。

④ 执行方式。当索赔结果易于执行,比如持有对方财物时,一般可以选用从简的索赔方式;当执行难度较大时,可选择用复杂方式或强行手段的索赔谈判形式。

二、索赔谈判的原则

无论是直接索赔谈判还是间接索赔谈判,均应注重"四重"原则,具体如下。

(一)重合同

以合同约定为依据来判定违约责任。合同已明确的,只要与法律不相违背,就是判定是非责任的标准,合同未明确的问题,才引证惯例与相关法律。

(二)重证据

违约与否除了依合同规定外,许多时候需要提供证据来使索赔成立。如质量问题,需要权威部门出具的技术鉴定证书;数量问题,要商检的记录,双方的往来函件也可以成为证据。证据是确立索赔谈判的重要法律手段。

(三)重时效

注重索赔期。索赔应及时,应在合同规定的时效范围内进行索赔,超过了该期限,交易人则可不负责任。任何合同签订时,都要注意合同中应有时效的明确规定。时效可以用时间表示,如索赔期应在交货后×天之内,也可以用地点表示,如货交×地之后等。如果合同无时效规定,谈判难度就大,结果的变数也多。

(四)重关系

索赔谈判时应注重利用和保持关系。利用双方当事人或与相关第三者之间的关系,可以加快谈判的速度,促进谈判朝着良好结局发展;保持关系,则可以兼顾双方当前与长远的利益。

三、索赔谈判的策略与技巧

(一)索赔谈判的基本策略

索赔谈判可采用以下基本策略。

1. 掌握谈判时机

在经过多次商务谈判和磋商后,交易双方签订了合同。由于各种原因,签订的合同不能顺利如实地履行,必然会导致一方利益受到损失。那么,双方自然要进行索赔谈判。在索赔谈判时应该注意谈判的时机,要在规定的时间内提出索赔要求,通常在货物到达后30～45 天。如果相隔的时间较长,那么卖方就可以借口时间问题来推卸责任,受损方就处于不利的局面。

2. 分清责任

买方在向卖方提出赔偿要求的时候,首先应该分清责任,再讨论索赔。也就是说,买方一定要弄清楚问题究竟出在哪里，到底由谁负责。只有这样，才能做到"心中有数"，然后才能向卖方提出赔偿的要求。

3．利用对方信誉

在确定责任的归属后，受损方向违约方提出赔偿的要求，并希望尽快解决。受损方可以利用对方的信誉，促使违约方尽快赔偿。一般有信誉的企业希望尽快解决争端，以免对其信誉产生恶劣的影响。

4．避免诉诸法律

在出现对方违约事件后，受损方应该寻找比较合适的解决问题的办法。首先，可以自行协商解决，也可申请调解和仲裁，尽量避免诉诸法律。因为，企业的公众形象十分重要，它是企业的竞争力的一部分。把索赔事件诉诸法律，可能会把原本可以自行解决的问题扩大化，从而影响了企业的形象。在这种情况下，受损方也不可能顺利地得到希望的赔偿。

（二）索赔谈判的技巧

实践证明，在谈判中一味地采取强硬态度或软弱立场都是不可取的，都难以获得满意的效果，而采取刚柔结合的立场则容易收到理想的效果。既有原则性又有灵活性才能应付谈判的复杂局面，在谈判中要随时研究和掌握对方的心理，了解对方的意图；不要用尖刻的话语刺激对方，伤害对方的自尊心，要以理服人，求得对方的理解；要善于利用机会，因势利导，用长远合作的利益来启发和打动对方；要准备几套能进能退的方案，在谈判中该争的要争，该让的要让，使双方都能有得有失，共同寻求双方都能接受的折中办法；对谈判要有坚持到底的精神，要有经受各种挫折的思想准备，应相互考虑对方的观点共同寻求妥善解决分歧意见的办法；双方僵持不下的情况下，应及时终止谈判，留到合理的时间再次进行谈判。

案例12-3

小龙潭发电厂的脱硫改造合同

云南省小龙潭发电厂，就 6 号机组脱硫改造项目于 2002 年跟丹麦史密斯穆勒公司签订了一系列脱硫改造合同，改造后检测结果，烟囱排放气体并未达到合同所承诺的技术指标。该电厂于 2004 年又与史密斯穆勒公司为此事进行交涉，要求对方进行经济赔偿。

索赔谈判前，我方在确认对方的责任方面展开了大量调研和数据收集工作。首先，咨询清华大学、北京理工大学等国内该领域的知名专家，在理论上对这一问题有了清楚的认识。其次，对改造后烟囱排放气体进行采样分析以及数据计算。另外，对比分析对方提供的石灰品质以及脱硫效率。根据调研结果，对照 2002 年原合同中的条款和参数，我方最终认定是史密斯穆勒公司的责任。

在索赔正式谈判中，双方在责任问题上各执一词，谈判出现了僵局。史密斯穆勒公司采取了"打擦边球"的策略,试图推脱责任,把赔偿金额压到最低。合同要求脱硫率是90%,脱硫率瞬间值达到了这一指标,甚至还高于90%。但我方要求的是长期值而不是瞬间值,对方试图以瞬间值逃脱一定责任,而我方则以平均值说明问题。我方经过长期统计,平均值仅有80%左右,远远没有达到合同要求。在脱硫剂石灰上,丹麦的国家制度规定石灰原料由国家提供,而我国则由企业自己提供。史密斯穆勒公司认为,脱硫效率低是我方未提供合适的石灰造成,我方应负一定责任。

双方最终达成协议:一方面,史密斯穆勒公司派遣相关人员继续进行技术改造,另一方面,对方就无法实现的合同技术指标部分进行赔偿。

案例思考:
在上述谈判过程中出现了什么问题?是怎样解决的?

本章小结

签约与履约谈判是商务谈判过程的重要谈判内容之一。本章主要讨论签约与履约谈判的主要内容,旨在执行已谈成的交易,从而巩固谈判的胜利果实。

正确判定谈判的终结阶段,慎重选用终结谈判策略,有助于准确把握成交时机。合约的签订过程,就是当事人就合同内容进行反复磋商,并取得统一意见的过程。从法律上讲,须经过要约和承诺两个步骤。

合约执行过程中的违约现象比较常见,需要进行索赔谈判解决。本章最后讨论了索赔谈判的特征与目标,可供选择的索赔方式,索赔谈判的原则与策略。

本章思考题

一、选择题

1. 最后成交的策略不包括(　　)。
   A. 总体条件交换策略　　　　　　B. 红白脸策略
   C. 最后立场策略　　　　　　　　D. 折中态度策略
2. 从(　　)不能判断成交时机。
   A. 成交的最佳心理　　　　　　　B. 成交的最佳生理
   C. 所达成的谈判目标与条件　　　D. 商务谈判约定的时间

二、简答题

1. 如何判定谈判的终结阶段?
2. 要约与要约邀请的区别是什么?如何防范要约陷阱?
3. 承诺有何特征?如何防范承诺陷阱?
4. 履约谈判有哪些?讨论各种履约谈判的原因及策略。
5. 索赔谈判有何特征?索赔谈判的原则、策略与技巧是什么?

推销能力测试

1. 假如顾客询问您有关产品的问题,您不知道如何回答,您将:
   A. 以您认为正确的答案,用好像了解的样子回答
   B. 承认您缺乏这方面的知识,然后去寻求正确的答案
   C. 答应将问题转告给业务经理
   D. 给他一个听起来很好的答案

2. 当顾客正在谈论推销员或您的推销行为,而且很明显他所说的是错误的,您应该:
   A. 打断他的话,并予以纠正
   B. 聆听,然后改变话题
   C. 聆听,并指出其错误之处
   D. 利用质问以使他自我发觉错误

3. 假如您对自己的推销工作有点泄气,您应该:
   A. 请一天假不去想公事
   B. 强迫自己更卖力去做
   C. 尽量少拜访
   D. 请求业务经理和您一道出去

4. 当您拜访经常给您吃闭门羹的顾客时,您应该:
   A. 不必经常去拜访
   B. 根本不去拜访
   C. 经常拜访并试图去改善与其的关系
   D. 请求业务经理换个人试试

5. 当您碰到顾客对您说"您的产品价格太贵了",您应该:
   A. 同意他的说法,然后指出一分价钱一分货
   B. 同意他的说法然后改变话题
   C. 不同意顾客的说法

　　　　D. 述说您强有力的论据

　6. 当您回答顾客的相反意见之后,您应该:

　　　　A. 保持沉默并等待顾客开口

　　　　B. 变换话题,并继续推销

　　　　C. 继续举证,以支持您的结论

　　　　D. 试行缔结

　7. 当您进入顾客的办公室时,他正在阅读,他告诉您他一边阅读,一边听您的介绍,那么您该:

　　　　A. 开始您的推销说明

　　　　B. 向他说您可以等他阅读完了再开始

　　　　C. 请求合适的时候再拜访

　　　　D. 请求对方全神聆听

　8. 您正用电话去约一位顾客以安排拜访时间,总机小姐把您的电话转给了他的秘书,秘书问您有什么事,您应该:

　　　　A. 告诉他您希望和他商谈

　　　　B. 告诉他这是私事

　　　　C. 向他解释您的拜访将带给他公司莫大的好处

　　　　D. 告诉他您希望同他讨论您的产品

　9. 面对一个激进型的顾客,您应该:

　　　　A. 客气　　　　　　B. 过分客气　　　　C. 证明他错了　　　D. 拍他马屁

　10. 对付一位悲观的顾客,您应该:

　　　　A. 说些乐观的事

　　　　B. 对他的悲观思想一笑置之

　　　　C. 向他解释他的悲观思想是错误的

　　　　D. 引述事实并指出您的论点是错误的

　11. 在展示印刷的视觉辅助工具时,您应该:

　　　　A. 交予顾客,并在他阅读时解释销售重点

　　　　B. 先推销辅助工具,然后再按重点念给对方听

　　　　C. 把辅助工具留下,以待访问之后让他自己阅读

　　　　D. 答应他把一些印刷物张贴起来

　12. 顾客告诉您,他正在考虑竞争者的产品,并询问您对竞争者产品的意见,您应该:

　　　　A. 指出竞争者产品的缺点

　　　　B. 称赞竞争者产品的特征

　　　　C. 表示知悉他人的产品,然后继续推销您自己的产品

　　　　D. 开个玩笑以引开他的注意力

　13. 当顾客有购买的征兆,如什么时候可以送货,您应该:

　　　　A. 说明送货时间,并试做缔结

　　　　B. 告诉他送货时间,并试做缔结

C. 告诉他送货时间,并请求签订单

D. 告诉他送货时间,并等待顾客的下一个步骤

14. 当顾客有怨言时,您应该:

A. 打断他的话,并指责其错误之处

B. 注意聆听,判断怨言是否正确,不做反馈

C. 同意他的说法,并将错误归咎于您的业务经理

D. 注意聆听,判断怨言是否正确,适时给予纠正

15. 假如顾客要求打折,您应该:

A. 答应回去时向业务经理要求

B. 告诉他没有任何打折了

C. 解释公司的折扣情况,然后热心地讲解产品的特点

D. 不予理会

16. 当零售店主向您说这种产品销路不好,您应该:

A. 告诉他其他零售店销售成功的实例

B. 告诉他产品没按照应该陈列的方法陈列

C. 很技巧地建议他销售产品计划的方法

D. 向他询问销路不好的原因,必要时将货取回

17. 在获得顾客的订单之后,您应该:

A. 谢谢他,然后离去

B. 略为交谈他的嗜好

C. 谢谢他,并恭喜他的决定,扼要地再强调产品的特征

D. 请他到附近喝一杯

18. 在开始做推销说明时,您应该:

A. 试图去发现对方的嗜好并交换意见

B. 谈谈天气

C. 谈谈今早的新闻

D. 尽快地谈些您拜访他的理由,并说明他可获得的好处

19. 在下列情况下,哪一种是推销中充分利用时间的做法:

A. 将顾客资料更新

B. 他和顾客面对面交流

C. 在销售会议上讨论更好的推销方法

D. 和推销员同人讨论

20. 当您的顾客被第三者打扰时,您应该:

A. 继续推销,不予理会

B. 停止推销并等待有利时刻

C. 建议在其他时间再拜访

D. 请顾客喝一杯咖啡

评分标准

题目	各项分值			
	A	B	C	D
1	2	5	3	1
2	1	3	1	5
3	1	5	1	3
4	1	1	5	3
5	1	5	3	2
6	2	1	2	5
7	1	5	3	2
8	1	1	5	2
9	5	1	1	1
10	3	2	1	5
11	1	5	1	1
12	1	3	5	1
13	1	5	3	1
14	1	2	1	5
15	2	3	5	1
16	1	1	5	2
17	3	1	5	1
18	3	1	1	5
19	3	5	2	1
20	1	2	3	3

商务谈判能力测试

1. 你认为商务谈判(　　)。

　　A. 是一种意志的较量,谈判双方一定有输有赢

　　B. 是一种立场的坚持,谁坚持到底,谁就获利多

　　C. 是一种妥协的过程,双方各让一步一定会海阔天空

　　D. 是双方的关系重于利益,只要双方关系友好必然带来理想的谈判结果

　　E. 是双方妥协和利益得到实现的过程,以客观标准达成协议可得到双赢结果

2. 在签订合同前,谈判代表认为合作条件很苛刻,按此条件自己无权做主,还要通过上司批准。此时你应该(　　)。

　　A. 责怪对方谈判代表没有权做主就应该早声明,以致浪费这么多时间

　　B. 询问对方上司批准合同的可能性,在最后决策者拍板前要留有让步余地

　　C. 提出要见决策者,重新安排谈判

　　D. 与对方谈判代表先签订合作意向书,取得初步的谈判成果

　　E. 进一步给出让步达到对方谈判代表有权做主的条件

3. 为得到更多的让步,或是为了掌握更多的信息,对方提出一些假设性的需求或问题,目的在于摸清底牌。此时你应该(　　)。

　　A. 按照对方假设性的需求和问题诚实回答

　　B. 对于各种假设性的需求和问题不予理会

　　C. 指出对方的需求和问题不真实

　　D. 了解对方的真实需求和问题,有针对性地给予同样假设性答复

　　E. 窥视对方真正的需求和兴趣,不要给予清晰的答案,并可将计就计促成交易

4. 谈判对方提出几家竞争对手的情况向你施压,说你的价格太高,要求你给出更多的让步,你应该(　　)。

　　A. 更多地了解竞争状况,坚持原有的合作条件,不要轻易让步

　　B. 强调自己的价格是最合理的